KB271163

Ⅰ
신문의
언어 사용
통계

필자

정유진鄭有珍, Chung, Eugene_고려대학교 민족문화연구원 HK연구교수
김일환金日煥, Kim, Ilhwan_고려대학교 민족문화연구원 HK연구교수
강범모姜汎模, Kang, Beom-mo_고려대학교 언어학과 교수
김흥규金興圭, Kim, Heung kyu_고려대학교 국어국문학과 명예교수

문화동역학라이브러리 12

신문의 언어 사용 통계

초판인쇄 2013년 5월 15일 **초판발행** 2013년 5월 25일
글쓴이 정유진·김일환·강범모·김흥규 **펴낸이** 박성모 **펴낸곳** 소명출판 **출판등록** 제13-522호
주소 서울시 서초구 서초동 1621-18 란빌딩 1층
전화 02-585-7840 **팩스** 02-585-7848 **전자우편** somyong@korea.com **홈페이지** www.somyong.co.kr

값 25,000원   ⓒ 정유진·김일환·강범모·김흥규, 2013

ISBN 978-89-5626-876-7 94710
ISBN 978-89-5626-851-4 (세트)

잘못된 책은 바꾸어드립니다.
이 책은 저작권법의 보호를 받는 저작물이므로 무단전재와 복제를 금하며,
이 책의 전부 또는 일부를 이용하려면 반드시 사전에 소명출판의 동의를 받아야 합니다.

이 책은 2007년 정부(교육과학기술부)의 재원으로 한국연구재단의 지원을 받아 수행된 연구임(NRF-2007-361-AL0013).

고려대학교 민족문화연구원
문화동역학 라이브러리 12

신문의
언어 사용 통계

Statistics on the Use of Language in Korean Newspapers

정유진·김일환·강범모·김흥규

문화동역학 라이브러리 문화는 복합적이고 역동적인 구성물이다. 한국 문화는 안팎의 다양한 갈래와 요소가 상호작용하는 과정을 통해 끊임없이 변화해왔고, 변화해 갈 것이다. 고려대학교 민족문화연구원이 주관하는 이 총서는 한국과 그 주변 문화의 복합적이고 역동적인 양상을 추적하고, 이를 통해 한국 문화는 물론 인류 문화에 대한 새로운 통찰과 그 다양성의 증진에 기여하고자 한다. 문화동역학(Cultural Dynamics)이란 이러한 도정을 이끌어 가는 우리의 방법론적인 표어이다.

소명출판

이 책은 고려대학교 민족문화연구원 전자인문학팀이 구축한 '물결 21' 코퍼스[1]를 대상으로 신문에 나타나는 어휘의 빈도를 조사한 것이다. 신문은 사회에서 발생하는 사건에 대한 사실이나 해설을 전달하기 위해 정기적으로 발행되는 간행물이다. 신문은 매일 사회 전반의 일을 다루며 우리가 속해 있는 세상에 대해 그리고 우리가 세상에 대해 갖는 관심사를 기자의 정제된 언어로 기술한다. 따라서 신문에서 사용되는 언어를 통해 우리는 시대의 언어 생활을 알 수 있을 뿐만 아니라 연도와 주제에 따른 키워드를 분석해서 정치 · 경제 · 사회 · 문화 등에 관한 다양한 사건들의 변화도 알 수 있게 된다.

'물결 21' 코퍼스는 국내의 대표적 일간지인 『동아일보』, 『조선일보』, 『중앙일보』, 『한겨레신문』의 2000년부터 2011년까지의 모든 기사 텍스트를 전산화하여 어절 단위로 형태소 분석이 되어 있는 자료이다. 12년간 수집된 자료의 양은 기사량으로 보면 약 226만 건이며 어절 수 로는 5억 어절이 넘는 대규모 언어 자원이다. 고려대학교 민족문화연구원에서는 1990년대부터 코퍼스를 구축하여 연구해 오고 있다. 그

---

1 김흥규 외, 『물결 21' 사업 1차 보고서 : 신문 텍스트 기반의 장기간 언어 · 사회 · 문화 연구』, 고려대 민족문화연구원, 2010.

결과 2000년에 150만 어절 세종말뭉치에 기초한『한국어 형태소 및 어휘 사용 빈도의 분석』1과 2004년에 550만 어절 규모의 세종말뭉치로 『한국어 형태소 및 어휘 사용 빈도의 분석』2 그리고 2009년에 1,500만 어절 규모의 세종 형태의미분석 말뭉치를 대상으로『한국어 사용 빈도』를 출간하여 코퍼스를 대상으로 빈도를 조사하는 연구를 지속해왔다. 이번에는 주요 4개 신문『동아일보』,『조선일보』,『중앙일보』,『한겨레신문』을 대상으로 새롭게 코퍼스를 구축하여『신문의 언어 사용 통계』를 내놓게 되었다.

이 책에서 제시하는 언어 빈도 자료는 다양한 분야의 연구자들에게 이용될 수 있다. 먼저 2000년 이후 발행된 신문에 나타나는 언어를 조사함으로써 신어와 유행어를 알아볼 수 있는데, 이는 한국어 사전에 새로 등재될 단어의 목록을 형성하는 데 도움이 된다. 국어 교육, 외국어로서 한국어 교육의 기초 어휘 파악 등에 유용한 언어자원으로 사용될 수도 있다. 그리고 심리언어학 분야에서 실험을 할 때 단어 사용 빈도에 따라 실험 대상의 어휘를 선택하는 실험 설계 단계에 도움이 될 것으로 기대한다. 신문의 어휘 빈도는 언어 자원으로서의 역할뿐만 아니라 12년간 사회·문화적 변화를 추적하는 데 이용할 수도 있을 것이다. '물결 21' 코퍼스란 이름으로 만들어지는 자료는 단지 신문 기사의 모음이 아니다. 이는 지난 12년간 우리가 이 사회에서 활동을 하며 지내온 역사이며 이를 기술한 언어를 모아 놓은 것이다. 다시 말해 '물결 21' 코퍼스는 신문 기사의 주제와 시간의 흐름에 따라 누적되어 꾸준히 구축된 자원으로, 현대 한국어의 어휘 사용에 대해 연구하는 연구자의 목적에 따라 다양한 자료를 추출할 수 있는 인문학 소스인 셈이다.

　　신문의 언어 사용 빈도를 조사하는 과정에 많은 분들의 지원과 노고가 있었다. 이영제, 김혜영, 도재학, 신우봉, 김소희, 최민지, 박은정, 이아름, 김동수, 서채원 연구원과 박희우, 원유경 직원 그리고 많은 학부생들이 이 일을 위해 수고해 주었다. 이도길 교수는 형태소 분석 도구를 위해 크게 도움을 주었고, 코퍼스 구축 초기 단계에는 (지금은 다른 곳에 있는) 김현주, 한나래, 홍정하 박사도 많은 노력을 해 주었다.

　　『동아일보』, 『조선일보』, 『중앙일보』, 『한겨레신문』의 기사 관리 담당자, 여러 기자들과 직원들의 후원과 지지가 없었다면 이 사업은 시작부터 불가능했을 것이다. 특히『동아일보』의 김진경 기자와『중앙일보』의 김경순 기자는 구축된 코퍼스의 활용에도 많은 관심과 조언을 해주었다. 이 책의 편집에는 소명출판의 편집부가 큰 도움을 주었다. 필자들의 가족들이 보여준 정신적 후원 역시 잊을 수 없다. 지면을 통해 이 일에 도움을 주신 모두에게 감사드리고 싶다.

2013년 5월

필자 일동

고려대학교 민족문화연구원

책머리에 3

1장 서론 — 9

2장 '물결 21' 코퍼스의 구성 — 13

3장 전체 형태소 사용 빈도 — 21

4장 주제별 형태소 사용 빈도 — 57

1장 | 서론 |

　이 책은 2000년부터 2011년까지의 신문 기사를 대상으로 단어와 형태소의 사용 빈도를 조사하여 제시하고자 기술한 것이다. 빈도를 통한 계량적 연구는 언어와 그 언어가 사용된 텍스트의 특성을 밝히는 데 도움이 된다. 이에 우리는 고려대학교 민족문화연구원의 전자인문학 팀에서 구축한 '물결 21' 코퍼스를 바탕으로 단어와 형태소의 사용 빈도를 조사하였다.[1]

　'물결 21' 코퍼스는 신문 기사 텍스트를 데이터베이스로 만들어 형태소 분석표지가 부착된 언어 자원을 말한다. 이 코퍼스는 한국의 사회적

---

[1]　한국어 코퍼스의 빈도 조사는 김흥규·강범모(2000), 강범모·김흥규(2004·2009), 국립국어원(2002·2005)가 있다. 이밖에 김병선 외(2007)에서는 현대시(1923~1950)의 빈도조사를 포함한다. 코퍼스 기반 영어의 빈도 조사로는 브라운코퍼스를 이용한 Francis and Kučera(1982)와 영국 국가 코퍼스(BNC : British National Corpus)를 사용한 Leech, et al.(2001)이 있다.

문화적 특성과 그 변화 양상을 신문에 사용된 언어를 이용하여 분석하려는 목표로 2000년 이후 국내에서 발행하는 『동아일보』, 『조선일보』, 『중앙일보』, 『한겨레신문』의 기사 전체를 대상으로 구축하고 있다.[2] 이 책에 나오는 어휘 빈도는 2000년부터 2011년까지 12년간 발행된 기사 약 5억 어절 크기의 형태 분석 코퍼스를 바탕으로 나온 결과이다.

2000년 이후 12년간 주요 4개 신문에서 사용되는 어휘 빈도를 제시하기 위해 수집된 신문 기사는 12개의 주제로 분류하였다. 각 주제에 따라 기사의 양이나 총 어절의 숫자는 상당한 차이를 보이고 있다. 2장에서는 전자인문학팀이 구축하는 코퍼스의 주제별 구성, 기사 수 통계, 어절 수와 문장 수에 대한 자세한 통계적 사항을 포함한다.

3장에서는 형태소 분석 표지에 대한 간단한 설명과 분석 방법이 기술된다. 이와 함께 12년 동안 4개 신문에서 사용된 어휘범주와 문법범주의 형태소와 단어의 사용 빈도가 제공된다. 신문에서의 어휘사용 통계모형으로 빈도를 주요 조사 대상으로 한다. 이는 일정한 시기에 신문에서 사용되는 개별어휘의 출현 빈도로 표시되는 모형이다. 어휘범주에 해당하는 단어는 체언·용언·수식언·독립언 등이며 문법범주의 단어로는 조사·어미·접사 등을 고려한다. 지면의 제약으로 본문에서는 100개의 단어만 제시하고 부록에서 조금 더 많은 수의 단어를 보여준다.

코퍼스의 일관된 구성을 위하여 신문 기사를 주제별로 12개로 나누고 있다. 주제에 따라 내용을 기술하는 데 사용되는 단어가 다른 양상을 보이기도 한다. 특히 사건을 서술하기 위한 내용어, 즉 어휘범주 단어에

---

2 '물결 21' 코퍼스 구축 방법에 대한 자세한 사항은 김일환 외(2013)에 기술되어 있다.

서 그 차이를 찾아볼 수 있다. 이를 위하여 체언 중 일반명사와 고유명사, 용언 중에서 동사와 형용사 그리고 수식언에서 부사, 독립언에 포함되는 감탄사에 대한 형태소 사용 빈도를 조사하여 4장에서 기술한다.

우리가 구축하는 신문 기사 코퍼스는 어느 특정 한 해의 텍스트를 모으는 것이 아니다. 2000년 이후 발행되는 기사이므로 시간의 경과에 따라 단어의 사용이 달라질 수 있다. 이러한 사항을 보기 위하여 어휘 범주 단어들의 연도별 형태소의 사용 빈도를 5장에서 제공한다.

6장에서는 일반명사 · 고유명사 · 동사의 빈도 분포를 제시한다. 기사를 작성하는 데 사용된 단어들이 모두 같은 비율로 사용되지 않는다. 어떤 단어들은 고빈도로 어떤 단어들은 저빈도로 사용이 된다. 전체 단어의 유형을 고려할 때 신문에서 사회 현상을 기술하는 데 많이 사용되는 단어의 유형은 우리가 생각하는 것처럼 다양하지 않다. 이런 사실은 단어의 빈도 분포로 알 수 있다.

7장에서는 2000년부터 2011년까지 특정 연도의 주요 이슈와 사건을 알 수 있도록 연도별 키워드를 제공한다. 통계적 유의지수를 사용하여 다른 연도에 비해 관심의 대상이 되는 해에 더 많이 나오는 단어를 추출하여 특정 연도의 키워드로 보고 있다.

부록에서는 형태소 분석 표지에 따른 품사별 형태소 사용 빈도를 제공한다. 어휘범주에 해당하는 단어를 고빈도 순서로 500개를 추출하여 제공하고 이 500개의 단어를 가나다 순서로 재배열하여 보여준다. 문법범주의 단어는 그 유형이 제한된 숫자로 나타나는 경향이 있어서 고빈도 순서로만 제공한다.

2장 | '물결 21' 코퍼스의 구성

고려대학교 민족문화원 전자인문학팀은 '물결 21' 코퍼스 구축을 위
해 전국에 매일 발행하는 4개 신문사(『동아일보』, 『조선일보』, 『중앙일보』,
『한겨레신문』)로부터 2000년을 포함하여 그 이후의 신문 기사 전체를 제
공받고 있다.

신문 기사는 주제와 면종의 분류를 위하여 주제 코드와 면종 코드를
갖고 있는데 신문사에 따라 각각 다른 코드를 사용하고 있으며 동일 신
문사도 시기별로 주제 분류 코드를 변경하기도 한다. 이처럼 다양한 주
제 분류 코드를 일관되게 사용하고 유지하기 위해서 우리는 〈T21 class〉
라는 새로운 주제 분류 코드를 만들었다. 이렇게 만들어진 주제 분류 코
드로 각 신문사에서 제공하는 기사들을 12개로 분류하여 저장한다.

기사의 면종 정보를 기초로 하여 신문 기사를 〈T21 class〉로 분류한
다. 각 신문사가 사용하는 '정치 / 북한, 국제, 경제, 사회, 문화' 등과 같

〈표 1〉 〈T21 class〉와 신문사별 주제 분류 코드 대응표

T21Class	『조선일보』	『중앙일보』	『동아일보』	『한겨레신문』
	종합 / 기타 / 주말매거진	종합 / 기타	종합	종합
정치(01)	정치 / 북한	정치 / 북한	(정치)	(정치)
국제(02)	국제	국제	국제	국제
경제(03)	부동산 / 주식 / 경제 / money	경제	경제	경제
사회(04)	사회	사회	사회	사회
문화(05)	방송 / 문화 / 연예 / 가정 / 건강 / books	문화 / 연예 / 오락 / 교육 / 생활 / today	문화 / 생활 / 방송 / 연예	학술 / 방송
스포츠(06)	스포츠 / 레저	스포츠	스포츠	스포츠
과학(07)	과학 / 환경 / 정보통신	정보통신 / 과학 / 컴퓨터	정보 / 과학	과학
사설(08)	오피니언	오피니언	사설 / 칼럼	여론
오피니언(09)	오피니언	오피니언	사설 / 칼럼	여론
기획(10)	기획 / 특집	기획 / 연재	(제목)	기획
지역(11)	지역	지역	지역	지역
사람들(12)	사람들	인물	사람 속으로	사람

은 면종 정보를 주제 분류에 이용하는 것이다. '종합, 오피니언, 사설'
의 경우 면종 정보를 활용하기에 어려운 점이 있어서 기사 대조를 통
한 수작업이 이루어졌다.

1. 구성 개요

'물결 21' 코퍼스 구축을 위하여 『동아일보』, 『조선일보』, 『중앙일
보』, 『한겨레신문』에서 기사를 제공받고 있다. 각 신문사에 따라 발행
하는 부수는 차이가 있는데 연구 대상 기간(2000~2011) 중 최근 3년의 각
신문사의 총 발행 부수는 〈표 2〉와 같다.[1]

〈표 2〉 연도별 신문 발행 부수 (2009~2011)

신문사	2009년	2010년	2011년
『조선일보』, 『중앙일보』, 『동아일보』, 『한겨레신문』	4,726,138	4,652,251	4,508,589

위의 결과는 종이 신문의 발행을 기준으로 조사한 것이므로 실제 독자 수와는 차이가 있을 수 있다. 최근 인터넷이나 다른 전자 매체의 활성화로 신문의 발행 부수는 점진적으로 줄어드는 추세이다.[2]

2. 기사 수 통계

4개 신문은 지속적인 코퍼스 구축을 위하여 〈T21 class〉로 기사를 주제별로 분류된다. 각 주제와 발행 연도에 따른 기사량은 〈표 3〉에서 확인할 수 있다.

〈표 3〉 주제와 발행 연도에 따른 기사 수

주제(T21)	기사 수	백분율(%)	연도별	기사 수	백분율(%)
정치(01)	220,582	9.75	2000	231,361	10.23
국제(02)	173,217	7.66	2001	220,109	9.73
경제(03)	412,427	18.24	2002	214,941	9.50
사회(04)	318,966	14.10	2003	205,635	9.09
문화(05)	300,968	13.31	2004	200,260	8.85
스포츠(06)	176,763	7.82	2005	180,413	7.98

---

1 이 연구는 신문 전체의 언어 사용 양상을 중심으로 다루기 위해서 신문사별 비교는 지양한다.
2 신문의 발행 부수가 줄었다는 사실이 신문을 읽는 독자의 수나 사회에 대한 관심도의 감소를 의미하는 것은 아니다.

과학(07)	25,029	1.11	2006	162,055	7.17
사설(08)	41,482	1.83	2007	177,743	7.86
오피니언(09)	151,149	6.68	2008	176,697	7.81
기획(10)	39,280	1.74	2009	164,314	7.27
스포츠(11)	331,951	14.68	2010	170,338	7.53
사람들(12)	69,807	3.09	2011	157,755	6.98
합계	2,261,621	100.00	합계	2,261,621	100.00

주제에 따른 신문 텍스트의 구성을 그래프로 제시하면 〈그림 1〉과 같다.

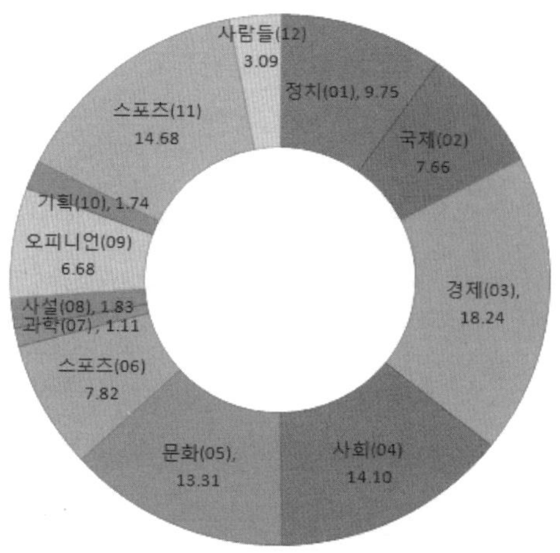

〈그림 1〉 코퍼스의 주제별 구성

주제에 따른 기사량은 전체 기사 대비 '경제(18.24%) > 스포츠(14.68%) > 사회(14.10%) > 문화(13.31%)' 등의 순서로 차등적이다.

발행 연도에 따른 기사량의 변화는 2000년부터 2006년까지 꾸준히 줄다가 2007년 조금 늘어나고 다시 증가와 감소를 반복하고 있다. 그러나 대체적인 경향은 2000년 이후 신문에서 기사 수는 줄고 있다.

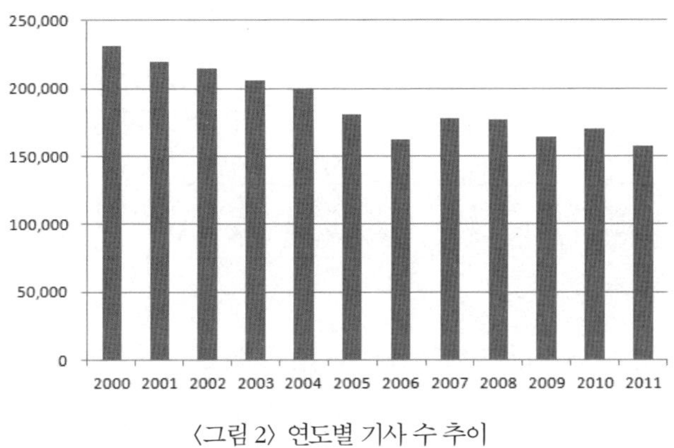

〈그림 2〉 연도별 기사 수 추이

3. 어절 수와 문장 수 통계

코퍼스의 크기는 보통 어절 수로 가늠한다.[3] '물결 21' 코퍼스는 약 5억 어절을 포함하고 있으며 이 어절들은 모두 형태소 분석이 되어있다. 조사 대상 기간 기사 수와 마찬가지로 문장 수와 어절 수도 비슷한 증감 추이 경향을 보인다.

〈표 4〉 연도별 문장 수와 어절 수

연도별	문장 수	어절 수
2000	3,006,234	40,377,975
2001	2,910,589	39,728,480
2002	3,077,267	42,298,083
2003	3,076,853	42,959,317
2004	2,997,329	40,652,017
2005	2,871,425	38,062,190

---

3   형태소 분석이 된 세종말뭉치의 크기는 약 1,500만 어절이다.

2006	2,915,732	37,539,133
2007	3,256,904	42,432,005
2008	3,191,054	42,322,623
2009	3,254,727	43,230,845
2010	3,757,633	48,307,337
2011	3,449,952	44,425,114
합계	37,765,699	502,335,119

연구 대상 코퍼스의 크기는 502,335,119 어절이며 총 37,765,699개의 문장이 있다. 한 문장은 평균 13개의 단어로 구성되고 있다.

주제에 따른 문장 수와 어절 수는 〈표 5〉와 같다. 실제 사용되는 문장 수와 어절 수의 양은 주제에 따라 다르게 나타나고 있다. 이는 기사 수와도 차이가 있는데 이 세 가지 요소에 따른 주제별 구성도는 〈표 6〉과 같다.

〈표 5〉 주제별 문장 수와 어절 수

주제(T21)	문장		어절	
	문장 수	백분율	어절 수	백분율
정치(01)	3,284,262	8.70	49,207,912	9.80
국제(02)	2,467,275	6.53	35,895,506	7.15
경제(03)	6,630,708	17.56	87,633,989	17.45
사회(04)	4,453,774	11.79	66,150,171	13.17
문화(05)	7,230,883	19.15	86,840,317	17.29
스포츠(06)	2,702,956	7.16	32,073,785	6.38
과학(07)	496,771	1.32	6,250,718	1.24
사설(08)	782,257	2.07	10,638,378	2.12
오피니언(09)	4,015,408	10.63	48,840,147	9.72
기획(10)	1,155,014	3.06	14,332,839	2.85
스포츠(11)	3,504,231	9.28	51,452,241	10.24
사람들(12)	1,042,160	2.76	13,019,116	2.59
합계	37,765,699	100.00	502,335,119	100.00

〈표 6〉 기사 수, 문장 수, 어절 수의 주제별 순위

기사 수		문장 수		어절 수	
경제(03)	412,427	문화(05)	7,230,883	경제(03)	87,633,989
스포츠(11)	331,951	경제(03)	6,630,708	문화(05)	86,840,317
사회(04)	318,966	사회(04)	4,453,774	사회(04)	66,150,171
문화(05)	300,968	오피니언(09)	4,015,408	스포츠(11)	51,452,241
정치(01)	220,582	스포츠(11)	3,504,231	정치(01)	49,207,912
스포츠(06)	176,763	정치(01)	3,284,262	오피니언(09)	48,840,147
국제(02)	173,217	스포츠(06)	2,702,956	국제(02)	35,895,506
오피니언(09)	151,149	국제(02)	2,467,275	스포츠(06)	32,073,785
사람들(12)	69,807	기획(10)	1,155,014	기획(10)	14,332,839
사설(08)	41,482	사람들(12)	1,042,160	사람들(12)	13,019,116
기획(10)	39,280	사설(08)	782,257	사설(08)	10,638,378
과학(07)	25,029	과학(07)	496,771	과학(07)	6,250,718
합계	2,261,621	합계	37,765,699	합계	502,335,119

경제, 스포츠, 사회에 관한 기사수가 상위 3위권 안에 있는 반면 문장수는 문화에 가장 많고 그 뒤에 경제, 사회에 관한 기사를 집필하는 데 구성 문장수가 많아진다. 어절수의 경우 경제가 가장 많은 어절수를 갖고 있으며 문화와 사회가 상위 3위권 안에 있다. 위의 내용을 그래프로 제시하면 〈그림 3〉과 같다.

이는 경제에 관한 기사는 비교적 긴 문장으로 다양한 기사를 다루고 있는 반면 스포츠는 문장 내 어절수가 짧으면서 동시에 기사를 구성하는 문장도 간단하다고 추론해 볼 수 있다.

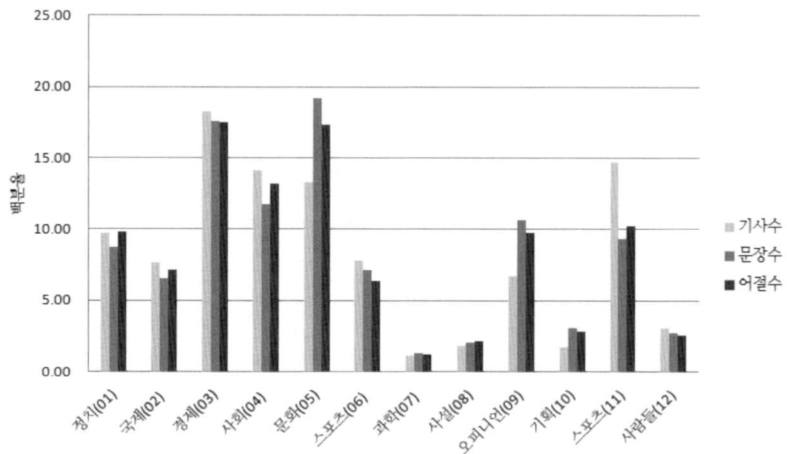

〈그림 3〉 기사수, 문장수, 어절수의 주제별 순위(백분율)

3장 | 전체 형태소 사용 빈도 |

이 장에서 진행하는 형태소 분석의 기본 원칙은 띄어쓰기로 구분되는 하나의 어절을 분석 대상으로 하여 문법 현상을 정확하게 반영할 수 있도록 한다는 점이다. 이렇게 분석된 형태소에 품사 정보를 부착하기 위해 분석표지(tag set)가 고안되었다. '물결 21' 코퍼스의 형태 분석표지는 세종말뭉치의 분석표지(김홍규·강범모 2000; 강범모·김홍규 2009)를 기반으로 일부 수정되었다. 예를 들어 보격조사는 주격조사로 통합하였고 공동격조사는 부사격조사로 통합하여 분석한다. 그리고 연결어미와 종결어미는 어말어미 한 가지로 분석하는 등 여러 가지 사항을 수정하였다.[1] 〈표 7〉은 수정 보완된 형태소 분석표지를 기호화하여 표로 제시한 것이다.

---

[1] 수정된 사항은 김일환 외(2013)에서 찾아볼 수 있다.

〈표 7〉 형태소 분석 표지

	'물결 21' 표지	기호
	일반명사	NNG
	고유명사	NNP
(1) 체언	의존명사	NNB
	대명사	NP
	수사	NR
	동사	VV
	형용사	VA
(2) 용언	보조용언	VX
	지정사	VCP
	관형사	MM
(3) 수식언	일반부사	MAG
	접속부사	MAJ
(4) 독립언	감탄사	IC
	주격조사	JKS
	관형격조사	JKG
	목적격조사	JKO
(5) 관계언	부사격조사	JKB
	호격조사	JKV
	인용격조사	JKQ
	보조사	JX
	선어말어미	EP
	어말어미	EM
	명사형전성어미	ETN
	관형형전성어미	ETM
(6) 의존형태	명사파생접두사	XPN
	명사파생접미사	XSN
	동사파생접미사	XSV
	형용사파생접미사	XSA
	마침표, 물음표, 느낌표	SF
	쉼표, 가운뎃점, 콜론, 빗금, 줄표, 물결	SP
(7) 기호	따옴표, 괄호표	SS
	줄임표	SE
	붙임표(숨김, 빠짐)	SO

외국어	SL
한자	SH
기타 기호	SW
숫자	SN
분석불능범주	NA

2000년 이후 12년 동안 4개 신문에서 사용된 어휘범주와 문법범주의 단어에 대해서 형태소 분석을 하여 사용 빈도를 제시한다. 어휘범주에 해당하는 단어는 체언, 용언, 수식언, 독립언 등이며 문법범주의 단어로는 조사, 어미, 접사 등을 고려한다. 이 장에서는 가장 빈번히 출현하는 상위 100개의 단어를 보여주고 부록에서 조금 더 많은 수의 단어를 제시하기로 한다.

1. 어휘범주 형태소 사용 빈도

1) 체언

체언은 일반명사, 고유명사, 의존명사, 대명사, 수사로 구분하여 분석표지를 부착하였다.

(1) 일반명사(NNG)

일반명사는 전체 5억여 어절 가운데 가장 많은 비율을 차지하고 있으며 이는 신문을 다른 종류의 텍스트와 구분할 때 더욱 분명하게 드러난다(강범모 2011). 명사는 문장에서 문법 기능을 하는 조사나 어미와

달리 실제 기사의 정보 전달에 중요하게 사용되는 내용어이다. 다른 품사와 달리 가장 다양한 유형(타입)을 보이는 부류이다.

타입 수: 1,048,575
토큰 수: 289,246,036

순위	명사	빈도	백분율	순위	명사	빈도	백분율
1	말	2,476,353	0.86	51	발표	359,517	0.12
2	때	1,299,634	0.45	52	후	357,830	0.12
3	사람	1,011,560	0.35	53	처음	356,293	0.12
4	정부	986,453	0.34	54	국민	351,660	0.12
5	전	979,671	0.34	55	사업	349,626	0.12
6	대통령	880,176	0.30	56	대상	349,273	0.12
7	문제	858,931	0.30	57	동안	349,084	0.12
8	뒤	807,353	0.28	58	회사	349,007	0.12
9	경우	800,106	0.28	59	개발	345,609	0.12
10	일	719,999	0.25	60	투자	337,034	0.12
11	지난해	714,554	0.25	61	가능성	336,915	0.12
12	이상	673,822	0.23	62	내용	335,302	0.12
13	이번	644,433	0.22	63	돈	330,226	0.11
14	최근	638,510	0.22	64	당시	328,722	0.11
15	생각	581,350	0.20	65	경제	327,593	0.11
16	기업	563,922	0.19	66	오후	326,498	0.11
17	시작	557,132	0.19	67	일부	324,656	0.11
18	의원	549,823	0.19	68	학교	321,461	0.11
19	세계	548,038	0.19	69	기록	321,379	0.11
20	정도	545,826	0.19	70	추진	317,295	0.11
21	관련	540,660	0.19	71	사용	315,491	0.11
22	올해	537,655	0.19	72	사실	314,376	0.11
23	이후	532,385	0.18	73	지금	312,747	0.11
24	이날	527,377	0.18	74	결정	312,131	0.11
25	곳	522,267	0.18	75	설명	310,790	0.11
26	교수	518,193	0.18	76	이유	310,430	0.11
27	시간	509,869	0.18	77	내년	309,939	0.11
28	지역	508,392	0.18	78	과정	309,416	0.11

순위	명사	빈도	백분율	순위	명사	빈도	백분율
29	시장	490,414	0.17	79	속	307,042	0.11
30	계획	479,122	0.17	80	인터넷	306,817	0.11
31	자신	478,811	0.17	81	사회	303,375	0.10
32	국내	472,391	0.16	82	요구	300,976	0.10
33	대표	463,984	0.16	83	감독	298,193	0.10
34	필요	463,027	0.16	84	지적	297,839	0.10
35	앞	457,403	0.16	85	평가	296,671	0.10
36	후보	445,366	0.15	86	검찰	296,296	0.10
37	주장	426,337	0.15	87	전망	292,912	0.10
38	관계자	420,040	0.15	88	마련	292,107	0.10
39	지원	419,310	0.14	89	책	291,057	0.10
40	학생	417,205	0.14	90	이용	290,303	0.10
41	결과	413,122	0.14	91	점	290,196	0.10
42	조사	400,892	0.14	92	여성	289,239	0.10
43	가운데	396,084	0.14	93	선수	287,844	0.10
44	예정	389,798	0.13	94	고	284,981	0.10
45	사신	381,763	0.13	95	안	284,188	0.10
46	회장	381,123	0.13	96	국가	283,571	0.10
47	경기	372,412	0.13	97	교육	279,885	0.10
48	대학	368,059	0.13	98	영화	277,221	0.10
49	상황	364,447	0.13	99	수준	273,716	0.09
50	아이	361,922	0.13	100	포함	272,814	0.09

상위 1,000개의 단어를 고려할 경우 인물을 나타내는 명사가 100여 개, 구체적 사물을 지칭하는 명사는 50여 개, 기관을 나타내는 명사는 20개, 시간에 관한 명사가 60개, 장소에 관련된 명사는 약 60개, 태도/ 감정을 나타내는 명사는 약 30개, 행위에 관련된 명사가 250여 개, 나 머지는 추상적 대상에 관련된 명사가 발견된다.

(2) 고유명사(NNP)

　기본적으로 　인명·종족명·지명·국가명·왕조명·기업·학교·정당·기관·단체·언어명·책·연극·영화 등 창작물의 제목을 고유명사로 분석한다.

타입 수: 　　　878,650
토큰 수: 289,246,036

순위	고유명사	빈도	백분율	순위	고유명사	빈도	백분율
1	미국	1,214,474	2.39	51	베이징	81,779	0.16
2	한국	1,091,983	2.15	52	워싱턴	76,093	0.15
3	서울	737,959	1.45	53	조	75,488	0.15
4	중국	709,305	1.40	54	전남	74,691	0.15
5	일본	699,829	1.38	55	경북	73,120	0.14
6	북한	601,961	1.18	56	도쿄	70,696	0.14
7	김	519,054	1.02	57	국회	70,305	0.14
8	한나라당	344,934	0.68	58	조선	70,130	0.14
9	민주당	284,099	0.56	59	오바마	69,814	0.14
10	미	279,822	0.55	60	대만	69,567	0.14
11	박	231,406	0.46	61	유엔	68,293	0.13
12	부산	216,137	0.43	62	홍콩	66,520	0.13
13	청와대	189,008	0.37	63	김대중	66,417	0.13
14	영국	177,372	0.35	64	강	64,698	0.13
15	프랑스	168,038	0.33	65	대한민국	63,604	0.13
16	정	162,223	0.32	66	김정일	62,711	0.12
17	삼성	157,301	0.31	67	이탈리아	62,129	0.12
18	한	157,286	0.31	68	충남	61,898	0.12
19	노	156,428	0.31	69	중	61,097	0.12
20	유럽	153,845	0.30	70	전북	59,648	0.12
21	대구	153,275	0.30	71	KBS	58,286	0.11
22	독일	153,112	0.30	72	신	57,960	0.11
23	러시아	151,973	0.30	73	강원도	57,640	0.11
24	이	141,990	0.28	74	일	57,101	0.11
25	부시	138,738	0.27	75	강남	56,445	0.11

 신문의 언어 사용 통계

순위	고유명사	빈도	백분율	순위	고유명사	빈도	백분율
26	인천	132,973	0.26	76	제주도	56,153	0.11
27	이라크	130,826	0.26	77	현대차	55,444	0.11
28	영어	129,960	0.26	78	장	55,310	0.11
29	서울대	128,769	0.25	79	수원	55,150	0.11
30	아시아	127,519	0.25	80	이란	53,848	0.11
31	경기	124,004	0.24	81	유	52,927	0.10
32	경기도	123,469	0.24	82	고려대	52,881	0.10
33	서울시	121,259	0.24	83	이스라엘	52,844	0.10
34	노무현	115,404	0.23	84	연세대	52,539	0.10
35	광주	114,278	0.22	85	고	52,338	0.10
36	삼성전자	113,549	0.22	86	롯데	51,056	0.10
37	LG	103,117	0.20	87	호주	49,691	0.10
38	뉴욕	102,042	0.20	88	스페인	48,146	0.09
39	전	98,943	0.19	89	브라질	48,140	0.09
40	이명박	98,907	0.19	90	평양	47,862	0.09
41	대전	95,583	0.19	91	조지	46,271	0.09
42	최	95,201	0.19	92	캐나다	45,564	0.09
43	현대	93,393	0.18	93	MBC	45,300	0.09
44	울산	88,608	0.17	94	윤	45,095	0.09
45	제주	87,457	0.17	95	충북	45,050	0.09
46	한반도	86,003	0.17	96	두산	44,624	0.09
47	경남	83,731	0.16	97	조선일보	44,033	0.09
48	인도	82,913	0.16	98	베트남	43,883	0.09
49	열린우리당	82,776	0.16	99	아프리카	43,477	0.09
50	SK	82,174	0.16	100	파리	43,421	0.09

(3) 의존명사(NNB)

의존명사는 독립적으로 사용되지 않으며 수식하는 표현이 반드시 수반되어야 한다. 여기에서는 단위성 의존명사와 비단위성 의존명사를 세분하지 않는다.

타입 수: 769
토큰 수: 44,976,450

순위	의존명사	빈도	백분율	순위	의존명사	빈도	백분율
1	것	7,204,772	16.02	51	건	94,457	0.21
2	등	4,311,277	9.59	52	장	94,285	0.21
3	일	3,649,900	8.12	53	식	92,641	0.21
4	년	3,525,819	7.84	54	개국	92,063	0.20
5	수	3,238,753	7.20	55	권	67,224	0.15
6	원	2,300,128	5.11	56	줄	67,149	0.15
7	명	2,015,530	4.48	57	마리	66,802	0.15
8	월	1,981,261	4.41	58	주년	64,687	0.14
9	씨	1,495,292	3.32	59	주	63,574	0.14
10	중	1,201,418	2.67	60	터	61,309	0.14
11	개	1,171,887	2.61	61	패	58,613	0.13
12	때문	1,150,985	2.56	62	대로	57,970	0.13
13	데	587,535	1.31	63	부	54,650	0.12
14	번	552,606	1.23	64	바람	48,469	0.11
15	시	538,764	1.20	65	평형	48,383	0.11
16	대	526,406	1.17	66	도	46,771	0.10
17	분	469,993	1.04	67	법	41,623	0.09
18	위	425,971	0.95	68	석	40,213	0.09
19	만	402,819	0.90	69	이래	36,254	0.08
20	달러	393,980	0.88	70	해	35,059	0.08
21	점	390,988	0.87	71	엔	33,424	0.07
22	측	326,211	0.73	72	척	32,832	0.07
23	회	289,973	0.64	73	가량	32,407	0.07
24	쪽	280,110	0.62	74	리	31,988	0.07
25	초	254,087	0.56	75	동	31,897	0.07
26	개월	251,340	0.56	76	양	31,325	0.07
27	차	232,421	0.52	77	겸	31,229	0.07
28	뿐	226,701	0.50	78	주일	30,932	0.07
29	만큼	204,745	0.46	79	박	28,505	0.06
30	간	199,747	0.44	80	군	27,949	0.06
31	가지	199,070	0.44	81	기	26,733	0.06
32	세	191,244	0.43	82	나름	26,412	0.06
33	년대	181,516	0.40	83	이	26,366	0.06

순위	의존명사	빈도	백분율	순위	의존명사	빈도	백분율
34	듯	179,126	0.40	84	배	25,718	0.06
35	내	167,575	0.37	85	등지	24,267	0.05
36	채	164,532	0.37	86	무렵	23,375	0.05
37	평	164,483	0.37	87	조	22,163	0.05
38	편	144,195	0.32	88	쿼터	20,677	0.05
39	적	143,207	0.32	89	격	19,955	0.04
40	달	123,126	0.27	90	인치	18,704	0.04
41	셈	119,458	0.27	91	마련	18,578	0.04
42	거	117,799	0.26	92	무	18,224	0.04
43	자	116,951	0.26	93	남짓	18,078	0.04
44	승	116,631	0.26	94	야드	16,955	0.04
45	외	109,748	0.24	95	판	16,520	0.04
46	말	108,586	0.24	96	심	15,606	0.03
47	바	108,234	0.24	97	그루	14,469	0.03
48	지	101,000	0.22	98	유로	14,406	0.03
49	살	98,294	0.22	99	통	13,749	0.03
50	호	96,674	0.21	100	지경	13,234	0.03

(4) 대명사(NP)

대명사는 사람이나 사물을 간접적으로 지시하는 기능을 하며 그 유형이 제한적이다. 여기에서는 방언이나 고어의 이형태도 대명사로 분석한다.

타입 수: 204
토큰 수: 6,712,224

순위	대명사	빈도	백분율	순위	대명사	빈도	백분율
1	이	1,709,157	25.46	51	무어	765	0.01
2	그	1,361,219	20.28	52	재	749	0.01
3	우리	802,791	11.96	53	즈	721	0.01
4	나	731,216	10.89	54	개	696	0.01
5	무엇	209,937	3.13	55	저거	546	0.01

순위	대명사	빈도	백분율	순위	대명사	빈도	백분율
6	누구	209,226	3.12	56	누구누구	430	0.01
7	그것	200,663	2.99	57	예	346	0.01
8	내	146,485	2.18	58	저그	321	0.00
9	여기	142,081	2.12	59	저놈	285	0.00
10	자기	129,547	1.93	60	머	278	0.00
11	저	125,465	1.87	61	거시기	245	0.00
12	이곳	113,137	1.69	62	울	213	0.00
13	어디	112,663	1.68	63	거	209	0.00
14	이것	98,473	1.47	64	그니	187	0.00
15	뭐	81,195	1.21	65	요것	177	0.00
16	그녀	58,617	0.87	66	소인	171	0.00
17	당신	56,742	0.85	67	누	169	0.00
18	모	52,763	0.79	68	저분	168	0.00
19	아무개	48,950	0.73	69	어데	151	0.00
20	너	45,573	0.68	70	게	146	0.00
21	언제	40,099	0.60	71	워디	120	0.00
22	제	35,501	0.53	72	요놈	110	0.00
23	거기	33,750	0.50	73	네놈	105	0.00
24	여러분	25,315	0.38	74	그자	104	0.00
25	그곳	25,064	0.37	75	임자	103	0.00
26	아무	22,733	0.34	76	뉘	101	0.00
27	저희	8,779	0.13	77	제군	99	0.00
28	네	8,440	0.13	78	이놈아	96	0.00
29	그대	8,212	0.12	79	여	90	0.00
30	그분	7,748	0.12	80	모군	87	0.00
31	너희	7,550	0.11	81	그치	83	0.00
32	이거	5,428	0.08	82	여그	83	0.00
33	그쪽	3,910	0.06	83	늬	80	0.00
34	그거	3,311	0.05	84	이년	80	0.00
35	지	3,231	0.05	85	이이	80	0.00
36	저것	3,061	0.05	86	고것	79	0.00
37	니	3,004	0.04	87	울리	77	0.00
38	저쪽	2,884	0.04	88	느	74	0.00
39	저기	2,816	0.04	89	믓	73	0.00
40	자네	2,735	0.04	90	너거	71	0.00

순위	대명사	빈도	백분율	순위	대명사	빈도	백분율
41	얘	1,795	0.03	91	느그	71	0.00
42	이분	1,520	0.02	92	요기	64	0.00
43	그놈	1,379	0.02	93	자	62	0.00
44	저편	1,358	0.02	94	그기	61	0.00
45	그이	1,242	0.02	95	저이	55	0.00
46	뭣	1,184	0.02	96	모모	54	0.00
47	이놈	1,047	0.02	97	옹	52	0.00
48	귀하	1,042	0.02	98	것	51	0.00
49	저곳	925	0.01	99	고놈	49	0.00
50	그네	842	0.01	100	즈그	47	0.00

(6) 수사(NR)

수사는 사물의 수량이나 차례는 나타내는 품사이다. 서수사와 양수사로 구분하기도 하지만 '물결 21' 형태소 분석에서는 세분하지 않고 하나의 수사로 분석한다.

타입 수: 904
토큰 수: 5,266,497

순위	수사	빈도	백분율	순위	수사	빈도	백분율
1	만	2,079,955	39.49	51	몇	2,021	0.04
2	억	1,260,679	23.94	52	이	1,961	0.04
3	조	324,374	6.16	53	여	1,758	0.03
4	하나	319,707	6.07	54	쉰	1,679	0.03
5	백	266,777	5.07	55	육	1,617	0.03
6	천	258,814	4.91	56	일흔	1,544	0.03
7	천만	78,955	1.50	57	여든	1,460	0.03
8	둘	59,085	1.12	58	오만	1,354	0.03
9	둘째	42,711	0.81	59	열아홉	1,329	0.03
10	천억	39,817	0.76	60	열다섯	1,291	0.02
11	수십	39,168	0.74	61	열일곱	1,217	0.02
12	백만	38,396	0.73	62	예순	1,189	0.02

순위	수사	빈도	백분율	순위	수사	빈도	백분율
13	다섯	37,822	0.72	63	열여섯	1,076	0.02
14	일	35,306	0.67	64	일만	1,066	0.02
15	첫째	29,478	0.56	65	이십	1,007	0.02
16	열	29,112	0.55	66	이천	981	0.02
17	수백	25,352	0.48	67	오십	956	0.02
18	셋째	23,098	0.44	68	수십조	926	0.02
19	수천	18,085	0.34	69	열여덟	911	0.02
20	여섯	17,495	0.33	70	십만	878	0.02
21	백억	16,021	0.30	71	삼십	870	0.02
22	일곱	11,438	0.22	72	하	863	0.02
23	수백만	10,207	0.19	73	여섯째	823	0.02
24	수만	9,599	0.18	74	네댓	718	0.01
25	십	9,508	0.18	75	아흔	716	0.01
26	셋	8,449	0.16	76	백조	711	0.01
27	수천만	8,196	0.16	77	예닐곱	666	0.01
28	넷째	8,048	0.15	78	수	648	0.01
29	수십억	7,971	0.15	79	스물다섯	643	0.01
30	아홉	7,766	0.15	80	스물아홉	599	0.01
31	수억	7,522	0.14	81	삼천	576	0.01
32	여덟	7,409	0.14	82	칠십	568	0.01
33	수십만	7,231	0.14	83	팔	558	0.01
34	수백억	6,437	0.12	84	이백	543	0.01
35	사	6,243	0.12	85	오백	516	0.01
36	서른	6,173	0.12	86	스물일곱	488	0.01
37	삼	5,282	0.10	87	칠	478	0.01
38	여만	5,164	0.10	88	스물여섯	465	0.01
39	넷	4,227	0.08	89	사십	450	0.01
40	수천억	4,116	0.08	90	사천	435	0.01
41	마흔	4,084	0.08	91	오천	400	0.01
42	구	3,811	0.07	92	삼백	385	0.01
43	오	3,626	0.07	93	만여	376	0.01
44	스물	2,889	0.05	94	십억	365	0.01
45	여억	2,824	0.05	95	서른다섯	362	0.01
46	수조	2,544	0.05	96	스물여덟	319	0.01
47	다섯째	2,511	0.05	97	팔십	302	0.01

순위	수사	빈도	백분율	순위	수사	빈도	백분율
48	대여섯	2,063	0.04	98	육십	293	0.01
49	한둘	2,049	0.04	99	서른여섯	281	0.01
50	몇몇	2,048	0.04	100	백여	272	0.01

2) 용언

용언은 동사, 형용사, 보조용언, 지정사를 포함한다. 문장에서 본용언에 해당하는 경우에는 동사와 형용사를 구분하고 보조용언으로 사용될 경우에는 보조동사와 보조형용사를 구분하지 않고 일괄적으로 보조용언이라는 표지로 분석한다.

(1) 동사(VV)

사물의 움직임이나 작용을 기술하며 목적어의 필요 유무에 따라 구분을 하기도 하지만 여기에서는 자동사와 타동사의 구분 없이 하나의 표지 아래 분석한다.

타입 수: 7,686
토큰 수: 66,136,935

순위	동사	빈도	백분율	순위	동사	빈도	백분율
1	있	4,664,214	7.05	51	늘어나	218,929	0.33
2	하	3,576,631	5.41	52	들	213,521	0.32
3	되	2,545,679	3.85	53	이루어지	211,923	0.32
4	대하	1,928,581	2.92	54	바꾸	211,262	0.32
5	받	1,657,351	2.51	55	맡	209,461	0.32
6	위하	1,607,252	2.43	56	비하	196,314	0.30
7	보	1,152,832	1.74	57	느끼	195,929	0.30

순위	동사	빈도	백분율	순위	동사	빈도	백분율
8	밝히	1,064,867	1.61	58	늘	188,393	0.28
9	따르	991,313	1.50	59	나누	186,322	0.28
10	보이	914,648	1.38	60	남	185,604	0.28
11	만들	828,558	1.25	61	생기	184,026	0.28
12	지나	801,636	1.21	62	타	183,096	0.28
13	통하	764,481	1.16	63	거치	181,788	0.27
14	나오	699,831	1.06	64	내놓	181,098	0.27
15	들	573,373	0.87	65	그러	180,583	0.27
16	가	528,982	0.80	66	읽	176,458	0.27
17	열리	526,857	0.80	67	세우	174,658	0.26
18	쓰	504,620	0.76	68	줄이	173,136	0.26
19	내	466,544	0.71	69	끝나	172,031	0.26
20	오	456,993	0.69	70	갖추	170,925	0.26
21	알	415,503	0.63	71	빠지	169,598	0.26
22	살	413,315	0.62	72	모으	169,208	0.26
23	열	411,424	0.62	73	높이	165,737	0.25
24	주	398,464	0.60	74	막	165,034	0.25
25	오르	391,923	0.59	75	이어지	163,041	0.25
26	알리	389,465	0.59	76	지키	157,502	0.24
27	찾	386,427	0.58	77	걸리	157,467	0.24
28	나서	341,438	0.52	78	묻	157,133	0.24
29	맞	331,470	0.50	79	비롯하	152,954	0.23
30	갖	324,397	0.49	80	부르	152,124	0.23
31	만나	305,632	0.46	81	팔	151,201	0.23
32	잇	296,520	0.45	82	앞서	150,143	0.23
33	넘	284,209	0.43	83	서	145,249	0.22
34	떨어지	283,915	0.43	84	넣	143,281	0.22
35	나타나	277,952	0.42	85	치	142,328	0.22
36	가지	276,741	0.42	86	옮기	141,399	0.21
37	전하	269,702	0.41	87	맞추	138,713	0.21
38	벌이	263,458	0.40	88	늘리	136,581	0.21
39	모르	259,491	0.39	89	담	135,219	0.20
40	잡	259,114	0.39	90	이루	134,884	0.20
41	올리	256,268	0.39	91	떠나	134,727	0.20
42	들어가	255,492	0.39	92	앞두	131,494	0.20

순위	동사	빈도	백분율	순위	동사	빈도	백분율
43	나	245,646	0.37	93	이끌	131,036	0.20
44	보내	239,857	0.36	94	바뀌	130,770	0.20
45	두	239,695	0.36	95	끌	130,122	0.20
46	내리	229,951	0.35	96	의하	129,872	0.20
47	이르	229,682	0.35	97	놓	127,752	0.19
48	먹	225,100	0.34	98	배우	126,769	0.19
49	짓	220,541	0.33	99	겪	125,998	0.19
50	얻	219,282	0.33	100	인하	124,858	0.19

(2) 형용사(VA)

사물의 성질이나 상태를 묘사하는 용언에 대해 VA라는 표지를 부착한다.

타입 수: 2,984
토큰 수: 17,231,425

순위	형용사	빈도	백분율	순위	형용사	빈도	백분율
1	없	2,060,317	11.96	51	가볍	42,708	0.25
2	아니	1,190,647	6.91	52	수많	40,695	0.24
3	같	1,005,106	5.83	53	밝	40,668	0.24
4	크	951,518	5.52	54	재미있	40,076	0.23
5	많	865,796	5.02	55	낫	38,390	0.22
6	좋	615,399	3.57	56	이르	38,307	0.22
7	높	540,959	3.14	57	따뜻하	37,726	0.22
8	어렵	371,193	2.15	58	약하	37,620	0.22
9	그렇	345,493	2.01	59	활발하	36,800	0.21
10	새롭	271,293	1.57	60	복잡하	36,077	0.21
11	어떻	264,003	1.53	61	즐겁	35,946	0.21
12	쉽	235,437	1.37	62	확실하	35,733	0.21
13	이렇	210,080	1.22	63	바쁘	34,644	0.20
14	다르	177,844	1.03	64	풍부하	34,510	0.20
15	낮	168,006	0.97	65	편하	33,907	0.20

순위	형용사	빈도	백분율	순위	형용사	빈도	백분율
16	힘들	160,943	0.93	66	안타깝	32,918	0.19
17	적	153,777	0.89	67	똑같	32,884	0.19
18	작	148,481	0.86	68	진정하	32,407	0.19
19	강하	146,408	0.85	69	아쉽	32,343	0.19
20	빠르	118,293	0.69	70	거세	32,192	0.19
21	비슷하	113,177	0.66	71	당연하	31,862	0.18
22	불과하	106,303	0.62	72	드물	30,209	0.18
23	젊	103,501	0.60	73	간단하	30,084	0.17
24	가깝	103,007	0.60	74	뚜렷하	29,642	0.17
25	아름답	85,764	0.50	75	옳	29,585	0.17
26	심하	84,528	0.49	76	뒤늦	28,608	0.17
27	깊	84,389	0.49	77	훌륭하	28,355	0.16
28	심각하	83,602	0.49	78	좁	27,918	0.16
29	길	81,682	0.47	79	부드럽	27,474	0.16
30	어리	80,994	0.47	80	싫	27,088	0.16
31	늦	66,770	0.39	81	궁금하	26,802	0.16
32	지나치	60,498	0.35	82	무섭	26,159	0.15
33	이러하	59,901	0.35	83	저렴하	25,901	0.15
34	나쁘	59,463	0.35	84	민감하	25,788	0.15
35	비싸	59,338	0.34	85	소중하	25,753	0.15
36	강력하	58,688	0.34	86	익숙하	25,689	0.15
37	뛰어나	56,996	0.33	87	괜찮	25,634	0.15
38	짧	56,575	0.33	88	놀랍	25,572	0.15
39	멀	55,154	0.32	89	깨끗하	25,224	0.15
40	엄청나	51,755	0.30	90	붉	25,054	0.15
41	바람직하	49,469	0.29	91	무겁	24,621	0.14
42	넓	48,602	0.28	92	멋지	24,608	0.14
43	화려하	47,356	0.27	93	시급하	23,256	0.13
44	충분하	47,107	0.27	94	만만하	22,916	0.13
45	적절하	46,045	0.27	95	어둡	22,750	0.13
46	분명하	45,577	0.26	96	낯설	22,494	0.13
47	아프	44,710	0.26	97	맑	22,380	0.13
48	뜨겁	44,389	0.26	98	무관하	22,302	0.13
49	싸	43,677	0.25	99	막대하	22,282	0.13
50	불가피하	42,868	0.25	100	평범하	22,136	0.13

(3) 보조용언(VX)

보조용언 앞에는 다른 용언(선행하는 본용언)이 나오며 다양한 단어가 보조용언으로 사용될 수 있어 그 생산성이 다른 단어에 비해 높다. 따라서 보조용언의 자격에 대해서 견해의 차이가 있을 수 있다.

타입 수: 125
토큰 수: 18,133,319

순위	보조용언	빈도	백분율	순위	보조용언	빈도	백분율
1	있	5,205,412	28.71	16	버리	116,081	0.64
2	하	3,607,365	19.89	17	두	96,336	0.53
3	않	2,499,653	13.78	18	나	62,953	0.35
4	지	1,627,718	8.98	19	대	21,485	0.12
5	주	1,094,966	6.04	20	드리	20,498	0.11
6	오	702,514	3.87	21	들	20,024	0.11
7	보	701,975	3.87	22	치우	9,386	0.05
8	못하	691,128	3.81	23	먹	9,013	0.05
9	가	345,054	1.90	24	계시	6,273	0.03
10	싶	315,757	1.74	25	프	3,651	0.02
11	내	305,278	1.68	26	아니하	2,449	0.01
12	놓	197,715	1.09	27	가지	2,351	0.01
13	말	175,997	0.97	28	빠지	584	0.00
14	나가	159,105	0.88	29	마지않	446	0.00
15	달	129,559	0.71	30	갖	408	0.00

(4) 지정사(VCP)

지정사는 서술격 조사에 대응하는 것으로 신문 기사처럼 엄격히 정제된 문장에서는 그 유형이 '이' 한 가지만 나타난다.

타입 수:	1		
토큰 수: 16,327,614			
순위	보조용언	빈도	백분율
1	이	16,327,614	100

3) 수식언

여기에서는 관형사와 부사를 수식언으로 본다.

(1) 관형사(MM)

관형사는 체언 앞에서 체언을 꾸미는 기능을 한다. 여기에서는 지시 관형사, 수관형사, 성상관형사의 구분없이 관형사라는 표지 하나로 분석한다.

타입 수:	164						
토큰 수: 9,710,094							
순위	관형사	빈도	백분율	순위	관형사	빈도	백분율
1	이	2,075,007	21.37	51	딴	5,471	0.06
2	한	1,372,569	14.14	52	저런	4,499	0.05
3	그	865,256	8.91	53	넉	4,448	0.05
4	두	591,607	6.09	54	웬	4,193	0.04
5	다른	538,991	5.55	55	수	4,114	0.04
6	이런	498,041	5.13	56	동	3,860	0.04
7	제	334,592	3.45	57	헌	3,090	0.03
8	모든	276,611	2.85	58	갖은	3,054	0.03
9	첫	270,972	2.79	59	두어	2,993	0.03
10	어떤	231,951	2.39	60	본	2,690	0.03
11	새	212,095	2.18	61	근	2,029	0.02
12	그런	202,193	2.08	62	일대	1,565	0.02

순위	관형사	빈도	백분율	순위	관형사	빈도	백분율
13	전	194,964	2.01	63	외딴	1,524	0.02
14	약	188,725	1.94	64	요	1,140	0.01
15	여러	183,006	1.88	65	구	1,067	0.01
16	어느	169,138	1.74	66	뭇	1,059	0.01
17	몇	168,135	1.73	67	장장	934	0.01
18	세	163,279	1.68	68	몹쓸	693	0.01
19	각	162,714	1.68	69	별의별	624	0.01
20	총	146,944	1.51	70	별별	590	0.01
21	현	93,558	0.96	71	연	463	0.00
22	옛	71,450	0.74	72	왼	453	0.00
23	무슨	58,595	0.60	73	허튼	421	0.00
24	네	57,737	0.59	74	서	370	0.00
25	단	52,643	0.54	75	그까짓	363	0.00
26	오랜	36,189	0.37	76	그깟	272	0.00
27	아무런	32,043	0.33	77	긴긴	243	0.00
28	양	31,748	0.33	78	닷	243	0.00
29	순	31,708	0.33	79	오른	208	0.00
30	아무	31,284	0.32	80	두서너	185	0.00
31	별	30,013	0.31	81	무신	164	0.00
32	저	27,143	0.28	82	애먼	150	0.00
33	한두	24,221	0.25	83	언	150	0.00
34	몇몇	23,327	0.24	84	까짓	144	0.00
35	고	22,632	0.23	85	어는	126	0.00
36	모	22,276	0.23	86	요런	120	0.00
37	온갖	20,650	0.21	87	당	114	0.00
38	온	19,490	0.20	88	이따위	102	0.00
39	주	18,665	0.19	89	그따위	94	0.00
40	석	15,713	0.16	90	뭔	92	0.00
41	맨	15,686	0.16	91	성	75	0.00
42	만	11,758	0.12	92	그딴	73	0.00
43	서너	8,958	0.09	93	이러저런	70	0.00
44	양대	8,203	0.08	94	어인	68	0.00
45	이런저런	7,948	0.08	95	이까짓	68	0.00
46	여느	7,772	0.08	96	고얀	63	0.00
47	두세	7,007	0.07	97	모모	58	0.00

순위	관형사	빈도	백분율	순위	관형사	빈도	백분율
48	매	6,887	0.07	98	그런저런	55	0.00
49	타	6,741	0.07	99	오만	44	0.00
50	스무	6,070	0.06	100	및	37	0.00

(2) 일반부사(MAG)

일반부사는 용언을 수식하여 그 뜻을 세밀하게 해 주는 기능을 한다.

타입 수:　　30,821
토큰 수:　18,708,020

순위	형태	빈도	백분율	순위	형태	빈도	백분율
1	또	882,055	4.71	51	꼭	81,948	0.44
2	더	764,947	4.09	52	매년	80,948	0.43
3	함께	625,222	3.34	53	일단	78,772	0.42
4	가장	546,592	2.92	54	반드시	76,749	0.41
5	및	498,074	2.66	55	다만	75,342	0.40
6	모두	473,593	2.53	56	곧	74,480	0.40
7	안	422,890	2.26	57	자주	73,798	0.39
8	특히	383,073	2.05	58	같이	67,467	0.36
9	현재	369,317	1.97	59	매일	66,591	0.36
10	다시	362,568	1.94	60	정말	65,939	0.35
11	잘	343,734	1.84	61	잘못	65,704	0.35
12	많이	309,458	1.65	62	미리	63,092	0.34
13	없이	259,461	1.39	63	빨리	58,790	0.31
14	이미	228,459	1.22	64	다소	58,775	0.31
15	못	227,848	1.22	65	오래	56,409	0.30
16	아직	227,048	1.21	66	이른바	55,735	0.30
17	직접	215,849	1.15	67	충분히	55,143	0.29
18	물론	203,193	1.09	68	완전히	53,858	0.29
19	다	196,591	1.05	69	아예	53,195	0.28
20	각각	194,484	1.04	70	늘	52,935	0.28
21	바로	174,837	0.93	71	아주	50,679	0.27
22	너무	173,319	0.93	72	갑자기	50,141	0.27
23	역시	171,094	0.91	73	즉	49,867	0.27

순위	형태	빈도	백분율	순위	형태	빈도	백분율
24	더욱	159,270	0.85	74	과연	48,991	0.26
25	제대로	155,063	0.83	75	따로	48,379	0.26
26	먼저	148,015	0.79	76	사실	47,995	0.26
27	계속	146,428	0.78	77	대폭	47,914	0.26
28	왜	145,070	0.78	78	열심히	46,341	0.25
29	거의	141,020	0.75	79	마치	45,964	0.25
30	또는	131,676	0.70	80	그만큼	45,781	0.24
31	이제	129,909	0.69	81	가까이	44,831	0.24
32	우선	123,608	0.66	82	보다	43,744	0.23
33	지금	121,347	0.65	83	꾸준히	43,505	0.23
34	오히려	120,968	0.65	84	그냥	43,431	0.23
35	좀	114,438	0.61	85	무려	43,351	0.23
36	달리	109,678	0.59	86	조금	42,994	0.23
37	그대로	108,858	0.58	87	결코	42,001	0.22
38	매우	106,070	0.57	88	아무리	41,767	0.22
39	한편	103,927	0.56	89	항상	41,350	0.22
40	얼마나	101,043	0.54	90	세다가	41,124	0.22
41	훨씬	96,666	0.52	91	별로	40,205	0.21
42	또한	95,930	0.51	92	곧바로	39,762	0.21
43	스스로	95,470	0.51	93	갈수록	37,724	0.20
44	서로	94,642	0.51	94	분명히	37,710	0.20
45	여전히	93,359	0.50	95	혹은	37,541	0.20
46	전혀	90,967	0.49	96	매주	37,288	0.20
47	새로	89,246	0.48	97	점점	36,496	0.20
48	이어	88,383	0.47	98	대거	36,293	0.19
49	주로	87,647	0.47	99	벌써	36,021	0.19
50	실제로	84,783	0.45	100	앞서	34,358	0.18

(3) 접속부사(MAJ)

여기에서 접속부사는 문장과 문장의 연결 기능을 가지는 단어를 대
상으로 한다.

타입 수: 160
토큰 수: 1,852,278

순위	형태	빈도	백분율	순위	형태	빈도	백분율
1	그러나	727,381	39.27	51	그러믄	7	0.00
2	하지만	496,151	26.79	52	하지가	7	0.00
3	그리고	181,905	9.82	53	그렁게	6	0.00
4	그런데	141,298	7.63	54	긍게	6	0.00
5	그래서	117,815	6.36	55	그라사	5	0.00
6	따라서	102,364	5.53	56	그리모	5	0.00
7	그렇지만	18,725	1.01	57	허지사	5	0.00
8	그러면	17,413	0.94	58	그라나	4	0.00
9	그럼	10,769	0.58	59	그랑게	4	0.00
10	단	7,718	0.42	60	그래가	4	0.00
11	그러므로	7,218	0.39	61	그런나	4	0.00
12	그러니까	6,347	0.34	62	그제만	4	0.00
13	근데	3,527	0.19	63	긴데	4	0.00
14	그리하여	3,441	0.19	64	허기사	4	0.00
15	한데	3,299	0.18	65	그라	3	0.00
16	하긴	2,371	0.13	66	그라먼	3	0.00
17	하물며	1,886	0.10	67	그라서	3	0.00
18	하기야	910	0.05	68	그러구	3	0.00
19	허나	376	0.02	69	기래서	3	0.00
20	이리하여	331	0.02	70	하오면	3	0.00
21	하기는	116	0.01	71	하지면	3	0.00
22	근디	102	0.01	72	허기야	3	0.00
23	하나	65	0.00	73	그라만	2	0.00
24	그라고	48	0.00	74	그라머	2	0.00
25	그라소	46	0.00	75	그라문	2	0.00
26	그라믄	40	0.00	76	그래	2	0.00
27	그치만	38	0.00	77	그래디	2	0.00
28	그란디	33	0.00	78	그래머	2	0.00
29	하오나	31	0.00	79	그러가	2	0.00
30	긍께	28	0.00	80	그러먼	2	0.00
31	그라마	25	0.00	81	그러사	2	0.00
32	이리고	24	0.00	82	그런께	2	0.00
33	그런디	20	0.00	83	그렇	2	0.00

순위	형태	빈도	백분율	순위	형태	빈도	백분율
34	허지만	20	0.00	84	그레서	2	0.00
35	그람	19	0.00	85	그리	2	0.00
36	그란데	17	0.00	86	그리고어	2	0.00
37	그랑께	16	0.00	87	그리니	2	0.00
38	그라모	15	0.00	88	그리디	2	0.00
39	그래소	15	0.00	89	그리만	2	0.00
40	그리구	15	0.00	90	하게만	2	0.00
41	헌데	14	0.00	91	하람	2	0.00
42	그러	11	0.00	92	하만	2	0.00
43	그러데	10	0.00	93	하치만	2	0.00
44	그리나	10	0.00	94	한데나	2	0.00
45	하지	10	0.00	95	그기야	1	0.00
46	하르데	9	0.00	96	그나	1	0.00
47	하지마	9	0.00	97	그나나	1	0.00
48	그러니께	8	0.00	98	그나만	1	0.00
49	기래	8	0.00	99	그라게	1	0.00
50	히긴	8	0.00	100	그라ㅣ디	1	0.00

4) 독립언 : 감탄사(IC)

감탄사는 화자의 느낌, 놀람, 대답, 부름 등을 직접적으로 나타내는 품사를 가리킨다.

타입 수:　1,080
토큰 수:　145,681

순위	감탄사	빈도	백분율	순위	감탄사	빈도	백분율
1	아	13,560	9.31	51	어이	442	0.30
2	여	10,588	7.27	52	아냐	438	0.30
3	뭐	7,091	4.87	53	아이구	432	0.30
4	그래	6,909	4.74	54	이런	412	0.28
5	자	6,322	4.34	55	애	411	0.28

순위	감탄사	빈도	백분율	순위	감탄사	빈도	백분율
6	야	5,902	4.05	56	어머나	408	0.28
7	아니	4,126	2.83	57	그럼요	388	0.27
8	원	3,849	2.64	58	그래요	387	0.27
9	오	3,382	2.32	59	아뿔싸	385	0.26
10	예	3,267	2.24	60	아웅	382	0.26
11	어	3,081	2.11	61	얼쑤	373	0.26
12	네	2,869	1.97	62	좋아	373	0.26
13	글쎄	2,837	1.95	63	아뇨	372	0.26
14	참	2,770	1.90	64	아유	366	0.25
15	아하	2,012	1.38	65	천만에	355	0.24
16	씨	1,989	1.37	66	하모	350	0.24
17	어디	1,925	1.32	67	으	347	0.24
18	하하	1,916	1.32	68	이봐	342	0.23
19	파이팅	1,815	1.25	69	악	339	0.23
20	안녕	1,794	1.23	70	웬걸	339	0.23
21	와	1,613	1.11	71	뭘	338	0.23
22	음	1,582	1.09	72	헉	330	0.23
23	에이	1,417	0.97	73	거시기	321	0.22
24	아이고	1,344	0.92	74	훙	320	0.22
25	여보	1,321	0.91	75	흠	315	0.22
26	왜	1,242	0.85	76	야호	310	0.21
27	응	1,178	0.81	77	그렇지	294	0.20
28	글쎄요	1,118	0.77	78	맙소사	288	0.20
29	앗	1,064	0.73	79	여보세요	285	0.20
30	옳다	1,012	0.69	80	에그	271	0.19
31	저	997	0.68	81	하	269	0.18
32	암	919	0.63	82	임마	252	0.17
33	휴	904	0.62	83	빌어먹을	251	0.17
34	아아	878	0.60	84	오케이	251	0.17
35	만세	855	0.59	85	아휴	248	0.17
36	어머	814	0.56	86	와우	242	0.17
37	허허	797	0.55	87	얍	240	0.16
38	그럼	790	0.54	88	오냐	233	0.16
39	아니오	747	0.51	89	얼씨구	229	0.16
40	마	726	0.50	90	그러게	223	0.15

순위	감탄사	빈도	백분율	순위	감탄사	빈도	백분율
41	아차	723	0.50	91	허허허	223	0.15
42	세상에	657	0.45	92	호호호	221	0.15
43	어휴	610	0.42	93	아자	212	0.15
44	우와	609	0.42	94	으악	204	0.14
45	아이	547	0.38	95	어허	201	0.14
46	아니요	538	0.37	96	저런	200	0.14
47	허	531	0.36	97	우	191	0.13
48	아니야	476	0.33	98	에라	189	0.13
49	거	472	0.32	99	어라	188	0.13
50	에	459	0.32	100	오오	188	0.13

2. 문법범주 형태소 사용 빈도

1) 조사

조사는 구나 문장에서 체언과 결합하여 다른 말과의 문법적인 관계를 나타낸다. 수반되는 단어의 문장 성분에 따라 주격조사·목적격조사·관형격조사·부사격조사·호격조사·인용격조사·보조사로 세분되며 각 유형의 수는 매우 한정적이다.

(1) 주격조사(JKS)

주격조사는 선행하는 명사가 구나 문장에서 주어 기능을 하도록 표시한다.

타입 수: 9
토큰 수: 28,604,430

순위	감탄사	빈도	백분율	순위	감탄사	빈도	백분율
1	이	17,855,291	62.42	6	레	179	0.00
2	가	10,719,860	37.48	7	께오서	81	0.00
3	께서	16,639	0.06	8	께옵서	36	0.00
4	서	10,239	0.04	9	래	34	0.00
5	이서	2,071	0.01				

(2) 목적격조사(JKO)

목적격조사는 선행하는 명사가 구나 문장에서 목적어 역할을 하게 해 주는 조사이다.

타입 수: 　　　　　5
토큰 수: 40,257,040

순위	목적격조사	빈도	백분율	순위	목적격조사	빈도	백분율
1	을	24,996,192	62.09	4	의	411	0.00
2	를	15,080,190	37.46	5	얼	15	0.00
3	ㄹ	180,232	0.45				

(3) 관형격조사(JKG)

선행 체언이 관형어가 되세 하는 조사로 '의'가 가장 대표적인 형태이다.

타입 수: 　　　　　7
토큰 수: 1,707,902

순위	관형격조사	빈도	백분율	순위	관형격조사	빈도	백분율
1	의	20,826,221	100.00	5	이	121	0.00
2	어	294	0.00	6	옛	98	0.00
3	우	137	0.00	7	에	85	0.00
4	으	134	0.00				

(4) 부사격조사(JKB)

부사격조사가 따라옴으로써 선행하는 명사는 부사어가 된다.

타입 수:　　　　71
토큰 수: 56,307,063

순위	감탄사	빈도	백분율	순위	감탄사	빈도	백분율
1	에	18,871,395	33.52	37	루서	613	0.00
2	으로	8,116,794	14.42	38	마냥	536	0.00
3	에서	7,922,006	14.07	39	하며	349	0.00
4	로	6,737,701	11.97	40	하구	243	0.00
5	과	5,531,410	9.82	41	이며	191	0.00
6	와	3,872,571	6.88	42	ㄹ더러	142	0.00
7	에게	1,504,427	2.67	43	캉	104	0.00
8	보다	956,644	1.70	44	만치	99	0.00
9	이나	564,609	1.00	45	이루	81	0.00
10	처럼	504,884	0.90	46	으루	80	0.00
11	나	489,861	0.87	47	게	72	0.00
12	서	239,990	0.43	48	허고	68	0.00
13	로부터	171,165	0.30	49	이고	55	0.00
14	로서	147,806	0.26	50	한티	46	0.00
15	으로부터	101,328	0.18	51	보담	38	0.00
16	으로써	96,824	0.17	52	헌티	36	0.00
17	으로서	94,699	0.17	53	ㄹ보고	30	0.00
18	만큼	58,882	0.10	54	헌테	28	0.00
19	같이	53,505	0.10	55	허구	25	0.00
20	에게서	46,015	0.08	56	겉이	22	0.00
21	께	41,294	0.07	57	모양	21	0.00
22	한테	41,229	0.07	58	맨치로	18	0.00
23	에다	32,452	0.06	59	맹키로	18	0.00
24	로써	29,864	0.05	60	보구	17	0.00
25	에서부터	26,546	0.05	61	게서	14	0.00
26	랑	11,104	0.02	62	의서	9	0.00
27	한테서	9,965	0.02	63	맨쿠로	7	0.00
28	하고	9,478	0.02	64	버덤	6	0.00
29	더러	4,227	0.01	65	이서	6	0.00

순위	감탄사	빈도	백분율	순위	감탄사	빈도	백분율
30	이랑	3,480	0.01	66	보덤	5	0.00
31	보고	3,181	0.01	67	만침	3	0.00
32	서부터	2,536	0.00	68	처름	3	0.00
33	루	2,059	0.00	69	다려	2	0.00
34	이	1,776	0.00	70	맨구로	2	0.00
35	에다가	1,498	0.00	71	으루서	1	0.00
36	마따나	868	0.00				

(5) 호격조사(JKV)

주로 사람을 지칭하는 명사에 수반되며 선행 명사는 부름의 대상이 된다.

타입 수:　　　12
토큰 수: 26,733

순위	호격조사	빈도	백분율	순위	호격조사	빈도	백분율
1	야	12,557	46.97	7	시여	11	0.04
2	아	11,681	43.70	8	야아	11	0.04
3	이여	1,063	3.98	9	예	4	0.01
4	여	1,045	3.91	10	으	2	0.01
5	이시여	344	1.29	11	이시어	2	0.01
6	아아	12	0.04	12	하	1	0.00

(6) 인용격조사(JKQ)

인용문이나 인용구를 동사에 대해 부사적 성분으로 도입하게 한다.

타입 수:　　　4
토큰 수: 1,710,845

순위	인용격조사	빈도	백분율	순위	인용격조사	빈도	백분율
1	고	1,114,610	65.15	3	라고	230,683	13.48
2	이라고	345,286	20.18	4	하고	20,266	1.18

(7) 보조사(JX)

　체언, 부사, 용언의 연결어미나 종결어미 뒤에 수반되어 특별한 뜻을 추가해 준다. 격조사에 비해 자유로운 환경에서 선행 단어와 결합된다.

타입 수: 61
토큰 수: 41,328,079

순위	보조사	빈도	백분율	순위	보조사	빈도	백분율
1	는	14,132,543	34.20	32	따라	2,336	0.01
2	은	12,875,371	31.15	33	커녕	1,425	0.00
3	도	6,955,950	16.83	34	마	1,142	0.00
4	까지	1,843,938	4.46	35	깨나	763	0.00
5	만	1,389,060	3.36	36	일랑	571	0.00
6	ㄴ	1,380,023	3.34	37	유	330	0.00
7	부터	1,251,528	3.03	38	예	243	0.00
8	밖에	201,398	0.49	39	ㄴ커녕	170	0.00
9	나	198,434	0.48	40	ㄹ랑	96	0.00
10	마다	180,808	0.44	41	그려	95	0.00
11	뿐	136,624	0.33	42	이사	86	0.00
12	대로	129,452	0.31	43	그래	85	0.00
13	이나	121,733	0.29	44	마동	71	0.00
14	다	112,198	0.27	45	넌	70	0.00
15	조차	82,146	0.20	46	쇼	56	0.00
16	야	67,902	0.16	47	마는	49	0.00
17	마저	62,694	0.15	48	꺼정	48	0.00
18	이란	55,582	0.13	49	까정	34	0.00
19	란	39,729	0.10	50	부텀	32	0.00
20	요	28,235	0.07	51	치구	23	0.00
21	이야말로	17,737	0.04	52	서껀	19	0.00
22	는커녕	9,469	0.02	53	까장	15	0.00
23	나마	7,499	0.02	54	꺼지	14	0.00
24	야말로	6,463	0.02	55	밖이	14	0.00
25	이야	6,414	0.02	56	대루	10	0.00
26	두	5,839	0.01	57	버텀	10	0.00

순위	보조사	빈도	백분율	순위	보조사	빈도	백분율
27	이나마	5,538	0.01	58	그랴	8	0.00
28	치고	4,977	0.01	59	배끼	6	0.00
29	은커녕	4,354	0.01	60	배께	3	0.00
30	다가	3,697	0.01	61	을랑	3	0.00
31	사	2,917	0.01				

2) 어미

(1) 선어말어미(EP)

용언이 활용할 때, 어간과 어말 어미 사이에 나타나 시제 · 높임 · 양태를 나타내는 문법적 요소이다.

타입 수: 20
토큰 수: 23,222,158

순위	선어말어미	빈도	백분율	순위	선어말어미	빈도	백분율
1	았	12,371,084	53.27	11	것	370	0.00
2	었	9,445,664	40.68	12	엇	90	0.00
3	겠	1,030,683	4.44	13	얏	68	0.00
4	시	282,732	1.22	14	갔	55	0.00
5	았었	52,376	0.23	15	엿	45	0.00
6	으시	18,338	0.08	16	곗	26	0.00
7	었었	18,073	0.08	17	씨	17	0.00
8	오	1,379	0.01	18	ㅂ시	10	0.00
9	겄	661	0.00	19	굿	6	0.00
10	옵	475	0.00	20	앗	6	0.00

(2) 어말어미(EM)

용언의 어간이나 선어말 어미 뒤에 연결되어 용언의 형식을 완성시

킨다. 즉, 한 문장을 끝맺는 기능을 한다.

타입 수:　　　1,612
토큰 수: 98,758,417

순위	어말어미	빈도	백분율	순위	어미	빈도	백분율
1	다	28,646,914	29.01	51	더라도	134,420	0.14
2	고	12,235,217	12.39	52	려면	128,151	0.13
3	아	9,800,459	9.92	53	냐	118,651	0.12
4	어	7,753,894	7.85	54	아요	113,594	0.12
5	ㄴ다	5,968,119	6.04	55	든	111,744	0.11
6	게	3,556,135	3.60	56	려	103,356	0.10
7	지	3,421,342	3.46	57	려고	103,344	0.10
8	며	2,256,686	2.29	58	으면서	91,167	0.09
9	면	2,231,217	2.26	59	으니	87,637	0.09
10	지만	1,507,032	1.53	60	듯	85,861	0.09
11	다고	1,297,995	1.31	61	지요	80,876	0.08
12	면서	1,282,309	1.30	62	다며	76,895	0.08
13	라고	1,202,041	1.22	63	므로	71,112	0.07
14	아야	1,081,635	1.10	64	더니	69,178	0.07
15	아서	958,224	0.97	65	ㄹ수록	63,929	0.06
16	어야	787,400	0.80	66	러	53,866	0.05
17	라	738,154	0.75	67	을지	49,032	0.05
18	자	617,941	0.63	68	야	47,661	0.05
19	는데	596,654	0.60	69	고자	47,507	0.05
20	도록	592,745	0.60	70	에요	47,174	0.05
21	ㅂ니다	567,225	0.57	71	어라	46,581	0.05
22	으며	556,955	0.56	72	니까	44,281	0.04
23	는다	495,884	0.50	73	되	41,919	0.04
24	어서	451,369	0.46	74	곤	41,173	0.04
25	습니다	448,006	0.45	75	아라	38,382	0.04
26	라며	414,991	0.42	76	느라	37,745	0.04
27	거나	390,237	0.40	77	든지	35,964	0.04
28	으면	379,291	0.38	78	으므로	35,702	0.04
29	으나	373,544	0.38	79	듯이	35,335	0.04
30	ㄴ다고	346,762	0.35	80	자고	34,647	0.04
31	어요	319,057	0.32	81	기에	34,331	0.03

순위	어말어미	빈도	백분율	순위	어미	빈도	백분율
32	아도	311,551	0.32	82	네	32,470	0.03
33	ㄴ가	300,065	0.30	83	은데	31,989	0.03
34	니	271,832	0.28	84	는다고	30,708	0.03
35	는지	271,336	0.27	85	라면서	29,957	0.03
36	다가	249,048	0.25	86	ㅂ니까	27,483	0.03
37	ㄹ까	236,534	0.24	87	는다면	26,546	0.03
38	ㄴ지	232,690	0.24	88	자마자	25,883	0.03
39	다면	223,008	0.23	89	요	24,460	0.02
40	나	214,479	0.22	90	ㄹ까요	23,681	0.02
41	ㄴ데	203,038	0.21	91	습니까	23,597	0.02
42	ㄴ다면	197,557	0.20	92	고서	22,662	0.02
43	어도	194,843	0.20	93	ㄴ다며	22,588	0.02
44	죠	162,125	0.16	94	ㄴ데다	22,382	0.02
45	ㄹ지	161,395	0.16	95	더라	22,281	0.02
46	느냐	158,039	0.16	96	나요	22,135	0.02
47	라도	156,759	0.16	97	으려면	21,752	0.02
48	는가	141,189	0.14	98	자면	21,045	0.02
49	을까	140,232	0.14	99	어다	19,342	0.02
50	라면	138,579	0.14	100	으려	19,089	0.02

(3) 명사형 전성어미(ETN)

한 단어나 문장의 성격을 임시로 바꾸어 다른 문장 속에서 명사적인
역할을 하도록 해준다.

타입 수: 8
토큰 수: 4,953,311

순위	형태	빈도	백분율	순위	형태	빈도	백분율
1	기	4,090,506	82.58	5	다기	3,109	0.06
2	ㅁ	698,576	14.10	6	ㄴ다기	1,006	0.02
3	음	147,338	2.97	7	는다기	111	0.00
4	라기	12,631	0.26	8	고	34	0.00

(4) 관형사형 전성어미(ETM)

용언의 성격을 임시로 바꾸어 다른 문장 속에서 관형사적인 역할을
하게끔 한다.

타입 수: 80
토큰 수: 55,834,637

순위	형태	빈도	백분율	순위	형태	빈도	백분율
1	ㄴ	23,834,182	42.69	41	는단	199	0.00
2	는	13,483,608	24.15	42	리라던	175	0.00
3	ㄹ	7,741,929	13.87	43	난	154	0.00
4	은	3,615,427	6.48	44	달	133	0.00
5	던	1,818,105	3.26	45	잔	127	0.00
6	을	1,497,010	2.68	46	느난	81	0.00
7	다는	1,422,370	2.55	47	는다던	75	0.00
8	라는	1,072,777	1.92	48	런	64	0.00
9	ㄴ다는	622,549	1.11	49	다난	48	0.00
10	란	243,876	0.44	50	능	45	0.00
11	려는	181,435	0.32	51	운	44	0.00
12	자는	98,073	0.18	52	넌	37	0.00
13	는다는	57,649	0.10	53	아란	36	0.00
14	냐는	40,023	0.07	54	으는	32	0.00
15	느냐는	26,697	0.05	55	다더라는	29	0.00
16	으려는	20,352	0.04	56	ㄴ다라는	27	0.00
17	려던	13,710	0.02	57	으리라던	27	0.00
18	단	6,012	0.01	58	ㄴ달	23	0.00
19	리라는	5,452	0.01	59	랜	22	0.00
20	다던	4,875	0.01	60	든	21	0.00
21	으라는	4,264	0.01	61	ㄴ데라는	20	0.00
22	라던	2,973	0.01	62	마는	20	0.00
23	으리라는	2,962	0.01	63	ㄴ다더라는	17	0.00
24	ㄴ단	2,920	0.01	64	느냐던	16	0.00
25	랄	2,526	0.00	65	드란	16	0.00

순위	형태	빈도	백분율	순위	형태	빈도	백분율
26	더라는	1,818	0.00	66	으라던	16	0.00
27	으냐는	1,481	0.00	67	르려는	15	0.00
28	리란	1,290	0.00	68	랴는	13	0.00
29	으려던	1,060	0.00	69	려느냐는	13	0.00
30	으리란	969	0.00	70	난	12	0.00
31	ㄴ다던	948	0.00	71	노란	10	0.00
32	ㄴ가라는	781	0.00	72	노라던	9	0.00
33	잘	629	0.00	73	더냐는	8	0.00
34	으란	538	0.00	74	래는	7	0.00
35	ㄹ까라는	366	0.00	75	고픈	6	0.00
36	는가라는	356	0.00	76	란다는	6	0.00
37	다라는	326	0.00	77	랠	2	0.00
38	자던	293	0.00	78	마던	2	0.00
39	노라는	212	0.00	79	어얄	2	0.00
40	더란	204	0.00	80	더냔	1	0.00

3) 접사

접두사와 접미사는 단어 위주 분석을 하기 위하여 목록을 많이 축소
하였다. 여기에서는 접두사, 접미사, 파생접사를 하나의 표에 같이 제
시하고 있다.

타입 수:　　　162
토큰 수: 48,776,371

순위	형태	빈도	백분율	순위	형태	빈도	백분율
1	하	32,150,815	65.91	51	고	1,635	0.00
2	들	6,962,790	14.27	52	초	1,625	0.00
3	되	5,981,506	12.26	53	장이	1,469	0.00
4	여	743,479	1.52	54	호	1,399	0.00

순위	형태	빈도	백분율	순위	형태	빈도	백분율
5	시키	592,672	1.22	55	제	1,361	0.00
6	간	330,575	0.68	56	무	1,146	0.00
7	씩	281,551	0.58	57	석	1,131	0.00
8	째	280,073	0.57	58	군	998	0.00
9	당	231,236	0.47	59	맞이	998	0.00
10	스럽	205,488	0.42	60	실	868	0.00
11	쯤	129,362	0.27	61	준	859	0.00
12	롭	121,077	0.25	62	저	723	0.00
13	대	119,420	0.24	63	행	670	0.00
14	짜리	98,159	0.20	64	한	664	0.00
15	분	80,468	0.16	65	허	605	0.00
16	당하	70,250	0.14	66	화	537	0.00
17	께	36,723	0.08	67	들이	525	0.00
18	끼리	35,119	0.07	68	어	504	0.00
19	어치	34,567	0.07	69	연	499	0.00
20	답	33,169	0.07	70	시	487	0.00
21	경	31,865	0.07	71	관	451	0.00
22	권	26,513	0.05	72	진	449	0.00
23	국	23,677	0.05	73	맨	436	0.00
24	네	22,520	0.05	74	론	390	0.00
25	용	11,780	0.02	75	형	370	0.00
26	꼴	11,213	0.02	76	율	355	0.00
27	반	10,959	0.02	77	풍	355	0.00
28	가	7,870	0.02	78	명	321	0.00
29	주	7,417	0.02	79	외	301	0.00
30	구	7,392	0.02	80	액	290	0.00
31	신	6,669	0.01	81	잡이	279	0.00
32	적	6,241	0.01	82	거리	263	0.00
33	상	5,857	0.01	83	장	252	0.00
34	치	5,672	0.01	84	별	232	0.00
35	비	4,840	0.01	85	맹	168	0.00
36	지	4,150	0.01	86	쟁이	166	0.00
37	전	3,835	0.01	87	본	155	0.00

순위	형태	빈도	백분율	순위	형태	빈도	백분율
38	순	3,824	0.01	88	도	151	0.00
39	친	3,787	0.01	89	박이	142	0.00
40	선	2,892	0.01	90	꾼	135	0.00
41	계	2,505	0.01	91	미	132	0.00
42	배기	2,465	0.01	92	덜	129	0.00
43	산	2,458	0.01	93	폐	118	0.00
44	탈	2,410	0.00	94	헛	117	0.00
45	류	2,369	0.00	95	항	115	0.00
46	점	2,151	0.00	96	홀	115	0.00
47	재	2,093	0.00	97	물	107	0.00
48	기	2,069	0.00	98	이	106	0.00
49	범	1,925	0.00	99	아	104	0.00
50	족	1,721	0.00	100	지기	103	0.00

4장 | 주제별 형태소 사용 빈도

이 장에서는 주제에 따른 형태소 사용 빈도를 제시한다. 주제 부류
는 앞에서 설명한 12가지 〈T21 class〉와 동일하다.

1. 체언

1) 일반명사(NNG)

순위	정치(T01) 타입 수: 355,827 토큰 수: 28,872,705		백분율	국제(T02) 타입 수: 355,284 토큰 수: 20,231,730		백분율	경제(T03) 타입 수: 629,943 토큰 수: 52,773,613		백분율
1	말	364,066	1.26	말	168,574	0.83	말	450,465	0.85
2	대통령	355,967	1.23	대통령	160,469	0.79	기업	297,481	0.56
3	의원	320,214	1.11	정부	117,371	0.58	시장	244,454	0.46

순위	정치(T01) 타입 수: 355,827 토큰 수: 28,872,705		백분율	국제(T02) 타입 수: 355,284 토큰 수: 20,231,730		백분율	경제(T03) 타입 수: 629,943 토큰 수: 52,773,613		백분율
4	후보	234,060	0.81	보도	86,755	0.43	지난해	221,209	0.42
5	정부	226,952	0.79	총리	81,887	0.40	경우	214,626	0.41
6	전	205,142	0.71	전	78,465	0.39	투자	208,020	0.39
7	대표	170,765	0.59	문제	71,798	0.35	때	207,762	0.39
8	문제	166,938	0.58	이번	71,359	0.35	이상	190,586	0.36
9	이날	130,703	0.45	이날	67,550	0.33	최근	190,115	0.36
10	때	117,090	0.41	때	64,206	0.32	국내	189,141	0.36
11	당	115,246	0.40	뒤	61,822	0.31	정부	180,668	0.34
12	관련	106,571	0.37	세계	60,923	0.30	회사	178,067	0.34
13	장관	102,505	0.36	최근	55,776	0.28	올해	176,113	0.33
14	주장	96,859	0.34	이후	54,910	0.27	가격	153,095	0.29
15	경우	89,364	0.31	특파원	53,813	0.27	이후	136,112	0.26
16	이번	85,022	0.29	사람	53,106	0.26	주가	135,540	0.26
17	관계자	81,784	0.28	지난해	51,029	0.25	은행	134,004	0.25
18	뒤	81,083	0.28	주장	48,020	0.24	업체	133,428	0.25
19	국민	80,039	0.28	지역	45,914	0.23	펀드	133,245	0.25
20	사람	78,446	0.27	일	44,783	0.22	아파트	131,478	0.25
21	회담	74,312	0.26	국가	44,782	0.22	회장	130,958	0.25
22	국회	72,335	0.25	경우	43,144	0.21	세계	128,130	0.24
23	일	66,382	0.23	발표	42,977	0.21	전망	127,030	0.24
24	가능성	65,705	0.23	경제	42,945	0.21	사장	122,598	0.23
25	위원장	65,536	0.23	테러	42,522	0.21	정도	122,103	0.23
26	생각	59,490	0.21	관련	42,004	0.21	제품	120,554	0.23
27	상황	59,290	0.21	시작	41,878	0.21	계획	111,221	0.21
28	인사	58,811	0.20	후보	41,178	0.20	고객	109,405	0.21
29	요구	58,615	0.20	가능성	40,589	0.20	서비스	109,399	0.21
30	총리	58,207	0.20	이상	38,753	0.19	가구	108,576	0.21
31	추진	58,070	0.20	시간	35,556	0.18	개발	108,360	0.21
32	이후	57,598	0.20	공격	35,387	0.17	주식	106,958	0.20
33	입장	56,336	0.20	자신	34,959	0.17	사람	105,662	0.20
34	지역	54,585	0.19	계획	33,800	0.17	관계자	105,370	0.20
35	정책	53,703	0.19	언론	33,548	0.17	뒤	104,264	0.20
36	지원	53,664	0.19	전쟁	33,507	0.17	사업	103,740	0.20

순위	정치(T01) 타입 수: 355,827 토큰 수: 28,872,705		백분율	국제(T02) 타입 수: 355,284 토큰 수: 20,231,730		백분율	경제(T03) 타입 수: 629,943 토큰 수: 52,773,613		백분율
37	필요	53,047	0.18	기업	33,320	0.16	규모	103,124	0.20
38	검찰	52,927	0.18	결과	33,169	0.16	경제	102,167	0.19
39	내용	52,361	0.18	상황	32,737	0.16	상품	102,108	0.19
40	대선	51,829	0.18	가운데	32,649	0.16	판매	100,994	0.19
41	선거	51,663	0.18	요구	32,236	0.16	전	98,991	0.19
42	최근	51,511	0.18	전망	31,778	0.16	분기	96,938	0.18
43	논의	51,328	0.18	지원	31,169	0.15	관련	96,905	0.18
44	합의	50,946	0.18	방문	30,882	0.15	금리	95,007	0.18
45	대변인	50,583	0.18	당시	30,654	0.15	상승	94,660	0.18
46	이상	50,051	0.17	조사	30,307	0.15	수준	94,483	0.18
47	지적	49,581	0.17	사진	30,300	0.15	이번	94,335	0.18
48	결정	49,455	0.17	여성	30,288	0.15	시작	93,667	0.18
49	발표	48,032	0.17	발생	30,274	0.15	예정	93,293	0.18
50	총재	47,540	0.16	예정	30,114	0.15	문제	91,662	0.17

순위	사회(T04) 타입 수: 615,384 토큰 수: 39,595,200		백분율	문화(T05) 타입 수: 757,160 토큰 수: 47,927,105		백분율	스포츠(T06) 타입 수: 195,290 토큰 수: 16,555,798		백분율
1	말	379,896	0.96	말	382,706	0.80	경기	223,007	1.35
2	전	183,535	0.46	사람	291,781	0.61	선수	214,847	1.30
3	검찰	177,518	0.45	때	285,608	0.60	감독	168,498	1.02
4	때	153,176	0.39	책	177,887	0.37	팀	150,851	0.91
5	뒤	149,328	0.38	영화	172,116	0.36	대회	124,726	0.75
6	정부	138,028	0.35	아이	151,910	0.32	시즌	117,801	0.71
7	조사	134,524	0.34	생각	150,639	0.31	우승	112,852	0.68
8	경우	127,720	0.32	일	145,364	0.30	말	107,952	0.65
9	경찰	122,412	0.31	자신	133,990	0.28	기록	103,738	0.63
10	지난해	121,498	0.31	교수	132,064	0.28	때	88,324	0.53
11	혐의	118,444	0.30	작품	129,427	0.27	뒤	88,163	0.53
12	문제	117,315	0.30	뒤	127,729	0.27	골	70,227	0.42
13	사람	115,709	0.29	시간	124,780	0.26	월드컵	64,187	0.39
14	관련	112,526	0.28	전	120,239	0.25	승리	61,123	0.37
15	수사	109,063	0.28	속	119,265	0.25	출전	61,013	0.37

순위	사회(T04) 타입 수: 615,384 토큰 수: 39,595,200		백분율	문화(T05) 타입 수: 757,160 토큰 수: 47,927,105		백분율	스포츠(T06) 타입 수: 195,290 토큰 수: 16,555,798		백분율
16	학생	108,493	0.27	시작	118,303	0.25	이날	60,151	0.36
17	이날	108,018	0.27	문제	113,941	0.24	이번	59,966	0.36
18	관계자	104,665	0.26	정도	110,727	0.23	전	59,873	0.36
19	교수	103,910	0.26	사진	107,234	0.22	지난해	57,096	0.34
20	사건	95,854	0.24	사랑	104,428	0.22	홈런	53,728	0.32
21	대학	93,825	0.24	세계	103,210	0.22	득점	52,557	0.32
22	이상	92,821	0.23	경우	102,941	0.21	올림픽	51,157	0.31
23	일	90,799	0.23	이야기	99,538	0.21	상대	51,131	0.31
24	의원	90,710	0.23	이상	88,102	0.18	세계	48,793	0.29
25	대통령	88,200	0.22	작가	86,934	0.18	축구	48,131	0.29
26	회장	87,250	0.22	곳	86,478	0.18	이후	46,177	0.28
27	학교	85,918	0.22	학생	84,613	0.18	진출	44,092	0.27
28	주장	83,122	0.21	공연	83,568	0.17	안타	43,880	0.27
29	이번	82,406	0.21	여성	79,810	0.17	라운드	43,525	0.26
30	곳	81,540	0.21	이번	79,576	0.17	올해	42,443	0.26
31	결과	80,074	0.20	삶	77,798	0.16	시작	42,358	0.26
32	돈	78,161	0.20	집	76,585	0.16	연속	41,784	0.25
33	사실	75,860	0.19	최근	75,711	0.16	이상	40,653	0.25
34	당시	73,868	0.19	눈	74,487	0.16	타	40,577	0.25
35	시간	73,688	0.19	앞	74,302	0.16	공	39,569	0.24
36	지원	70,175	0.18	감독	73,789	0.15	공동	39,524	0.24
37	최근	69,732	0.18	마음	71,557	0.15	선발	39,409	0.24
38	가운데	69,207	0.17	필요	70,660	0.15	단	39,349	0.24
39	확인	68,823	0.17	음악	70,051	0.15	대표팀	38,611	0.23
40	내용	67,560	0.17	모습	70,050	0.15	올	37,723	0.23
41	지역	66,457	0.17	처음	69,956	0.15	최고	37,125	0.22
42	오후	65,923	0.17	대학	69,761	0.15	연승	36,660	0.22
43	앞	65,204	0.16	글	68,108	0.14	차전	36,589	0.22
44	일부	65,058	0.16	다양	68,048	0.14	리그	36,472	0.22
45	정도	63,668	0.16	국내	65,394	0.14	프로	35,880	0.22
46	시작	62,905	0.16	사회	65,149	0.14	처음	35,570	0.21
47	자신	62,768	0.16	길	62,610	0.13	언더파	35,228	0.21
48	올해	62,051	0.16	후	62,431	0.13	파	34,775	0.21

순위	사회(T04) 타입 수: 615,384 토큰 수: 39,595,200		백분율	문화(T05) 타입 수: 757,160 토큰 수: 47,927,105		백분율	스포츠(T06) 타입 수: 195,290 토큰 수: 16,555,798		백분율
49	과정	61,523	0.16	인간	62,156	0.13	여자	34,179	0.21
50	이후	61,102	0.15	프로그램	62,084	0.13	투수	33,833	0.20

순위	과학(T07) 타입 수: 150,358 토큰 수: 3,815,266		백분율	사설(T08) 타입 수: 127,970 토큰 수: 6,155,758		백분율	오피니언(T09) 타입 수: 461,096 토큰 수: 26,710,493		백분율
1	말	26,221	0.69	정부	70,686	1.15	말	193,767	0.73
2	교수	21,174	0.55	대통령	52,401	0.85	사람	185,064	0.69
3	때	19,670	0.52	문제	42,381	0.69	때	163,768	0.61
4	개발	16,964	0.44	국민	41,872	0.68	일	138,133	0.52
5	사람	16,936	0.44	일	35,903	0.58	문제	138,018	0.52
6	인터넷	16,679	0.44	말	34,584	0.56	정부	137,852	0.52
7	연구	15,737	0.41	때	26,546	0.43	대통령	119,753	0.45
8	환자	13,534	0.35	이번	24,760	0.40	생각	110,651	0.41
9	경우	13,250	0.35	사설	23,487	0.38	국민	95,989	0.36
10	이용	12,432	0.33	전	21,657	0.35	전	90,668	0.34
11	최근	12,076	0.32	검찰	20,483	0.33	사회	77,713	0.29
12	기술	12,029	0.32	사람	20,244	0.33	필요	70,770	0.26
13	사용	11,818	0.31	필요	16,811	0.27	경우	66,321	0.25
14	정도	11,751	0.31	경제	16,104	0.26	세계	65,635	0.25
15	국내	11,658	0.31	상황	15,699	0.26	자신	65,349	0.24
16	이상	11,332	0.30	정권	15,577	0.25	나라	63,012	0.24
17	서비스	10,888	0.29	의원	15,468	0.25	국가	59,640	0.22
18	치료	10,745	0.28	기업	15,427	0.25	경제	56,958	0.21
19	뒤	10,345	0.27	정책	15,380	0.25	아이	54,700	0.20
20	결과	10,044	0.26	주장	15,378	0.25	정도	54,561	0.20
21	세계	9,782	0.26	사실	14,828	0.24	기업	52,543	0.20
22	시간	8,639	0.23	사건	14,697	0.24	정책	50,882	0.19
23	시작	8,470	0.22	수사	14,598	0.24	학생	49,475	0.19
24	제품	8,452	0.22	나라	14,057	0.23	교수	49,150	0.18
25	필요	8,210	0.22	경우	13,879	0.23	뒤	48,327	0.18
26	컴퓨터	7,926	0.21	사회	12,928	0.21	시작	47,809	0.18
27	기능	7,740	0.20	국회	12,918	0.21	앞	47,677	0.18

순위	과학(T07) 타입 수: 150,358 토큰 수: 3,815,266		백분율	사설(T08) 타입 수: 127,970 토큰 수: 6,155,758		백분율	오피니언(T09) 타입 수: 461,096 토큰 수: 26,710,493		백분율
28	수술	7,690	0.20	후보	12,779	0.21	이번	46,921	0.18
29	문제	7,620	0.20	관련	12,549	0.20	이상	46,897	0.18
30	정보	7,603	0.20	요구	12,292	0.20	사실	46,871	0.18
31	박사	7,590	0.20	국가	12,030	0.20	시간	46,767	0.18
32	전	7,562	0.20	점	11,596	0.19	이유	46,737	0.17
33	이번	7,149	0.19	결과	11,580	0.19	속	46,378	0.17
34	사이트	7,043	0.18	이유	11,440	0.19	상황	46,353	0.17
35	곳	6,891	0.18	생각	11,291	0.18	최근	45,980	0.17
36	유전자	6,872	0.18	이상	11,136	0.18	대학	45,703	0.17
37	과학	6,862	0.18	정도	11,122	0.18	지금	45,294	0.17
38	사진	6,720	0.18	책임	11,116	0.18	교육	43,507	0.16
39	제공	6,580	0.17	세계	10,934	0.18	중요	43,455	0.16
40	가능	6,495	0.17	장관	10,832	0.18	주장	42,789	0.16
41	설명	6,444	0.17	정치	10,830	0.18	정치	40,937	0.15
42	발생	6,439	0.17	돈	10,676	0.17	돈	40,415	0.15
43	일	6,422	0.17	지금	10,552	0.17	이후	39,822	0.15
44	지난해	6,378	0.17	자신	10,477	0.17	결과	39,491	0.15
45	발표	6,214	0.16	지원	10,382	0.17	우리나라	38,300	0.14
46	암	5,966	0.16	의혹	10,361	0.17	곳	37,568	0.14
47	게임	5,883	0.15	일부	10,262	0.17	마음	37,467	0.14
48	발견	5,833	0.15	교육	10,162	0.17	학교	37,371	0.14
49	후	5,758	0.15	대표	10,138	0.16	점	37,029	0.14
50	기업	5,727	0.15	이후	10,046	0.16	후	35,852	0.13

순위	기획(T10) 타입 수: 280,060 토큰 수: 8,243,764		백분율	지역(T11) 타입 수: 709,261 토큰 수: 31,361,144		백분율	사람들(T12) 타입 수: 246,268 토큰 수: 7,003,460		백분율
1	말	56,933	0.69	말	241,313	0.77	말	69,876	1.00
2	때	46,672	0.57	지역	150,559	0.48	때	45,905	0.66
3	문제	34,080	0.41	계획	137,344	0.44	사람	39,236	0.56
4	사람	32,521	0.39	시	129,250	0.41	교수	38,023	0.54
5	학생	28,409	0.34	곳	125,314	0.40	회장	33,645	0.48
6	경우	25,216	0.31	주민	106,275	0.34	전	33,118	0.47

순위	기획(T10) 타입 수: 280,060 토큰 수: 8,243,764		백분율	지역(T11) 타입 수: 709,261 토큰 수:31,361,144		백분율	사람들(T12) 타입 수: 246,268 토큰 수: 7,003,460		백분율
7	생각	22,533	0.27	사업	94,792	0.30	일	31,970	0.46
8	대학	21,512	0.26	지난해	92,306	0.29	사진	30,743	0.44
9	이상	21,324	0.26	예정	89,117	0.28	생각	28,901	0.41
10	아이	21,194	0.26	추진	86,489	0.28	뒤	25,891	0.37
11	시간	21,187	0.26	뒤	83,032	0.26	세계	19,964	0.29
12	일	19,686	0.24	지원	82,124	0.26	대통령	19,070	0.27
13	전	19,662	0.24	때	80,907	0.26	시작	18,747	0.27
14	정도	19,131	0.23	올해	80,728	0.26	자신	17,181	0.25
15	자신	19,003	0.23	오후	79,450	0.25	처음	16,591	0.24
16	기업	18,736	0.23	학생	79,372	0.25	오후	15,662	0.22
17	세계	18,554	0.23	운영	76,701	0.24	이번	15,567	0.22
18	시작	18,245	0.22	시민	76,585	0.24	대표	15,530	0.22
19	필요	18,171	0.22	경우	75,936	0.24	대학	15,468	0.22
20	공부	18,039	0.22	조성	75,048	0.24	문제	15,238	0.22
21	최근	17,830	0.22	이상	73,397	0.23	지난해	14,524	0.21
22	뒤	17,713	0.21	마련	71,917	0.23	학생	14,028	0.20
23	올해	17,623	0.21	내년	70,879	0.23	최근	13,873	0.20
24	교수	16,878	0.20	설치	70,520	0.22	활동	13,872	0.20
25	지난해	16,440	0.20	학교	69,886	0.22	여성	13,865	0.20
26	정부	16,258	0.20	개발	69,820	0.22	영화	13,774	0.20
27	지원	16,080	0.20	가운데	69,495	0.22	당시	13,769	0.20
28	국내	16,063	0.19	행사	68,238	0.22	정부	13,624	0.19
29	다양	15,712	0.19	최근	67,727	0.22	시간	13,579	0.19
30	중요	14,367	0.17	이번	67,434	0.22	앞	13,283	0.19
31	곳	14,040	0.17	관계자	64,117	0.20	사장	13,123	0.19
32	학교	13,887	0.17	시작	60,889	0.19	선정	13,052	0.19
33	후	13,857	0.17	전	60,759	0.19	정도	12,650	0.18
34	시장	13,724	0.17	대상	60,483	0.19	올해	12,550	0.18
35	제품	13,240	0.16	앞	60,387	0.19	지금	12,029	0.17
36	사용	12,776	0.15	관련	59,397	0.19	이후	12,003	0.17
37	평가	12,679	0.15	층	56,615	0.18	책	11,988	0.17
38	이후	12,507	0.15	규모	54,374	0.17	아이	11,889	0.17
39	지역	12,360	0.15	후보	54,120	0.17	이날	11,584	0.17

순위	기획(T10) 타입 수: 280,060 토큰 수: 8,243,764		백분율	지역(T11) 타입 수: 709,261 토큰 수: 31,361,144		백분율	사람들(T12) 타입 수: 246,268 토큰 수: 7,003,460		백분율
40	개발	12,242	0.15	시간	53,541	0.17	총장	11,539	0.16
41	내용	12,180	0.15	사람	52,361	0.17	후	11,518	0.16
42	과정	12,095	0.15	시장	51,481	0.16	사회	11,355	0.16
43	사회	12,021	0.15	이용	51,479	0.16	동안	11,147	0.16
44	교육	11,830	0.14	전국	51,021	0.16	국내	11,028	0.16
45	관련	11,807	0.14	대학	50,552	0.16	연구	10,743	0.15
46	계획	11,779	0.14	참여	50,117	0.16	오전	10,635	0.15
47	앞	11,698	0.14	교수	49,621	0.16	아버지	10,438	0.15
48	이용	11,661	0.14	조사	48,081	0.15	출신	10,377	0.15
49	책	11,333	0.14	공사	47,833	0.15	사랑	10,358	0.15
50	성적	11,221	0.14	아파트	47,546	0.15	이사장	10,269	0.15

2) 고유명사(NNP)

순위	정치(T01) 타입 수: 97,825 토큰 수: 5,878,313		백분율	국제(T02) 타입 수: 140,792 토큰 수: 5,205,932		백분율	경제(T03) 타입 수: 219,913 토큰 수: 7,677,311		백분율
1	북한	269,635	4.59	미국	298,849	5.74	미국	225,217	2.93
2	한나라당	224,048	3.81	중국	185,924	3.57	한국	202,152	2.63
3	민주당	162,130	2.76	일본	127,465	2.45	중국	139,647	1.82
4	미국	133,528	2.27	미	92,928	1.79	서울	135,114	1.76
5	김	123,140	2.09	이라크	80,142	1.54	일본	104,588	1.36
6	청와대	111,611	1.90	부시	79,051	1.52	삼성전자	89,254	1.16
7	한국	92,894	1.58	북한	74,843	1.44	삼성	52,354	0.68
8	노	84,773	1.44	한국	60,629	1.16	LG	52,301	0.68
9	박	72,248	1.23	영국	57,154	1.10	김	41,580	0.54
10	중국	71,041	1.21	러시아	54,777	1.05	현대차	38,696	0.50
11	미	70,827	1.20	오바마	45,806	0.88	유럽	38,057	0.50
12	서울	70,216	1.19	프랑스	40,743	0.78	SK	37,167	0.48
13	일본	61,350	1.04	워싱턴	38,900	0.75	현대	31,137	0.41
14	노무현	57,540	0.98	이스라엘	37,156	0.71	아시아	29,756	0.39

순위	정치(T01) 타입 수: 97,825 토큰 수: 5,878,313		백분율	국제(T02) 타입 수: 140,792 토큰 수: 5,205,932		백분율	경제(T03) 타입 수: 219,913 토큰 수: 7,677,311		백분율
15	열린우리당	54,072	0.92	민주당	35,262	0.68	미	25,912	0.34
16	이명박	50,473	0.86	유럽	31,921	0.61	국민은행	25,361	0.33
17	정	49,522	0.84	독일	31,706	0.61	독일	22,543	0.29
18	한	44,395	0.76	이란	31,531	0.61	경기	22,476	0.29
19	국회	35,800	0.61	유엔	30,771	0.59	영국	22,356	0.29
20	김정일	33,589	0.57	뉴욕	30,091	0.58	포스코	22,047	0.29
21	김대중	32,678	0.56	베이징	28,757	0.55	기아차	21,010	0.27
22	자민련	31,449	0.54	도쿄	27,310	0.52	강남	20,903	0.27
23	이회창	29,270	0.50	대만	24,020	0.46	한국은행	20,414	0.27
24	한반도	26,899	0.46	인도	23,650	0.45	LG전자	19,915	0.26
25	박근혜	25,497	0.43	공화당	23,505	0.45	인도	19,894	0.26
26	전	24,796	0.42	조지	23,435	0.45	현대건설	19,643	0.26
27	부시	24,385	0.41	팔레스타인	22,808	0.44	외환은행	19,029	0.25
28	평양	20,079	0.34	백악관	21,053	0.40	한은	18,879	0.25
29	부산	18,496	0.31	클린턴	21,020	0.40	경기도	18,419	0.24
30	이	18,304	0.31	홍콩	20,820	0.40	박	18,101	0.24
31	러시아	17,285	0.29	파키스탄	18,468	0.35	부산	18,038	0.23
32	정동영	17,072	0.29	아시아	16,495	0.32	KT	17,960	0.23
33	워싱턴	14,664	0.25	EU	16,098	0.31	정	17,403	0.23
34	통일부	14,595	0.25	후세인	15,443	0.30	하이닉스	17,154	0.22
35	한나라	13,924	0.24	탈레반	15,357	0.29	프랑스	16,648	0.22
36	최	13,789	0.23	아프가니스탄	14,833	0.28	홍콩	16,294	0.21
37	민주노동당	13,684	0.23	푸틴	13,647	0.26	금감원	16,275	0.21
38	국방부	13,497	0.23	행정부	13,220	0.25	인천	16,146	0.21
39	유엔	13,142	0.22	타임스	13,133	0.25	코리아	15,772	0.21
40	국정원	12,912	0.22	고이즈미	13,061	0.25	한	15,642	0.20
41	이라크	12,752	0.22	존	12,853	0.25	SK텔레콤	15,599	0.20
42	베이징	12,714	0.22	자민당	12,732	0.24	GM	15,208	0.20
43	일	12,431	0.21	아프간	12,609	0.24	금융감독원	15,078	0.20
44	세종시	12,229	0.21	유럽연합	12,472	0.24	북한	14,677	0.19
45	대구	11,983	0.20	파리	11,585	0.22	대만	14,242	0.19
46	주한미군	11,959	0.20	미군	11,360	0.22	뉴욕	13,761	0.18
47	강	11,923	0.20	한	11,260	0.22	애플	13,662	0.18

순위	정치(T01) 타입 수: 97,825 토큰 수: 5,878,313		백분율	국제(T02) 타입 수: 140,792 토큰 수: 5,205,932		백분율	경제(T03) 타입 수: 219,913 토큰 수: 7,677,311		백분율
48	금강산	11,775	0.20	바그다드	11,105	0.21	도요타	13,615	0.18
49	호남	11,766	0.20	이탈리아	11,069	0.21	러시아	13,497	0.18
50	FTA	11,339	0.19	이집트	10,975	0.21	현대자동차	13,460	0.18

순위	사회(T04) 타입 수: 218,285 토큰 수: 6,159,811		백분율	문화(T05) 타입 수: 319,150 토큰 수: 7,236,515		백분율	스포츠(T06) 타입 수: 114,393 토큰 수: 5,461,315		백분율
1	서울	157,386	2.56	한국	179,748	2.48	한국	158,764	2.91
2	김	155,072	2.52	서울	127,035	1.76	미국	80,871	1.48
3	한국	104,665	1.70	미국	123,987	1.71	일본	71,656	1.31
4	미국	78,633	1.28	일본	108,556	1.50	삼성	65,696	1.20
5	박	61,551	1.00	중국	70,212	0.97	중국	38,028	0.70
6	이	51,132	0.83	김	52,460	0.72	서울	37,637	0.69
7	일본	50,995	0.83	영어	41,530	0.57	두산	34,170	0.63
8	북한	46,152	0.75	프랑스	37,423	0.52	롯데	33,084	0.61
9	정	44,990	0.73	영국	32,682	0.45	LG	32,747	0.60
10	중국	44,579	0.72	조선	25,831	0.36	SK	30,718	0.56
11	한나라당	41,300	0.67	독일	25,370	0.35	현대	30,612	0.56
12	서울대	41,285	0.67	서울대	25,243	0.35	이승엽	27,664	0.51
13	청와대	33,700	0.55	유럽	24,787	0.34	우즈	26,802	0.49
14	최	33,274	0.54	북한	24,422	0.34	수원	25,045	0.46
15	부산	32,045	0.52	KBS	24,307	0.34	한화	24,360	0.45
16	노	26,631	0.43	이	21,137	0.29	독일	24,151	0.44
17	민주당	26,117	0.42	MBC	20,995	0.29	프랑스	23,324	0.43
18	경기도	24,413	0.40	박	20,826	0.29	김	22,743	0.42
19	서울시	23,955	0.39	뉴욕	20,698	0.29	박지성	20,964	0.38
20	전	22,901	0.37	아시아	18,735	0.26	부산	20,877	0.38
21	경기	21,341	0.35	SBS	15,886	0.22	박찬호	19,858	0.36
22	영어	19,755	0.32	러시아	15,509	0.21	브라질	19,797	0.36
23	신	19,525	0.32	부산	15,213	0.21	대구	19,372	0.35
24	인천	18,546	0.30	한	14,741	0.20	한국시각	19,176	0.35
25	미	18,471	0.30	정	14,163	0.20	경기	18,914	0.35
26	대구	17,851	0.29	이탈리아	13,772	0.19	아시아	18,243	0.33

순위	사회(T04) 타입 수: 218,285 토큰 수: 6,159,811		백분율	문화(T05) 타입 수: 319,150 토큰 수: 7,236,515		백분율	스포츠(T06) 타입 수: 114,393 토큰 수: 5,461,315		백분율
27	조	17,787	0.29	파리	13,374	0.18	스페인	17,681	0.32
28	한	17,317	0.28	미	13,057	0.18	울산	16,778	0.31
29	전교조	17,283	0.28	인도	12,152	0.17	잉글랜드	16,769	0.31
30	강	16,911	0.27	최	11,637	0.16	성남	16,076	0.29
31	광주	16,347	0.27	경기도	11,458	0.16	유럽	16,004	0.29
32	노무현	16,215	0.26	할리우드	11,401	0.16	이탈리아	15,681	0.29
33	삼성	15,669	0.25	대한민국	10,917	0.15	기아	15,278	0.28
34	윤	15,223	0.25	연세대	10,744	0.15	히딩크	15,263	0.28
35	연세대	14,875	0.24	조	10,277	0.14	조	14,904	0.27
36	유	14,430	0.23	존	10,257	0.14	최경주	14,709	0.27
37	고려대	14,396	0.23	고려대	9,733	0.13	북한	14,670	0.27
38	장	14,245	0.23	도쿄	9,517	0.13	호주	14,262	0.26
39	민주노총	14,030	0.23	장	9,318	0.13	삼성화재	13,398	0.25
40	황	13,652	0.22	현대	8,998	0.12	인천	12,885	0.24
41	교육부	13,523	0.22	한반도	8,983	0.12	대전	12,767	0.23
42	이명박	13,032	0.21	예술의전당	8,961	0.12	박세리	12,135	0.22
43	경남	12,764	0.21	아프리카	8,724	0.12	LPGA	11,753	0.22
44	대전	12,431	0.20	고	8,575	0.12	포항	11,676	0.21
45	서울지검	11,936	0.19	강	8,550	0.12	전북	11,464	0.21
46	경북	11,849	0.19	경기	8,423	0.12	삼성생명	11,437	0.21
47	국회	11,840	0.19	홍콩	8,337	0.12	김병현	11,327	0.21
48	전남	11,691	0.19	고구려	8,326	0.12	러시아	11,318	0.21
49	국정원	10,990	0.18	대구	8,170	0.11	김연아	11,076	0.20
50	충남	10,821	0.18	EBS	8,072	0.11	메이저리그	10,948	0.20

순위	과학(T07) 타입 수: 49,575 토큰 수: 413,544		백분율	사설(T08) 타입 수: 22,348 토큰 수: 625,289		백분율	오피니언(T09) 타입 수: 137,180 토큰 수: 3,147,715		백분율
1	미국	15,427	3.73	북한	38,250	6.12	미국	142,281	4.52
2	한국	10,577	2.56	미국	29,569	4.73	한국	131,911	4.19
3	일본	6,611	1.60	한국	20,409	3.26	북한	88,283	2.80
4	서울	6,234	1.51	한나라당	17,378	2.78	일본	82,943	2.64
5	김	4,020	0.97	일본	14,718	2.35	중국	77,562	2.46
6	중국	3,744	0.91	중국	14,425	2.31	서울	49,586	1.58
7	서울대	3,400	0.82	민주당	12,704	2.03	미	26,421	0.84
8	영국	2,968	0.72	청와대	11,897	1.90	한나라당	23,245	0.74
9	동아사이언스	2,376	0.57	김	10,136	1.62	김	21,661	0.69
10	삼성전자	2,168	0.52	미	9,756	1.56	민주당	20,787	0.66
11	러시아	2,024	0.49	노	8,609	1.38	한	19,004	0.60
12	황	1,936	0.47	노무현	8,104	1.30	노무현	18,677	0.59
13	유럽	1,833	0.44	한	7,274	1.16	부시	17,493	0.56
14	기상청	1,706	0.41	서울	7,125	1.14	영국	17,305	0.55
15	나로호	1,671	0.40	이명박	6,501	1.04	한반도	17,184	0.55
16	박	1,642	0.40	대한민국	5,422	0.87	대한민국	16,466	0.52
17	한반도	1,600	0.39	한반도	5,283	0.84	프랑스	16,362	0.52
18	독일	1,583	0.38	박	4,703	0.75	유럽	15,929	0.51
19	동아사이언스기자	1,499	0.36	국회	4,363	0.70	독일	15,215	0.48
20	미	1,417	0.34	열린우리당	4,281	0.68	노	14,864	0.47
21	북한	1,237	0.30	전교조	4,035	0.65	러시아	13,664	0.43
22	이	1,180	0.29	김대중	3,680	0.59	영어	13,654	0.43
23	영어	1,149	0.28	정	3,519	0.56	이명박	13,233	0.42
24	윈도	1,143	0.28	김정일	3,097	0.50	청와대	12,821	0.41
25	LG	1,133	0.27	부시	3,095	0.49	이라크	12,740	0.40
26	프랑스	1,080	0.26	FTA	2,822	0.45	서울대	12,048	0.38
27	대전	1,078	0.26	이라크	2,715	0.43	아시아	10,931	0.35
28	네이처	1,074	0.26	국정원	2,663	0.43	조선	10,748	0.34
29	아시아	1,061	0.26	유엔	2,378	0.38	김정일	10,202	0.32
30	사이언스	1,038	0.25	서울대	2,296	0.37	김대중	9,884	0.31
31	부산	987	0.24	KBS	2,295	0.37	박	8,535	0.27
32	박방주	973	0.24	전	2,167	0.35	경기	8,508	0.27
33	경기	935	0.23	삼성	2,147	0.34	부산	8,267	0.26

순위	과학(T07) 타입 수: 49,575 토큰 수: 413,544		백분율	사설(T08) 타입 수: 22,348 토큰 수: 625,289		백분율	오피니언(T09) 타입 수: 137,180 토큰 수: 3,147,715		백분율
34	환경부	904	0.22	러시아	2,137	0.34	오바마	7,889	0.25
35	황우석	884	0.21	서울시	1,996	0.32	인도	7,583	0.24
36	연세대	879	0.21	일	1,995	0.32	일	7,570	0.24
37	최	866	0.21	한·미	1,816	0.29	남한	7,163	0.23
38	KT	838	0.20	중	1,805	0.29	정	7,152	0.23
39	경기도	803	0.19	오바마	1,758	0.28	유엔	7,036	0.22
40	과학기술부	791	0.19	주한미군	1,748	0.28	서울시	6,378	0.20
41	SK텔레콤	789	0.19	남한	1,743	0.28	FTA	6,229	0.20
42	마이크로소프트	785	0.19	세종시	1,704	0.27	중	6,214	0.20
43	NASA	769	0.19	영국	1,672	0.27	전	6,036	0.19
44	정	762	0.18	민주노총	1,666	0.27	뉴욕	6,033	0.19
45	제주도	762	0.18	이	1,640	0.26	워싱턴	5,842	0.19
46	캐나다	761	0.18	금강산	1,631	0.26	국회	5,763	0.18
47	LG전자	742	0.18	유럽	1,562	0.25	평양	5,621	0.18
48	오철우	731	0.18	아시아	1,550	0.25	동북아	5,523	0.18
49	화성	731	0.18	프랑스	1,543	0.25	대만	5,486	0.17
50	삼성	727	0.18	독일	1,528	0.24	박정희	5,408	0.17

순위	기획(T10) 타입 수: 110,787 토큰 수: 1,152,161		백분율	지역(T11) 타입 수: 286,630 토큰 수: 6,205,255		백분율	사람들(T12) 타입 수: 139,828 토큰 수: 1,680,800		백분율
1	한국	33,626	2.92	부산	91,721	1.48	한국	57,989	3.45
2	미국	26,868	2.33	서울	87,264	1.41	미국	36,754	2.19
3	중국	20,584	1.79	대구	76,218	1.23	서울	34,954	2.08
4	서울	18,671	1.62	서울시	61,372	0.99	김	23,177	1.38
5	일본	16,919	1.47	인천	60,530	0.98	일본	21,251	1.26
6	영어	13,475	1.17	광주	53,198	0.86	중국	14,943	0.89
7	김	10,011	0.87	경기도	47,239	0.76	서울대	11,810	0.70
8	북한	8,977	0.78	제주	45,796	0.74	북한	11,476	0.68
9	서울대	5,244	0.46	김	44,630	0.72	박	9,768	0.58
10	영국	4,544	0.39	울산	42,807	0.69	영국	6,932	0.41
11	프랑스	4,474	0.39	대전	40,135	0.65	미	6,585	0.39
12	유럽	4,354	0.38	경남	39,868	0.64	뉴욕	6,399	0.38

순위	기획(T10) 타입 수: 110,787 토큰 수: 1,152,161		백분율	지역(T11) 타입 수: 286,630 토큰 수: 6,205,255		백분율	사람들(T12) 타입 수: 139,828 토큰 수: 1,680,800		백분율
13	박	4,319	0.37	한국	38,619	0.62	프랑스	6,396	0.38
14	독일	4,128	0.36	경북	36,549	0.59	이	6,371	0.38
15	경기	3,887	0.34	일본	32,777	0.53	정	6,326	0.38
16	미	3,702	0.32	제주도	31,862	0.51	전	5,496	0.33
17	아시아	3,631	0.32	전남	29,991	0.48	독일	5,478	0.33
18	부산	3,454	0.30	중국	28,616	0.46	아시아	5,164	0.31
19	러시아	3,319	0.29	강원도	27,532	0.44	한	4,891	0.29
20	울산	3,081	0.27	대구시	26,815	0.43	최	4,861	0.29
21	한	2,962	0.26	인천시	26,577	0.43	부산	4,730	0.28
22	고려대	2,804	0.24	충남	25,906	0.42	고려대	4,695	0.28
23	LG	2,790	0.24	경기	23,613	0.38	영어	4,688	0.28
24	정	2,693	0.23	한나라당	22,515	0.36	연세대	4,532	0.27
25	연세대	2,631	0.23	미국	22,490	0.36	러시아	4,339	0.26
26	이	2,606	0.23	부산시	22,476	0.36	조	3,668	0.22
27	삼성전자	2,448	0.21	충북	22,127	0.36	유럽	3,492	0.21
28	한나라당	2,425	0.21	전북	21,892	0.35	강	3,255	0.19
29	인도	2,417	0.21	박	18,358	0.30	경기	3,210	0.19
30	한반도	2,340	0.20	강원	17,754	0.29	고	3,181	0.19
31	조선	2,297	0.20	중구	16,542	0.27	대구	3,065	0.18
32	인천	2,272	0.20	광주시	16,335	0.26	광주	3,022	0.18
33	뉴욕	2,244	0.19	전주	16,249	0.26	대한민국	3,010	0.18
34	이창호	2,043	0.18	이	15,236	0.25	장	2,940	0.17
35	민주당	1,921	0.17	울산시	14,988	0.24	유엔	2,775	0.17
36	삼성	1,920	0.17	민주당	14,939	0.24	윤	2,772	0.16
37	이세돌	1,892	0.16	대전시	14,924	0.24	한나라당	2,724	0.16
38	대구	1,786	0.16	청주	14,221	0.23	파리	2,682	0.16
39	베이징	1,777	0.15	영어	14,007	0.23	도쿄	2,654	0.16
40	홍콩	1,777	0.15	부천	13,856	0.22	워싱턴	2,635	0.16
41	최	1,757	0.15	남구	13,066	0.21	민주당	2,593	0.15
42	광주	1,716	0.15	춘천	12,276	0.20	신	2,590	0.15
43	대한민국	1,656	0.14	경북도	11,369	0.18	중구	2,572	0.15
44	싱가포르	1,656	0.14	경남도	11,321	0.18	한국어	2,497	0.15
45	대전	1,639	0.14	동구	11,163	0.18	경기도	2,455	0.15

순위	기획(T10) 타입 수:　110,787 토큰 수:　1,152,161		백분율	지역(T11) 타입 수:　286,630 토큰 수:　6,205,255		백분율	사람들(T12) 타입 수:　139,828 토큰 수:　1,680,800		백분율
46	SK	1,638	0.14	수원	10,690	0.17	이화여대	2,450	0.15
47	강남	1,627	0.14	한강	10,388	0.17	부시	2,375	0.14
48	강	1,602	0.14	천안	10,351	0.17	대전	2,360	0.14
49	중	1,590	0.14	고양시	10,164	0.16	KBS	2,288	0.14
50	베트남	1,572	0.14	정	9,988	0.16	독도	2,272	0.14

2. 용언

1) 동사(VV)

순위	정치(T01) 타입 수:　3,401 토큰 수: 5,886,712		백분율	국제(T02) 타입 수:　3,559 토큰 수: 4,160,751		백분율	경제(T03) 타입 수:　3,966 토큰 수: 10,517,075		백분율
1	하	441,172	7.49	있	258,016	6.20	있	847,415	8.06
2	있	439,417	7.46	대하	171,361	4.12	하	455,857	4.33
3	대하	338,791	5.76	하	166,335	4.00	되	373,808	3.55
4	되	240,547	4.09	되	147,920	3.56	대하	301,364	2.87
5	위하	180,180	3.06	위하	123,411	2.97	받	290,935	2.77
6	밝히	156,851	2.66	밝히	107,433	2.58	따르	260,360	2.48
7	받	134,492	2.28	받	104,769	2.52	위하	257,684	2.45
8	따르	102,992	1.75	따르	74,471	1.79	밝히	209,491	1.99
9	보이	102,031	1.73	보이	73,075	1.76	보이	190,094	1.81
10	보	93,191	1.58	지나	70,107	1.68	보	179,026	1.70
11	나오	89,210	1.52	전하	68,752	1.65	지나	165,565	1.57
12	통하	86,311	1.47	통하	52,578	1.26	오르	153,495	1.46
13	지나	70,971	1.21	보	52,053	1.25	통하	144,060	1.37
14	알리	65,903	1.12	나오	45,092	1.08	만들	121,632	1.16
15	전하	59,715	1.01	알리	38,167	0.92	들	119,306	1.13
16	열리	53,090	0.90	만들	36,791	0.88	나오	116,098	1.10
17	만들	52,551	0.89	열리	32,413	0.78	내	111,396	1.06

순위	정치(T01) 타입 수: 3,401 토큰 수: 5,886,712		백분율	국제(T02) 타입 수: 3,559 토큰 수: 4,160,751		백분율	경제(T03) 타입 수: 3,966 토큰 수: 10,517,075		백분율
18	가	51,319	0.87	들	30,475	0.73	떨어지	100,985	0.96
19	열	50,585	0.86	나서	30,416	0.73	늘어나	92,261	0.88
20	만나	47,643	0.81	가	27,537	0.66	늘	75,404	0.72
21	나서	44,931	0.76	벌이	26,885	0.65	나타나	75,348	0.72
22	내	42,581	0.72	오	24,836	0.60	주	73,437	0.70
23	갖	42,530	0.72	알	24,065	0.58	비하	71,976	0.68
24	들	38,961	0.66	잇	22,976	0.55	팔	71,203	0.68
25	오	37,621	0.64	떨어지	22,536	0.54	쓰	70,291	0.67
26	알	37,357	0.63	갖	22,140	0.53	넘	69,742	0.66
27	주	31,973	0.54	쓰	21,547	0.52	열	67,633	0.64
28	이루어지	31,510	0.54	내	21,407	0.51	내놓	64,275	0.61
29	두	29,964	0.51	이르	21,203	0.51	올리	63,561	0.60
30	쓰	27,979	0.48	만나	20,703	0.50	잇	63,293	0.60
31	벌이	26,929	0.46	보내	20,405	0.49	나서	63,060	0.60
32	가지	25,637	0.44	살	20,307	0.49	오	62,383	0.59
33	맞	24,859	0.42	숨지	20,196	0.49	찾	56,038	0.53
34	맡	23,880	0.41	주	19,906	0.48	내리	53,833	0.51
35	잇	23,533	0.40	오르	19,277	0.46	줄이	53,173	0.51
36	보내	23,430	0.40	나타나	19,049	0.46	이르	52,911	0.50
37	바꾸	22,626	0.38	열	18,855	0.45	살	52,533	0.50
38	찾	22,007	0.37	맞	18,801	0.45	갖	52,264	0.50
39	앞서	21,857	0.37	얻	18,402	0.44	가	51,699	0.49
40	들어가	21,850	0.37	찾	18,131	0.44	알리	50,531	0.48
41	놓	21,729	0.37	넘	18,049	0.43	늘리	50,222	0.48
42	모르	21,583	0.37	내리	17,358	0.42	맞	46,611	0.44
43	거치	20,866	0.35	가지	16,296	0.39	높이	46,011	0.44
44	내리	19,449	0.33	두	16,201	0.39	열리	45,237	0.43
45	잡	19,437	0.33	이루어지	16,184	0.39	줄어들	44,937	0.43
46	나타나	19,292	0.33	들어가	15,741	0.38	들어가	43,530	0.41
47	그러	18,994	0.32	이끌	14,991	0.36	가지	42,389	0.40
48	끝나	18,853	0.32	막	14,379	0.35	커지	40,949	0.39
49	얻	18,812	0.32	늘어나	14,211	0.34	바꾸	40,872	0.39
50	넘	18,417	0.31	앞서	13,861	0.33	잡	40,847	0.39

순위	사회(T04) 타입 수: 4,087 토큰 수: 8,479,401		백분율	문화(T05) 타입 수: 5,540 토큰 수: 13,180,992		백분율	스포츠(T06) 타입 수: 3,612 토큰 수: 4,506,824		백분율
1	있	538,614	6.35	있	921,631	6.99	하	216,847	4.81
2	하	478,230	5.64	하	699,948	5.31	있	184,627	4.10
3	받	348,709	4.11	되	499,528	3.79	되	154,227	3.42
4	대하	332,424	3.92	보	268,007	2.03	열리	111,997	2.49
5	되	287,513	3.39	대하	239,395	1.82	받	80,537	1.79
6	밝히	240,516	2.84	받	237,520	1.80	오르	70,651	1.57
7	위하	207,043	2.44	위하	217,905	1.65	보이	63,184	1.40
8	따르	160,806	1.90	만들	214,626	1.63	보	62,428	1.39
9	보	144,938	1.71	보이	168,579	1.28	지나	54,708	1.21
10	지나	127,153	1.50	쓰	155,904	1.18	위하	50,766	1.13
11	통하	106,137	1.25	나오	143,782	1.09	잇	45,130	1.00
12	보이	100,309	1.18	가	135,553	1.03	올리	42,878	0.95
13	나오	94,633	1.12	통하	131,402	1.00	뛰	42,317	0.94
14	내	86,091	1.02	살	120,189	0.91	잡	41,894	0.93
15	만들	81,480	0.96	들	119,831	0.91	나오	41,161	0.91
16	알리	74,186	0.87	알	107,553	0.82	대하	40,102	0.89
17	들	66,867	0.79	따르	101,496	0.77	이기	38,701	0.86
18	가	66,257	0.78	찾	95,828	0.73	치	37,691	0.84
19	주	60,947	0.72	먹	91,592	0.69	들	34,527	0.77
20	쓰	60,868	0.72	오	90,544	0.69	거두	34,514	0.77
21	오	59,440	0.70	지나	88,487	0.67	맞	33,612	0.75
22	열	58,814	0.69	만나	83,763	0.64	꺾	33,492	0.74
23	알	57,698	0.68	읽	81,108	0.62	앞서	32,759	0.73
24	살	55,178	0.65	짓	77,373	0.59	밝히	31,446	0.70
25	벌이	54,147	0.64	주	76,309	0.58	나서	31,256	0.69
26	찾	49,099	0.58	열리	75,427	0.57	만들	30,501	0.68
27	열리	48,300	0.57	맞	68,902	0.52	달리	28,923	0.64
28	나서	45,497	0.54	내	68,641	0.52	따	28,375	0.63
29	나타나	45,228	0.53	느끼	66,171	0.50	가	27,913	0.62
30	보내	43,229	0.51	들	65,738	0.50	오	27,045	0.60
31	내리	42,541	0.50	모르	65,286	0.50	이끌	26,970	0.60
32	전하	39,720	0.47	그리	63,241	0.48	따르	26,081	0.58
33	만나	39,552	0.47	열	60,385	0.46	치르	25,727	0.57

순위	사회(T04) 타입 수: 4,087 토큰 수: 8,479,401		백분율	문화(T05) 타입 수: 5,540 토큰 수: 13,180,992		백분율	스포츠(T06) 타입 수: 3,612 토큰 수: 4,506,824		백분율
34	들어가	37,686	0.44	나	58,781	0.45	넣	24,744	0.55
35	맞	37,549	0.44	가지	58,626	0.44	펼치	24,083	0.53
36	넘	36,953	0.44	밝히	57,815	0.44	벌어지	23,639	0.52
37	드러나	36,051	0.43	알리	53,926	0.41	끝나	23,572	0.52
38	갖	34,323	0.40	갖	52,433	0.40	통하	22,674	0.50
39	나	32,956	0.39	생기	50,230	0.38	빠지	22,376	0.50
40	이루어지	32,175	0.38	부르	49,285	0.37	지	21,918	0.49
41	떨어지	31,572	0.37	잡	49,145	0.37	벌이	21,705	0.48
42	모르	31,347	0.37	그러	48,893	0.37	터뜨리	21,565	0.48
43	잇	30,805	0.36	오르	48,427	0.37	내주	20,718	0.46
44	이르	30,507	0.36	담	47,262	0.36	얻	20,525	0.46
45	두	29,696	0.35	맡	46,956	0.36	뒤지	20,320	0.45
46	올리	28,633	0.34	옮기	46,220	0.35	던지	20,225	0.45
47	나누	28,243	0.33	들어가	46,194	0.35	지키	19,806	0.44
48	늘어나	28,186	0.33	넘	45,974	0.35	세우	19,589	0.43
49	가지	28,082	0.33	타	44,755	0.34	남	19,570	0.43
50	늘	27,554	0.32	넣	44,357	0.34	쓰	19,262	0.43

순위	과학(T07) 타입 수: 2,717 토큰 수: 823,933		백분율	사설(T08) 타입 수: 2,769 토큰 수: 1,489,139		백분율	오피니언(T09) 타입 수: 4,612 토큰 수: 7,256,999		백분율
1	있	84,887	10.30	있	114,935	7.72	있	607,751	8.37
2	하	38,044	4.62	하	96,536	6.48	하	468,732	6.46
3	되	30,261	3.67	되	75,563	5.07	되	362,102	4.99
4	받	21,216	2.57	대하	56,802	3.81	대하	204,241	2.81
5	만들	18,411	2.23	위하	37,037	2.49	위하	172,232	2.37
6	위하	17,537	2.13	받	33,502	2.25	보	167,986	2.31
7	보	14,590	1.77	보	28,094	1.89	받	133,112	1.83
8	대하	13,819	1.68	보이	22,154	1.49	만들	91,017	1.25
9	밝히	11,961	1.45	따르	17,043	1.14	보이	86,570	1.19
10	통하	11,638	1.41	밝히	16,897	1.13	가	78,450	1.08
11	따르	11,508	1.40	나오	16,334	1.10	나오	70,152	0.97
12	보이	10,095	1.23	만들	16,223	1.09	들	69,152	0.95

 신문의 언어 사용 통계

순위	과학(T07) 타입 수: 2,717 토큰 수: 823,933		백분율	사설(T08) 타입 수: 2,769 토큰 수: 1,489,139		백분율	오피니언(T09) 타입 수: 4,612 토큰 수: 7,256,999		백분율
13	나오	9,942	1.21	통하	14,674	0.99	알	68,462	0.94
14	들	8,729	1.06	지나	13,766	0.92	쓰	65,915	0.91
15	쓰	8,187	0.99	나서	11,596	0.78	통하	65,449	0.90
16	나타나	7,653	0.93	가	11,144	0.75	따르	63,376	0.87
17	찾	6,875	0.83	들	10,719	0.72	살	61,978	0.85
18	지나	6,834	0.83	주	10,129	0.68	지나	59,622	0.82
19	생기	5,929	0.72	내	9,910	0.67	모르	55,937	0.77
20	먹	5,449	0.66	알	9,796	0.66	오	45,702	0.63
21	떨어지	5,428	0.66	모르	9,360	0.63	주	44,550	0.61
22	살	5,213	0.63	쓰	8,310	0.56	가지	41,548	0.57
23	알리	5,121	0.62	맞	7,880	0.53	찾	38,946	0.54
24	가	5,052	0.61	갖	7,621	0.51	내	37,575	0.52
25	오	4,973	0.60	막	7,471	0.50	그러	37,207	0.51
26	알	4,970	0.60	넘	7,059	0.47	갖	35,010	0.48
27	주	4,903	0.60	드러나	7,002	0.47	맞	33,958	0.47
28	줄이	4,597	0.56	벌이	6,953	0.47	읽	32,871	0.45
29	내	4,503	0.55	내놓	6,947	0.47	들	30,280	0.42
30	열리	4,471	0.54	그러	6,765	0.45	먹	30,097	0.41
31	걸리	4,160	0.50	두	6,627	0.45	느끼	29,645	0.41
32	내리	3,954	0.48	바꾸	6,387	0.43	넘	29,429	0.41
33	갖	3,922	0.48	지키	6,360	0.43	나	28,548	0.39
34	들어가	3,904	0.47	바라	6,116	0.41	보내	27,769	0.38
35	맞	3,846	0.47	이루어지	6,029	0.40	두	27,449	0.38
36	얻	3,769	0.46	찾	5,978	0.40	만나	26,121	0.36
37	비하	3,760	0.46	이르	5,930	0.40	바꾸	24,950	0.34
38	열	3,757	0.46	오	5,749	0.39	잡	24,713	0.34
39	보내	3,580	0.43	잡	5,693	0.38	얻	24,695	0.34
40	가지	3,558	0.43	내리	5,600	0.38	지키	24,629	0.34
41	바꾸	3,455	0.42	살	5,199	0.35	나서	24,021	0.33
42	나	3,351	0.41	열	5,100	0.34	의하	23,659	0.33
43	이르	3,218	0.39	높이	5,046	0.34	묻	23,549	0.32
44	일으키	3,185	0.39	열리	4,910	0.33	남	23,423	0.32
45	넘	3,172	0.38	놓	4,876	0.33	밝히	22,986	0.32

순위	과학(T07) 타입 수: 2,717 토큰 수: 823,933		백분율	사설(T08) 타입 수: 2,769 토큰 수: 1,489,139		백분율	오피니언(T09) 타입 수: 4,612 토큰 수: 7,256,999		백분율
46	늘어나	3,069	0.37	가지	4,875	0.33	알리	22,346	0.31
47	높이	3,018	0.37	삼	4,785	0.32	열리	21,910	0.30
48	올리	2,979	0.36	풀	4,775	0.32	이루어지	21,518	0.30
49	갖추	2,944	0.36	언	4,688	0.31	이르	21,376	0.29
50	늘	2,890	0.35	벌어지	4,675	0.31	내리	20,875	0.29

순위	기획(T10) 타입 수: 3,374 토큰 수: 1,896,558		백분율	지역(T11) 타입 수: 3,879 토큰 수: 6,127,529		백분율	사람들(T12) 타입 수: 3,473 토큰 수: 1,811,022		백분율
1	있	175,107	9.23	있	385,654	6.29	하	122,468	6.76
2	하	103,026	5.43	하	289,436	4.72	있	106,160	5.86
3	되	76,998	4.06	위하	251,871	4.11	되	78,733	4.35
4	위하	48,275	2.55	되	218,479	3.57	받	56,251	3.11
5	받	43,968	2.32	밝히	180,588	2.95	위하	43,311	2.39
6	대하	42,975	2.27	받	172,340	2.81	대하	35,050	1.94
7	보	34,702	1.83	대하	152,257	2.48	보	32,296	1.78
8	만들	30,285	1.60	따르	138,250	2.26	만들	26,163	1.44
9	통하	28,138	1.48	지나	112,863	1.84	열리	21,706	1.20
10	따르	24,335	1.28	만들	108,878	1.78	밝히	20,190	1.11
11	보이	21,979	1.16	열리	99,326	1.62	가	19,527	1.08
12	쓰	19,411	1.02	열	91,502	1.49	지나	19,058	1.05
13	나오	18,714	0.99	통하	83,888	1.37	쓰	18,870	1.04
14	들	18,318	0.97	보	75,521	1.23	통하	17,532	0.97
15	가	16,869	0.89	오	70,734	1.15	오	17,509	0.97
16	찾	13,814	0.73	보이	61,363	1.00	살	17,505	0.97
17	살	13,612	0.72	찾	51,343	0.84	만나	15,483	0.85
18	알	13,373	0.71	벌이	45,382	0.74	들	15,310	0.85
19	주	13,191	0.70	나서	44,959	0.73	나오	15,300	0.84
20	지나	12,502	0.66	내	44,002	0.72	열	15,240	0.84
21	읽	11,958	0.63	알리	41,581	0.68	보이	15,215	0.84
22	맞	10,794	0.57	들	41,178	0.67	알	14,443	0.80
23	내	10,612	0.56	잇	39,595	0.65	맡	14,262	0.79
24	오	10,457	0.55	나오	39,413	0.64	갖	13,616	0.75

순위	기획(T10) 타입 수: 3,374 토큰 수: 1,896,558		백분율	지역(T11) 타입 수: 3,879 토큰 수: 6,127,529		백분율	사람들(T12) 타입 수: 3,473 토큰 수: 1,811,022		백분율
25	갖	10,357	0.55	가	37,662	0.61	찾	12,764	0.70
26	나	10,046	0.53	살	37,545	0.61	알리	11,808	0.65
27	가지	9,738	0.51	갖추	37,544	0.61	내	10,942	0.60
28	들	9,092	0.48	짓	37,112	0.61	가지	10,702	0.59
29	밝히	8,693	0.46	주	35,100	0.57	주	10,659	0.59
30	열리	8,070	0.43	거치	34,582	0.56	따르	10,595	0.59
31	느끼	7,951	0.42	맞	34,493	0.56	맞	10,165	0.56
32	먹	7,897	0.42	나타나	34,079	0.56	들	9,341	0.52
33	열	7,855	0.41	갖	33,947	0.55	모르	9,093	0.50
34	갖추	7,794	0.41	들어가	33,873	0.55	보내	8,774	0.48
35	넘	7,768	0.41	들이	33,581	0.55	지내	8,717	0.48
36	풀	7,691	0.41	들어서	31,484	0.51	오르	8,335	0.46
37	두	7,629	0.40	나누	28,416	0.46	배우	8,163	0.45
38	만나	7,598	0.40	이르	28,327	0.46	그러	7,928	0.44
39	모르	7,398	0.39	쓰	28,076	0.46	전하	7,600	0.42
40	알리	7,391	0.39	늘어나	25,274	0.41	느끼	7,504	0.41
41	얻	7,385	0.39	세우	25,103	0.41	돕	7,407	0.41
42	잡	7,341	0.39	이루어지	24,772	0.40	나서	7,388	0.41
43	높이	7,305	0.39	잡	24,667	0.40	떠나	7,155	0.40
44	생기	7,286	0.38	나	24,422	0.40	모으	7,139	0.39
45	떨어지	7,236	0.38	맡	24,380	0.40	나	6,959	0.38
46	나타나	7,055	0.37	비롯하	23,818	0.39	나누	6,851	0.38
47	배우	7,042	0.37	모으	23,677	0.39	부르	6,832	0.38
48	오르	7,028	0.37	넘	23,553	0.38	얻	6,767	0.37
49	들어가	7,012	0.37	가지	23,360	0.38	넘	6,748	0.37
50	나누	6,947	0.37	타	23,218	0.38	다니	6,748	0.37

2) 형용사(VA)

순위	정치(T01) 타입 수: 1,798 토큰 수: 1,363,844		백분율	국제(T02) 타입 수: 1,828 토큰 수: 906,646		백분율	경제(T03) 타입 수: 2,017 토큰 수: 2,720,396		백분율
1	없	235,680	17.28	없	119,328	13.16	없	271,099	9.97
2	아니	134,046	9.83	크	65,007	7.17	크	251,929	9.26
3	같	89,927	6.59	아니	61,929	6.83	높	181,967	6.69
4	크	75,816	5.56	같	55,003	6.07	같	175,439	6.45
5	많	57,339	4.20	많	44,768	4.94	많	174,761	6.42
6	어렵	41,474	3.04	높	34,187	3.77	아니	144,966	5.33
7	높	37,433	2.74	새롭	20,785	2.29	좋	115,488	4.25
8	좋	30,734	2.25	어렵	17,951	1.98	낮	67,356	2.48
9	그렇	27,451	2.01	좋	15,816	1.74	어렵	65,480	2.41
10	어떻	27,206	1.99	강하	13,169	1.45	새롭	47,465	1.74
11	새롭	22,517	1.65	그렇	12,706	1.40	쉽	43,487	1.60
12	강하	19,584	1.44	어떻	11,347	1.25	적	37,644	1.38
13	이렇	18,623	1.37	심각하	10,077	1.11	그렇	33,320	1.22
14	다르	16,698	1.22	이렇	9,844	1.09	어떻	32,850	1.21
15	적	13,353	0.98	강력하	9,804	1.08	빠르	32,095	1.18
16	쉽	13,240	0.97	쉽	9,285	1.02	이렇	28,493	1.05
17	낮	11,045	0.81	낮	9,058	1.00	불과하	27,386	1.01
18	힘들	10,318	0.76	다르	8,362	0.92	비슷하	26,715	0.98
19	심각하	9,853	0.72	불과하	8,091	0.89	다르	26,135	0.96
20	가깝	9,466	0.69	적	7,908	0.87	힘들	25,819	0.95
21	적절하	8,202	0.60	비슷하	7,166	0.79	비싸	23,915	0.88
22	불과하	8,092	0.59	빠르	7,046	0.78	강하	22,876	0.84
23	강력하	7,841	0.57	작	7,026	0.77	싸	22,552	0.83
24	바람직하	7,782	0.57	가깝	6,845	0.75	작	21,662	0.80
25	비슷하	7,630	0.56	힘들	6,750	0.74	가깝	20,060	0.74
26	불가피하	7,622	0.56	젊	6,072	0.67	나쁘	13,047	0.48
27	늦	7,494	0.55	깊	5,824	0.64	길	12,337	0.45
28	분명하	7,258	0.53	거세	5,296	0.58	지나치	12,008	0.44
29	젊	6,431	0.47	엄청나	4,884	0.54	젊	11,945	0.44
30	깊	6,236	0.46	심하	4,617	0.51	심하	11,736	0.43

순위	정치(T01) 타입 수: 1,798 토큰 수: 1,363,844		백분율	국제(T02) 타입 수: 1,828 토큰 수: 906,646		백분율	경제(T03) 타입 수: 2,017 토큰 수: 2,720,396		백분율
31	이르	5,899	0.43	분명하	4,524	0.50	심각하	11,521	0.42
32	빠르	5,745	0.42	길	3,952	0.44	뛰어나	11,291	0.42
33	작	5,339	0.39	지나치	3,517	0.39	저렴하	11,152	0.41
34	지나치	5,198	0.38	늦	3,427	0.38	늦	10,899	0.40
35	확실하	4,989	0.37	확실하	3,325	0.37	바람직하	10,205	0.38
36	거세	4,580	0.34	충분하	3,245	0.36	활발하	9,914	0.36
37	충분하	4,526	0.33	멀	3,244	0.36	이르	9,751	0.36
38	무관하	4,389	0.32	불가피하	3,225	0.36	넓	9,567	0.35
39	심하	4,227	0.31	막대하	3,213	0.35	불가피하	9,543	0.35
40	민감하	4,223	0.31	나쁘	3,155	0.35	강력하	8,844	0.33
41	옳	4,212	0.31	어리	3,068	0.34	낫	8,105	0.30
42	나쁘	4,109	0.30	적절하	3,032	0.33	이러하	7,967	0.29
43	엄청나	3,790	0.28	수많	2,971	0.33	충분하	7,916	0.29
44	복잡하	3,627	0.27	이르	2,948	0.33	뚜렷하	7,833	0.29
45	길	3,476	0.25	복잡하	2,631	0.29	짧	7,646	0.28
46	뚜렷하	3,291	0.24	민감하	2,543	0.28	엄청나	7,513	0.28
47	뒤늦	3,127	0.23	뜨겁	2,476	0.27	풍부하	7,510	0.28
48	멀	3,066	0.22	활발하	2,445	0.27	밝	7,237	0.27
49	확고하	2,850	0.21	이러하	2,425	0.27	깊	7,218	0.27
50	안타깝	2,796	0.21	비싸	2,267	0.25	적절하	6,755	0.25

순위	사회(T04) 타입 수: 2,054 토큰 수: 1,833,942		백분율	문화(T05) 타입 수: 2,608 토큰 수: 4,063,169		백분율	스포츠(T06) 타입 수: 1,832 토큰 수: 1,000,489		백분율
1	없	283,092	15.44	없	367,918	9.05	없	106,861	10.68
2	아니	129,126	7.04	아니	257,611	6.34	좋	57,735	5.77
3	같	120,233	6.56	같	220,837	5.44	같	56,294	5.63
4	많	105,057	5.73	많	177,262	4.36	크	53,504	5.35
5	크	101,914	5.56	좋	171,268	4.22	아니	46,983	4.70
6	높	64,006	3.49	크	141,675	3.49	많	40,490	4.05
7	좋	51,438	2.80	그렇	94,710	2.33	높	20,735	2.07
8	어렵	50,850	2.77	높	70,624	1.74	강하	18,934	1.89
9	어떻	26,771	1.46	어떻	68,458	1.68	빠르	17,946	1.79

순위	사회(T04) 타입 수: 2,054 토큰 수: 1,833,942		백분율	문화(T05) 타입 수: 2,608 토큰 수: 4,063,169		백분율	스포츠(T06) 타입 수: 1,832 토큰 수: 1,000,489		백분율
10	그렇	25,069	1.37	새롭	64,326	1.58	어렵	17,149	1.71
11	쉽	24,475	1.33	쉽	62,324	1.53	그렇	15,815	1.58
12	이렇	22,351	1.22	어렵	52,985	1.30	힘들	13,354	1.33
13	낮	20,895	1.14	이렇	52,086	1.28	쉽	12,865	1.29
14	힘들	20,545	1.12	작	46,169	1.14	이렇	9,894	0.99
15	새롭	19,886	1.08	다르	44,697	1.10	뛰어나	9,893	0.99
16	다르	19,715	1.08	아름답	38,365	0.94	새롭	9,623	0.96
17	적	19,153	1.04	힘들	37,251	0.92	어떻	9,275	0.93
18	불과하	15,216	0.83	젊	34,918	0.86	아쉽	8,798	0.88
19	비슷하	14,460	0.79	어리	32,188	0.79	다르	8,482	0.85
20	강하	14,229	0.78	깊	26,425	0.65	길	7,533	0.75
21	작	13,278	0.72	강하	26,298	0.65	가볍	7,522	0.75
22	심하	12,864	0.70	적	24,993	0.62	작	6,764	0.68
23	심각하	11,764	0.64	길	24,548	0.60	어리	6,755	0.68
24	가깝	10,190	0.56	비슷하	23,231	0.57	젊	6,634	0.66
25	늦	9,815	0.54	가깝	21,621	0.53	강력하	6,543	0.65
26	빠르	9,240	0.50	심하	20,326	0.50	화려하	6,396	0.64
27	젊	8,209	0.45	화려하	19,803	0.49	짧	6,129	0.61
28	어리	7,867	0.43	재미있	19,464	0.48	적	5,473	0.55
29	길	7,549	0.41	짧	18,007	0.44	낮	5,287	0.53
30	깊	7,342	0.40	빠르	17,289	0.43	뜨겁	5,228	0.52
31	지나치	7,280	0.40	낮	17,171	0.42	비슷하	4,946	0.49
32	불가피하	6,956	0.38	따뜻하	14,979	0.37	가깝	4,944	0.49
33	뒤늦	6,526	0.36	즐겁	14,887	0.37	불과하	4,834	0.48
34	아름답	6,365	0.35	아프	14,853	0.37	심하	4,687	0.47
35	아프	6,321	0.34	멀	14,852	0.37	기쁘	4,569	0.46
36	이르	6,106	0.33	뛰어나	13,907	0.34	약하	4,164	0.42
37	적절하	5,959	0.32	나쁘	13,698	0.34	멋지	4,041	0.40
38	비싸	5,848	0.32	넓	13,622	0.34	깊	3,974	0.40
39	나쁘	5,719	0.31	가볍	13,386	0.33	무섭	3,929	0.39
40	바람직하	5,613	0.31	뜨겁	13,160	0.32	늦	3,902	0.39
41	짧	5,435	0.30	수많	13,065	0.32	아프	3,731	0.37
42	충분하	5,329	0.29	지나치	12,112	0.30	확실하	3,670	0.37

순위	사회(T04) 타입 수: 2,054 토큰 수: 1,833,942	백분율	문화(T05) 타입 수: 2,608 토큰 수: 4,063,169	백분율	스포츠(T06) 타입 수: 1,832 토큰 수: 1,000,489	백분율
43	안타깝	5,294	0.29	부드럽	12,047	0.30	멀	3,630	0.36
44	강력하	5,088	0.28	불과하	11,643	0.29	짜릿하	3,630	0.36
45	멀	4,925	0.27	풍부하	11,580	0.28	날카롭	3,434	0.34
46	거세	4,506	0.25	예쁘	11,335	0.28	나쁘	3,301	0.33
47	엄청나	4,471	0.24	이러하	10,998	0.27	팽팽하	3,123	0.31
48	넓	4,112	0.22	낯설	10,899	0.27	밝	3,113	0.31
49	정당하	4,039	0.22	늦	10,693	0.26	엄청나	3,045	0.30
50	무관하	4,019	0.22	밝	10,587	0.26	충분하	3,037	0.30

순위	과학(T07) 타입 수: 1,479 토큰 수: 235,171	백분율	사설(T08) 타입 수: 1,485 토큰 수: 474,438	백분율	오피니언(T09) 타입 수: 2,366 토큰 수: 7,256,999	백분율
1	없	21,908	9.32	없	86,124	18.15	있	607,751	8.37
2	많	14,155	6.02	아니	49,754	10.49	하	468,732	6.46
3	크	13,912	5.92	크	24,108	5.08	되	362,102	4.99
4	같	13,300	5.66	같	19,138	4.03	대하	204,241	2.81
5	아니	12,240	5.20	그렇	17,799	3.75	위하	172,232	2.37
6	높	9,583	4.07	어렵	16,395	3.46	보	167,986	2.31
7	좋	8,279	3.52	많	13,751	2.90	받	133,112	1.83
8	쉽	5,252	2.23	높	8,347	1.76	만들	91,017	1.25
9	새롭	5,145	2.19	어떻	8,013	1.69	보이	86,570	1.19
10	어렵	4,114	1.75	이렇	7,064	1.49	가	78,450	1.08
11	빠르	3,886	1.65	좋	6,346	1.34	나오	70,152	0.97
12	작	3,865	1.64	새롭	5,698	1.20	들	69,152	0.95
13	어떻	3,154	1.34	심각하	5,134	1.08	알	68,462	0.94
14	심하	3,095	1.32	다르	4,287	0.90	쓰	65,915	0.91
15	그렇	3,088	1.31	적	4,148	0.87	통하	65,449	0.90
16	적	2,956	1.26	쉽	3,960	0.83	따르	63,376	0.87
17	다르	2,803	1.19	분명하	3,804	0.80	살	61,978	0.85
18	낮	2,726	1.16	옳	3,544	0.75	지나	59,622	0.82
19	비슷하	2,670	1.14	불과하	3,094	0.65	모르	55,937	0.77
20	이렇	2,659	1.13	힘들	3,040	0.64	오	45,702	0.63
21	강하	2,326	0.99	당연하	2,895	0.61	주	44,550	0.61

순위	과학(T07) 타입 수: 1,479 토큰 수: 235,171		백분율	사설(T08) 타입 수: 1,485 토큰 수: 474,438		백분율	오피니언(T09) 타입 수: 2,366 토큰 수: 7,256,999		백분율
22	힘들	2,177	0.93	바람직하	2,858	0.60	가지	41,548	0.57
23	불과하	1,836	0.78	지나치	2,733	0.58	찾	38,946	0.54
24	길	1,612	0.69	낮	2,497	0.53	내	37,575	0.52
25	가깝	1,570	0.67	마땅하	2,338	0.49	그러	37,207	0.51
26	뛰어나	1,256	0.53	강하	2,337	0.49	갖	35,010	0.48
27	약하	1,238	0.53	불가피하	2,300	0.48	맞	33,958	0.47
28	젊	1,235	0.53	깊	2,261	0.48	읽	32,871	0.45
29	비싸	1,228	0.52	적절하	2,190	0.46	들	30,280	0.42
30	짧	1,217	0.52	충분하	2,036	0.43	먹	30,097	0.41
31	간단하	1,181	0.50	엄청나	1,960	0.41	느끼	29,645	0.41
32	심각하	1,151	0.49	가깝	1,948	0.41	넘	29,429	0.41
33	가볍	1,136	0.48	작	1,922	0.41	나	28,548	0.39
34	아프	1,053	0.45	늦	1,906	0.40	보내	27,769	0.38
35	멀	943	0.40	멀	1,891	0.40	두	27,449	0.38
36	활발하	941	0.40	시급하	1,849	0.39	만나	26,121	0.36
37	늦	938	0.40	비슷하	1,723	0.36	바꾸	24,950	0.34
38	넓	915	0.39	이러하	1,708	0.36	잡	24,713	0.34
39	이러하	903	0.38	강력하	1,581	0.33	얻	24,695	0.34
40	어리	894	0.38	뒤늦	1,535	0.32	지키	24,629	0.34
41	복잡하	892	0.38	심하	1,532	0.32	나서	24,021	0.33
42	엄청나	891	0.38	나쁘	1,499	0.32	의하	23,659	0.33
43	흔하	883	0.38	확실하	1,481	0.31	묻	23,549	0.32
44	나쁘	849	0.36	다름없	1,427	0.30	남	23,423	0.32
45	깊	830	0.35	빠르	1,401	0.30	밝히	22,986	0.32
46	풍부하	829	0.35	부끄럽	1,339	0.28	알리	22,346	0.31
47	충분하	791	0.34	진정하	1,307	0.28	열리	21,910	0.30
48	강력하	743	0.32	절실하	1,277	0.27	이루어지	21,518	0.30
49	따뜻하	743	0.32	안타깝	1,241	0.26	이르	21,376	0.29
50	뜨겁	739	0.31	뻔하	1,194	0.25	내리	20,875	0.29

순위	기획(T10) 타입 수: 1,874 토큰 수: 561,320		백분율	지역(T11) 타입 수: 1,993 토큰 수: 1,141,653		백분율	사람들(T12) 타입 수: 1,936 토큰 수: 450,961		백분율
1	없	52,941	9.43	없	128,642	11.27	없	49,879	11.06
2	아니	34,144	6.08	크	77,075	6.75	아니	30,822	6.83
3	많	32,535	5.80	많	70,668	6.19	같	29,110	6.46
4	좋	30,016	5.35	같	66,964	5.87	많	23,174	5.14
5	같	29,857	5.32	아니	50,481	4.42	크	19,612	4.35
6	크	28,312	5.04	높	44,668	3.91	좋	18,779	4.16
7	높	21,691	3.86	좋	43,427	3.80	그렇	11,478	2.55
8	어렵	11,272	2.01	어렵	31,994	2.80	어렵	9,825	2.18
9	쉽	11,249	2.00	새롭	21,647	1.90	어떻	9,233	2.05
10	새롭	10,828	1.93	쉽	15,823	1.39	새롭	7,297	1.62
11	어떻	10,689	1.90	작	13,557	1.19	이렇	6,373	1.41
12	그렇	9,828	1.75	낮	12,591	1.10	힘들	6,308	1.40
13	이렇	6,521	1.16	아름답	12,473	1.09	높	6,095	1.35
14	다르	6,109	1.09	적	12,420	1.09	어리	5,319	1.18
15	적	5,684	1.01	불과하	10,622	0.93	쉽	4,961	1.10
16	작	5,607	1.00	어떻	10,490	0.92	젊	4,944	1.10
17	힘들	5,317	0.95	이렇	9,921	0.87	작	4,598	1.02
18	낮	5,197	0.93	힘들	9,870	0.86	다르	4,054	0.90
19	빠르	4,533	0.81	가깝	8,798	0.77	아름답	3,828	0.85
20	강하	4,043	0.72	빠르	8,018	0.70	깊	3,179	0.70
21	비슷하	3,885	0.69	그렇	7,821	0.69	강하	3,072	0.68
22	가깝	3,839	0.68	다르	7,737	0.68	가깝	2,419	0.54
23	젊	3,512	0.63	심하	7,650	0.67	적	2,418	0.54
24	길	3,200	0.57	비슷하	7,050	0.62	아프	2,234	0.50
25	심하	3,018	0.54	늦	7,021	0.61	뛰어나	2,129	0.47
26	어리	2,913	0.52	심각하	6,052	0.53	비슷하	2,035	0.45
27	아름답	2,908	0.52	젊	5,782	0.51	기쁘	2,001	0.44
28	불과하	2,876	0.51	강하	5,692	0.50	길	1,921	0.43
29	뛰어나	2,755	0.49	깊	5,671	0.50	빠르	1,848	0.41
30	깊	2,629	0.47	비싸	5,397	0.47	바쁘	1,847	0.41
31	짧	2,533	0.45	어리	5,100	0.45	재미있	1,775	0.39
32	넓	2,427	0.43	넓	5,005	0.44	안타깝	1,655	0.37
33	이러하	2,362	0.42	길	4,881	0.43	멀	1,596	0.35

순위	기획(T10) 타입 수: 1,874 토큰 수: 561,320		백분율	지역(T11) 타입 수: 1,993 토큰 수: 1,141,653		백분율	사람들(T12) 타입 수: 1,936 토큰 수: 450,961		백분율
34	재미있	2,182	0.39	다채롭	4,761	0.42	훌륭하	1,581	0.35
35	바람직하	2,041	0.36	뛰어나	4,625	0.41	밝	1,548	0.34
36	비싸	1,904	0.34	불가피하	4,597	0.40	즐겁	1,545	0.34
37	풍부하	1,897	0.34	싸	4,427	0.39	따뜻하	1,528	0.34
38	심각하	1,843	0.33	깨끗하	4,065	0.36	늦	1,498	0.33
39	화려하	1,837	0.33	즐겁	4,026	0.35	고맙	1,479	0.33
40	지나치	1,779	0.32	시급하	3,951	0.35	심하	1,475	0.33
41	가볍	1,744	0.31	낡	3,911	0.34	짧	1,428	0.32
42	편하	1,739	0.31	활발하	3,901	0.34	나쁘	1,413	0.31
43	나쁘	1,676	0.30	이르	3,892	0.34	수많	1,386	0.31
44	엄청나	1,630	0.29	화려하	3,881	0.34	엄청나	1,358	0.30
45	즐겁	1,624	0.29	저렴하	3,880	0.34	불과하	1,319	0.29
46	멀	1,600	0.29	맑	3,825	0.34	화려하	1,316	0.29
47	밝	1,600	0.29	따뜻하	3,661	0.32	낮	1,233	0.27
48	부드럽	1,588	0.28	바람직하	3,435	0.30	소중하	1,198	0.27
49	간단하	1,583	0.28	밝	3,317	0.29	싫	1,160	0.26
50	늦	1,560	0.28	멀	3,303	0.29	편하	1,144	0.25

3. 수식언 / 독립언

1) 감탄사(IC)

순위	정치(T01) 타입 수: 247 토큰 수: 7,747		백분율	국제(T02) 타입 수: 270 토큰 수: 3,667		백분율	경제(T03) 타입 수: 327 토큰 수: 12,325		백분율
1	야	1,736	22.41	아	382	10.42	원	1,402	11.38
2	원	619	7.99	원	376	10.25	아	755	6.13
3	뭐	513	6.62	여	242	6.60	자	689	5.59
4	여	434	5.60	자	160	4.36	여	513	4.16

순위	정치(T01) 타입 수: 247 토큰 수: 7,747		백분율	국제(T02) 타입 수: 270 토큰 수: 3,667		백분율	경제(T03) 타입 수: 327 토큰 수: 12,325		백분율
5	아	423	5.46	안녕	107	2.92	예	437	3.55
6	옳다	266	3.43	그래	94	2.56	어	435	3.53
7	자	210	2.71	뭐	89	2.43	뭐	430	3.49
8	예	194	2.50	오	78	2.13	아하	419	3.40
9	어	190	2.45	글쎄	74	2.02	그래	406	3.29
10	그래	184	2.38	예	72	1.96	글쎄	395	3.20
11	글쎄	177	2.28	아니	71	1.94	네	358	2.90
12	참	171	2.21	야	68	1.85	야	263	2.13
13	오	159	2.05	만세	58	1.58	아니	250	2.03
14	네	143	1.85	빌어먹을	56	1.53	씨	233	1.89
15	파이팅	121	1.56	네	56	1.53	파이팅	191	1.55
16	아이고	98	1.27	에이	52	1.42	글쎄요	186	1.51
17	허허	97	1.25	아니오	50	1.36	참	185	1.50
18	아니	95	1.23	어	50	1.36	음	157	1.27
19	만세	81	1.05	앗	50	1.36	오	156	1.27
20	에이	72	0.93	여보	45	1.23	휴	150	1.22
21	어디	69	0.89	참	44	1.20	암	148	1.20
22	여보	69	0.89	왜	43	1.17	와	131	1.06
23	왜	63	0.81	옳다	41	1.12	에이	127	1.03
24	허	61	0.79	와	39	1.06	왜	126	1.02
25	그래요	53	0.68	어디	36	0.98	앗	115	0.93
26	글쎄요	47	0.61	맙소사	33	0.90	그럼	110	0.89
27	휴	47	0.61	암	29	0.79	여보	105	0.85
28	그럼	44	0.57	글쎄요	28	0.76	저	103	0.84
29	와	39	0.50	이그	27	0.74	어디	98	0.80
30	응	35	0.45	마	27	0.74	하하	88	0.71
31	저	35	0.45	천만에	23	0.63	응	87	0.71
32	씨	35	0.45	파이팅	23	0.63	아니오	85	0.69
33	아니오	34	0.44	휴	22	0.60	아차	81	0.66
34	아웅	29	0.37	하하	22	0.60	옳다	81	0.66
35	마	26	0.34	음	22	0.60	아웅	75	0.61
36	에	25	0.32	이	22	0.60	안녕	65	0.53
37	어이	24	0.31	에	22	0.60	아이구	60	0.49

순위	정치(T01) 타입 수: 247 토큰 수: 7,747		백분율	국제(T02) 타입 수: 270 토큰 수: 3,667		백분율	경제(T03) 타입 수: 327 토큰 수: 12,325		백분율
38	아차	24	0.31	쉿	21	0.57	쉿	57	0.46
39	뭘	22	0.28	아니요	20	0.55	에그	55	0.45
40	허허허	21	0.27	후이	19	0.52	에	53	0.43
41	아냐	20	0.26	응	18	0.49	아이고	51	0.41
42	어휴	19	0.25	이봐	18	0.49	아니요	50	0.41
43	음	19	0.25	아웅	18	0.49	어머	50	0.41
44	암	18	0.23	씨	17	0.46	야호	47	0.38
45	쉿	18	0.23	어이	16	0.44	천만에	46	0.37
46	그럼요	18	0.23	호	16	0.44	세상에	45	0.37
47	임마	18	0.23	아이고	16	0.44	이봐	44	0.36
48	아하	18	0.23	아차	15	0.41	마	44	0.36
49	아이구	17	0.22	허	15	0.41	악	39	0.32
50	거	17	0.22	아이	15	0.41	아이	39	0.32

순위	사회(T04) 타입 수: 424 토큰 수: 17,168		백분율	문화(T05) 타입 수: 792 토큰 수: 53,711		백분율	스포츠(T06) 타입 수: 304 토큰 수: 7,808		백분율
1	여	4,820	28.08	아	5,602	10.43	아	782	10.02
2	아	1,182	6.88	그래	3,092	5.76	파이팅	480	6.15
3	뭐	633	3.69	뭐	2,963	5.52	뭐	350	4.48
4	자	548	3.19	자	2,483	4.62	야	311	3.98
5	야	514	2.99	아니	1,806	3.36	자	305	3.91
6	씨	437	2.55	오	1,569	2.92	어	273	3.50
7	그래	433	2.52	야	1,557	2.90	그래	271	3.47
8	예	392	2.28	참	1,216	2.26	오	254	3.25
9	원	370	2.16	어	1,117	2.08	와	189	2.42
10	오	330	1.92	네	1,110	2.07	글쎄	180	2.31
11	어	322	1.88	하하	1,058	1.97	아니	151	1.93
12	네	284	1.65	예	1,048	1.95	하하	136	1.74
13	아이고	239	1.39	안녕	1,045	1.95	어휴	115	1.47
14	아니	232	1.35	글쎄	991	1.85	네	111	1.42
15	참	225	1.31	아하	936	1.74	에이	105	1.34
16	여보	207	1.21	음	760	1.41	참	105	1.34

순위	사회(T04) 타입 수: 424 토큰 수: 17,168		백분율	문화(T05) 타입 수: 792 토큰 수: 53,711		백분율	스포츠(T06) 타입 수: 304 토큰 수: 7,808		백분율
17	와	205	1.19	여	699	1.30	아차	100	1.28
18	파이팅	196	1.14	어디	666	1.24	허허	98	1.26
19	휴	186	1.08	와	566	1.05	어디	95	1.22
20	아하	177	1.03	응	531	0.99	허	94	1.20
21	하모	170	0.99	에이	531	0.99	악	94	1.20
22	왜	153	0.89	씨	524	0.98	앗	92	1.18
23	에이	152	0.89	앗	504	0.94	만세	91	1.17
24	글쎄	144	0.84	아이고	502	0.93	예	88	1.13
25	옳다	142	0.83	왜	502	0.93	글쎄요	84	1.08
26	만세	134	0.78	여보	465	0.87	휴	82	1.05
27	어디	129	0.75	아아	463	0.86	원	77	0.99
28	응	126	0.73	원	455	0.85	여	75	0.96
29	암	115	0.67	어머	450	0.84	안녕	75	0.96
30	음	113	0.66	저	433	0.81	마	70	0.90
31	안녕	109	0.63	글쎄요	379	0.71	아뿔싸	67	0.86
32	하하	101	0.59	그럼	340	0.63	저	66	0.85
33	앗	90	0.52	파이팅	333	0.62	왜	63	0.81
34	허허	89	0.52	암	317	0.59	헉	61	0.78
35	마	86	0.50	세상에	312	0.58	아이고	58	0.74
36	아이	79	0.46	어휴	259	0.48	얍	53	0.68
37	아니오	78	0.45	마	255	0.47	우	46	0.59
38	허	77	0.45	우와	250	0.47	쉿	45	0.58
39	우와	76	0.44	아니오	250	0.47	우와	44	0.56
40	저	74	0.43	아이	249	0.46	음	44	0.56
41	글쎄요	71	0.41	허허	249	0.46	에	40	0.51
42	아웅	62	0.36	아차	238	0.44	여보	39	0.50
43	그럼	59	0.34	어머나	229	0.43	아하	38	0.49
44	아니요	58	0.34	애	220	0.41	씨	36	0.46
45	어머	57	0.33	아니요	205	0.38	하라	35	0.45
46	아차	53	0.31	아니야	204	0.38	어이	35	0.45
47	아니야	51	0.30	이런	204	0.38	넨	34	0.44
48	어휴	49	0.29	아냐	195	0.36	뭘	33	0.42
49	아아	49	0.29	만세	194	0.36	후이	31	0.40

순위	사회(T04) 타입 수: 424 토큰 수: 17,168		백분율	문화(T05) 타입 수: 792 토큰 수: 53,711		백분율	스포츠(T06) 타입 수: 304 토큰 수: 7,808		백분율
50	세상에	46	0.27	휴	188	0.35	아냐	31	0.40

순위	과학(T07) 타입 수: 146 토큰 수: 1,192		백분율	사설(T08) 타입 수: 94 토큰 수: 792		백분율	오피니언(T09) 타입 수: 511 토큰 수: 19,271		백분율
1	암	87	7.30	그래	141	17.80	아	2,211	11.47
2	아	87	7.30	옳다	68	8.59	그래	1,448	7.51
3	자	73	6.12	어디	64	8.08	뭐	1,180	6.12
4	여	67	5.62	야	62	7.83	아니	1,011	5.25
5	그래	62	5.20	뭐	46	5.81	자	882	4.58
6	어	49	4.11	아웅	39	4.92	야	664	3.45
7	씨	47	3.94	원	34	4.29	예	600	3.11
8	예	35	2.94	여	32	4.04	어디	584	3.03
9	뭐	30	2.52	자	28	3.54	글쎄	505	2.62
10	참	29	2.43	예	24	3.03	참	446	2.31
11	앗	27	2.27	아	22	2.78	네	354	1.84
12	오	27	2.27	오	18	2.27	오	304	1.58
13	음	25	2.10	파이팅	14	1.77	어	255	1.32
14	야	25	2.10	어	14	1.77	음	224	1.16
15	아니	23	1.93	참	11	1.39	아아	206	1.07
16	아하	20	1.68	아니오	11	1.39	파이팅	199	1.03
17	네	19	1.59	아니	10	1.26	응	198	1.03
18	에	17	1.43	휴	10	1.26	여보	194	1.01
19	와	17	1.43	만세	8	1.01	아이고	175	0.91
20	에이	17	1.43	왜	8	1.01	옳다	172	0.89
21	안녕	17	1.43	글쎄	6	0.76	원	171	0.89
22	야호	16	1.34	으	5	0.63	아니오	156	0.81
23	글쎄	13	1.09	저	5	0.63	에이	152	0.79
24	여보	12	1.01	아차	5	0.63	안녕	152	0.79
25	저	10	0.84	옳지	4	0.51	세상에	149	0.77
26	아차	10	0.84	아이고	4	0.51	만세	148	0.77
27	원	9	0.76	암	4	0.51	아하	146	0.76
28	하하	9	0.76	에이	3	0.38	왜	130	0.67

순위	과학(T07) 타입 수: 146 토큰 수: 1,192		백분율	사설(T08) 타입 수: 94 토큰 수: 792		백분율	오피니언(T09) 타입 수: 511 토큰 수: 19,271		백분율
29	마	8	0.67	빌어먹을	3	0.38	글쎄요	125	0.65
30	에그	8	0.67	에	3	0.38	아차	118	0.61
31	이그	8	0.67	얼씨구나	3	0.38	와	118	0.61
32	아이고	7	0.59	자자	2	0.25	그럼	109	0.57
33	응	7	0.59	우	2	0.25	이봐	107	0.56
34	우와	7	0.59	야야	2	0.25	하하	106	0.55
35	헉	7	0.59	또라이	2	0.25	여	105	0.54
36	어디	7	0.59	아하	2	0.25	거	102	0.53
37	그럼	7	0.59	마	2	0.25	저	101	0.52
38	왜	7	0.59	앗	2	0.25	웬걸	89	0.46
39	아뿔싸	6	0.50	쉬	2	0.25	어이	87	0.45
40	파이팅	6	0.50	아냐	2	0.25	마	86	0.45
41	천만에	6	0.50	하라	2	0.25	아니요	86	0.45
42	아니오	6	0.50	그렇지	2	0.25	애	85	0.44
43	쉿	6	0.50	아이	2	0.25	임마	84	0.44
44	아냐	6	0.50	인마	2	0.25	어머	83	0.43
45	글쎄요	6	0.50	에고	2	0.25	아니야	83	0.43
46	흠	6	0.50	아니요	2	0.25	거시기	80	0.42
47	오매	5	0.42	글쎄요	2	0.25	아뿔싸	78	0.40
48	아이구	5	0.42	세상에	2	0.25	아웅	78	0.40
49	어휴	5	0.42	여보소	2	0.25	앗	76	0.39
50	온	5	0.42	그럼	2	0.25	아이구	74	0.38

순위	기획(T10) 타입 수: 296 토큰 수: 5,289		백분율	지역(T11) 타입 수: 357 토큰 수: 8,923		백분율	사람들(T12) 타입 수: 343 토큰 수: 7,788		백분율
1	여	768	14.52	여	2,516	28.20	아	975	12.52
2	아	564	10.66	아	575	6.44	뭐	455	5.84
3	자	351	6.64	자	395	4.43	그래	417	5.35
4	그래	258	4.88	야	304	3.41	여	317	4.07
5	뭐	218	4.12	씨	280	3.14	씨	316	4.06
6	야	146	2.76	오	244	2.73	하하	282	3.62
7	아니	130	2.46	원	205	2.30	아니	253	3.25

순위	기획(T10) 타입 수: 296 토큰 수: 5,289		백분율	지역(T11) 타입 수: 357 토큰 수: 8,923		백분율	사람들(T12) 타입 수: 343 토큰 수: 7,788		백분율
8	예	116	2.19	뭐	184	2.06	야	252	3.24
9	아하	111	2.10	와	180	2.02	네	246	3.16
10	네	106	2.00	얼쑤	173	1.94	자	198	2.54
11	글쎄	100	1.89	어	170	1.91	글쎄	195	2.50
12	참	95	1.80	휴	142	1.59	참	156	2.00
13	오	93	1.76	파이팅	133	1.49	예	152	1.95
14	어	78	1.47	예	109	1.22	오	150	1.93
15	왜	69	1.30	에이	104	1.17	어	128	1.64
16	와	61	1.15	그래	103	1.15	음	120	1.54
17	어디	59	1.12	아하	96	1.08	글쎄요	104	1.34
18	글쎄요	55	1.04	아니	94	1.05	여보	98	1.26
19	안녕	53	1.00	참	87	0.98	응	93	1.19
20	아이	50	0.95	네	81	0.91	저	92	1.18
21	아이고	50	0.95	하모	77	0.86	허허	86	1.10
22	원	49	0.93	안녕	73	0.82	원	82	1.05
23	파이팅	47	0.89	어디	68	0.76	아이고	80	1.03
24	암	44	0.83	우와	65	0.73	안녕	80	1.03
25	음	42	0.79	아이고	64	0.72	아아	72	0.92
26	만세	40	0.76	마	59	0.66	파이팅	72	0.92
27	응	40	0.76	얼씨구	58	0.65	와	68	0.87
28	여보	40	0.76	하하	57	0.64	에이	65	0.83
29	하하	40	0.76	글쎄	57	0.64	어머	59	0.76
30	에이	37	0.70	암	56	0.63	그럼	58	0.74
31	씨	36	0.68	음	56	0.63	어디	50	0.64
32	마	35	0.66	만세	55	0.62	아니야	48	0.62
33	그래요	34	0.64	어머	52	0.58	왜	46	0.59
34	어머	31	0.59	앗	52	0.58	그럼요	45	0.58
35	아니오	31	0.59	허허	49	0.55	아니요	40	0.51
36	아차	30	0.57	옳다	48	0.54	아유	40	0.51
37	앗	26	0.49	여보	46	0.52	거	38	0.49
38	아니요	25	0.47	저	44	0.49	아하	37	0.48
39	쉿	23	0.43	에	41	0.46	뭘	36	0.46
40	우와	23	0.43	어휴	37	0.41	아뇨	34	0.44

순위	기획(T10) 타입 수: 296 토큰 수: 5,289		백분율	지역(T11) 타입 수: 357 토큰 수: 8,923		백분율	사람들(T12) 타입 수: 343 토큰 수: 7,788		백분율
41	아아	23	0.43	홍	36	0.40	어휴	33	0.42
42	허허	22	0.42	아이구	34	0.38	허	32	0.41
43	옳다	21	0.40	야호	34	0.38	마	28	0.36
44	거시기	21	0.40	아웅	32	0.36	그래요	27	0.35
45	얘	20	0.38	왜	32	0.36	만세	26	0.33
46	저	19	0.36	어머나	32	0.36	허허허	26	0.33
47	맙	17	0.32	허	32	0.36	어이	25	0.32
48	아뇨	17	0.32	글쎄요	31	0.35	아자	24	0.31
49	아니야	16	0.30	오라이	28	0.31	우와	24	0.31
50	세상에	16	0.30	아차	28	0.31	어머나	24	0.31

2) 일반부사(MAG)

순위	정치(T01) 타입 수: 4,214 토큰 수: 1,624,286		백분율	국제(T02) 타입 수: 5,363 토큰 수: 1,074,121		백분율	경제(T03) 타입 수: 6,825 토큰 수: 3,097,643		백분율
1	또	108,002	6.65	또	63,251	5.89	또	173,923	5.61
2	안	62,587	3.85	더	48,350	4.50	더	143,016	4.62
3	더	58,280	3.59	가장	39,611	3.69	가장	120,318	3.88
4	및	56,369	3.47	함께	34,365	3.20	현재	105,106	3.39
5	함께	52,568	3.24	현재	30,529	2.84	및	102,597	3.31
6	모두	41,662	2.56	모두	28,781	2.68	특히	87,818	2.83
7	특히	41,491	2.55	및	27,739	2.58	모두	81,183	2.62
8	가장	32,326	1.99	특히	26,016	2.42	함께	77,069	2.49
9	다시	32,091	1.98	다시	23,367	2.18	많이	70,060	2.26
10	현재	29,767	1.83	이미	20,630	1.92	다시	58,254	1.88
11	이미	24,302	1.50	아직	18,209	1.70	각각	58,222	1.88
12	없이	24,287	1.50	안	16,963	1.58	안	48,393	1.56
13	직접	24,043	1.48	더욱	13,582	1.26	잘	47,975	1.55
14	잘	23,636	1.46	없이	13,318	1.24	이미	46,020	1.49

순위	정치(T01) 타입 수: 4,214 토큰 수: 1,624,286		백분율	국제(T02) 타입 수: 5,363 토큰 수: 1,074,121		백분율	경제(T03) 타입 수: 6,825 토큰 수: 3,097,643		백분율
15	아직	21,981	1.35	계속	13,259	1.23	아직	44,452	1.44
16	못	21,248	1.31	한편	12,719	1.18	직접	39,528	1.28
17	이어	19,913	1.23	직접	12,453	1.16	없이	34,947	1.13
18	다	19,379	1.19	물론	11,951	1.11	물론	34,738	1.12
19	한편	17,608	1.08	잘	11,419	1.06	계속	34,144	1.10
20	많이	17,241	1.06	매우	11,306	1.05	역시	32,356	1.04
21	각각	17,094	1.05	거의	10,920	1.02	못	31,973	1.03
22	계속	17,046	1.05	많이	10,619	0.99	더욱	28,282	0.91
23	먼저	15,194	0.94	각각	10,431	0.97	거의	26,905	0.87
24	물론	14,539	0.90	못	10,228	0.95	우선	25,015	0.81
25	왜	14,419	0.89	여전히	9,365	0.87	또는	23,814	0.77
26	우선	14,222	0.88	역시	9,009	0.84	오히려	23,780	0.77
27	제대로	14,055	0.87	너무	7,977	0.74	바로	23,669	0.76
28	또는	14,023	0.86	이어	7,904	0.74	다만	23,262	0.75
29	너무	13,377	0.82	달리	7,653	0.71	새로	22,573	0.73
30	일단	13,295	0.82	훨씬	7,565	0.70	먼저	22,320	0.72
31	지금	12,232	0.75	이제	7,455	0.69	달리	21,877	0.71
32	더욱	12,007	0.74	먼저	7,115	0.66	훨씬	21,836	0.70
33	전혀	11,514	0.71	다	7,050	0.66	너무	21,813	0.70
34	좀	11,504	0.71	바로	6,922	0.64	여전히	21,462	0.69
35	다만	11,343	0.70	또는	6,637	0.62	주로	21,250	0.69
36	매우	11,083	0.68	앞서	6,629	0.62	다	21,162	0.68
37	역시	10,974	0.68	제대로	6,416	0.60	제대로	20,833	0.67
38	오히려	10,533	0.65	곧	6,404	0.60	실제로	19,799	0.64
39	거의	10,260	0.63	실제로	6,329	0.59	매년	18,637	0.60
40	반드시	10,077	0.62	지금	6,252	0.58	다소	17,779	0.57
41	분명히	9,818	0.60	우선	6,197	0.58	일단	16,953	0.55
42	서로	9,706	0.60	오히려	6,159	0.57	한편	16,465	0.53
43	이제	9,691	0.60	매년	6,112	0.57	좀	15,763	0.51
44	달리	9,652	0.59	왜	6,060	0.56	매우	15,704	0.51
45	그대로	9,445	0.58	전혀	5,671	0.53	그대로	15,697	0.51
46	바로	8,816	0.54	완전히	5,650	0.53	미리	15,542	0.50
47	여전히	8,405	0.52	즉각	5,634	0.52	대폭	15,217	0.49

순위	정치(T01) 타입 수: 4,214 토큰 수: 1,624,286		백분율	국제(T02) 타입 수: 5,363 토큰 수: 1,074,121		백분율	경제(T03) 타입 수: 6,825 토큰 수: 3,097,643		백분율
48	실제로	8,392	0.52	서로	5,490	0.51	얼마나	15,012	0.48
49	스스로	8,090	0.50	주로	5,435	0.51	지금	14,477	0.47
50	잘못	8,071	0.50	일단	5,345	0.50	당분간	13,875	0.45

순위	사회(T04) 타입 수: 6,877 토큰 수: 2,169,270		백분율	문화(T05) 타입 수: 15,725 토큰 수: 3,900,764		백분율	스포츠(T06) 타입 수: 5,145 토큰 수: 1,110,471		백분율
1	또	140,699	6.49	더	157,483	4.04	더	47,948	4.32
2	함께	91,450	4.22	함께	137,221	3.52	모두	41,799	3.76
3	및	78,023	3.60	가장	114,923	2.95	함께	38,878	3.50
4	더	76,933	3.55	또	112,297	2.88	가장	36,022	3.24
5	모두	74,894	3.45	잘	99,918	2.56	또	35,007	3.15
6	안	57,722	2.66	안	80,149	2.05	다시	31,779	2.86
7	가장	54,535	2.51	많이	75,244	1.93	잘	27,506	2.48
8	현재	50,317	2.32	다시	72,523	1.86	안	19,985	1.80
9	특히	46,301	2.13	모두	71,224	1.83	많이	18,091	1.63
10	다시	43,666	2.01	특히	60,711	1.56	특히	18,029	1.62
11	없이	34,828	1.61	없이	52,122	1.34	없이	17,857	1.61
12	많이	32,907	1.52	다	51,275	1.31	역시	17,854	1.61
13	잘	32,170	1.48	바로	48,588	1.25	못	17,847	1.61
14	못	31,355	1.45	못	46,244	1.19	아직	16,445	1.48
15	직접	30,859	1.42	너무	43,727	1.12	현재	15,945	1.44
16	이미	27,603	1.27	왜	40,642	1.04	다	14,761	1.33
17	각각	26,904	1.24	직접	40,343	1.03	각각	14,567	1.31
18	아직	25,884	1.19	및	39,667	1.02	너무	13,359	1.20
19	제대로	22,603	1.04	역시	39,619	1.02	먼저	11,877	1.07
20	다	21,400	0.99	물론	38,821	1.00	이미	11,144	1.00
21	또는	20,516	0.95	아직	35,515	0.91	한편	10,799	0.97
22	한편	20,095	0.93	현재	34,815	0.89	바로	10,682	0.96
23	계속	19,523	0.90	좀	31,800	0.82	더욱	9,857	0.89
24	너무	19,043	0.88	먼저	31,740	0.81	나란히	9,382	0.84
25	물론	18,528	0.85	이미	31,069	0.80	물론	9,303	0.84
26	거의	16,887	0.78	이제	28,593	0.73	이제	9,223	0.83

순위	사회(T04) 타입 수: 6,877 토큰 수: 2,169,270		백분율	문화(T05) 타입 수: 15,725 토큰 수: 3,900,764		백분율	스포츠(T06) 타입 수: 5,145 토큰 수: 1,110,471		백분율
27	왜	16,356	0.75	그대로	27,865	0.71	및	8,000	0.72
28	역시	16,046	0.74	제대로	27,567	0.71	거의	7,722	0.70
29	먼저	15,810	0.73	거의	27,369	0.70	이어	7,390	0.67
30	전혀	14,178	0.65	더욱	27,225	0.70	무려	7,382	0.66
31	이어	14,064	0.65	지금	24,895	0.64	꼭	7,201	0.65
32	바로	13,870	0.64	얼마나	24,620	0.63	제대로	7,154	0.64
33	더욱	13,674	0.63	또한	24,246	0.62	계속	6,673	0.60
34	우선	13,670	0.63	꼭	24,110	0.62	오히려	6,559	0.59
35	달리	13,084	0.60	또는	23,526	0.60	직접	6,546	0.59
36	스스로	12,470	0.57	서로	23,520	0.60	좀	6,431	0.58
37	실제로	12,260	0.57	오히려	23,391	0.60	그대로	5,987	0.54
38	그대로	12,201	0.56	달리	23,314	0.60	정말	5,778	0.52
39	오히려	11,782	0.54	스스로	23,165	0.59	열심히	5,550	0.50
40	매우	11,370	0.52	자주	20,720	0.53	달리	5,353	0.48
41	주로	10,767	0.50	주로	19,975	0.51	내내	5,309	0.48
42	일단	10,755	0.50	정말	19,862	0.51	여전히	5,278	0.48
43	새로	10,713	0.49	각각	19,742	0.51	왜	5,250	0.47
44	이제	10,465	0.48	늘	19,394	0.50	전혀	4,920	0.44
45	좀	10,394	0.48	매일	19,103	0.49	일단	4,918	0.44
46	서로	10,294	0.47	오래	18,836	0.48	반드시	4,749	0.43
47	매년	10,218	0.47	계속	18,624	0.48	곧바로	4,735	0.43
48	훨씬	10,193	0.47	같이	18,572	0.48	완전히	4,696	0.42
49	여전히	9,431	0.43	매우	18,078	0.46	훨씬	4,667	0.42
50	반드시	9,392	0.43	우선	17,768	0.46	매우	4,605	0.41

순위	과학(T07) 타입 수: 2,650 토큰 수: 240,719		백분율	사설(T08) 타입 수: 2,011 토큰 수: 462,058		백분율	오피니언(T09) 타입 수: 8,707 토큰 수: 2,432,121		백분율
1	또	10,872	4.52	더	24,721	5.35	더	115,347	4.74
2	더	10,178	4.23	안	19,763	4.28	안	65,395	2.69
3	가장	9,513	3.95	또	13,194	2.86	또	61,242	2.52
4	함께	7,057	2.93	다시	9,671	2.09	가장	53,540	2.20
5	많이	6,576	2.73	특히	8,463	1.83	함께	45,377	1.87
6	현재	6,174	2.56	없이	8,375	1.81	잘	45,244	1.86
7	잘	6,042	2.51	제대로	8,253	1.79	다시	43,821	1.80
8	특히	5,688	2.36	함께	7,992	1.73	없이	37,888	1.56
9	및	5,186	2.15	이미	7,973	1.73	모두	35,073	1.44
10	모두	5,044	2.10	물론	7,870	1.70	물론	34,392	1.41
11	안	3,917	1.63	가장	7,610	1.65	바로	33,072	1.36
12	다시	3,760	1.56	모두	7,291	1.58	못	32,892	1.35
13	아직	3,595	1.49	지금	6,911	1.50	많이	31,461	1.29
14	물론	3,399	1.41	및	6,898	1.49	지금	31,451	1.29
15	없이	3,258	1.35	못	6,686	1.45	다	31,336	1.29
16	이미	3,154	1.31	더욱	6,653	1.44	이미	30,863	1.27
17	직접	3,075	1.28	이제	6,274	1.36	및	30,576	1.26
18	바로	3,041	1.26	아직	5,437	1.18	특히	30,508	1.25
19	거의	2,765	1.15	스스로	5,038	1.09	이제	30,149	1.24
20	주로	2,136	0.89	오히려	5,016	1.09	왜	30,041	1.24
21	먼저	2,119	0.88	바로	4,830	1.05	아직	29,444	1.21
22	매우	2,101	0.87	역시	4,682	1.01	너무	28,007	1.15
23	훨씬	2,081	0.86	잘	4,672	1.01	더욱	27,119	1.12
24	못	2,016	0.84	다	4,647	1.01	제대로	25,251	1.04
25	달리	1,909	0.79	우선	4,458	0.96	또한	25,192	1.04
26	역시	1,907	0.79	어제	4,421	0.96	현재	22,539	0.93
27	또는	1,880	0.78	왜	4,123	0.89	역시	21,648	0.89
28	제대로	1,845	0.77	먼저	4,010	0.87	얼마나	21,431	0.88
29	각각	1,844	0.77	얼마나	3,959	0.86	오히려	21,331	0.88
30	너무	1,801	0.75	계속	3,700	0.80	먼저	19,434	0.80
31	더욱	1,773	0.74	잘못	3,699	0.80	거의	18,891	0.78
32	계속	1,737	0.72	직접	3,514	0.76	좀	18,889	0.78
33	다	1,671	0.69	또한	3,509	0.76	매우	16,890	0.69

순위	과학(T07) 타입 수: 2,650 토큰 수: 240,719		백분율	사설(T08) 타입 수: 2,011 토큰 수: 462,058		백분율	오피니언(T09) 타입 수: 8,707 토큰 수: 2,432,121		백분율
34	자주	1,666	0.69	현재	3,508	0.76	스스로	16,526	0.68
35	서로	1,603	0.67	과연	3,317	0.72	또는	15,048	0.62
36	그대로	1,468	0.61	그대로	3,302	0.71	과연	15,020	0.62
37	실제로	1,455	0.60	너무	3,295	0.71	서로	14,800	0.61
38	왜	1,437	0.60	결코	3,054	0.66	직접	14,556	0.60
39	우선	1,417	0.59	거의	2,880	0.62	우선	14,234	0.59
40	오래	1,339	0.56	많이	2,856	0.62	잘못	13,893	0.57
41	빨리	1,305	0.54	또는	2,820	0.61	그대로	13,741	0.56
42	얼마나	1,304	0.54	여전히	2,757	0.60	계속	13,669	0.56
43	이제	1,259	0.52	매우	2,521	0.55	훨씬	13,464	0.55
44	매년	1,251	0.52	훨씬	2,505	0.54	정말	13,215	0.54
45	새로	1,208	0.50	아무리	2,496	0.54	여전히	12,685	0.52
46	전혀	1,200	0.50	분명히	2,488	0.54	전혀	12,363	0.51
47	오히려	1,192	0.50	전혀	2,428	0.53	곧	12,047	0.50
48	또한	1,186	0.49	실제로	2,412	0.52	달리	11,716	0.48
49	매일	1,169	0.49	이른바	2,332	0.50	같이	11,685	0.48
50	좀	1,128	0.47	더구나	2,330	0.50	즉	11,662	0.48

순위	기획(T10) 타입 수: 4,175 토큰 수: 586,682		백분율	지역(T11) 타입 수: 6,799 토큰 수: 1,518,857		백분율	사람들(T12) 타입 수: 4,273 토큰 수: 491,028		백분율
1	더	23,712	4.04	또	124,980	8.23	함께	23,746	4.84
2	또	22,683	3.87	및	113,207	7.45	더	19,462	3.96
3	가장	20,328	3.46	함께	90,363	5.95	또	15,905	3.24
4	함께	19,136	3.26	모두	63,280	4.17	가장	14,092	2.87
5	및	19,132	3.26	현재	52,766	3.47	안	13,744	2.80
6	잘	13,896	2.37	가장	43,774	2.88	잘	11,918	2.43
7	특히	13,436	2.29	더	39,517	2.60	및	10,680	2.18
8	모두	13,124	2.24	특히	38,074	2.51	많이	10,255	2.09
9	많이	11,820	2.01	각각	31,083	2.05	모두	10,238	2.09
10	안	10,957	1.87	직접	26,527	1.75	다시	10,060	2.05
11	현재	9,853	1.68	다시	24,574	1.62	현재	7,998	1.63
12	다시	9,002	1.53	안	23,315	1.54	다	7,960	1.62

순위	기획(T10) 타입 수: 4,175 토큰 수: 586,682		백분율	지역(T11) 타입 수: 6,799 토큰 수: 1,518,857		백분율	사람들(T12) 타입 수: 4,273 토큰 수: 491,028		백분율
13	직접	7,793	1.33	많이	22,328	1.47	못	7,456	1.52
14	없이	7,149	1.22	없이	19,465	1.28	너무	6,874	1.40
15	바로	6,997	1.19	잘	19,338	1.27	직접	6,612	1.35
16	물론	6,821	1.16	물론	18,680	1.23	특히	6,538	1.33
17	다	5,954	1.01	우선	16,811	1.11	아직	6,076	1.24
18	아직	5,866	1.00	이미	16,066	1.06	없이	5,967	1.22
19	이미	5,748	0.98	한편	15,447	1.02	왜	4,549	0.93
20	못	5,715	0.97	또는	14,305	0.94	바로	4,367	0.89
21	먼저	5,633	0.96	못	14,188	0.93	좀	4,277	0.87
22	더욱	5,603	0.96	아직	14,144	0.93	이제	4,252	0.87
23	역시	5,315	0.91	새로	13,378	0.88	각각	4,239	0.86
24	너무	5,250	0.89	매년	12,888	0.85	지금	4,187	0.85
25	또는	5,063	0.86	제대로	12,581	0.83	물론	4,151	0.85
26	스스로	4,592	0.78	이어	11,619	0.76	제대로	4,018	0.82
27	각각	4,535	0.77	매주	11,489	0.76	이미	3,887	0.79
28	거의	4,518	0.77	계속	11,081	0.73	먼저	3,760	0.77
29	제대로	4,487	0.76	더욱	10,395	0.68	정말	3,655	0.74
30	왜	4,250	0.72	다	9,996	0.66	계속	3,464	0.71
31	우선	4,200	0.72	바로	9,983	0.66	꼭	3,406	0.69
32	이제	4,080	0.70	매일	9,921	0.65	역시	3,241	0.66
33	매우	3,837	0.65	먼저	9,003	0.59	늘	3,236	0.66
34	또한	3,682	0.63	너무	8,796	0.58	거의	3,222	0.66
35	반드시	3,666	0.62	거의	8,681	0.57	더욱	3,100	0.63
36	달리	3,652	0.62	역시	8,443	0.56	열심히	2,957	0.60
37	얼마나	3,586	0.61	그대로	8,368	0.55	매년	2,931	0.60
38	매년	3,577	0.61	달리	7,462	0.49	얼마나	2,892	0.59
39	꼭	3,540	0.60	해마다	7,424	0.49	매우	2,839	0.58
40	매일	3,520	0.60	주로	6,731	0.44	서로	2,817	0.57
41	계속	3,508	0.60	서로	6,594	0.43	매일	2,697	0.55
42	좀	3,507	0.60	대폭	6,340	0.42	스스로	2,672	0.54
43	오히려	3,439	0.59	훨씬	6,005	0.40	오히려	2,390	0.49
44	자주	3,366	0.57	매우	5,736	0.38	그대로	2,342	0.48
45	주로	3,317	0.57	전혀	5,700	0.38	같이	2,328	0.47

순위	기획(T10) 타입 수: 4,175 토큰 수: 586,682		백분율	지역(T11) 타입 수: 6,799 토큰 수: 1,518,857		백분율	사람들(T12) 타입 수: 4,273 토큰 수: 491,028		백분율
46	그대로	3,306	0.56	오히려	5,396	0.36	전혀	2,312	0.47
47	서로	3,181	0.54	반드시	5,286	0.35	항상	2,306	0.47
48	훨씬	3,163	0.54	보다	5,249	0.35	자주	2,270	0.46
49	지금	3,093	0.53	곧	5,132	0.34	아주	2,200	0.45
50	미리	2,968	0.51	이제	5,104	0.34	이어	2,124	0.43

5장 | 연도별 형태소 사용 빈도

1. 체언

1) 일반명사(NNG)

순위	Y2000 타입 수: 627,096 토큰 수: 23,156,891		백분율	Y2001 타입 수: 586,605 토큰 수: 22,579,025		백분율	Y2002 타입 수: 563,340 토큰 수: 23,951,379		백분율
1	말	168,943	0.73	말	183,602	0.81	말	198,329	0.83
2	때	95,432	0.41	때	97,116	0.43	때	108,206	0.45
3	경우	82,113	0.35	정부	78,759	0.35	후보	98,836	0.41
4	정부	75,494	0.33	경우	77,270	0.34	사람	85,162	0.36
5	사람	73,560	0.32	사람	75,433	0.33	경우	75,627	0.32
6	대통령	67,909	0.29	문제	64,667	0.29	전	74,352	0.31
7	문제	66,765	0.29	대통령	63,381	0.28	뒤	69,848	0.29
8	뒤	64,655	0.28	지난해	62,541	0.28	대통령	68,078	0.28
9	인터넷	60,084	0.26	뒤	62,396	0.28	문제	67,396	0.28

순위	Y2000 타입 수: 627,096 토큰 수: 23,156,891		백분율	Y2001 타입 수: 586,605 토큰 수: 22,579,025		백분율	Y2002 타입 수: 563,340 토큰 수: 23,951,379		백분율
10	이상	57,600	0.25	전	60,659	0.27	정부	64,948	0.27
11	최근	57,397	0.25	이상	56,061	0.25	이상	59,521	0.25
12	이번	56,057	0.24	최근	55,040	0.24	일	59,111	0.25
13	지난해	55,123	0.24	일	53,817	0.24	지난해	58,720	0.25
14	전	53,325	0.23	이번	52,618	0.23	이번	58,626	0.24
15	일	52,474	0.23	의원	46,099	0.20	최근	57,823	0.24
16	기업	47,677	0.21	정도	44,213	0.20	의원	54,561	0.23
17	이날	45,985	0.20	이후	43,500	0.19	월드컵	51,211	0.21
18	의원	45,539	0.20	이날	43,156	0.19	정도	47,668	0.20
19	정도	44,398	0.19	관련	42,542	0.19	이후	47,089	0.20
20	시작	43,332	0.19	생각	42,491	0.19	생각	46,814	0.20
21	관련	42,770	0.18	시작	41,675	0.18	관련	46,448	0.19
22	생각	41,665	0.18	주장	40,382	0.18	이날	46,279	0.19
23	이후	41,476	0.18	기업	40,352	0.18	경기	44,407	0.19
24	계획	40,361	0.17	올해	39,386	0.17	시작	44,321	0.19
25	앞	38,947	0.17	곳	38,917	0.17	곳	42,138	0.18
26	주장	38,685	0.17	관계자	38,207	0.17	주장	41,578	0.17
27	국내	37,920	0.16	계획	38,072	0.17	기업	40,866	0.17
28	곳	37,724	0.16	국내	37,339	0.17	세계	40,487	0.17
29	관계자	37,311	0.16	교수	36,974	0.16	앞	39,984	0.17
30	발표	37,004	0.16	세계	36,778	0.16	자신	39,674	0.17
31	후보	36,381	0.16	앞	36,468	0.16	올해	39,588	0.17
32	올해	36,327	0.16	자신	34,876	0.15	계획	38,226	0.16
33	세계	35,970	0.16	필요	34,109	0.15	교수	37,960	0.16
34	자신	35,938	0.16	시간	33,979	0.15	조사	37,419	0.16
35	필요	35,186	0.15	가운데	33,238	0.15	시간	37,034	0.15
36	예정	34,971	0.15	예정	32,435	0.14	지역	36,562	0.15
37	가운데	34,305	0.15	경기	32,109	0.14	관계자	36,172	0.15
38	시장	34,161	0.15	결과	31,858	0.14	가운데	36,040	0.15
39	시간	33,981	0.15	조사	31,689	0.14	필요	35,692	0.15
40	결과	32,183	0.14	발표	31,589	0.14	결과	35,603	0.15
41	지역	31,980	0.14	기록	30,928	0.14	국내	34,753	0.15
42	교수	30,717	0.13	지역	30,754	0.14	시장	33,716	0.14

순위	Y2000 타입 수: 627,096 토큰 수: 23,156,891		백분율	Y2001 타입 수: 586,605 토큰 수: 22,579,025		백분율	Y2002 타입 수: 563,340 토큰 수: 23,951,379		백분율
43	전망	30,652	0.13	내년	29,608	0.13	선수	33,684	0.14
44	기록	30,607	0.13	인터넷	29,537	0.13	오후	32,923	0.14
45	오후	30,274	0.13	가능성	29,226	0.13	예정	32,768	0.14
46	가능성	30,159	0.13	일부	29,174	0.13	감독	31,772	0.13
47	회사	29,788	0.13	후	28,523	0.13	가능성	31,367	0.13
48	개발	29,014	0.13	전망	28,383	0.13	후	30,794	0.13
49	후	28,744	0.12	지원	28,350	0.13	검찰	30,504	0.13
50	동안	28,395	0.12	지적	28,211	0.12	발표	30,440	0.13

순위	Y2003 타입 수: 544,776 토큰 수: 24,344,504		백분율	Y2004 타입 수: 517,178 토큰 수: 23,043,430		백분율	Y2005 타입 수: 477,292 토큰 수: 21,408,943		백분율
1	말	212,628	0.87	말	196,451	0.85	말	189,036	0.88
2	대통령	109,533	0.45	때	101,613	0.44	때	96,565	0.45
3	때	109,157	0.45	대통령	79,318	0.34	사람	78,402	0.37
4	정부	89,429	0.37	사람	77,856	0.34	정부	72,905	0.34
5	사람	87,056	0.36	정부	75,511	0.33	문제	68,925	0.32
6	경우	77,642	0.32	경우	71,666	0.31	전	67,305	0.31
7	문제	77,297	0.32	문제	69,006	0.30	뒤	62,914	0.29
8	전	75,623	0.31	뒤	68,325	0.30	대통령	59,780	0.28
9	뒤	70,995	0.29	전	67,824	0.29	일	57,224	0.27
10	일	61,513	0.25	지난해	58,260	0.25	경우	56,792	0.27
11	이상	60,818	0.25	이상	56,821	0.25	지난해	54,948	0.26
12	지난해	59,317	0.24	일	56,380	0.24	이상	50,837	0.24
13	최근	59,056	0.24	의원	55,122	0.24	최근	48,591	0.23
14	관련	53,438	0.22	최근	52,822	0.23	교수	48,338	0.23
15	이번	53,377	0.22	이번	52,734	0.23	이번	46,679	0.22
16	이날	50,890	0.21	이날	46,269	0.20	생각	44,081	0.21
17	생각	50,218	0.21	관련	45,391	0.20	올해	42,555	0.20
18	의원	48,136	0.20	생각	44,786	0.19	시작	41,762	0.20
19	정도	47,236	0.19	기업	43,643	0.19	관련	41,019	0.19
20	기업	47,234	0.19	올해	43,610	0.19	정도	39,975	0.19
21	이후	46,946	0.19	이후	43,336	0.19	기업	39,721	0.19

순위	Y2003 타입 수: 544,776 토큰 수: 24,344,504		백분율	Y2004 타입 수: 517,178 토큰 수: 23,043,430		백분율	Y2005 타입 수: 477,292 토큰 수: 21,408,943		백분율
22	시작	44,826	0.18	정도	43,062	0.19	의원	39,090	0.18
23	교수	43,095	0.18	곳	42,335	0.18	세계	38,955	0.18
24	주장	42,527	0.17	시작	41,603	0.18	곳	38,870	0.18
25	곳	41,535	0.17	교수	40,921	0.18	이날	38,779	0.18
26	자신	41,456	0.17	지역	39,864	0.17	이후	38,649	0.18
27	계획	41,141	0.17	주장	39,235	0.17	시간	37,046	0.17
28	앞	40,020	0.16	계획	38,668	0.17	자신	36,634	0.17
29	관계자	39,497	0.16	자신	38,029	0.17	지역	36,531	0.17
30	올해	39,024	0.16	앞	37,669	0.16	블로그	36,114	0.17
31	지역	38,558	0.16	시간	37,125	0.16	필요	34,427	0.16
32	검찰	38,515	0.16	필요	36,591	0.16	관계자	34,323	0.16
33	필요	38,197	0.16	세계	36,353	0.16	앞	34,198	0.16
34	세계	38,056	0.16	관계자	35,839	0.16	계획	33,951	0.16
35	시간	37,870	0.16	가운데	35,780	0.16	주장	33,035	0.15
36	가운데	37,237	0.15	대표	35,186	0.15	국내	32,800	0.15
37	국내	37,213	0.15	국내	35,178	0.15	결과	30,969	0.14
38	조사	36,289	0.15	결과	34,760	0.15	예정	30,762	0.14
39	회장	36,136	0.15	예정	34,410	0.15	사진	30,466	0.14
40	대표	35,247	0.14	조사	33,524	0.15	가운데	30,324	0.14
41	결과	34,353	0.14	학생	31,761	0.14	조사	30,262	0.14
42	예정	34,331	0.14	국민	30,668	0.13	학생	30,122	0.14
43	돈	32,526	0.13	결정	30,629	0.13	아이	29,729	0.14
44	후	31,427	0.13	대상	30,431	0.13	내용	29,590	0.14
45	상황	31,424	0.13	지원	30,343	0.13	시장	29,540	0.14
46	오후	31,392	0.13	시장	30,191	0.13	대학	29,280	0.14
47	가능성	31,124	0.13	아이	29,474	0.13	회장	28,789	0.13
48	일부	30,811	0.13	사진	29,470	0.13	지원	28,484	0.13
49	결정	30,741	0.13	오후	29,237	0.13	처음	27,644	0.13
50	국민	30,486	0.13	대학	29,084	0.13	발표	27,160	0.13

순위	Y2006 타입 수: 458,427 토큰 수: 20,890,295		백분율	Y2007 타입 수: 438,844 토큰 수: 24,242,012		백분율	Y2008 타입 수: 476,489 토큰 수: 23,830,174		백분율
1	말	188,986	0.90	말	224,684	0.93	말	217,267	0.91
2	때	99,146	0.47	전	115,500	0.48	때	112,125	0.47
3	사람	81,573	0.39	때	110,304	0.46	정부	104,788	0.44
4	전	76,148	0.36	사람	96,465	0.40	전	86,150	0.36
5	정부	71,345	0.34	후보	93,731	0.39	사람	85,060	0.36
6	문제	66,746	0.32	대통령	77,314	0.32	대통령	83,505	0.35
7	뒤	61,724	0.30	문제	75,591	0.31	문제	71,862	0.30
8	대통령	60,014	0.29	정부	75,288	0.31	뒤	67,389	0.28
9	일	57,665	0.28	뒤	69,002	0.28	일	59,470	0.25
10	경우	54,491	0.26	일	62,664	0.26	경우	59,392	0.25
11	지난해	51,653	0.25	경우	59,972	0.25	지난해	58,247	0.24
12	이상	47,600	0.23	지난해	56,274	0.23	이상	56,349	0.24
13	생각	45,728	0.22	이상	54,111	0.22	최근	53,742	0.23
14	이번	45,241	0.22	생각	52,753	0.22	이번	51,447	0.22
15	최근	43,685	0.21	이번	52,609	0.22	세계	50,362	0.21
16	교수	42,412	0.20	세계	52,070	0.21	기업	48,482	0.20
17	정도	41,153	0.20	시장	51,166	0.21	시작	48,216	0.20
18	시작	41,078	0.20	최근	50,175	0.21	올해	48,028	0.20
19	올해	39,290	0.19	기업	48,370	0.20	생각	47,747	0.20
20	곳	38,803	0.19	교수	47,596	0.20	곳	46,087	0.19
21	세계	38,796	0.19	시간	47,143	0.19	의원	45,866	0.19
22	관련	38,685	0.19	정도	46,787	0.19	정도	45,729	0.19
23	이후	38,332	0.18	시작	46,587	0.19	이날	45,517	0.19
24	기업	37,686	0.18	올해	46,115	0.19	관련	44,373	0.19
25	자신	37,629	0.18	대표	45,460	0.19	시간	44,161	0.19
26	시간	36,784	0.18	자신	44,839	0.18	교수	43,799	0.18
27	블로그	35,609	0.17	지역	43,839	0.18	대표	42,807	0.18
28	의원	35,435	0.17	관련	43,658	0.18	이후	42,605	0.18
29	이날	34,088	0.16	곳	43,340	0.18	지역	42,071	0.18
30	지역	34,007	0.16	이날	42,628	0.18	국내	41,908	0.18
31	필요	33,875	0.16	이후	41,980	0.17	계획	40,646	0.17
32	아이	32,197	0.15	국내	41,350	0.17	필요	40,424	0.17
33	사진	32,189	0.15	의원	40,704	0.17	자신	40,342	0.17

순위	Y2006 타입 수: 458,427 토큰 수: 20,890,295		백분율	Y2007 타입 수: 438,844 토큰 수: 24,242,012		백분율	Y2008 타입 수: 476,489 토큰 수: 23,830,174		백분율
34	시장	32,155	0.15	대학	39,124	0.16	앞	38,326	0.16
35	앞	32,131	0.15	필요	39,055	0.16	시장	37,920	0.16
36	계획	31,653	0.15	계획	37,969	0.16	지원	36,748	0.15
37	주장	30,891	0.15	앞	37,810	0.16	학생	36,656	0.15
38	국내	30,813	0.15	사진	37,793	0.16	사진	36,352	0.15
39	학생	29,921	0.14	학생	37,457	0.15	상황	34,070	0.14
40	결과	29,572	0.14	회장	36,274	0.15	결과	33,708	0.14
41	대표	28,453	0.14	아이	35,947	0.15	관계자	33,672	0.14
42	관계자	28,436	0.14	주장	35,937	0.15	후보	33,470	0.14
43	가운데	27,895	0.13	결과	35,633	0.15	국민	32,617	0.14
44	경기	27,833	0.13	조사	35,143	0.14	대학	32,382	0.14
45	지원	27,677	0.13	국민	34,105	0.14	경제	32,259	0.14
46	회장	27,626	0.13	지원	34,068	0.14	예정	32,138	0.13
47	후보	27,443	0.13	투자	34,010	0.14	회장	32,092	0.13
48	책	27,086	0.13	회사	31,917	0.13	가운데	31,767	0.13
49	처음	26,688	0.13	책	31,126	0.13	투자	31,715	0.13
50	예정	26,587	0.13	경제	30,611	0.13	경기	31,561	0.13

순위	Y2009 타입 수: 359,006 토큰 수: 26,165,107		백분율	Y2010 타입 수: 417,795 토큰 수: 29,019,768		백분율	Y2011 타입 수: 388,822 토큰 수: 26,614,508		백분율
1	말	221,028	0.84	말	246,715	0.85	말	228,684	0.86
2	때	117,809	0.45	때	131,232	0.45	때	120,929	0.45
3	전	107,773	0.41	전	99,703	0.34	전	95,309	0.36
4	정부	98,113	0.37	사람	96,386	0.33	사람	89,762	0.34
5	대통령	91,231	0.35	정부	95,293	0.33	정부	84,580	0.32
6	사람	84,845	0.32	문제	83,363	0.29	문제	73,376	0.28
7	문제	73,937	0.28	뒤	74,876	0.26	뒤	67,347	0.25
8	뒤	67,882	0.26	일	71,440	0.25	지난해	66,891	0.25
9	지난해	66,139	0.25	시장	67,317	0.23	일	65,949	0.25
10	일	62,292	0.24	지난해	66,441	0.23	대표	64,932	0.24
11	경우	61,162	0.23	경우	65,978	0.23	시장	63,981	0.24
12	세계	60,341	0.23	이번	64,688	0.22	경우	58,001	0.22

순위	Y2009 타입 수: 359,006 토큰 수: 26,165,107		백분율	Y2010 타입 수: 417,795 토큰 수: 29,019,768		백분율	Y2011 타입 수: 388,822 토큰 수: 26,614,508		백분율
13	지역	59,648	0.23	대통령	63,957	0.22	세계	57,750	0.22
14	기업	58,308	0.22	세계	62,120	0.21	이상	57,690	0.22
15	이상	56,239	0.21	생각	60,388	0.21	대통령	56,156	0.21
16	이번	55,089	0.21	지역	60,267	0.21	이번	55,268	0.21
17	올해	54,827	0.21	이상	60,175	0.21	시간	54,468	0.20
18	시장	53,949	0.21	대표	59,624	0.21	생각	54,370	0.20
19	최근	52,526	0.20	시간	58,506	0.20	지역	54,311	0.20
20	시간	51,772	0.20	기업	58,491	0.20	시작	53,901	0.20
21	시작	51,722	0.20	시작	58,109	0.20	최근	53,567	0.20
22	대표	51,073	0.20	사업	56,783	0.20	기업	53,092	0.20
23	지원	50,610	0.19	올해	56,782	0.20	학생	52,390	0.20
24	생각	50,309	0.19	학생	54,705	0.19	올해	52,123	0.20
25	계획	48,077	0.18	곳	54,396	0.19	곳	51,358	0.19
26	사업	48,030	0.18	최근	54,086	0.19	교수	50,246	0.19
27	교수	47,901	0.18	지원	52,725	0.18	이후	49,608	0.19
28	학생	47,533	0.18	관련	51,797	0.18	국내	48,703	0.18
29	이후	47,218	0.18	이후	51,646	0.18	지원	48,597	0.18
30	정도	47,115	0.18	정도	51,436	0.18	정도	47,054	0.18
31	관련	46,808	0.18	의원	49,025	0.17	의원	45,539	0.17
32	곳	46,764	0.18	국내	48,960	0.17	사업	45,117	0.17
33	국내	45,454	0.17	계획	48,780	0.17	필요	44,313	0.17
34	경제	45,372	0.17	교수	48,234	0.17	이날	44,245	0.17
35	의원	44,707	0.17	필요	47,600	0.16	관련	43,731	0.16
36	필요	43,558	0.17	이날	46,754	0.16	자신	43,650	0.16
37	이날	42,787	0.16	후보	46,242	0.16	대학	42,439	0.16
38	자신	40,173	0.15	자신	45,571	0.16	계획	41,578	0.16
39	대학	39,685	0.15	앞	43,772	0.15	관계자	39,658	0.15
40	경기	39,412	0.15	조사	42,804	0.15	앞	39,073	0.15
41	회장	39,054	0.15	교육	42,490	0.15	상황	38,754	0.15
42	앞	39,005	0.15	사진	41,564	0.14	조사	38,415	0.14
43	투자	38,669	0.15	결과	41,339	0.14	사진	38,240	0.14
44	개발	38,319	0.15	개발	39,877	0.14	회장	37,769	0.14
45	교육	36,795	0.14	경기	39,763	0.14	사회	36,905	0.14

순위	Y2009 타입 수: 359,006 토큰 수: 26,165,107		백분율	Y2010 타입 수: 417,795 토큰 수: 29,019,768		백분율	Y2011 타입 수: 388,822 토큰 수: 26,614,508		백분율
46	결과	36,567	0.14	상황	39,697	0.14	결과	36,577	0.14
47	학교	36,536	0.14	경제	39,191	0.14	교육	36,428	0.14
48	상황	36,513	0.14	학교	38,855	0.13	경제	35,753	0.13
49	회사	36,013	0.14	국가	38,545	0.13	아이	35,537	0.13
50	조사	34,806	0.13	후	38,049	0.13	국가	35,289	0.13

2) 고유명사(NNP)

순위	Y2000 타입 수: 216,334 토큰 수: 4,432,229		백분율	Y2001 타입 수: 206,050 토큰 수: 4,307,580		백분율	Y2002 타입 수: 206,133 토큰 수: 4,630,994		백분율
1	미국	92,195	2.08	미국	115,817	2.69	미국	115,528	2.49
2	서울	63,728	1.44	한국	72,709	1.69	한국	96,740	2.09
3	한국	61,268	1.38	일본	68,492	1.59	서울	64,999	1.40
4	북한	53,205	1.20	서울	57,527	1.34	북한	59,766	1.29
5	일본	52,886	1.19	중국	49,259	1.14	일본	58,477	1.26
6	김	43,636	0.98	김	45,973	1.07	중국	49,453	1.07
7	중국	36,962	0.83	북한	44,463	1.03	김	43,086	0.93
8	민주당	35,629	0.80	미	28,630	0.66	민주당	41,620	0.90
9	한나라당	33,041	0.75	한나라당	28,556	0.66	한나라당	38,030	0.82
10	미	22,548	0.51	민주당	28,200	0.65	미	23,334	0.50
11	현대	19,682	0.44	부시	19,796	0.46	부산	22,758	0.49
12	부산	18,035	0.41	부산	16,279	0.38	부시	19,682	0.43
13	자민련	16,254	0.37	러시아	15,696	0.36	노	19,459	0.42
14	김대중	15,355	0.35	이	14,734	0.34	프랑스	17,742	0.38
15	이	14,770	0.33	프랑스	13,928	0.32	독일	14,595	0.32
16	영국	14,340	0.32	영국	13,546	0.31	영국	14,336	0.31
17	LG	13,678	0.31	삼성	12,670	0.29	대구	14,318	0.31
18	러시아	13,573	0.31	LG	12,379	0.29	노무현	14,291	0.31

순위	Y2000 타입 수: 216,334 토큰 수: 4,432,229		백분율	Y2001 타입 수: 206,050 토큰 수: 4,307,580		백분율	Y2002 타입 수: 206,133 토큰 수: 4,630,994		백분율
19	프랑스	13,267	0.30	김대중	11,913	0.28	이	14,161	0.31
20	삼성	13,032	0.29	유럽	11,869	0.28	한	13,911	0.30
21	박	12,731	0.29	박	11,686	0.27	이라크	13,799	0.30
22	독일	12,404	0.28	한	11,561	0.27	이회창	13,484	0.29
23	부시	12,178	0.27	독일	11,398	0.26	정	13,263	0.29
24	유럽	11,365	0.26	현대	10,969	0.25	박	13,051	0.28
25	정	11,039	0.25	청와대	10,889	0.25	유럽	12,957	0.28
26	청와대	11,037	0.25	자민련	10,831	0.25	LG	12,934	0.28
27	광주	10,915	0.25	대구	10,409	0.24	청와대	12,610	0.27
28	아시아	10,452	0.24	서울시	10,300	0.24	인천	12,472	0.27
29	대구	10,424	0.24	광주	9,721	0.23	경기	12,318	0.27
30	경기도	9,375	0.21	서울대	9,684	0.22	러시아	11,871	0.26
31	한	9,338	0.21	인천	9,236	0.21	삼성	11,656	0.25
32	서울시	9,298	0.21	경기	9,172	0.21	광주	11,607	0.25
33	평양	9,295	0.21	경기도	9,026	0.21	삼성전자	10,905	0.24
34	대전	9,281	0.21	뉴욕	9,025	0.21	대전	10,904	0.24
35	클린턴	9,023	0.20	대전	8,972	0.21	서울대	10,854	0.23
36	뉴욕	8,972	0.20	아시아	8,958	0.21	서울시	10,788	0.23
37	한반도	8,957	0.20	워싱턴	8,846	0.21	김대중	10,379	0.22
38	경기	8,921	0.20	삼성전자	8,723	0.20	히딩크	10,341	0.22
39	삼성전자	8,725	0.20	정	8,561	0.20	최	10,093	0.22
40	SK	8,689	0.20	탈레반	7,231	0.17	경기도	9,728	0.21
41	인천	8,644	0.20	SK	7,113	0.17	아시아	8,996	0.19
42	고어	8,526	0.19	대만	6,974	0.16	울산	8,877	0.19
43	서울대	8,496	0.19	아프가니스탄	6,967	0.16	현대	8,682	0.19
44	대만	8,233	0.19	김정일	6,766	0.16	뉴욕	8,503	0.18
45	김정일	8,128	0.18	영어	6,656	0.15	영어	8,206	0.18
46	현대건설	8,014	0.18	전	6,496	0.15	이탈리아	7,979	0.17
47	영어	7,215	0.16	한반도	6,461	0.15	일	7,440	0.16
48	워싱턴	7,055	0.16	도쿄	6,421	0.15	한반도	7,325	0.16

순위	Y2000 타입 수: 216,334 토큰 수: 4,432,229		백분율	Y2001 타입 수: 206,050 토큰 수: 4,307,580		백분율	Y2002 타입 수: 206,133 토큰 수: 4,630,994		백분율
49	도쿄	6,842	0.15	이회창	6,183	0.14	경남	7,194	0.16
50	전	6,671	0.15	이스라엘	5,829	0.14	SK	7,186	0.16

순위	Y2003 타입 수: 199,979 토큰 수:4,486,310		백분율	Y2004 타입 수: 193,079 토큰 수: 4,237,511		백분율	Y2005 타입 수: 182,021 토큰 수: 3,933,754		백분율
1	미국	121,574	2.71	미국	91,538	2.16	미국	86,559	2.20
2	한국	82,025	1.83	한국	86,492	2.04	한국	84,749	2.15
3	북한	59,256	1.32	중국	62,507	1.48	일본	65,740	1.67
4	서울	58,077	1.29	서울	60,878	1.44	중국	56,718	1.44
5	일본	51,873	1.16	일본	54,930	1.30	서울	52,805	1.34
6	중국	48,258	1.08	북한	40,831	0.96	북한	46,458	1.18
7	이라크	45,862	1.02	김	38,358	0.91	김	37,291	0.95
8	김	37,106	0.83	한나라당	32,860	0.78	미	17,562	0.45
9	노	31,259	0.70	열린우리당	30,401	0.72	박	17,326	0.44
10	미	29,344	0.65	이라크	29,833	0.70	한나라당	17,318	0.44
11	한나라당	28,712	0.64	노	18,864	0.45	부산	16,833	0.43
12	청와대	27,085	0.60	부산	18,702	0.44	삼성	15,655	0.40
13	민주당	26,976	0.60	부시	18,688	0.44	노	15,106	0.38
14	노무현	24,544	0.55	미	18,611	0.44	열린우리당	14,862	0.38
15	부산	19,234	0.43	민주당	17,260	0.41	영국	13,445	0.34
16	대구	18,041	0.40	박	17,026	0.40	서울대	13,388	0.34
17	부시	16,961	0.38	청와대	14,150	0.33	독일	12,941	0.33
18	SK	16,031	0.36	대구	14,092	0.33	청와대	12,676	0.32
19	영국	15,410	0.34	노무현	13,879	0.33	부시	12,551	0.32
20	프랑스	14,456	0.32	영국	13,288	0.31	한	12,303	0.31
21	이	13,773	0.31	러시아	12,051	0.28	프랑스	12,252	0.31
22	박	13,457	0.30	이	11,870	0.28	러시아	11,543	0.29
23	독일	13,194	0.29	LG	11,767	0.28	정	11,190	0.28
24	LG	12,535	0.28	삼성	11,744	0.28	대구	11,129	0.28
25	러시아	12,297	0.27	프랑스	11,642	0.27	유럽	10,832	0.28

순위		타입 수	백분율		타입 수	백분율		타입 수	백분율
26	한	12,032	0.27	경기	11,264	0.27	아시아	10,750	0.27
27	정	11,961	0.27	서울시	11,241	0.27	삼성전자	10,166	0.26
28	경기	11,878	0.26	인천	11,170	0.26	인천	9,990	0.25
29	삼성	11,248	0.25	광주	10,960	0.26	노무현	9,610	0.24
30	최	11,143	0.25	한	10,881	0.26	이라크	9,518	0.24
31	유럽	11,138	0.25	삼성전자	10,763	0.25	황	9,316	0.24
32	인천	11,081	0.25	정	10,738	0.25	LG	9,285	0.24
33	광주	10,828	0.24	독일	10,672	0.25	경기	9,275	0.24
34	현대	10,395	0.23	국회	10,002	0.24	이	9,199	0.23
35	후세인	10,253	0.23	서울대	9,977	0.24	독도	8,983	0.23
36	뉴욕	9,853	0.22	경기도	9,899	0.23	광주	8,934	0.23
37	대전	9,735	0.22	유럽	9,757	0.23	경기도	8,878	0.23
38	삼성전자	9,418	0.21	아시아	9,454	0.22	영어	8,572	0.22
39	경기도	9,209	0.21	대전	8,798	0.21	서울시	8,096	0.21
40	서울대	9,147	0.20	최	8,281	0.20	뉴욕	7,230	0.18
41	서울시	9,134	0.20	전	8,129	0.19	일	7,204	0.18
42	아시아	8,896	0.20	대만	7,625	0.18	인도	6,981	0.18
43	전	8,892	0.20	케리	7,619	0.18	울산	6,852	0.17
44	유엔	8,784	0.20	영어	7,484	0.18	SK	6,748	0.17
45	한반도	8,337	0.19	뉴욕	7,475	0.18	한반도	6,723	0.17
46	홍콩	7,865	0.18	SK	7,400	0.17	대전	6,619	0.17
47	바그다드	7,672	0.17	경남	7,090	0.17	최	6,607	0.17
48	국회	7,610	0.17	울산	7,039	0.17	전	6,539	0.17
49	워싱턴	7,552	0.17	제주	6,804	0.16	홍콩	6,374	0.16
50	KBS	7,316	0.16	전남	6,590	0.16	대만	6,373	0.16

순위	Y2006 타입 수: 183,149 토큰 수: 3,887,644		백분율	Y2007 타입 수: 184,523 토큰 수: 4,180,609		백분율	Y2008 타입 수: 191,730 토큰 수: 4,177,523		백분율
1	미국	96,680	2.49	미국	100,262	2.40	미국	103,625	2.48
2	한국	90,802	2.34	한국	95,230	2.28	한국	87,863	2.10
3	북한	59,204	1.52	중국	64,878	1.55	중국	63,596	1.52
4	중국	58,100	1.49	서울	59,547	1.42	서울	58,765	1.41

순위	Y2006 타입 수: 183,149 토큰 수: 3,887,644		백분율	Y2007 타입 수: 184,523 토큰 수: 4,180,609		백분율	Y2008 타입 수: 191,730 토큰 수: 4,177,523		백분율
5	일본	55,566	1.43	일본	53,247	1.27	일본	51,958	1.24
6	서울	50,737	1.31	김	50,515	1.21	김	41,041	0.98
7	김	37,968	0.98	북한	39,589	0.95	북한	31,799	0.76
8	미	24,790	0.64	한나라당	33,411	0.80	한나라당	30,955	0.74
9	한나라당	22,104	0.57	박	26,837	0.64	이명박	26,949	0.65
10	열린우리당	18,685	0.48	미	25,357	0.61	민주당	23,259	0.56
11	노	16,871	0.43	이명박	23,266	0.56	오바마	22,442	0.54
12	독일	16,850	0.43	노	19,694	0.47	청와대	21,885	0.52
13	청와대	15,975	0.41	정	19,279	0.46	박	21,265	0.51
14	프랑스	15,866	0.41	부산	15,510	0.37	미	20,020	0.48
15	한	15,729	0.40	청와대	15,308	0.37	영어	17,510	0.42
16	박	14,633	0.38	영국	15,178	0.36	부산	15,240	0.36
17	정	14,174	0.36	삼성	14,571	0.35	정	15,194	0.36
18	영국	12,655	0.33	프랑스	14,307	0.34	베이징	15,167	0.36
19	서울대	12,260	0.32	러시아	13,856	0.33	영국	14,679	0.35
20	부산	12,158	0.31	노무현	13,851	0.33	삼성	14,613	0.35
21	러시아	11,928	0.31	한	13,415	0.32	러시아	14,597	0.35
22	부시	11,635	0.30	유럽	12,872	0.31	프랑스	12,583	0.30
23	유럽	11,094	0.29	전	12,495	0.30	유럽	12,518	0.30
24	삼성	11,053	0.28	열린우리당	12,180	0.29	한	11,806	0.28
25	노무현	10,883	0.28	영어	12,136	0.29	대구	11,270	0.27
26	영어	10,219	0.26	서울대	11,769	0.28	경기	11,163	0.27
27	인도	10,144	0.26	대구	11,454	0.27	서울시	10,817	0.26
28	아시아	9,839	0.25	독일	11,254	0.27	아시아	10,587	0.25
29	경기	9,005	0.23	이	11,183	0.27	서울대	10,529	0.25
30	민주당	8,721	0.22	아시아	11,154	0.27	경기도	10,386	0.25
31	유엔	8,454	0.22	인천	10,852	0.26	부시	10,324	0.25
32	경기도	8,430	0.22	민주당	10,851	0.26	독일	10,061	0.24
33	서울시	8,337	0.21	경기도	10,254	0.25	전	9,837	0.24
34	인천	8,324	0.21	부시	9,842	0.24	이	9,814	0.23

 신문의 언어 사용 통계

순위	Y2006 타입 수: 183,149 토큰 수: 3,887,644		백분율	Y2007 타입 수: 184,523 토큰 수: 4,180,609		백분율	Y2008 타입 수: 191,730 토큰 수: 4,177,523		백분율
35	이	8,061	0.21	인도	9,469	0.23	인천	9,793	0.23
36	대구	8,048	0.21	경기	9,442	0.23	노무현	8,567	0.21
37	FTA	7,813	0.20	FTA	9,110	0.22	뉴욕	8,480	0.20
38	전	7,593	0.20	뉴욕	9,059	0.22	인도	8,472	0.20
39	뉴욕	7,462	0.19	서울시	8,900	0.21	국회	8,157	0.20
40	이라크	7,410	0.19	베이징	8,647	0.21	노	8,115	0.19
41	삼성전자	7,383	0.19	신	8,540	0.20	독도	8,011	0.19
42	이란	7,375	0.19	광주	8,509	0.20	LG	7,770	0.19
43	광주	7,100	0.18	삼성전자	8,500	0.20	KBS	7,768	0.19
44	한반도	6,981	0.18	박근혜	8,364	0.20	대한민국	7,581	0.18
45	현대차	6,979	0.18	탈레반	8,341	0.20	SK	7,471	0.18
46	최	6,889	0.18	울산	8,127	0.19	삼성전자	7,416	0.18
47	베이징	6,389	0.16	한반도	8,104	0.19	울산	7,383	0.18
48	외환은행	6,378	0.16	이라크	7,774	0.19	FTA	7,364	0.18
49	LG	6,323	0.16	대전	7,475	0.18	경남	7,344	0.18
50	현대	6,237	0.16	정동영	7,326	0.18	광주	7,302	0.17

순위	Y2009 타입 수: 165,338 토큰 수: 4,002,354		백분율	Y2010 타입 수: 186,374 토큰 수: 4,530,463		백분율	Y2011 타입 수: 173,312 토큰 수: 4,036,990		백분율
1	한국	103,398	2.58	한국	126,775	2.80	한국	103,932	2.57
2	미국	98,536	2.46	미국	100,541	2.22	미국	91,619	2.27
3	서울	65,827	1.64	중국	90,660	2.00	서울	68,915	1.71
4	중국	60,666	1.52	서울	76,154	1.68	중국	68,248	1.69
5	일본	55,706	1.39	북한	69,735	1.54	일본	65,366	1.62
6	북한	53,433	1.34	일본	65,588	1.45	김	46,847	1.16
7	김	44,457	1.11	김	52,776	1.16	북한	44,222	1.10
8	민주당	27,287	0.68	민주당	30,892	0.68	박	33,594	0.83
9	박	26,763	0.67	한나라당	27,501	0.61	한나라당	29,349	0.73
10	한나라당	23,097	0.58	미	24,566	0.54	민주당	27,651	0.68
11	미	22,923	0.57	박	23,037	0.51	미	22,137	0.55

순위	Y2009 타입 수: 165,338 토큰 수: 4,002,354		백분율	Y2010 타입 수: 186,374 토큰 수: 4,530,463		백분율	Y2011 타입 수: 173,312 토큰 수: 4,036,990		백분율
12	오바마	22,845	0.57	부산	20,470	0.45	부산	21,121	0.52
13	부산	19,797	0.49	영국	17,892	0.39	유럽	19,501	0.48
14	정	18,000	0.45	한	17,852	0.39	영국	16,959	0.42
15	영어	17,462	0.44	유럽	16,801	0.37	대구	16,461	0.41
16	청와대	16,601	0.41	청와대	16,554	0.37	한	15,752	0.39
17	이명박	16,077	0.40	정	15,645	0.35	삼성	15,597	0.39
18	영국	15,644	0.39	독일	15,480	0.34	프랑스	14,268	0.35
19	노	15,564	0.39	영어	15,100	0.33	청와대	14,238	0.35
20	인천	14,664	0.37	프랑스	15,000	0.33	독일	13,262	0.33
21	대구	13,866	0.35	인천	14,641	0.32	정	13,179	0.33
22	유럽	13,141	0.33	이명박	14,456	0.32	영어	12,845	0.32
23	프랑스	12,727	0.32	삼성	14,227	0.31	서울시	12,611	0.31
24	한	12,706	0.32	경기도	14,207	0.31	삼성전자	12,579	0.31
25	아시아	12,366	0.31	아시아	14,081	0.31	서울대	12,187	0.30
26	경기도	12,153	0.30	대구	13,763	0.30	이명박	12,162	0.30
27	러시아	11,344	0.28	오바마	13,244	0.29	인천	12,106	0.30
28	경기	11,256	0.28	러시아	12,956	0.29	아시아	11,986	0.30
29	삼성	11,235	0.28	이	12,691	0.28	경기도	11,924	0.30
30	독일	11,001	0.27	세종시	11,878	0.26	이	11,704	0.29
31	울산	10,783	0.27	제주	11,459	0.25	최	11,191	0.28
32	서울시	10,600	0.26	경기	11,170	0.25	제주	10,722	0.27
33	서울대	10,559	0.26	서울시	11,137	0.25	러시아	10,261	0.25
34	제주	10,074	0.25	삼성전자	11,036	0.24	오바마	9,860	0.24
35	이	10,030	0.25	고	10,568	0.23	김정일	9,818	0.24
36	경남	9,536	0.24	광주	10,497	0.23	애플	9,695	0.24
37	세종시	9,035	0.23	대한민국	10,440	0.23	고	9,619	0.24
38	노무현	8,993	0.22	경남	10,022	0.22	리비아	9,469	0.23
39	광주	8,704	0.22	서울대	9,919	0.22	광주	9,201	0.23
40	뉴욕	8,696	0.22	김정일	9,701	0.21	경기	9,140	0.23
41	전	8,207	0.21	한반도	9,143	0.20	뉴욕	9,106	0.23

 신문의 언어 사용 통계

순위	Y2009 타입 수: 165,338 토큰 수: 4,002,354		백분율	Y2010 타입 수: 186,374 토큰 수: 4,530,463		백분율	Y2011 타입 수: 173,312 토큰 수: 4,036,990		백분율
42	삼성전자	7,935	0.20	최	9,112	0.20	경남	8,777	0.22
43	경북	7,902	0.20	인도	8,911	0.20	대한민국	8,506	0.21
44	인도	7,809	0.20	울산	8,819	0.19	조	8,499	0.21
45	대전	7,732	0.19	전	8,623	0.19	전	8,297	0.21
46	최	7,438	0.19	조	8,460	0.19	카다피	8,056	0.20
47	이란	7,096	0.18	그리스	8,403	0.19	경북	7,931	0.20
48	대한민국	7,065	0.18	경북	8,332	0.18	울산	7,911	0.20
49	유엔	6,932	0.17	뉴욕	8,181	0.18	대전	6,944	0.17
50	전남	6,705	0.17	연평도	8,111	0.18	이탈리아	6,832	0.17

2. 용언

1) 동사(VV)

순위	Y2000 타입 수: 4,326 토큰 수: 5,202,007		백분율	Y2001 타입 수: 4,152 토큰 수: 5,143,871		백분율	Y2002 타입 수: 4,197 토큰 수: 5,555,801		백분율
1	있	349,930	6.73	있	349,728	6.80	있	376,290	6.77
2	하	256,076	4.92	하	258,762	5.03	하	278,632	5.02
3	되	197,797	3.80	되	189,382	3.68	되	206,000	3.71
4	대하	166,185	3.19	대하	175,734	3.42	대하	175,567	3.16
5	위하	137,781	2.65	위하	131,692	2.56	받	143,063	2.58
6	받	131,310	2.52	받	131,406	2.55	위하	138,842	2.50
7	밝히	98,042	1.88	밝히	96,761	1.88	밝히	98,681	1.78
8	따르	90,778	1.75	보	86,533	1.68	보	94,722	1.70
9	보	85,626	1.65	따르	86,420	1.68	따르	86,974	1.57
10	보이	80,910	1.56	보이	77,622	1.51	보이	84,002	1.51
11	지나	76,516	1.47	지나	75,595	1.47	지나	77,768	1.40

순위	Y2000 타입 수: 4,326 토큰 수: 5,202,007		백분율	Y2001 타입 수: 4,152 토큰 수: 5,143,871		백분율	Y2002 타입 수: 4,197 토큰 수: 5,555,801		백분율
12	통하	66,735	1.28	통하	60,871	1.18	통하	65,591	1.18
13	만들	55,261	1.06	만들	55,946	1.09	만들	61,787	1.11
14	나오	48,455	0.93	나오	48,303	0.94	나오	53,380	0.96
15	들	46,390	0.89	들	46,782	0.91	들	48,212	0.87
16	열리	41,147	0.79	열리	43,000	0.84	열리	45,995	0.83
17	오	39,862	0.77	오	38,572	0.75	오	40,307	0.73
18	가	38,452	0.74	가	37,247	0.72	가	39,155	0.70
19	내	37,153	0.71	내	37,117	0.72	내	37,405	0.67
20	오르	33,408	0.64	쓰	33,726	0.66	쓰	37,302	0.67
21	열	33,101	0.64	열	32,349	0.63	오르	36,908	0.66
22	쓰	32,665	0.63	알리	31,975	0.62	열	34,440	0.62
23	알리	32,194	0.62	알	31,511	0.61	알리	33,934	0.61
24	갖	31,680	0.61	주	30,760	0.60	살	33,859	0.61
25	주	30,854	0.59	살	30,313	0.59	알	33,709	0.61
26	알	29,854	0.57	오르	30,306	0.59	주	33,686	0.61
27	살	29,739	0.57	갖	29,096	0.57	갖	32,197	0.58
28	나서	29,135	0.56	찾	28,769	0.56	찾	31,129	0.56
29	찾	28,858	0.55	나서	27,058	0.53	나서	29,914	0.54
30	나타나	27,050	0.52	나타나	26,318	0.51	나타나	27,341	0.49
31	벌이	26,822	0.52	맞	24,986	0.49	맞	26,934	0.48
32	잇	24,805	0.48	벌이	24,430	0.47	잇	26,424	0.48
33	맞	24,790	0.48	잇	24,176	0.47	벌이	25,804	0.46
34	떨어지	23,832	0.46	떨어지	23,592	0.46	떨어지	25,600	0.46
35	만나	23,827	0.46	가지	22,260	0.43	만나	24,725	0.45
36	가지	22,716	0.44	내리	22,090	0.43	가지	23,823	0.43
37	들어가	22,660	0.44	전하	21,999	0.43	전하	22,358	0.40
38	이르	20,745	0.40	만나	21,947	0.43	잡	22,298	0.40
39	잡	20,563	0.40	들어가	20,973	0.41	넘	21,920	0.39
40	올리	20,372	0.39	잡	20,452	0.40	들어가	21,912	0.39
41	이루어지	20,309	0.39	모르	20,046	0.39	모르	21,801	0.39
42	넘	20,146	0.39	넘	19,800	0.38	올리	20,867	0.38
43	모르	19,884	0.38	이르	19,525	0.38	늘어나	20,406	0.37
44	보내	19,822	0.38	보내	19,460	0.38	나	20,382	0.37

순위	Y2000 타입 수: 4,326 토큰 수: 5,202,007		백분율	Y2001 타입 수: 4,152 토큰 수: 5,143,871		백분율	Y2002 타입 수: 4,197 토큰 수: 5,555,801		백분율
45	전하	19,560	0.38	늘어나	19,063	0.37	보내	20,082	0.36
46	내리	19,404	0.37	올리	18,669	0.36	내리	19,913	0.36
47	늘어나	18,933	0.36	나	18,642	0.36	이르	19,340	0.35
48	나	18,898	0.36	비하	17,955	0.35	얻	19,305	0.35
49	얻	18,492	0.36	두	17,800	0.35	비하	18,852	0.34
50	두	18,487	0.36	이루어지	17,769	0.35	두	18,656	0.34

순위	Y2003 타입 수: 토큰 수: 5,658,300		백분율	Y2004 타입 수: 4,125 토큰 수: 5,324,738		백분율	Y2005 타입 수: 4,101 토큰 수: 5,000,786		백분율
1	있	381,636	6.74	있	365,510	6.86	있	346,210	6.92
2	하	293,642	5.19	하	273,056	5.13	하	265,446	5.31
3	되	210,784	3.73	되	202,408	3.80	되	195,233	3.90
4	대하	191,203	3.38	대하	169,062	3.18	대하	148,097	2.96
5	받	146,075	2.58	받	134,559	2.53	받	122,474	2.45
6	위하	142,911	2.53	위하	131,634	2.47	위하	119,569	2.39
7	밝히	108,705	1.92	밝히	98,483	1.85	보	87,634	1.75
8	보	95,250	1.68	보	91,682	1.72	밝히	86,217	1.72
9	따르	91,356	1.61	따르	86,085	1.62	따르	73,924	1.48
10	지나	82,829	1.46	지나	74,825	1.41	보이	66,395	1.33
11	보이	81,634	1.44	보이	74,192	1.39	만들	63,835	1.28
12	통하	66,517	1.18	만들	62,003	1.16	통하	56,859	1.14
13	만들	62,295	1.10	통하	61,257	1.15	지나	54,222	1.08
14	나오	54,684	0.97	나오	52,684	0.99	나오	53,050	1.06
15	들	48,744	0.86	들	45,405	0.85	들	42,986	0.86
16	열리	44,144	0.78	열리	42,226	0.79	열리	41,197	0.82
17	오	41,093	0.73	가	40,193	0.75	가	40,483	0.81
18	가	40,968	0.72	오	38,520	0.72	쓰	38,527	0.77
19	쓰	40,135	0.71	내	37,902	0.71	내	35,948	0.72
20	내	38,861	0.69	쓰	37,692	0.71	오	34,530	0.69
21	알	36,075	0.64	열	35,726	0.67	살	33,541	0.67
22	알리	35,548	0.63	살	33,543	0.63	열	33,329	0.67
23	오르	35,364	0.62	알	32,893	0.62	알	32,796	0.66

순위	Y2003 타입 수: 토큰 수: 5,658,300		백분율	Y2004 타입 수: 4,125 토큰 수: 5,324,738		백분율	Y2005 타입 수: 4,101 토큰 수: 5,000,786		백분율
24	살	35,341	0.62	주	32,419	0.61	주	30,192	0.60
25	열	34,983	0.62	오르	32,070	0.60	오르	29,923	0.60
26	주	33,889	0.60	알리	30,500	0.57	찾	28,488	0.57
27	갖	31,977	0.57	찾	28,441	0.53	알리	28,399	0.57
28	찾	31,385	0.55	갖	28,285	0.53	맞	25,375	0.51
29	나서	30,845	0.55	나서	27,684	0.52	갖	24,878	0.50
30	맞	27,748	0.49	맞	25,628	0.48	나서	24,432	0.49
31	나타나	26,530	0.47	나타나	25,096	0.47	만나	23,297	0.47
32	잇	26,473	0.47	잇	24,084	0.45	잇	21,808	0.44
33	벌이	25,937	0.46	벌이	23,901	0.45	가지	21,740	0.43
34	떨어지	25,893	0.46	떨어지	23,415	0.44	넘	21,132	0.42
35	전하	25,649	0.45	가지	22,837	0.43	벌이	20,320	0.41
36	만나	25,490	0.45	만나	22,263	0.42	모르	20,313	0.41
37	가지	24,132	0.43	넘	22,220	0.42	나타나	20,167	0.40
38	모르	22,901	0.40	전하	21,298	0.40	잡	20,041	0.40
39	넘	22,104	0.39	들어가	20,749	0.39	전하	19,955	0.40
40	잡	22,024	0.39	잡	20,186	0.38	올리	19,847	0.40
41	들어가	21,838	0.39	보내	20,175	0.38	짓	19,655	0.39
42	내리	20,856	0.37	모르	20,107	0.38	떨어지	19,476	0.39
43	보내	20,728	0.37	올리	19,942	0.37	들어가	19,162	0.38
44	나	20,651	0.36	내리	19,731	0.37	나	18,459	0.37
45	이르	20,287	0.36	두	19,370	0.36	보내	18,295	0.37
46	올리	20,236	0.36	늘어나	19,183	0.36	두	18,249	0.36
47	두	19,790	0.35	나	19,098	0.36	이르	17,543	0.35
48	늘어나	19,429	0.34	이르	18,910	0.36	먹	17,305	0.35
49	이루어지	18,787	0.33	짓	18,784	0.35	늘어나	16,931	0.34
50	비하	18,620	0.33	먹	18,389	0.35	내리	16,545	0.33

순위	Y2006 타입 수: 4,156 토큰 수: 4,970,584		백분율	Y2007 타입 수: 4,121 토큰 수: 5,600,799		백분율	Y2008 타입 수: 4,142 토큰 수: 5,564,234		백분율
1	있	349,892	7.04	있	405,140	7.23	있	395,811	7.11
2	하	280,675	5.65	하	324,878	5.80	하	309,531	5.56

순위	Y2006 타입 수: 4,156 토큰 수: 4,970,584		백분율	Y2007 타입 수: 4,121 토큰 수: 5,600,799		백분율	Y2008 타입 수: 4,142 토큰 수: 5,564,234		백분율
3	되	196,878	3.96	되	227,453	4.06	되	219,011	3.94
4	대하	137,878	2.77	대하	149,230	2.66	대하	149,521	2.69
5	받	120,697	2.43	받	137,228	2.45	받	137,407	2.47
6	위하	110,257	2.22	위하	125,907	2.25	위하	130,850	2.35
7	보	89,658	1.80	보	100,760	1.80	보	96,365	1.73
8	밝히	72,148	1.45	밝히	80,587	1.44	밝히	81,678	1.47
9	따르	68,177	1.37	따르	77,525	1.38	따르	80,363	1.44
10	보이	65,164	1.31	만들	75,754	1.35	만들	74,362	1.34
11	만들	64,809	1.30	보이	75,515	1.35	보이	73,363	1.32
12	나오	53,631	1.08	나오	63,120	1.13	나오	62,579	1.12
13	통하	52,924	1.06	통하	59,588	1.06	통하	61,668	1.11
14	지나	46,153	0.93	지나	54,136	0.97	지나	61,199	1.10
15	들	43,010	0.87	가	49,517	0.88	들	48,513	0.87
16	가	42,387	0.85	들	49,388	0.88	열리	46,682	0.84
17	쓰	41,014	0.83	쓰	46,904	0.84	쓰	45,438	0.82
18	열리	38,303	0.77	열리	45,938	0.82	가	44,216	0.79
19	내	35,970	0.72	내	39,600	0.71	내	40,155	0.72
20	살	33,378	0.67	알	38,055	0.68	열	35,466	0.64
21	알	33,095	0.67	오	37,566	0.67	오	35,397	0.64
22	오	32,593	0.66	살	36,480	0.65	살	34,127	0.61
23	주	30,726	0.62	열	34,320	0.61	오르	33,633	0.60
24	열	29,655	0.60	주	33,748	0.60	알	33,294	0.60
25	찾	28,308	0.57	찾	33,365	0.60	찾	32,948	0.59
26	오르	28,235	0.57	알리	32,198	0.57	주	32,555	0.59
27	알리	27,851	0.56	오르	31,336	0.56	알리	31,935	0.57
28	맞	25,426	0.51	맞	28,173	0.50	맞	29,088	0.52
29	나서	24,161	0.49	만나	27,650	0.49	나서	28,903	0.52
30	만나	22,608	0.45	나서	26,734	0.48	떨어지	25,730	0.46
31	갖	22,310	0.45	넘	25,469	0.45	만나	25,102	0.45
32	넘	22,124	0.45	갖	25,087	0.45	넘	25,067	0.45
33	모르	20,980	0.42	잇	23,849	0.43	잇	24,712	0.44
34	가지	20,656	0.42	가지	23,685	0.42	갖	24,302	0.44
35	잇	20,565	0.41	모르	23,469	0.42	전하	22,737	0.41

순위	Y2006 타입 수: 4,156 토큰 수: 4,970,584		백분율	Y2007 타입 수: 4,121 토큰 수: 5,600,799		백분율	Y2008 타입 수: 4,142 토큰 수: 5,564,234		백분율
36	잡	20,385	0.41	올리	22,069	0.39	가지	22,440	0.40
37	떨어지	20,359	0.41	잡	21,774	0.39	올리	22,025	0.40
38	올리	19,614	0.39	떨어지	21,754	0.39	잡	21,820	0.39
39	전하	19,245	0.39	나타나	21,287	0.38	모르	21,526	0.39
40	나	18,661	0.38	전하	21,195	0.38	나	21,383	0.38
41	나타나	18,410	0.37	들어가	21,067	0.38	들어가	21,137	0.38
42	들어가	18,375	0.37	나	20,808	0.37	나타나	21,000	0.38
43	두	18,361	0.37	먹	20,719	0.37	먹	20,859	0.37
44	벌이	18,280	0.37	두	20,651	0.37	두	20,162	0.36
45	짓	18,195	0.37	보내	20,345	0.36	벌이	19,634	0.35
46	먹	18,102	0.36	벌이	19,946	0.36	내리	19,630	0.35
47	보내	17,975	0.36	짓	19,225	0.34	듣	19,171	0.34
48	듣	16,969	0.34	이르	19,213	0.34	짓	18,993	0.34
49	이르	16,869	0.34	얻	18,925	0.34	바꾸	18,895	0.34
50	바꾸	16,520	0.33	듣	18,918	0.34	보내	18,536	0.33

순위	Y2009 타입 수: 3,995 토큰 수: 5,710,762		백분율	Y2010 타입 수: 4,156 토큰 수: 6,436,072		백분율	Y2011 타입 수: 4,047 토큰 수: 5,968,981		백분율
1	있	424,105	7.43	있	482,776	7.50	있	437,186	7.32
2	하	321,186	5.62	하	365,004	5.67	하	349,743	5.86
3	되	223,006	3.91	되	248,383	3.86	되	229,344	3.84
4	대하	150,117	2.63	대하	166,311	2.58	받	153,014	2.56
5	받	143,442	2.51	받	156,676	2.43	대하	149,676	2.51
6	위하	141,221	2.47	위하	154,687	2.40	위하	141,901	2.38
7	보	100,644	1.76	보	116,770	1.81	보	107,188	1.80
8	밝히	81,790	1.43	만들	91,034	1.41	만들	81,332	1.36
9	따르	81,768	1.43	따르	87,469	1.36	따르	80,474	1.35
10	만들	80,140	1.40	밝히	84,581	1.31	밝히	77,194	1.29
11	보이	76,605	1.34	보이	84,006	1.31	보이	75,240	1.26
12	통하	67,334	1.18	통하	75,666	1.18	나오	70,735	1.19
13	나오	65,089	1.14	나오	74,121	1.15	통하	69,471	1.16
14	지나	61,762	1.08	지나	67,626	1.05	지나	69,005	1.16

순위	Y2009 타입 수: 3,995 토큰 수: 5,710,762		백분율	Y2010 타입 수: 4,156 토큰 수: 6,436,072		백분율	Y2011 타입 수: 4,047 토큰 수: 5,968,981		백분율
15	들	49,348	0.86	가	56,232	0.87	가	51,912	0.87
16	가	48,220	0.84	들	54,253	0.84	쓰	51,130	0.86
17	쓰	46,914	0.82	쓰	53,173	0.83	들	50,342	0.84
18	열리	45,898	0.80	열리	49,236	0.77	내	43,637	0.73
19	내	39,704	0.70	내	43,092	0.67	열리	43,091	0.72
20	오	37,480	0.66	오	41,728	0.65	오	39,345	0.66
21	열	36,019	0.63	알	40,861	0.63	알	38,463	0.64
22	찾	36,001	0.63	찾	40,826	0.63	살	38,249	0.64
23	알	34,897	0.61	살	39,900	0.62	찾	37,909	0.64
24	살	34,845	0.61	주	38,427	0.60	알리	36,946	0.62
25	주	34,301	0.60	열	37,151	0.58	주	36,907	0.62
26	알리	31,590	0.55	알리	36,395	0.57	열	34,885	0.58
27	오르	30,791	0.54	오르	35,618	0.55	오르	34,331	0.58
28	맞	29,351	0.51	맞	34,060	0.53	나서	32,071	0.54
29	나서	27,908	0.49	나서	32,593	0.51	만나	30,828	0.52
30	만나	26,684	0.47	만나	31,211	0.48	맞	29,911	0.50
31	넘	25,983	0.45	넘	28,798	0.45	넘	29,446	0.49
32	잇	24,703	0.43	잇	28,406	0.44	잇	26,515	0.44
33	갖	24,651	0.43	전하	27,176	0.42	전하	26,049	0.44
34	떨어지	23,639	0.41	갖	26,486	0.41	올리	25,199	0.42
35	가지	22,929	0.40	떨어지	26,199	0.41	떨어지	24,426	0.41
36	전하	22,481	0.39	가지	25,808	0.40	가지	23,715	0.40
37	올리	22,197	0.39	올리	25,231	0.39	갖	23,448	0.39
38	잡	22,163	0.39	나	24,719	0.38	모르	23,436	0.39
39	나타나	21,804	0.38	모르	24,587	0.38	나	23,245	0.39
40	들어가	21,743	0.38	잡	24,513	0.38	잡	22,895	0.38
41	두	21,337	0.37	들어가	24,034	0.37	두	22,865	0.38
42	나	20,700	0.36	두	23,967	0.37	먹	22,095	0.37
43	모르	20,441	0.36	먹	23,539	0.37	들어가	21,842	0.37
44	보내	20,334	0.36	들	23,166	0.36	보내	21,294	0.36
45	먹	19,744	0.35	보내	22,811	0.35	나타나	20,440	0.34
46	들	19,584	0.34	나타나	22,509	0.35	들	20,438	0.34
47	이르	19,198	0.34	짓	21,487	0.33	내리	20,390	0.34

순위	Y2009 타입 수: 3,995 토큰 수: 5,710,762		백분율	Y2010 타입 수: 4,156 토큰 수: 6,436,072		백분율	Y2011 타입 수: 4,047 토큰 수: 5,968,981		백분율
48	바꾸	18,861	0.33	언	20,926	0.33	이르	19,366	0.32
49	줄이	18,816	0.33	내리	20,887	0.32	벌이	19,315	0.32
50	언	18,587	0.33	벌이	20,571	0.32	나누	19,278	0.32

2) 형용사(VA)

순위	Y2000 타입 수: 2,228 토큰 수: 1,329,608		백분율	Y2001 타입 수: 2,192 토큰 수: 1,330,626		백분율	Y2002 타입 수: 2,171 토큰 수: 1,440,319		백분율
1	없	168,406	12.67	없	166,891	12.54	없	175,566	12.19
2	아니	88,220	6.64	아니	87,778	6.60	아니	95,680	6.64
3	같	80,246	6.04	같	79,066	5.94	같	83,082	5.77
4	크	79,573	5.98	크	77,119	5.80	크	81,744	5.68
5	많	65,141	4.90	많	66,979	5.03	많	71,759	4.98
6	높	41,456	3.12	좋	43,209	3.25	좋	50,943	3.54
7	좋	40,046	3.01	높	41,271	3.10	높	44,594	3.10
8	어렵	28,136	2.12	어렵	29,407	2.21	어렵	28,931	2.01
9	그렇	24,695	1.86	그렇	24,842	1.87	그렇	26,822	1.86
10	새롭	22,269	1.67	새롭	20,469	1.54	새롭	21,610	1.50
11	어떻	19,344	1.45	어떻	19,166	1.44	어떻	20,656	1.43
12	쉽	16,810	1.26	쉽	17,229	1.29	쉽	18,530	1.29
13	이렇	14,446	1.09	이렇	14,654	1.10	이렇	15,613	1.08
14	낮	13,021	0.98	낮	13,350	1.00	낮	13,911	0.97
15	적	12,603	0.95	적	12,263	0.92	다르	13,184	0.92
16	다르	12,062	0.91	다르	12,074	0.91	적	12,951	0.90
17	힘들	10,817	0.81	힘들	11,535	0.87	강하	12,315	0.86
18	강하	10,792	0.81	강하	11,484	0.86	힘들	11,920	0.83
19	불과하	9,909	0.75	불과하	9,920	0.75	작	11,321	0.79
20	작	9,887	0.74	작	9,864	0.74	불과하	9,871	0.69
21	빠르	9,651	0.73	빠르	8,471	0.64	빠르	9,769	0.68

위	Y2000 타입 수: 2,228 토큰 수: 1,329,608		백분율	Y2001 타입 수: 2,192 토큰 수: 1,330,626		백분율	Y2002 타입 수: 2,171 토큰 수: 1,440,319		백분율
22	젊	8,110	0.61	비슷하	7,853	0.59	젊	9,083	0.63
23	비슷하	7,885	0.59	가깝	7,621	0.57	비슷하	8,805	0.61
24	가깝	7,509	0.56	심하	7,377	0.55	가깝	8,786	0.61
25	심하	7,460	0.56	심각하	7,372	0.55	심하	7,745	0.54
26	심각하	6,957	0.52	젊	7,146	0.54	아름답	7,332	0.51
27	깊	6,387	0.48	깊	6,510	0.49	심각하	7,305	0.51
28	늦	5,919	0.45	아름답	6,207	0.47	깊	6,667	0.46
29	아름답	5,863	0.44	늦	5,965	0.45	어리	6,183	0.43
30	지나치	5,476	0.41	어리	5,642	0.42	길	6,016	0.42
31	이러하	5,379	0.40	길	5,447	0.41	늦	5,819	0.40
32	엄청나	5,320	0.40	이러하	5,365	0.40	지나치	5,571	0.39
33	길	5,213	0.39	지나치	5,322	0.40	이러하	5,474	0.38
34	강력하	5,173	0.39	강력하	4,907	0.37	붉	5,439	0.38
35	어리	5,167	0.39	바람직하	4,710	0.35	뛰어나	5,085	0.35
36	바람직하	5,011	0.38	나쁘	4,695	0.35	강력하	5,069	0.35
37	불가피하	4,666	0.35	엄청나	4,583	0.34	바람직하	4,996	0.35
38	멀	4,365	0.33	불가피하	4,581	0.34	엄청나	4,897	0.34
39	비싸	4,209	0.32	뛰어나	4,452	0.33	나쁘	4,842	0.34
40	뛰어나	4,196	0.32	비싸	4,389	0.33	비싸	4,762	0.33
41	나쁘	4,188	0.31	멀	4,280	0.32	짧	4,561	0.32
42	충분하	3,961	0.30	분명하	4,139	0.31	멀	4,377	0.30
43	분명하	3,849	0.29	싸	3,928	0.30	화려하	4,370	0.30
44	짧	3,831	0.29	짧	3,868	0.29	분명하	4,236	0.29
45	활발하	3,797	0.29	충분하	3,833	0.29	충분하	4,169	0.29
46	싸	3,788	0.28	적절하	3,586	0.27	불가피하	4,037	0.28
47	화려하	3,674	0.28	화려하	3,528	0.27	뜨겁	4,032	0.28
48	적절하	3,531	0.27	넓	3,511	0.26	가볍	4,013	0.28
49	뜨겁	3,434	0.26	이르	3,474	0.26	넓	3,970	0.28
50	확실하	3,379	0.25	가볍	3,265	0.25	싸	3,811	0.26

순위	Y2003 타입 수: 2,152 토큰 수: 1,455,057		백분율	Y2004 타입 수: 2,154 토큰 수: 1,364,398		백분율	Y2005 타입 수: 2,150 토큰 수: 1,294,755		백분율
1	없	179,953	12.37	없	164,894	12.09	없	153,580	11.86
2	아니	102,588	7.05	아니	95,240	6.98	아니	90,739	7.01
3	같	85,843	5.90	같	79,190	5.80	같	74,078	5.72
4	크	79,535	5.47	크	74,976	5.50	크	68,103	5.26
5	많	71,699	4.93	많	67,037	4.91	많	63,812	4.93
6	좋	49,714	3.42	좋	47,714	3.50	좋	47,146	3.64
7	높	44,532	3.06	높	42,272	3.10	높	38,484	2.97
8	어렵	31,803	2.19	어렵	30,757	2.25	어렵	27,111	2.09
9	그렇	28,046	1.93	그렇	26,556	1.95	그렇	26,503	2.05
10	어떻	21,887	1.50	어떻	20,291	1.49	어떻	20,542	1.59
11	새롭	21,656	1.49	새롭	19,969	1.46	새롭	19,607	1.51
12	쉽	18,702	1.29	쉽	17,400	1.28	쉽	17,527	1.35
13	이렇	16,780	1.15	이렇	16,823	1.23	이렇	16,603	1.28
14	낮	13,793	0.95	다르	13,028	0.95	다르	13,446	1.04
15	적	13,717	0.94	낮	12,973	0.95	힘들	11,968	0.92
16	다르	13,430	0.92	힘들	12,651	0.93	낮	11,727	0.91
17	힘들	12,622	0.87	적	12,451	0.91	적	11,477	0.89
18	강하	11,930	0.82	작	12,072	0.88	작	11,165	0.86
19	작	11,285	0.78	강하	10,868	0.80	강하	10,317	0.80
20	불과하	9,480	0.65	불과하	8,799	0.64	비슷하	8,533	0.66
21	젊	9,000	0.62	비슷하	8,536	0.63	빠르	7,932	0.61
22	비슷하	8,862	0.61	가깝	8,269	0.61	젊	7,725	0.60
23	빠르	8,800	0.60	빠르	8,217	0.60	불과하	7,658	0.59
24	가깝	8,338	0.57	아름답	8,102	0.59	가깝	7,579	0.59
25	심각하	8,200	0.56	젊	8,029	0.59	아름답	7,082	0.55
26	심하	7,723	0.53	심각하	7,186	0.53	깊	6,551	0.51
27	아름답	7,586	0.52	심하	6,616	0.48	길	6,429	0.50
28	깊	7,067	0.49	깊	6,553	0.48	어리	6,299	0.49
29	어리	6,348	0.44	길	6,170	0.45	심각하	6,040	0.47
30	길	6,180	0.42	어리	6,167	0.45	심하	6,011	0.46
31	늦	5,818	0.40	이러하	5,388	0.39	이러하	5,057	0.39
32	지나치	5,516	0.38	늦	5,320	0.39	늦	4,849	0.37
33	이러하	5,498	0.38	지나치	5,126	0.38	지나치	4,549	0.35

위	Y2003 타입 수: 2,152 토큰 수: 1,455,057		백분율	Y2004 타입 수: 2,154 토큰 수: 1,364,398		백분율	Y2005 타입 수: 2,150 토큰 수: 1,294,755		백분율
34	바람직하	5,386	0.37	강력하	4,705	0.34	짧	4,462	0.34
35	강력하	5,349	0.37	나쁘	4,471	0.33	나쁘	4,377	0.34
36	나쁘	5,237	0.36	바람직하	4,458	0.33	멀	4,342	0.34
37	엄청나	4,781	0.33	멀	4,403	0.32	강력하	4,172	0.32
38	비싸	4,551	0.31	비싸	4,246	0.31	비싸	4,146	0.32
39	불가피하	4,476	0.31	짧	4,197	0.31	뛰어나	3,996	0.31
40	적절하	4,459	0.31	뛰어나	4,107	0.30	엄청나	3,946	0.30
41	뛰어나	4,446	0.31	엄청나	4,074	0.30	바람직하	3,928	0.30
42	멀	4,358	0.30	충분하	3,854	0.28	화려하	3,670	0.28
43	짧	4,242	0.29	불가피하	3,815	0.28	넓	3,659	0.28
44	분명하	4,169	0.29	넓	3,804	0.28	분명하	3,588	0.28
45	충분하	4,100	0.28	적절하	3,798	0.28	적절하	3,566	0.28
46	이르	4,019	0.28	분명하	3,749	0.27	충분하	3,487	0.27
47	가볍	3,803	0.26	화려하	3,682	0.27	아프	3,402	0.26
48	넓	3,727	0.26	아프	3,589	0.26	뜨겁	3,282	0.25
49	아프	3,674	0.25	뜨겁	3,527	0.26	가볍	3,270	0.25
50	화려하	3,587	0.25	싸	3,511	0.26	밝	3,217	0.25

순위	Y2006 타입 수: 2,164 토큰 수: 1,331,972		백분율	Y2007 타입 수: 2,191 토큰 수: 1,503,163		백분율	Y2008 타입 수: 2,164 토큰 수: 1,444,429		백분율
1	없	158,153	11.87	없	178,362	11.87	없	168,646	11.68
2	아니	94,609	7.10	아니	107,975	7.18	아니	99,494	6.89
3	같	75,298	5.65	같	87,627	5.83	같	86,064	5.96
4	크	68,092	5.11	크	77,061	5.13	크	79,769	5.52
5	많	65,783	4.94	많	75,139	5.00	많	73,766	5.11
6	좋	49,447	3.71	좋	56,325	3.75	좋	53,692	3.72
7	높	39,262	2.95	높	48,078	3.20	높	46,933	3.25
8	그렇	28,825	2.16	그렇	33,200	2.21	어렵	32,496	2.25
9	어렵	27,078	2.03	어렵	30,251	2.01	그렇	30,021	2.08
10	어떻	21,117	1.59	어떻	24,657	1.64	새롭	23,336	1.62
11	새롭	19,571	1.47	새롭	23,634	1.57	어떻	22,438	1.55
12	쉽	18,083	1.36	쉽	20,735	1.38	쉽	20,890	1.45

순위	Y2006 타입 수: 2,164 토큰 수: 1,331,972		백분율	Y2007 타입 수: 2,191 토큰 수: 1,503,163		백분율	Y2008 타입 수: 2,164 토큰 수: 1,444,429		백분율
13	이렇	17,305	1.30	이렇	19,670	1.31	이렇	18,148	1.26
14	다르	14,448	1.08	다르	16,633	1.11	다르	14,747	1.02
15	힘들	12,866	0.97	힘들	14,669	0.98	힘들	14,671	1.02
16	낮	12,200	0.92	낮	14,359	0.96	낮	14,464	1.00
17	작	12,145	0.91	작	13,832	0.92	작	13,198	0.91
18	적	11,712	0.88	적	12,654	0.84	적	12,793	0.89
19	강하	11,398	0.86	강하	12,518	0.83	강하	12,475	0.86
20	비슷하	9,195	0.69	비슷하	10,567	0.70	비슷하	10,074	0.70
21	빠르	8,245	0.62	빠르	9,747	0.65	빠르	9,524	0.66
22	젊	8,102	0.61	가깝	8,872	0.59	가깝	8,754	0.61
23	가깝	7,927	0.60	젊	8,808	0.59	젊	8,300	0.57
24	불과하	7,637	0.57	불과하	8,797	0.59	불과하	8,233	0.57
25	길	6,939	0.52	어리	7,604	0.51	깊	7,288	0.50
26	어리	6,816	0.51	아름답	7,489	0.50	길	7,158	0.50
27	깊	6,570	0.49	길	7,322	0.49	아름답	7,130	0.49
28	아름답	6,510	0.49	깊	6,878	0.46	어리	7,119	0.49
29	심각하	6,185	0.46	심하	6,565	0.44	심각하	7,084	0.49
30	심하	6,077	0.46	비싸	6,163	0.41	심하	6,642	0.46
31	비싸	5,031	0.38	심각하	6,052	0.40	늦	5,535	0.38
32	늦	4,928	0.37	나쁘	5,416	0.36	나쁘	5,483	0.38
33	나쁘	4,551	0.34	늦	5,402	0.36	비싸	5,389	0.37
34	지나치	4,533	0.34	짧	5,395	0.36	짧	4,827	0.33
35	이러하	4,487	0.34	지나치	5,070	0.34	뛰어나	4,765	0.33
36	멀	4,481	0.34	이러하	4,956	0.33	멀	4,747	0.33
37	짧	4,462	0.33	멀	4,816	0.32	지나치	4,740	0.33
38	강력하	4,349	0.33	뛰어나	4,749	0.32	강력하	4,571	0.32
39	뛰어나	4,249	0.32	화려하	4,432	0.29	이러하	4,174	0.29
40	넓	3,894	0.29	넓	4,350	0.29	화려하	4,085	0.28
41	적절하	3,883	0.29	강력하	4,349	0.29	싸	4,045	0.28
42	화려하	3,772	0.28	아프	4,150	0.28	넓	4,038	0.28
43	엄청나	3,687	0.28	엄청나	4,096	0.27	엄청나	3,934	0.27
44	아프	3,604	0.27	분명하	4,003	0.27	충분하	3,918	0.27
45	분명하	3,563	0.27	재미있	3,966	0.26	적절하	3,767	0.26

위	Y2006 타입 수: 2,164 토큰 수: 1,331,972	백분율	Y2007 타입 수: 2,191 토큰 수: 1,503,163	백분율	Y2008 타입 수: 2,164 토큰 수: 1,444,429	백분율
46	충분하	3,434	0.26	뜨겁	3,952	0.26	뜨겁	3,659	0.25
47	싸	3,428	0.26	싸	3,936	0.26	아프	3,618	0.25
48	바람직하	3,425	0.26	충분하	3,836	0.26	낫	3,548	0.25
49	뜨겁	3,286	0.25	적절하	3,773	0.25	가볍	3,491	0.24
50	재미있	3,279	0.25	바람직하	3,667	0.24	수많	3,421	0.24

순위	Y2009 타입 수: 2,160 토큰 수: 1,488,895	백분율	Y2010 타입 수: 2,211 토큰 수: 1,695,117	백분율	Y2011 타입 수: 2,154 토큰 수: 1,553,086	백분율
1	없	172,314	11.57	없	192,743	11.37	없	180,809	11.64
2	아니	101,272	6.80	아니	116,987	6.90	아니	110,065	7.09
3	같	87,243	5.86	같	96,379	5.69	같	90,990	5.86
4	크	83,292	5.59	크	93,613	5.52	크	88,641	5.71
5	많	76,954	5.17	많	87,110	5.14	많	80,617	5.19
6	좋	56,353	3.78	좋	64,098	3.78	좋	56,712	3.65
7	높	49,982	3.36	높	54,323	3.20	높	49,772	3.20
8	어렵	33,811	2.27	어렵	36,800	2.17	어렵	34,612	2.23
9	그렇	29,177	1.96	그렇	35,213	2.08	그렇	31,593	2.03
10	새롭	25,234	1.69	새롭	28,104	1.66	새롭	25,834	1.66
11	어떻	22,534	1.51	어떻	26,941	1.59	어떻	24,430	1.57
12	쉽	22,299	1.50	쉽	24,554	1.45	쉽	22,678	1.46
13	이렇	18,404	1.24	이렇	21,834	1.29	이렇	19,800	1.27
14	다르	16,902	1.14	다르	19,658	1.16	다르	18,232	1.17
15	낫	15,409	1.03	낫	16,747	0.99	낫	16,052	1.03
16	힘들	14,959	1.00	힘들	16,395	0.97	힘들	15,870	1.02
17	작	13,674	0.92	강하	15,695	0.93	작	14,411	0.93
18	적	13,566	0.91	작	15,627	0.92	강하	13,722	0.88
19	강하	12,894	0.87	적	14,321	0.84	적	13,269	0.85
20	빠르	11,723	0.79	빠르	13,579	0.80	빠르	12,635	0.81
21	비슷하	10,382	0.70	비슷하	11,787	0.70	비슷하	10,698	0.69
22	가깝	9,148	0.61	젊	10,703	0.63	젊	10,240	0.66
23	불과하	8,280	0.56	가깝	10,685	0.63	가깝	9,519	0.61
24	젊	8,255	0.55	불과하	9,070	0.54	불과하	8,649	0.56

순위	Y2009 타입 수: 2,160 토큰 수: 1,488,895		백분율	Y2010 타입 수: 2,211 토큰 수: 1,695,117		백분율	Y2011 타입 수: 2,154 토큰 수: 1,553,086		백분율
25	길	7,844	0.53	길	8,927	0.53	길	8,037	0.5
26	깊	7,459	0.50	깊	8,583	0.51	어리	8,005	0.5
27	어리	7,177	0.48	어리	8,467	0.50	깊	7,876	0.51
28	아름답	7,044	0.47	아름답	8,148	0.48	심하	7,436	0.48
29	심하	6,951	0.47	심하	7,925	0.47	심각하	7,315	0.47
30	심각하	6,609	0.44	심각하	7,297	0.43	아름답	7,271	0.47
31	늦	5,327	0.36	뛰어나	6,419	0.38	비싸	6,016	0.39
32	뛰어나	5,321	0.36	늦	6,175	0.36	늦	5,713	0.37
33	짧	5,276	0.35	강력하	6,133	0.36	짧	5,429	0.35
34	나쁘	5,223	0.35	짧	6,025	0.36	나쁘	5,342	0.34
35	비싸	4,956	0.33	나쁘	5,638	0.33	뛰어나	5,211	0.34
36	강력하	4,948	0.33	비싸	5,480	0.32	강력하	4,963	0.32
37	지나치	4,839	0.33	멀	5,460	0.32	멀	4,822	0.31
38	멀	4,703	0.32	넓	5,167	0.30	이러하	4,717	0.30
39	넓	4,645	0.31	지나치	5,086	0.30	지나치	4,670	0.30
40	이러하	4,462	0.30	이러하	4,944	0.29	아프	4,572	0.29
41	화려하	4,063	0.27	뜨겁	4,785	0.28	넓	4,499	0.29
42	충분하	4,040	0.27	아프	4,657	0.27	낫	4,082	0.26
43	적절하	3,973	0.27	화려하	4,532	0.27	뜨겁	4,068	0.26
44	뜨겁	3,875	0.26	엄청나	4,525	0.27	충분하	4,068	0.26
45	엄청나	3,846	0.26	적절하	4,438	0.26	엄청나	4,066	0.26
46	아프	3,819	0.26	충분하	4,407	0.26	화려하	3,961	0.26
47	낫	3,578	0.24	낫	4,260	0.25	따뜻하	3,932	0.25
48	약하	3,567	0.24	수많	4,127	0.24	가볍	3,910	0.25
49	분명하	3,556	0.24	가볍	4,117	0.24	수많	3,813	0.25
50	가볍	3,544	0.24	분명하	4,049	0.24	적절하	3,714	0.24

3. 수식언 / 독립언

1) 감탄사

순위	Y2000 타입 수: 448 토큰 수: 137,684		백분율	Y2001 타입 수: 407 토큰 수: 10,463		백분율	Y2002 타입 수: 416 토큰 수: 11,493		백분율
1	아	1,119	0.81	야	1,046	10.00	아	1,122	9.76
2	여	1,064	0.77	여	883	8.44	여	923	8.03
3	야	750	0.54	아	866	8.28	야	672	5.85
4	그래	683	0.50	그래	558	5.33	그래	508	4.42
5	예	491	0.36	자	483	4.62	뭐	506	4.40
6	자	483	0.35	뭐	479	4.58	오	479	4.17
7	뭐	467	0.34	아니	345	3.30	자	472	4.11
8	아니	445	0.32	원	265	2.53	아니	342	2.98
9	글쎄	308	0.22	예	250	2.39	파이팅	315	2.74
10	오	261	0.19	오	226	2.16	원	307	2.67
11	원	239	0.17	글쎄	200	1.91	글쎄	213	1.85
12	참	207	0.15	어	189	1.81	어	212	1.84
13	어	192	0.14	참	183	1.75	예	210	1.83
14	어디	184	0.13	네	144	1.38	참	209	1.82
15	옳다	149	0.11	어디	131	1.25	네	187	1.63
16	씨	145	0.11	옳다	131	1.25	씨	181	1.57
17	응	137	0.10	아하	124	1.19	어디	172	1.50
18	네	125	0.09	씨	121	1.16	음	128	1.11
19	에	123	0.09	저	105	1.00	와	121	1.05
20	휴	111	0.08	안녕	100	0.96	안녕	114	0.99
21	글쎄요	108	0.08	글쎄요	98	0.94	에이	108	0.94
22	아하	105	0.08	에이	96	0.92	아하	100	0.87
23	안녕	104	0.08	와	93	0.89	여보	97	0.84
24	얘	99	0.07	에	88	0.84	글쎄요	90	0.78
25	아니오	98	0.07	음	83	0.79	앗	90	0.78
26	음	97	0.07	휴	83	0.79	만세	84	0.73
27	앗	96	0.07	아니오	76	0.73	아아	83	0.72

순위	Y2000 타입 수: 448 토큰 수: 137,684		백분율	Y2001 타입 수: 407 토큰 수: 10,463		백분율	Y2002 타입 수: 416 토큰 수: 11,493		백분율
28	여보	96	0.07	아이고	74	0.71	어머	83	0.72
29	만세	93	0.07	암	72	0.69	아니오	73	0.64
30	저	91	0.07	여보	70	0.67	응	72	0.63
31	에이	88	0.06	파이팅	70	0.67	아이고	68	0.59
32	어머	86	0.06	아차	65	0.62	마	67	0.58
33	와	84	0.06	앗	64	0.61	왜	67	0.58
34	아이고	82	0.06	응	62	0.59	암	66	0.57
35	파이팅	81	0.06	왜	58	0.55	저	61	0.53
36	허	78	0.06	어머	56	0.54	휴	59	0.51
37	아아	72	0.05	하하	56	0.54	옳다	58	0.50
38	아니야	64	0.05	만세	55	0.53	어이	54	0.47
39	암	64	0.05	그래요	50	0.48	아차	53	0.46
40	그래요	63	0.05	아아	50	0.48	허허	53	0.46
41	아이구	63	0.05	허	50	0.48	하하	51	0.44
42	이봐	62	0.05	아이구	44	0.42	세상에	50	0.44
43	자아	59	0.04	아냐	43	0.41	아냐	49	0.43
44	그럼	58	0.04	어휴	42	0.40	임마	49	0.43
45	왜	58	0.04	마	41	0.39	어휴	46	0.40
46	세상에	56	0.04	오냐	37	0.35	허	39	0.34
47	좋아	52	0.04	그럼	36	0.34	그럼	38	0.33
48	여보세요	51	0.04	아이	36	0.34	그래요	36	0.31
49	예에	50	0.04	세상에	35	0.33	쉿	35	0.30
50	아차	48	0.03	얘	32	0.31	아이	35	0.30

순위	Y2003 타입 수: 422 토큰 수: 73,478		백분율	Y2004 타입 수: 426 토큰 수: 10,996		백분율	Y2005 타입 수: 447 토큰 수: 12,583		백분율
1	여	1,137	1.55	여	1,015	9.23	아	1,241	9.86
2	아	951	1.29	아	958	8.71	여	793	6.30
3	그래	554	0.75	자	506	4.60	그래	611	4.86
4	뭐	538	0.73	그래	492	4.47	자	604	4.80
5	자	470	0.64	뭐	469	4.27	뭐	568	4.51
6	야	403	0.55	야	361	3.28	아니	395	3.14

순위	Y2003 타입 수: 422 토큰 수: 73,478		백분율	Y2004 타입 수: 426 토큰 수: 10,996		백분율	Y2005 타입 수: 447 토큰 수: 12,583		백분율
7	오	367	0.50	아니	306	2.78	야	374	2.97
8	아니	323	0.44	예	269	2.45	안녕	320	2.54
9	예	280	0.38	오	262	2.38	네	293	2.33
10	어	276	0.38	네	260	2.36	어	267	2.12
11	원	272	0.37	원	245	2.23	오	266	2.11
12	글쎄	225	0.31	어	228	2.07	원	260	2.07
13	네	218	0.30	참	222	2.02	글쎄	244	1.94
14	씨	216	0.29	글쎄	219	1.99	예	237	1.88
15	참	196	0.27	씨	182	1.66	참	235	1.87
16	어디	146	0.20	어디	174	1.58	씨	189	1.50
17	여보	134	0.18	안녕	158	1.44	하하	160	1.27
18	에이	119	0.16	음	133	1.21	어디	158	1.26
19	파이팅	118	0.16	와	128	1.16	와	143	1.14
20	안녕	117	0.16	파이팅	128	1.16	에이	140	1.11
21	음	116	0.16	에이	115	1.05	이히	137	1.09
22	앗	111	0.15	여보	115	1.05	아이고	131	1.04
23	와	111	0.15	아이고	114	1.04	어머나	124	0.99
24	글쎄요	107	0.15	휴	103	0.94	응	123	0.98
25	아하	107	0.15	글쎄요	98	0.89	음	122	0.97
26	아니오	98	0.13	옳다	97	0.88	여보	110	0.87
27	아이고	98	0.13	응	82	0.75	글쎄요	102	0.81
28	옳다	97	0.13	우와	79	0.72	앗	102	0.81
29	아아	85	0.12	아하	78	0.71	저	100	0.79
30	거시기	81	0.11	아아	76	0.69	왜	99	0.79
31	왜	79	0.11	만세	71	0.65	만세	93	0.74
32	저	78	0.11	그럼	69	0.63	파이팅	93	0.74
33	하하	78	0.11	왜	66	0.60	옳다	92	0.73
34	응	76	0.10	아니오	65	0.59	아아	80	0.64
35	어머	72	0.10	어머	65	0.59	어머	76	0.60
36	아이구	71	0.10	저	64	0.58	그럼	72	0.57
37	휴	70	0.10	암	63	0.57	마	65	0.52
38	아이	61	0.08	앗	59	0.54	암	65	0.52
39	허허	61	0.08	하하	58	0.53	아자	64	0.51

순위	Y2003 타입 수: 422 토큰 수: 73,478		백분율	Y2004 타입 수: 426 토큰 수: 10,996		백분율	Y2005 타입 수: 447 토큰 수: 12,583		백분율
40	암	57	0.08	어휴	55	0.50	아이	60	0.48
41	어휴	57	0.08	아니요	53	0.48	우와	60	0.48
42	만세	51	0.07	아차	53	0.48	허허	60	0.48
43	거	48	0.07	아이	46	0.42	휴	60	0.48
44	세상에	48	0.07	허허	46	0.42	세상에	55	0.44
45	우와	48	0.07	마	45	0.41	아니요	52	0.41
46	마	46	0.06	세상에	43	0.39	얍	51	0.41
47	어이	46	0.06	아이구	43	0.39	어휴	51	0.41
48	아차	44	0.06	이봐	42	0.38	아니야	48	0.38
49	그럼	42	0.06	아니야	40	0.36	아니오	48	0.38
50	야호	41	0.06	허	37	0.34	아차	48	0.38

순위	Y2006 타입 수: 434 토큰 수: 13,558		백분율	Y2007 타입 수: 452 토큰 수: 14,634		백분율	Y2008 타입 수: 431 토큰 수: 12,123		백분율
1	아	1,260	9.29	아	1,378	9.42	여	1,223	10.09
2	여	823	6.07	여	1,135	7.76	아	1,158	9.55
3	뭐	758	5.59	뭐	836	5.71	뭐	605	4.99
4	그래	685	5.05	그래	814	5.56	그래	517	4.26
5	자	567	4.18	자	643	4.39	자	487	4.02
6	야	548	4.04	아니	452	3.09	야	424	3.50
7	아니	444	3.27	네	366	2.50	어	296	2.44
8	오	384	2.83	참	343	2.34	아니	286	2.36
9	예	340	2.51	야	339	2.32	하하	255	2.10
10	어	316	2.33	원	325	2.22	네	254	2.10
11	원	292	2.15	글쎄	323	2.21	오	246	2.03
12	참	271	2.00	어	288	1.97	원	244	2.01
13	네	269	1.98	예	234	1.60	글쎄	216	1.78
14	글쎄	260	1.92	오	224	1.53	예	200	1.65
15	와	205	1.51	와	218	1.49	참	195	1.61
16	씨	190	1.40	응	215	1.47	와	170	1.40
17	안녕	183	1.35	음	205	1.40	아하	166	1.37
18	어디	165	1.22	어디	187	1.28	안녕	145	1.20

순위	Y2006 타입 수: 434 토큰 수: 13,558		백분율	Y2007 타입 수: 452 토큰 수: 14,634		백분율	Y2008 타입 수: 431 토큰 수: 12,123		백분율
19	왜	158	1.17	안녕	179	1.22	어디	143	1.18
20	파이팅	153	1.13	하하	177	1.21	에이	137	1.13
21	음	148	1.09	아하	169	1.15	파이팅	129	1.06
22	하하	146	1.08	씨	160	1.09	음	127	1.05
23	여보	134	0.99	파이팅	155	1.06	씨	121	1.00
24	아하	119	0.88	아이고	146	1.00	아이고	121	1.00
25	아이고	114	0.84	왜	145	0.99	여보	113	0.93
26	앗	108	0.80	에이	129	0.88	응	94	0.78
27	응	108	0.80	저	117	0.80	옳다	89	0.73
28	에이	100	0.74	앗	116	0.79	글쎄요	87	0.72
29	허허	89	0.66	글쎄요	114	0.78	앗	84	0.69
30	그럼	88	0.65	여보	113	0.77	왜	84	0.69
31	글쎄요	87	0.64	그럼	112	0.77	암	81	0.67
32	옳다	87	0.64	만세	87	0.59	아니오	80	0.66
33	암	86	0.63	허허	86	0.59	아아	79	0.65
34	휴	79	0.58	아차	85	0.58	허허	76	0.63
35	헉	77	0.57	아아	83	0.57	세상에	73	0.60
36	어머	73	0.54	어머	80	0.55	저	72	0.59
37	저	73	0.54	아니오	75	0.51	어머	71	0.59
38	마	72	0.53	아니야	74	0.51	마	70	0.58
39	아차	71	0.52	아니요	70	0.48	휴	69	0.57
40	아아	66	0.49	암	68	0.46	그럼	60	0.49
41	아니오	65	0.48	거	67	0.46	만세	57	0.47
42	세상에	63	0.46	세상에	66	0.45	아니요	57	0.47
43	우와	62	0.46	마	64	0.44	아차	56	0.46
44	만세	61	0.45	어머나	64	0.44	거	55	0.45
45	아니야	57	0.42	우와	64	0.44	빌어먹을	48	0.40
46	이런	55	0.41	휴	62	0.42	임마	47	0.39
47	쉿	50	0.37	어휴	60	0.41	아니야	46	0.38
48	어이	50	0.37	아이	56	0.38	어휴	43	0.35
49	아이	49	0.36	허	55	0.38	아이	42	0.35
50	아니요	48	0.35	옳다	54	0.37	아웅	41	0.34

순위	Y2009 타입 수: 407 토큰 수: 11,413		백분율	Y2010 타입 수: 426 토큰 수: 12,504		백분율	Y2011 타입 수: 377 토큰 수: 11,024		백분율
1	아	1,064	9.32	아	1,342	10.73	아	1,101	9.99
2	여	965	8.46	뭐	711	5.69	뭐	592	5.37
3	뭐	562	4.92	자	577	4.61	그래	475	4.31
4	자	557	4.88	원	560	4.48	자	473	4.29
5	원	464	4.07	그래	551	4.41	여	396	3.59
6	그래	461	4.04	어	401	3.21	하하	378	3.43
7	야	299	2.62	아하	359	2.87	원	376	3.41
8	아하	292	2.56	야	330	2.64	야	356	3.23
9	아니	251	2.20	하하	302	2.42	예	274	2.49
10	네	247	2.16	아니	296	2.37	아하	256	2.32
11	하하	235	2.06	오	291	2.33	참	250	2.27
12	참	230	2.02	네	270	2.16	아니	241	2.19
13	예	220	1.93	예	262	2.10	네	236	2.14
14	씨	201	1.76	글쎄	257	2.06	어	233	2.11
15	파이팅	197	1.73	여	231	1.85	오	198	1.80
16	어	183	1.60	참	229	1.83	글쎄	196	1.78
17	오	178	1.56	파이팅	199	1.59	파이팅	177	1.61
18	글쎄	176	1.54	어디	197	1.58	씨	162	1.47
19	에이	152	1.33	아이고	186	1.49	어디	154	1.40
20	왜	142	1.24	음	172	1.38	왜	138	1.25
21	음	134	1.17	왜	148	1.18	안녕	126	1.14
22	와	125	1.10	에이	134	1.07	여보	123	1.12
23	안녕	122	1.07	안녕	126	1.01	음	117	1.06
24	여보	116	1.02	와	124	0.99	아이고	102	0.93
25	어디	114	1.00	씨	121	0.97	허허	100	0.91
26	아이고	108	0.95	암	103	0.82	에이	99	0.90
27	암	96	0.84	여보	100	0.80	암	98	0.89
28	아아	83	0.73	앗	98	0.78	마	91	0.83
29	저	83	0.73	응	90	0.72	와	91	0.83
30	휴	83	0.73	저	88	0.70	그럼	76	0.69
31	허허	81	0.71	글쎄요	82	0.66	글쎄요	72	0.65
32	앗	80	0.70	우와	82	0.66	만세	71	0.64
33	마	77	0.67	허허	78	0.62	옳다	71	0.64

순위	Y2009 타입 수: 407 토큰 수: 11,413		백분율	Y2010 타입 수: 426 토큰 수: 12,504		백분율	Y2011 타입 수: 377 토큰 수: 11,024		백분율
34	글쎄요	73	0.64	그럼	75	0.60	아차	68	0.62
35	세상에	70	0.61	만세	74	0.59	어휴	68	0.62
36	그럼	64	0.56	아차	71	0.57	응	67	0.61
37	아차	61	0.53	아아	66	0.53	저	65	0.59
38	만세	58	0.51	아니요	64	0.51	휴	64	0.58
39	우와	52	0.46	허	61	0.49	우와	62	0.56
40	응	52	0.46	휴	61	0.49	세상에	57	0.52
41	어머	51	0.45	어휴	57	0.46	아니요	56	0.51
42	아니요	50	0.44	아이	53	0.42	앗	56	0.51
43	어휴	49	0.43	어머	48	0.38	아아	55	0.50
44	쉿	46	0.40	아웅	47	0.38	아유	55	0.50
45	그럼요	42	0.37	옳다	47	0.38	아냐	54	0.49
46	아니오	42	0.37	마	46	0.37	어머	53	0.48
47	어머나	42	0.37	웬걸	45	0.36	쉿	47	0.43
48	옳다	40	0.35	그럼요	44	0.35	이런	47	0.43
49	하모	38	0.33	쉿	42	0.34	그럼요	44	0.40
50	아뇨	37	0.32	이런	42	0.34	애	44	0.40

2) 일반부사

순위	Y2000 타입 수: 7,401 토큰 수: 1,523,515		백분율	Y2001 타입 수: 7,165 토큰 수: 1,497,768		백분율	Y2002 타입 수: 7,401 토큰 수: 1,600,187		백분율
1	또	83,729	5.50	또	82,278	5.49	또	85,948	5.37
2	함께	51,709	3.39	더	50,629	3.38	더	56,520	3.53
3	더	50,129	3.29	함께	49,151	3.28	함께	55,768	3.49
4	및	47,636	3.13	및	44,103	2.94	및	45,519	2.84
5	가장	40,936	2.69	가장	41,210	2.75	가장	45,077	2.82
6	모두	40,072	2.63	모두	37,928	2.53	모두	41,879	2.62
7	특히	37,914	2.49	특히	36,602	2.44	특히	37,829	2.36

순위	Y2000 타입 수: 7,401 토큰 수: 1,523,515		백분율	Y2001 타입 수: 7,165 토큰 수: 1,497,768		백분율	Y2002 타입 수: 7,401 토큰 수: 1,600,187		백분율
8	현재	33,991	2.23	현재	32,354	2.16	다시	31,945	2.00
9	다시	30,837	2.02	다시	29,465	1.97	현재	31,691	1.98
10	안	26,862	1.76	안	29,161	1.95	안	30,334	1.90
11	잘	23,586	1.55	잘	24,836	1.66	잘	28,474	1.78
12	없이	22,022	1.45	없이	21,481	1.43	많이	25,227	1.58
13	아직	21,391	1.40	많이	21,359	1.43	없이	22,597	1.41
14	이미	20,934	1.37	아직	20,849	1.39	아직	20,712	1.29
15	많이	20,174	1.32	이미	19,695	1.31	이미	20,422	1.28
16	각각	19,071	1.25	물론	18,654	1.25	물론	18,629	1.16
17	물론	19,062	1.25	못	17,668	1.18	각각	18,358	1.15
18	못	17,865	1.17	각각	17,025	1.14	못	18,225	1.14
19	직접	15,608	1.02	직접	14,843	0.99	직접	16,590	1.04
20	더욱	14,938	0.98	더욱	14,306	0.96	더욱	15,200	0.95
21	너무	13,835	0.91	바로	13,680	0.91	너무	14,666	0.92
22	바로	13,713	0.90	너무	13,475	0.90	다	14,539	0.91
23	다	13,152	0.86	다	13,351	0.89	바로	14,437	0.90
24	계속	12,938	0.85	역시	13,069	0.87	역시	14,102	0.88
25	제대로	12,871	0.84	계속	12,905	0.86	계속	12,962	0.81
26	역시	12,862	0.84	제대로	12,671	0.85	제대로	12,698	0.79
27	거의	12,326	0.81	거의	12,169	0.81	거의	12,195	0.76
28	우선	12,003	0.79	우선	11,074	0.74	먼저	11,824	0.74
29	또는	11,989	0.79	또는	10,831	0.72	또는	11,584	0.72
30	먼저	11,158	0.73	먼저	10,734	0.72	우선	11,468	0.72
31	이제	10,965	0.72	왜	10,299	0.69	이제	11,355	0.71
32	한편	10,126	0.66	한편	10,234	0.68	한편	10,984	0.69
33	오히려	10,113	0.66	이제	9,980	0.67	오히려	10,674	0.67
34	왜	9,862	0.65	오히려	9,930	0.66	왜	10,670	0.67
35	그대로	9,127	0.60	그대로	8,846	0.59	달리	9,435	0.59
36	달리	8,830	0.58	달리	8,769	0.59	그대로	9,156	0.57
37	전혀	8,336	0.55	지금	8,739	0.58	매우	8,972	0.56
38	일단	8,304	0.55	매우	8,430	0.56	지금	8,900	0.56
39	지금	8,299	0.54	또한	8,384	0.56	좀	8,802	0.55
40	서로	8,294	0.54	전혀	7,960	0.53	전혀	8,486	0.53

순위	Y2000 타입 수: 7,401 토큰 수: 1,523,515		백분율	Y2001 타입 수: 7,165 토큰 수: 1,497,768		백분율	Y2002 타입 수: 7,401 토큰 수: 1,600,187		백분율
41	또한	8,131	0.53	얼마나	7,840	0.52	훨씬	8,442	0.53
42	훨씬	8,128	0.53	좀	7,831	0.52	또한	8,422	0.53
43	매우	8,040	0.53	훨씬	7,786	0.52	얼마나	8,319	0.52
44	새로	7,846	0.51	일단	7,708	0.51	새로	8,088	0.51
45	얼마나	7,773	0.51	새로	7,643	0.51	서로	7,964	0.50
46	여전히	7,628	0.50	서로	7,279	0.49	여전히	7,603	0.48
47	좀	7,575	0.50	여전히	7,164	0.48	일단	7,515	0.47
48	곧	7,519	0.49	주로	6,997	0.47	주로	7,169	0.45
49	주로	6,908	0.45	곧	6,708	0.45	스스로	6,963	0.44
50	실제로	6,696	0.44	스스로	6,521	0.44	실제로	6,835	0.43

순위	Y2003 타입 수: 7,361 토큰 수: 1,626,013		백분율	Y2004 타입 수: 6,991 토큰 수: 1,514,544		백분율	Y2005 타입 수: 7,023 토큰 수: 1,415,695		백분율
1	또	87,031	5.35	또	78,746	5.20	또	69,179	4.89
2	더	60,173	3.70	더	59,173	3.91	더	56,789	4.01
3	함께	55,768	3.43	함께	50,376	3.33	함께	47,312	3.34
4	및	49,275	3.03	및	44,680	2.95	가장	40,503	2.86
5	가장	44,336	2.73	가장	43,299	2.86	및	36,852	2.60
6	모두	40,650	2.50	모두	39,221	2.59	모두	36,179	2.56
7	특히	35,816	2.20	안	33,399	2.21	안	31,684	2.24
8	안	34,891	2.15	특히	31,637	2.09	현재	27,965	1.98
9	현재	34,288	2.11	현재	30,523	2.02	다시	27,091	1.91
10	다시	30,725	1.89	다시	28,512	1.88	특히	26,962	1.90
11	잘	28,404	1.75	잘	26,558	1.75	잘	26,050	1.84
12	많이	24,626	1.51	많이	23,677	1.56	많이	23,427	1.65
13	없이	22,588	1.39	없이	20,418	1.35	없이	19,161	1.35
14	아직	20,717	1.27	이미	18,689	1.23	이미	17,042	1.20
15	이미	20,082	1.24	못	18,044	1.19	아직	17,000	1.20
16	못	18,516	1.14	아직	17,990	1.19	못	16,916	1.19
17	각각	18,389	1.13	각각	17,896	1.18	직접	16,081	1.14
18	직접	18,374	1.13	직접	16,432	1.08	물론	15,254	1.08
19	물론	18,300	1.13	물론	16,415	1.08	다	15,049	1.06

순위	Y2003 타입 수: 7,361 토큰 수: 1,626,013		백분율	Y2004 타입 수: 6,991 토큰 수: 1,514,544		백분율	Y2005 타입 수: 7,023 토큰 수: 1,415,695		백분율
20	다	15,242	0.94	다	14,547	0.96	각각	14,377	1.02
21	너무	14,785	0.91	너무	13,758	0.91	너무	13,491	0.95
22	더욱	14,645	0.90	바로	13,716	0.91	바로	12,972	0.92
23	바로	14,138	0.87	더욱	13,687	0.90	역시	12,288	0.87
24	역시	13,979	0.86	역시	13,043	0.86	더욱	11,910	0.84
25	제대로	13,004	0.80	제대로	12,835	0.85	제대로	11,553	0.82
26	계속	12,850	0.79	또는	12,562	0.83	왜	11,312	0.80
27	먼저	12,625	0.78	계속	11,717	0.77	먼저	11,276	0.80
28	한편	12,497	0.77	거의	11,521	0.76	거의	10,719	0.76
29	또는	12,304	0.76	먼저	11,206	0.74	계속	10,531	0.74
30	거의	12,216	0.75	한편	10,827	0.71	또는	10,387	0.73
31	왜	11,711	0.72	왜	10,805	0.71	이제	10,066	0.71
32	이제	11,126	0.68	이제	10,646	0.70	지금	9,379	0.66
33	우선	10,990	0.68	오히려	10,118	0.67	좀	9,275	0.66
34	오히려	10,623	0.65	우선	9,997	0.66	우선	9,118	0.64
35	지금	10,435	0.64	지금	9,893	0.65	오히려	8,962	0.63
36	그대로	9,259	0.57	좀	9,018	0.60	한편	8,334	0.59
37	좀	9,248	0.57	그대로	8,940	0.59	그대로	8,319	0.59
38	달리	9,177	0.56	달리	8,802	0.58	매우	8,181	0.58
39	매우	8,888	0.55	매우	8,538	0.56	달리	7,766	0.55
40	훨씬	8,482	0.52	또한	8,165	0.54	얼마나	7,616	0.54
41	얼마나	8,474	0.52	얼마나	8,003	0.53	스스로	7,439	0.53
42	또한	8,470	0.52	훨씬	7,948	0.52	서로	7,390	0.52
43	전혀	8,216	0.51	이어	7,812	0.52	또한	7,224	0.51
44	스스로	8,183	0.50	새로	7,794	0.51	훨씬	7,159	0.51
45	서로	8,033	0.49	서로	7,554	0.50	새로	7,014	0.50
46	여전히	7,773	0.48	스스로	7,427	0.49	이어	6,975	0.49
47	이어	7,669	0.47	전혀	7,304	0.48	전혀	6,834	0.48
48	일단	7,572	0.47	여전히	7,178	0.47	여전히	6,772	0.48
49	새로	7,537	0.46	주로	6,848	0.45	주로	6,698	0.47
50	주로	7,129	0.44	꼭	6,334	0.42	꼭	6,393	0.45

순위	Y2006 타입 수: 7,053 토큰 수: 1,412,509		백분율	Y2007 타입 수: 7,011 토큰 수: 1,585,929		백분율	Y2008 타입 수: 7,221 토큰 수: 1,549,140		백분율
1	또	61,023	4.32	더	69,493	4.38	더	69,137	4.46
2	더	60,180	4.26	또	68,194	4.30	또	67,901	4.38
3	함께	45,083	3.19	함께	50,655	3.19	함께	50,816	3.28
4	가장	40,773	2.89	가장	47,962	3.02	가장	46,423	3.00
5	모두	34,603	2.45	모두	39,631	2.50	및	40,119	2.59
6	안	33,699	2.39	안	38,231	2.41	모두	39,194	2.53
7	및	32,229	2.28	및	37,003	2.33	안	37,540	2.42
8	잘	27,405	1.94	잘	31,460	1.98	다시	30,072	1.94
9	다시	26,378	1.87	다시	29,462	1.86	잘	29,781	1.92
10	현재	25,580	1.81	현재	29,123	1.84	특히	29,230	1.89
11	특히	25,411	1.80	많이	28,134	1.77	현재	29,014	1.87
12	많이	24,561	1.74	특히	27,781	1.75	많이	26,834	1.73
13	없이	19,349	1.37	없이	21,451	1.35	없이	21,448	1.38
14	못	17,992	1.27	못	20,204	1.27	못	19,318	1.25
15	이미	16,754	1.19	직접	19,045	1.20	직접	18,836	1.22
16	아직	16,300	1.15	다	18,572	1.17	이미	18,441	1.19
17	다	16,189	1.15	이미	18,551	1.17	다	18,111	1.17
18	직접	15,862	1.12	아직	17,762	1.12	아직	17,125	1.11
19	물론	15,409	1.09	물론	16,432	1.04	물론	16,110	1.04
20	너무	13,912	0.98	너무	15,718	0.99	각각	15,733	1.02
21	바로	13,409	0.95	바로	15,483	0.98	역시	15,181	0.98
22	역시	13,192	0.93	각각	15,007	0.95	너무	14,678	0.95
23	각각	12,909	0.91	역시	14,885	0.94	바로	14,437	0.93
24	왜	12,380	0.88	왜	14,500	0.91	먼저	12,993	0.84
25	제대로	11,797	0.84	먼저	12,701	0.80	제대로	12,747	0.82
26	더욱	11,445	0.81	제대로	12,529	0.79	왜	12,410	0.80
27	먼저	11,125	0.79	더욱	12,144	0.77	더욱	12,145	0.78
28	계속	10,743	0.76	계속	12,045	0.76	계속	11,619	0.75
29	거의	10,527	0.75	거의	11,992	0.76	거의	11,422	0.74
30	이제	10,327	0.73	이제	11,337	0.71	지금	11,037	0.71
31	좀	9,726	0.69	좀	11,138	0.70	또는	10,658	0.69
32	또는	9,693	0.69	지금	10,898	0.69	이제	10,476	0.68
33	지금	9,686	0.69	또는	10,312	0.65	우선	10,076	0.65

순위	Y2006 타입 수: 7,053 토큰 수: 1,412,509		백분율	Y2007 타입 수: 7,011 토큰 수: 1,585,929		백분율	Y2008 타입 수: 7,221 토큰 수: 1,549,140		백분율
34	오히려	9,431	0.67	오히려	10,140	0.64	오히려	9,948	0.64
35	우선	8,520	0.60	우선	9,761	0.62	좀	9,890	0.64
36	달리	8,125	0.58	그대로	9,190	0.58	그대로	9,162	0.59
37	그대로	8,108	0.57	달리	9,175	0.58	달리	9,127	0.59
38	얼마나	7,835	0.55	매우	9,111	0.57	얼마나	8,702	0.56
39	서로	7,542	0.53	얼마나	8,954	0.56	매우	8,661	0.56
40	매우	7,517	0.53	서로	8,625	0.54	스스로	8,269	0.53
41	훨씬	7,422	0.53	훨씬	8,404	0.53	훨씬	8,071	0.52
42	스스로	7,247	0.51	스스로	8,353	0.53	이어	7,943	0.51
43	전혀	6,969	0.49	이어	8,073	0.51	여전히	7,819	0.50
44	또한	6,870	0.49	여전히	7,862	0.50	주로	7,535	0.49
45	여전히	6,861	0.49	매년	7,745	0.49	서로	7,520	0.49
46	한편	6,802	0.48	꼭	7,738	0.49	또한	7,342	0.47
47	꼭	6,678	0.47	전혀	7,700	0.49	매년	7,326	0.47
48	주로	6,499	0.46	실제로	7,560	0.48	한편	7,198	0.46
49	매년	6,452	0.46	주로	7,429	0.47	실제로	7,171	0.46
50	새로	6,372	0.45	또한	7,413	0.47	꼭	7,155	0.46

순위	Y2009 타입 수: 6,512 토큰 수: 1,578,945		백분율	Y2010 타입 수: 7,109 토큰 수: 1,782,394		백분율	Y2011 타입 수: 6,539 토큰 수: 1,621,381		백분율
1	더	72,009	4.56	더	81,805	4.59	더	78,910	4.87
2	또	66,744	4.23	또	70,834	3.97	또	60,448	3.73
3	함께	53,987	3.42	함께	59,947	3.36	함께	54,650	3.37
4	가장	48,447	3.07	가장	56,325	3.16	가장	51,301	3.16
5	모두	39,881	2.53	모두	44,639	2.50	안	44,925	2.77
6	및	39,853	2.52	안	44,211	2.48	모두	39,716	2.45
7	안	37,953	2.40	및	43,352	2.43	및	37,453	2.31
8	다시	31,346	1.99	잘	35,593	2.00	다시	31,710	1.96
9	현재	30,433	1.93	다시	35,025	1.97	잘	31,432	1.94
10	잘	30,155	1.91	특히	34,613	1.94	현재	31,425	1.94
11	특히	29,508	1.87	현재	32,930	1.85	많이	29,971	1.85
12	많이	28,710	1.82	많이	32,758	1.84	특히	29,770	1.84

순위	Y2009 타입 수: 6,512 토큰 수: 1,578,945		백분율	Y2010 타입 수: 7,109 토큰 수: 1,782,394		백분율	Y2011 타입 수: 6,539 토큰 수: 1,621,381		백분율
13	없이	21,983	1.39	없이	24,053	1.35	없이	22,910	1.41
14	직접	19,514	1.24	직접	22,794	1.28	직접	21,870	1.35
15	못	19,089	1.21	못	22,496	1.26	못	21,515	1.33
16	이미	18,774	1.19	다	20,769	1.17	다	19,808	1.22
17	아직	18,406	1.17	이미	20,565	1.15	이미	18,510	1.14
18	다	17,262	1.09	아직	20,468	1.15	아직	18,328	1.13
19	물론	16,534	1.05	바로	17,856	1.00	역시	15,906	0.98
20	각각	15,551	0.98	역시	17,643	0.99	바로	15,848	0.98
21	바로	15,148	0.96	물론	17,519	0.98	물론	14,875	0.92
22	역시	14,944	0.95	너무	16,049	0.90	너무	14,508	0.89
23	너무	14,444	0.91	각각	15,945	0.89	제대로	14,309	0.88
24	먼저	13,363	0.85	먼저	15,480	0.87	각각	14,223	0.88
25	제대로	12,924	0.82	제대로	15,125	0.85	왜	14,003	0.86
26	왜	12,434	0.79	왜	14,684	0.82	먼저	13,530	0.83
27	더욱	12,374	0.78	더욱	13,903	0.78	계속	12,827	0.79
28	계속	11,938	0.76	계속	13,353	0.75	더욱	12,573	0.78
29	거의	11,709	0.74	거의	12,482	0.70	거의	11,742	0.72
30	지금	11,071	0.70	이제	12,210	0.69	지금	11,327	0.70
31	또는	10,746	0.68	지금	11,683	0.66	이제	11,032	0.68
32	우선	10,496	0.66	좀	11,423	0.64	좀	10,412	0.64
33	오히려	10,468	0.66	또는	11,028	0.62	달리	9,887	0.61
34	이제	10,389	0.66	우선	10,942	0.61	오히려	9,746	0.60
35	좀	10,100	0.64	매우	10,931	0.61	또는	9,582	0.59
36	달리	9,820	0.62	오히려	10,815	0.61	스스로	9,544	0.59
37	매우	9,621	0.61	달리	10,765	0.60	그대로	9,194	0.57
38	그대로	9,077	0.57	그대로	10,480	0.59	매우	9,180	0.57
39	스스로	8,951	0.57	스스로	10,071	0.57	우선	9,163	0.57
40	여전히	8,877	0.56	얼마나	9,724	0.55	얼마나	9,001	0.56
41	얼마나	8,802	0.56	또한	9,347	0.52	여전히	8,657	0.53
42	훨씬	8,213	0.52	여전히	9,165	0.51	또한	8,536	0.53
43	주로	7,864	0.50	서로	8,974	0.50	실제로	8,432	0.52
44	매년	7,790	0.49	이어	8,854	0.50	매년	8,374	0.52
45	서로	7,704	0.49	꼭	8,681	0.49	훨씬	8,036	0.50

순위	Y2009 타입 수: 6,512 토큰 수: 1,578,945		백분율	Y2010 타입 수: 7,109 토큰 수: 1,782,394		백분율	Y2011 타입 수: 6,539 토큰 수: 1,621,381		백분율
46	또한	7,626	0.48	주로	8,643	0.48	꼭	7,944	0.49
47	이어	7,604	0.48	훨씬	8,575	0.48	주로	7,928	0.49
48	새로	7,575	0.48	매년	8,492	0.48	이어	7,789	0.48
49	실제로	7,564	0.48	실제로	8,389	0.47	서로	7,763	0.48
50	꼭	7,324	0.46	새로	8,028	0.45	전혀	7,235	0.45

6장 | 단어의 빈도 분포

1. 고빈도 단어의 분포

신문에서 가장 자주 출현하는 단어는 일반명사의 경우 '사람', 고유
명사의 경우 '미국', 동사의 경우는 '있다', 형용사는 '없다', 일반부사는
'또', 접속사는 '그러나'이다.[1] 일반명사의 경우 1,048,575 종류가 발견
되는데 이 가운데 고빈도 500개의 누적비율은 약 36%이다. 명사보다
유형 수가 더 작은 동사의 경우 7,686개 유형의 단어 중 고빈도 500개
의 누적비율은 약 92%이다. 다시 말해 동사의 경우 상위빈도 500개의
단어를 알면 동사의 90% 정도를 아는 셈이다. 정재승(2011)에서는 사용

---

[1] 미국에도 이와 비슷한 연구가 있어서, 하버드대의 언어학자 조지 지프(George Kingsley
Zipf, 1902~1950)는 영어로 된 책(현대어『성경』이나『백경』등)에 나오는 단어들을 모두
세어 그 빈도 수를 조사했더니, 미국사람들이 가장 많이 사용하는 단어는 'the'였으며,
'of', 'and', 'to'가 그 뒤를 이었다. 의미를 가진 단어 대신 두 단어 사이를 연결해 주는 전치
사나 단어 앞에 붙는 관사 등의 기능어들이 상위권을 차지한 것이다.(정재승 2011)

빈도 상위 1,000개의 단어만 알면 누구든 한국어의 75%를 이해할 수 있으며 우리가 일상생활에서 주로 사용하는 단어는 대략 1,000개 안팎으로 한정되어 있다고 한다.

일반명사의 경우, '말'에 이어 '때', '사람', '정부', '전', '대통령', '문제', '뒤', '경우', '일'이 10위권 안에 들어 있고, 고유명사의 경우는 '미국'에 이어 '한국', '서울', '중국', '일본', '북한' 등이 그 뒤를 이었다.

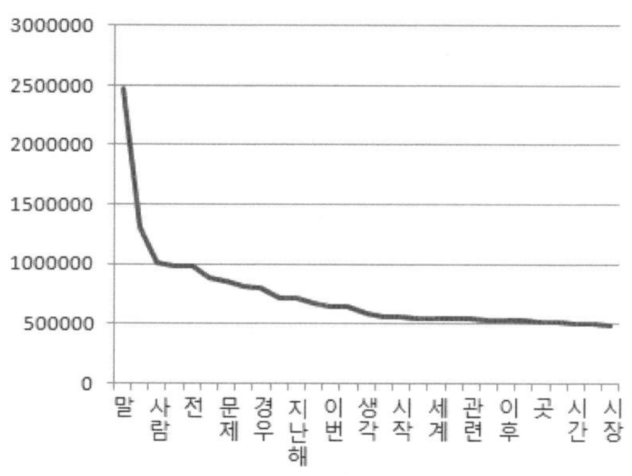

〈그림 4〉 상위 30개 고빈도 일반명사의 분포

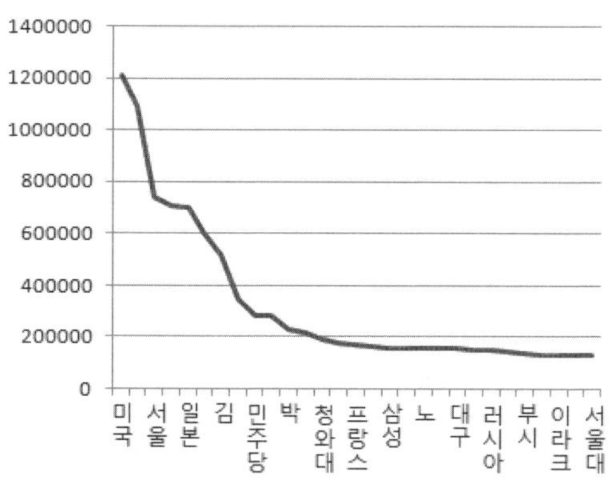

〈그림 5〉 상위 30개 고빈도 고유명사의 분포

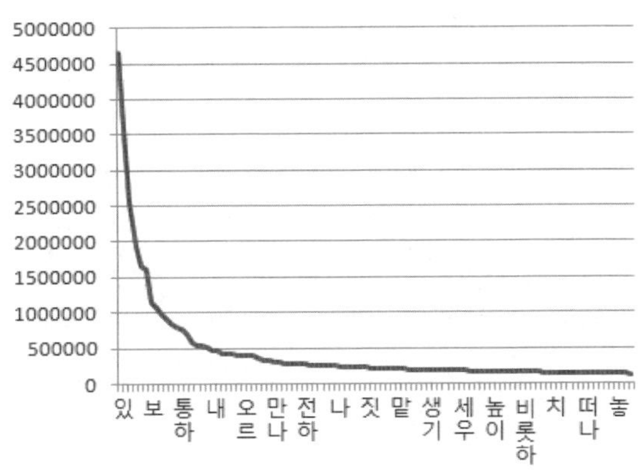

〈그림 6〉 상위 100개 고빈도 동사의 분포

위의 그래프 모양을 보면 단어의 수가 많아질수록 반비례 함수, 멱함수의 그래프 모양과 유사해진다. 이는 신문에서 사용되는 소수의 고빈도 단어의 유형이 다수의 저빈도 단어의 유형을 압도하는 것이다.

2. 빈도에 따른 유형 수

실제 빈도에 따른 유형 수를 살펴보면 출현빈도가 1인 수많은 단어는 그 유형 수가 매우 많은 반면 상위 10% 이내에 속하는 고빈도 출현 단어의 유형은 제한적이다. 소수의 초고빈도 단어들이 빈도수가 적은 다양한 유형의 단어들과 기사를 구성한다.

일반명사의 경우 출현빈도 5 이하인 단어의 유형이 가장 많은 반면 90 이상의 출현빈도를 갖는 유형은 상대적으로 적은 수를 보인다. 이는 일반명사에만 해당 되는 것이 아니라 고유명사에서도 마찬가지로 적용된다.

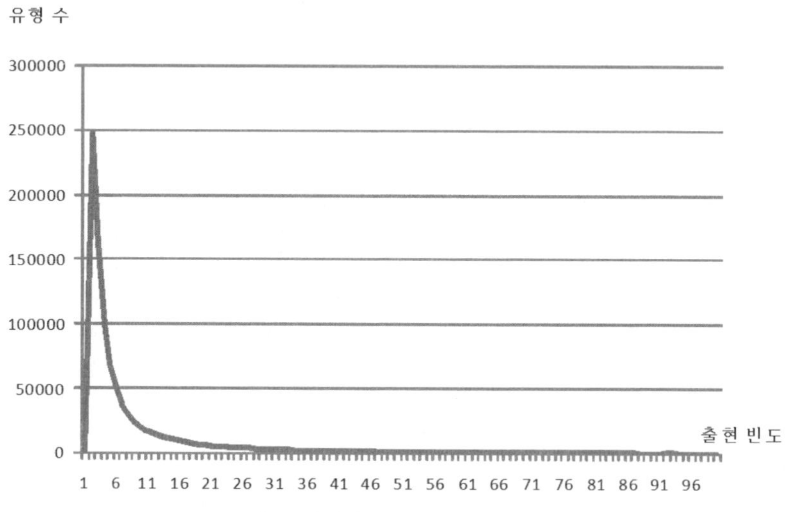

〈그림 7〉 일반명사 출현빈도별 유형 수

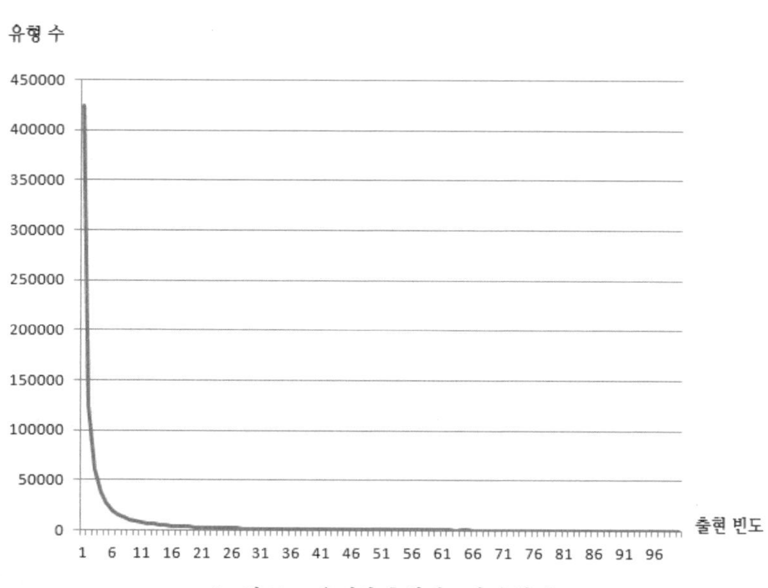

〈그림 8〉 고유명사 출현빈도별 유형 수

　빈도수 조사에서 흥미로운 것은 그 순위가 내려갈수록 사용 빈도수가 기하급수적으로 떨어진다는 사실이다.[2] 이는 우리에게 익히 알려져 있는 롱테일 현상이라고 볼 수 있다. 현상에 관여하는 대상들이 모두 같은 중요성을 갖지 않기 때문에 어느 순간 값이 급격하게 변하는 현상이 존재한다. 이렇게 점점 줄어들어서 나머지 대부분의 단어는 제한적인 횟수만큼만 사용된다는 사실이다. 즉 자주 사용하는 단어는 소수에 불과하고 다른 대부분의 단어들은 적은 횟수로 다양하게 사용된다는 것이다. 이것을 수학에서는 일반적으로 멱집합이라는 말로, 그래프상에는 반비례 그래프로, 언어의 경우 지프의 법칙이라는 말을 쓴다. 언어가 지프의 법칙을 만족하는 이유는 '인간의 행동이 최소 노력으로 최대 효과를 얻으려는 특징'이 있기 때문이라고 주장한다.

---

[2]　지프(1949)는 영어의 경우 어떤 책에서 'the'가 가장 많이 사용되어 1,000번 출현했다면, 그다음으로 많이 사용된 'of'는 'the'의 빈도수의 1/2인 약 500번, 세 번째로 많이 나온 'and'는 'the'의 1/3만큼 등장한다고 밝혔다.

7장 | 키워드 |

'키워드(keyword)'는 문서를 대표하는 단어들의 집합으로 정의될 수 있는데 이 키워드는 문서의 내용을 적절히 요약, 반영할 수 있어야 한다.[1] 어떤 단어가 키워드로 선택될 것인지에 대한 정도를 나타내는 용어로서 '키워드성(keywordness)'(Witten et al. 1999)이 있다. 즉 키워드성이 높을수록 그 단어는 해당 문서를 대표할 수 있는 키워드로 선정될 확률이 높다고 할 수 있다. 키워드 추출은 문서를 대표하는 단어들을 추출하는 일련의 작업을 포괄적으로 지칭하는 것이 된다.

키워드를 자동으로 추출하는 방법에 대한 연구는 주로 전산학 분야에서 많이 이루어져 왔다. 신성윤·이양원(2009)에서는 명사의 출현 특

---

[1] 키워드의 품사는 명사로 제한하였다. 좀 더 구체적으로 일반명사와 고유명사만을 키워드의 대상으로 삼았다. 의존명사는 실질적 의미가 약하므로 키워드가 되기 어려우며 조사나 어미와 같은 문법 형태도 키워드에 포함되지 못하는 것은 자명하다.

성과 연관 규칙 탐사 알고리즘을 이용하여 키워드를 추출하는 방안을 제안한 바 있으며, 송민규(2008), 송민규 외(2007)에서는 의미론적 분석에 기반하여 키워드를 추출하기도 하였다. 의미론적 분석에 기반한 키워드 추출 방법은 김철완(1995)에서와 같이 형태 분석만으로는 정확성이 떨어지는 경우에 특히 유효한 것으로 제안되었다. 이러한 연구들은 키워드 추출을 위한 다양한 방법론을 제안하고 있다는 점에서 의의가 있으나 약 4억 어절에 이르는 방대한 규모의 텍스트를 대상으로 그 실효성이 검증된 바는 없다.[2] 또한 이러한 대규모의 문서라면 수작업을 포함하기가 현실적으로 어렵기 때문에 이들이 제안한 방법을 그대로 적용하기에는 무리가 있다.

김일환·이도길(2011)은 사람의 직관적, 인위적인 개입을 가급적 배제하고 객관적인 자동 키워드 추출을 위해 t-점수를 활용한다. 특정한 문서에서 빈도가 높게 출현한 어휘는 키워드가 될 가능성이 높으며 이들 가운데 특정한 주제와 연도에서만 배타적으로 높은 빈도를 보이는 단어는 해당 영역의 키워드로 본다. t-점수를 이용한 키워드 추출 방법은 특정한 영역에서 높은 빈도로 출현하는 어휘들을 자동으로 추출해 낼 수 있다.

키워드성을 측정하기 위한 척도로 't-점수'를 도입하였다.[3] 특정 문

---

2 12년치 4개 신문 『동아일보』, 『조선일보』, 『중앙일보』, 『한겨레신문』의 기사에는 일반 명사의 유형만 하더라도 26만 개를 웃도는 것으로 조사되었다. 이들 전부에 대해 의미론적 분석을 수행하거나 연관 규칙을 찾는 것은 현실적으로 거의 불가능하다.

3 키워드성을 측정하기 위한 방법으로 이 연구의 초기 단계에는 t-점수 이외에도 z-점수, MI(mutual information), 카이제곱 검증 등을 모두 고려하였다. 그러나 t-점수를 제외한 다른 측정 방법들은 빈도가 낮은 경우 측정값이 지나치게 급증하는 양상을 보인다는 점에서 한계가 있었다. 이러한 논의는 Evert(2009)에서도 유사하게 지적된 바 있다. 측정

서 집합D와 이에 대한 비교 대상이 되는 문서 집합 C가 주어졌을 때,
문서 집합D에서의 단어 w의 키워드성은 다음과 같이 계산된다.

$$t = \frac{O-E}{\sqrt{O}}$$

여기서, O는 w의 관측 빈도로서 문서 집합 D에서 단어 w가 나타
난 빈도 즉, $f_D(w)$이고, E는 예상 빈도로서 다음과 같이 구한다.

$$E = \frac{|D| \times f_C(w)}{|C|}$$

$|D|$와 $|C|$는 각각 문서 집합D와 C의 크기 즉, 해당 문서 집합에 포
함된 총 단어의 수를 의미한다. 예상 빈도는 비교 대상 문서 집합에서
의 단어 w의 빈도를 두 문서 집합의 크기로 정규화한 값이다.

t-점수가 높을수록 키워드성이 커진다고 볼 수 있으며, t-점수는 관
측 빈도와 예상 빈도를 비교하여, 관측 빈도와 예상 빈도의 차가 클수
록 이 값이 커지게 된다. 따라서 아무리 특정 문서 집합에서 자주 나타
나더라도 다른 주제의 문서에서도 많이 나타나게 되면 t-점수가 높은
값을 갖게 될 수 없다. 이러한 경우에 관측 빈도와 예상 빈도가 모두 높
을 것이기 때문이다.

한편 주제별, 연도별로 키워드를 추출하는 전반적인 과정은 다음과
같다. 먼저 문서 집합에 나타난 모든 단어에 대한 t-점수를 구한 후 이
값이 큰 순서대로 단어들을 정렬하고, 미리 정한 개수나 t-점수를 기준

방법에 대한 보다 상세한 논의는 Evert(2007), 신효필(2009) 등을 참조.

으로 상위의 단어들을 키워드로 선정한다. 이 연구에서는 1차로 150개의 키워드를 주제별, 연도별로 추출하고 이들 가운데 불용어(stopword)를[4] 제외하여 최종적으로 100개의 키워드를 선정하였다.[5]

1. 주제별 키워드

이 연구에서는 '정치, 국제, 경제, 사회, 문화, 과학'의 6개 주제에 대한 키워드를[6] t-점수를 토대로 추출하였다.[7] 키워드는 t-점수를 기반으로 상위 100개를 선정하였다. 정치 분야부터 차례대로 살펴본다.

정치			국제			경제		
단어	t-점수	빈도	단어	t-점수	빈도	단어	t-점수	빈도
의원	487.26	285,837	미국	371.26	245,720	투자	470.53	284,967
대통령	463.01	312,113	중국	282.24	138,137	시장	470.48	345,195
후보	416.73	215,758	이라크	260.96	75,724	기업	465.31	328,546
한나라당	409.7	189,541	부시	249.95	71,106	주가	377.08	154,433
북한	403.21	226,267	대통령	236.03	136,168	펀드	374.79	149,242
민주당	334.11	132,641	보도	230.45	72,370	업체	371.51	215,044

---

4 여기서 불용어는 '이전, 다음, 올해' 등과 같이 실질적인 내용을 충분히 갖지 못해서 키워드로 보기 어려운 단어들을 말한다.

5 '2000년도 정치 분야의 키워드'와 같이 주제와 연도를 동시에 고려한 키워드 추출도 가능하다. 그러나 한정된 지면 관계상 주제와 연도를 함께 고려한 키워드의 추출과 분석은 여기에서 다루지 않는다.

6 이 6개 이외의 나머지 주제에 대해서도 동일한 방식으로 키워드를 추출할 수 있다. 여기서는 우선 6개의 주요 분야에 대해서만 논의를 진행하였다.

7 선정된 키워드는 어절 단위의 형태소 분석 결과를 토대로 한 것이기 때문에 다중 어절의 키워드는 현재로서는 자동적으로 추출하기 어렵다. 이는 형태소 분석을 어휘 단위, 나아가 어절 경계를 넘어서는 다중 어절 단위까지 확장할 필요가 있음을 보여준다. 또한 이 연구는 다음으로 미룬다.

정치			국제			경제		
단어	t-점수	빈도	단어	t-점수	빈도	단어	t-점수	빈도
회담	294.39	106,813	총리	221.79	64,648	회사	366.82	213,460
당	292.16	96,833	미	209.2	69,636	금융	364.1	182,873
국회	291.53	108,339	테러	206.82	49,582	은행	352.39	156,479
대표	289.61	154,495	일본	197.92	101,309	가격	352.11	162,801
정부	274.3	204,946	러시아	186.72	46,612	주식	349.32	142,352
청와대	270.87	87,553	영국	176.28	45,216	금리	326.89	116,971
장관	268.39	109,985	이스라엘	170.74	31,133	상품	299.18	116,146
위원장	249.21	88,715	오바마	160.33	27,757	주택	297.87	123,142
문제	227.58	168,770	미군	158.07	35,453	지수	296.26	96,896
남북	216.38	63,817	유엔	156.89	29,877	증권	294.75	95,815
핵	215.74	66,742	장관	154.18	54,085	아파트	290.78	131,017
열린우리당	215.05	52,593	공격	152.87	34,209	대출	280.17	95,922
총재	214.76	54,299	이란	145.12	23,845	고객	278.51	98,212
선거	212.99	78,678	정부	143.33	108,027	증시	275.55	81,227
대선	211.76	59,983	뉴욕	141.31	29,385	상승	274.25	89,718
회의	208.28	73,484	워싱턴	140.66	23,786	제품	273.5	107,664
노무현	202.93	52,568	팔레스타인	140.05	20,443	주	271.68	133,226
정책	197.36	93,960	전쟁	139.75	35,716	분기	265.9	77,824
위원	197.23	61,066	조지	137.13	21,969	거래	265.37	95,048
정치	196.6	71,785	상원	132.54	18,945	국내	263.64	156,938
대변인	196.42	45,768	프랑스	130.7	31,789	분양	259.92	82,967
인사	190.06	65,598	공화당	130.58	18,363	LG	259.72	89,765
의장	188.7	45,965	행정부	130.52	21,021	서비스	252.9	106,135
말	187.06	305,668	미사일	128.91	22,057	판매	251.76	97,608
국민	184.63	89,399	핵	126.69	32,898	하락	250.6	71,468
총리	184.42	57,603	대만	124.81	21,208	가구	249.21	93,816
미	178.51	68,775	북한	124	67,398	자산	246.6	71,220
주장	177.89	84,155	무기	123.48	20,533	실적	244.83	70,505
경선	175.53	34,784	클린턴	123.22	17,353	투자자	244.04	67,206
대북	173.65	39,333	백악관	121.85	16,387	사장	240.03	99,263
신당	170.81	31,366	회담	121.09	35,369	삼성전자	239.92	65,546
이명박	169.1	35,863	국가	120.7	53,070	전망	239.33	110,384
발언	168.58	40,004	이슬람	120.28	16,116	부동산	237.35	80,546
합의	167.71	48,391	의회	119.68	21,169	코스닥	237.3	58,591

정치			국제			경제		
단어	t-점수	빈도	단어	t-점수	빈도	단어	t-점수	빈도
원내	166.61	29,801	선거	118.74	39,077	자금	236.3	102,656
자민련	165.97	29,532	파키스탄	116.4	14,593	신용	235.43	72,655
총선	165.88	37,831	후세인	115.53	13,990	채권	230.09	60,889
개혁	165.15	50,708	지지	115.48	22,329	인수	229.19	68,346
입장	161.51	49,612	연방	114.62	15,781	매출	227.09	61,255
공천	161.18	29,742	유럽	114.04	26,893	수출	226.72	74,197
북	160.94	41,321	인도	112.88	19,719	카드	226.02	80,358
국정	160.87	33,642	독일	110.9	25,869	수익률	225.08	53,016
논의	160.58	42,615	타임스	109.44	13,457	경영	221.32	81,262
정상	158.67	47,904	외교	109.16	22,277	보험	217.75	74,006
김대중	156.51	31,374	탈레반	108.94	13,013	종목	214.64	56,729
여야	156.35	28,451	EU	108.73	14,328	포인트	213.76	62,440
이회창	155.9	26,671	지도자	108.53	17,707	지분	213.75	53,368
관계	155.55	61,777	통신	108.23	28,203	매수	209.57	46,383
외교	153.82	36,866	아프가니스탄	108.18	13,067	영업	208.82	55,023
당내	145.6	22,810	신문	107.35	28,248	그룹	205.95	74,382
야당	144.49	28,255	경제	106.57	62,894	외국인	204.52	78,518
여당	144.29	26,666	무장	104.95	13,157	자동차	204.34	72,142
수석	144.27	28,868	군사	102.29	16,480	소비자	203.72	62,250
관계자	142.9	71,687	고이즈미	100.02	11,692	환율	201.33	46,135
출마	141.22	25,478	하원	99.85	11,023	생산	197.49	73,332
정당	140.61	27,733	푸틴	99.74	10,813	규모	197.36	91,274
당선자	140.6	25,006	자민당	99.53	10,568	조정	197.02	72,409
지도부	140.49	23,251	폭탄	98.95	11,264	운용	194.98	46,563
법안	134.11	26,429	세력	98.23	19,316	청약	194.93	40,902
실장	132.51	26,566	바그다드	97.26	9,905	전자	193.83	59,653
정권	131.96	36,125	홍콩	97.05	15,165	증가	193.09	63,042
국방	130.48	24,009	시위	96.77	16,760	기준	192.4	84,845
여론	130.4	30,582	베이징	96.22	15,527	매각	191.7	46,042
북측	129.5	19,563	방문	95.27	26,055	업계	190.88	48,936
박근혜	129.34	18,086	중동	95.27	12,617	거래소	190.44	38,791
방문	128.05	40,158	언론	94.98	29,249	해외	190.13	72,593
방안	126.02	42,787	석유	94.68	14,819	예금	188.96	40,593
김정일	124.66	19,870	카에다	94.54	9,271	텔레콤	187.66	40,663

정치			국제			경제		
단어	t-점수	빈도	단어	t-점수	빈도	단어	t-점수	빈도
여권	123.8	19,834	유럽연합	93.17	10,368	이익	186.67	53,231
측근	122.68	18,664	부통령	92.36	9,149	반도체	185.16	39,478
협의	122.2	26,495	당국	92.17	17,249	증권사	184.59	36,146
의견	121.42	37,019	주석	91.68	10,205	업종	183.38	38,670
검찰	121.19	52,677	연설	90.51	11,302	수익	183.3	42,845
지지	120.62	26,932	비난	89.88	15,297	가입	182.42	51,914
위원회	120.61	56,138	고어	89.66	8,555	브랜드	182.33	47,990
탈당	120.58	15,694	정상	89.58	24,568	공급	179.4	56,494
비판	120.56	34,295	안보	89.07	14,468	상장	179.18	35,525
가능성	120.55	54,151	아프간	88.95	8,855	경제	176.88	150,288
처리	120.23	36,791	사태	88.51	19,043	주주	173.93	36,519
대화	119.93	28,958	외신	88.46	9,075	사업	173.81	129,526
추진	119.11	54,320	평화	87.91	19,343	물량	173.41	35,875
안보	119.01	22,617	존	87.73	11,025	개발	173.39	123,972
요구	118.93	51,180	연합	86.97	13,826	경우	173.29	181,638
통일부	118.30	15,949	집권	86.19	10,761	회장	171.76	103,422
미사일	118.08	21,904	양국	86.00	12,448	구조	170.67	66,200
협상	117.90	35,419	국무부	85.88	9,163	금액	169.32	39,230
의혹	116.17	28,271	매케인	85.68	7,564	인터넷	168.86	96,329
선언	115.85	26,058	투표	85.53	15,369	값	167.69	45,238
정동영	114.67	14,011	병력	85.3	8,873	비중	167.26	40,762
제기	114.31	31,439	도쿄	85.18	11,850	기술	166.27	89,871
한반도	114.03	22,926	포스트	85.06	9,459	통신	165.95	61,869
통합	113.99	30,103	보고서	84.86	16,610	수준	164.52	79,512
후보자	113.91	16,557	라덴	84.57	7,464	보유	163.24	42,728
당국자	113.86	15,700	힐러리	84.46	7,759	합병	162.94	31,821

사회			문화			과학		
단어	t-점수	빈도	단어	t-점수	빈도	단어	t-점수	빈도
검찰	345.19	151,928	영화	363.94	170,112	연구	123.36	21,374
수사	293.17	113,395	책	338.46	148,612	인터넷	108.66	18,339
혐의	287.25	99,630	작품	301.71	114,791	기술	104.36	16,891
경찰	276.19	103,344	사람	261.97	236,795	과학	97.72	13,154
조사	242.07	144,239	아이	260.55	126,924	세포	96.08	10,095
구속	217.9	57,083	작가	259.93	80,447	교수	95.9	18,258
서울	216.89	171,589	사랑	245.91	88,696	환자	86.81	10,259
사건	208.11	88,253	이야기	236.2	80,992	개발	85.36	15,911
노조	185.49	57,719	음악	232.3	73,015	치료	83.22	9,178
기소	162.92	31,550	공연	223.03	76,472	서비스	82.55	11,490
영장	158.6	28,348	소설	215.27	53,757	사이트	79.56	8,604
학생	158.05	85,931	삶	206.43	62,966	우주	77.81	7,014
학교	157.02	82,227	드라마	200.47	49,461	정보	76.22	12,632
관계자	154.43	87,614	저자	188.82	39,389	박사	75.36	7,629
검사	153	42,812	인간	186.19	55,634	컴퓨터	75.03	7,785
확인	151.57	57,947	무대	184.31	50,542	이용	75.02	11,055
대학	150.61	88,872	그림	183.41	47,330	유전자	74.82	6,247
의혹	149.75	39,628	관객	183.1	38,981	기능	74.19	8,116
지검	147.6	24,172	노래	183.06	45,044	사용	69.23	10,419
부장	145.91	33,137	배우	176.44	36,677	게임	68.25	7,437
재판부	141.35	22,428	문학	174.33	39,471	물질	67.97	5,636
진술	139.84	22,405	자신	167.95	107,462	제품	66.83	8,523
사실	139.48	69,273	엄마	166.57	39,096	줄기	61.6	4,322
판사	139.03	24,462	세상	165.85	47,543	암	59.61	4,602
불법	138.4	37,487	눈	160.79	60,643	디지털	59.03	5,080
선고	138.39	24,443	마음	157.18	56,927	복제	58.6	3,930
병원	137.75	45,111	생각	156.97	118,306	수술	58.51	4,885
변호사	136.36	31,394	몸	156.69	49,042	로봇	57.57	3,910
소송	136.32	31,751	주인공	156.68	33,755	뇌	55.73	3,718
교사	134.36	44,225	친구	154.9	46,634	과학자	55.3	3,569
회장	133.53	75,925	시대	153.45	59,854	휴대	54.85	4,761
청구	131.83	23,773	곡	150.51	27,172	질환	54.26	3,784
파업	131.22	27,198	글	150.39	45,449	바이러스	53.97	3,491
법원	130.37	28,775	미술	147.52	30,390	전화	53.41	7,033

사회			문화			과학		
단어	t-점수	빈도	단어	t-점수	빈도	단어	t-점수	빈도
관련	130.36	106,892	역사	146.14	55,003	무선	53.36	3,466
교수	129.68	92,070	세기	145.5	37,571	위성	53.25	3,546
소환	128.46	19,652	남자	144.55	45,114	실험	53.25	4,240
형사	127.61	21,162	집	143.46	70,128	전자	52.15	5,200
판결	126.85	24,686	연주	143.43	27,147	파일	51.95	3,115
돈	124.18	63,520	뮤지컬	143.02	24,437	통신	51.52	5,912
서울대	124.04	32,590	시인	142.81	30,312	결과	50.39	9,593
집회	123.2	22,001	교수	141.84	106,066	발견	49.31	4,518
단체	122.65	67,559	예술	141.64	36,186	단백질	49.26	2,687
교육부	119.22	21,757	장면	141.59	30,539	증상	48.9	2,908
위반	118.1	24,871	맛	141.3	30,205	발사	47.37	3,006
교육	117.64	87,034	만화	140.94	25,864	배아	47.35	2,437
시험	117.29	35,684	음식	140.71	34,826	장치	47.19	3,489
처벌	116.86	21,011	가수	140.17	27,433	인간	47.15	4,712
수능	116.8	24,822	공부	139.64	41,734	제공	47.11	5,744
언디	113.46	29,774	극장	137.42	24,418	생명	47.09	4,095
중앙	112.64	35,657	연극	136.32	23,940	온라인	47.03	3,425
노총	111.46	16,261	밤	135.62	40,291	연구원	46.91	4,575
로비	109.32	16,946	여성	135.22	76,730	벤처	46.84	3,644
전형	108.28	23,832	문화	134.6	85,134	에너지	46.41	3,989
징역	106.97	13,824	여행	133.98	32,444	속도	45.96	3,457
환자	106.45	33,647	소리	132.33	37,935	소프트웨어	45.91	2,683
모집	106.1	27,394	출연	132.03	28,259	이동	45.56	3,844
사고	105.51	34,045	음반	131.11	20,572	화면	45.33	2,842
고교	105.42	26,006	스님	127.76	22,394	물	44.78	4,892
불구속	105.31	12,615	개봉	127.48	18,727	동물	44.54	3,019
범죄	104.65	20,503	사진	127.05	72,825	시스템	44.49	4,680
경찰청	104.41	14,917	연기	127.01	29,793	환경	44.47	6,455
간부	104.33	20,168	연출	126.48	21,716	카메라	44.11	2,967
재판	101.86	17,680	자연	125.72	39,279	저장	44.05	2,365
특검	100.42	14,791	길	125.39	54,609	메일	44.05	2,556
직원	99.86	41,956	앨범	124.9	17,523	웹	43.85	2,436
대검	99.84	11,686	표현	124.4	36,516	크기	43.49	2,769
대법원	99.71	15,002	아버지	123.79	34,647	효과	43.36	5,015

사회			문화			과학		
단어	t-점수	빈도	단어	t-점수	빈도	단어	t-점수	빈도
계좌	99.49	17,516	방송	123.78	58,887	기온	43.34	2,251
신고	98.99	24,280	소개	122.77	35,301	나노	43.32	2,096
비리	98.98	19,433	얼굴	122.43	32,609	데이터	43.2	2,268
자료	98.55	35,285	요리	122.15	21,572	검색	42.91	2,475
공무원	96.76	30,602	등장	122.01	33,120	발생	42.9	5,129
배상	96.66	13,817	느낌	121.5	25,907	논문	42.37	2,685
결과	96.62	72,665	물	119.54	42,994	팀	42.15	9,015
압수	96.61	11,146	인생	119.46	23,077	연구소	42.04	3,744
청탁	96.5	11,190	시간	117.81	92,104	지구	41.98	4,574
비자금	96.14	11,602	주제	116.23	32,227	기상청	41.17	1,952
위원회	96.06	59,524	여자	115.35	41,237	접속	41.03	2,232
법	95	47,453	제작	114.76	30,202	병원	40.94	4,611
복지부	94.19	12,936	꽃	114.54	23,867	방법	40.6	4,926
총장	93.98	25,996	기억	114.49	24,997	부위	40.54	2,065
내용	93.88	59,007	영화제	114.34	17,515	공학	40.31	2,307
신청	93.77	31,768	오페라	113.01	16,112	가능	40.23	5,518
금품	93.65	11,184	프로그램	112.81	50,791	피부	40.06	2,580
민주	93.54	15,358	감독	111.76	66,499	태양	39.97	1,944
학원	93.54	20,596	이름	111.6	48,924	이식	39.78	1,935
피해	93.28	29,408	존재	111.29	26,939	프로그램	39.77	5,230
법무부	93.01	13,906	아내	111.01	22,511	신경	39.63	2,593
경찰서	92.33	12,319	인기	110.74	37,463	업체	39.63	8,972
주장	92.27	69,892	치료	110.67	33,011	콘텐츠	39.53	2,166
행위	92.2	27,539	인물	109.42	28,440	건강	39.51	4,192
수색	91.72	10,660	전시	109.31	27,923	영상	39.44	2,591
적발	91.64	13,918	캐릭터	109.2	16,108	의대	39.24	2,008
입학	91.16	17,780	죽음	109.08	18,924	예방	38.98	2,581
보건	90.8	16,677	춤	108.58	16,185	혈관	38.79	1,738
학부모	90.24	18,040	머리	108.26	25,181	원인	38.58	3,161
지법	89.06	9,179	출간	108.11	14,728	단말기	38.56	2,021
범행	88.86	9,239	KBS	107.78	20,980	분야	38.49	4,995
전교조	88.53	12,025	철학	107.75	18,089	인공	38.25	1,887

2. 연도별 키워드

연도별 키워드는 다른 해에 비해 상대적인 빈도가 높아 t-점수가 높게 산출된 단어들이 포함된다. 이를테면 2000년도의 연도별 키워드는 분야에 관계없이 2001~2009년과의 빈도를 비교하여 t-점수를 산출하고 이 중 t-점수가 높은 상위 100개의 단어가 키워드가 된다. 따라서 사회적으로 중요한 단어일지라도 연도별로 빈도에 차이가 크지 않다면(즉 t-점수가 낮게 계산된다면) 해당 연도의 키워드에서 제외될 가능성이 있다.

2000년			2001년			2002년		
단어	t-점수	빈도	단어	t-점수	빈도	단어	t-점수	빈도
인터넷	158.29	66,925	테러	99.66	22,892	후보	229.41	110,113
벤처	143.63	28,544	총재	90.61	20,577	월드컵	193.02	52,563
남북	126.66	35,819	언론사	83.17	10,240	축구	115.22	32,872
코스닥	116.45	21,988	세무	73.72	9,325	민주당	93.86	40,295
회담	114.79	40,666	언론	72.07	30,532	선거	87.67	40,626
총재	108.93	24,433	자민련	71.35	10,252	히딩크	87.14	9,571
총선	107.3	23,302	탈레반	69.95	7,461	이회창	86.92	12,567
자민련	102.84	15,278	교과서	66.42	12,005	팀	81.54	58,836
정상	98.68	31,946	라덴	66.04	5,243	경기	79.26	55,565
주	95.97	48,231	아프가니스탄	63	6,872	경선	78.18	13,576
현대	93.79	24,323	인하	59.39	9,864	응원	71.53	7,886
주식	91.93	34,706	김대중	58.89	11,897	홍겨	71.43	5,226
기업	89.77	85,550	금리	58.79	21,610	경기장	68.46	11,416
주가	89.13	33,116	일본	57.44	71,868	골	67.5	18,584
구조	88.39	31,035	안기부	54.92	4,193	선수	67.23	40,520
고어	88.35	8,545	신문	52.78	22,745	정몽준	65.62	5,520
종목	87.4	19,242	재정	52.77	15,141	단일화	63.45	5,691

2000년			2001년			2002년		
단어	t-점수	빈도	단어	t-점수	빈도	단어	t-점수	빈도
조정	86.83	29,799	회사채	52.75	4,548	홍업	62.49	4,093
이산가족	85.56	9,099	반도체	52.44	9,760	고문	60.56	9,783
통신	83	28,383	답방	52.1	3,157	서리	58.53	4,255
금융	82.72	47,290	미국	51.9	117,512	의혹	58.5	17,547
김대중	82.54	15,542	월드컵	50.56	18,370	주가	57.57	27,624
사이트	80.71	20,910	부시	50.5	18,817	탈북자	57.14	7,016
컴퓨터	80.54	20,147	대우차	49.61	4,496	이용호	55.44	3,889
자금	79.37	36,526	미사일	49.11	10,314	카드	54.36	23,610
정보	78.98	48,639	왜곡	48.49	6,786	대선	53.94	20,238
분업	75.77	7,217	벤처	47.87	11,077	비리	53.73	10,726
공천	75.15	12,101	코스닥	47.81	10,743	아태재단	49.79	2,594
증권	73.53	21,522	자금	47.37	29,547	포르투갈	49.72	3,955
사이버	73.34	10,742	행정부	46.82	8,613	테러	49.42	15,329
의약	72.73	6,950	탄저균	46.54	2,291	교전	49.28	3,538
통일	71.6	16,261	이용호	45.98	3,029	이인제	48.99	3,806
상거래	71.56	6,517	조정	45.82	21,959	악마	48.66	3,580
합병	71.13	11,295	개혁	45.62	22,315	병역	48.26	5,791
시드니	71.08	6,860	아프간	44.94	4,059	게이트	47.25	3,882
민주당	70.59	34,584	사주	44.89	3,045	세네갈	45.83	2,503
선거	70.44	36,167	채권단	44.86	5,401	최규선	45.12	2,180
낙선	69.35	6,266	김중권	44.81	2,408	탈당	44.93	4,994
거래소	67.32	10,816	한국통신	44.67	3,256	폴란드	44.88	4,248
업체	66.96	55,833	빈	44.37	4,076	신의주	44.52	2,506
나스닥	66.89	5,839	부총재	43.22	3,321	응원단	44.45	2,877
상봉	65.28	6,008	고이즈미	42.79	4,967	하이닉스	44.42	4,281
현대건설	65.23	7,442	하이닉스	42.42	4,003	엔론	44.26	2,221
금고	64.95	6,168	주택은행	42.31	2,473	한나라당	44.16	37,151
대우차	64.18	6,017	분업	42.24	3,708	김대업	44.14	2,153
은행	64.13	34,471	출자	42.13	5,877	잉글랜드	43.82	4,262
공적	64.1	8,776	총무	41.99	5,204	북한	43.46	63,595

2000년			2001년			2002년		
단어	t-점수	빈도	단어	t-점수	빈도	단어	t-점수	빈도
한국통신	63.87	5,077	가뭄	41.99	2,918	스페인	42.9	7,046
의료계	63.16	4,691	조사	41.9	55,663	부시	42.8	18,539
클린턴	62.39	8,320	공습	41.12	2,569	김성환	42.75	2,017
매수	62.18	11,188	보복	41.07	3,401	공격	42.27	16,274
전자	62.07	19,552	쇄신	41.05	3,497	조사	42.07	58,659
부실	61.87	11,184	공적	40.93	6,179	감독	42.05	34,943
평양	60.98	9,973	권철현	40.78	2,118	김대중	41.95	10,278
위원장	60.3	30,870	한빛은행	40.34	2,588	회계	41.1	8,173
거래	58.86	23,953	파키스탄	40.33	4,555	공약	40.52	6,517
지수	58.68	19,310	컴퓨터	40.29	13,853	이수동	40.48	1,687
대우	58.36	7,217	구조	40.16	21,886	수해	40.41	2,882
채권	57.51	14,243	현대건설	39.93	4,811	특보	40.22	3,236
등록	56.93	15,931	위원	39.47	21,409	안정환	40.09	2,674
제휴	56.57	6,569	주시	39.13	24,225	힌회갑	39.9	2,538
시장	56.39	81,309	여권	38.99	6,843	서해	39.86	3,844
한빛은행	56.37	3,941	금강산	38.75	5,218	브라질	39.58	6,832
현대전자	56.29	3,831	원사	38.71	1,856	악	39.35	3,351
연대	55.86	15,893	여야	38.32	7,510	한국	39.34	126,777
폐업	55.08	3,798	보험	37.97	18,581	황선홍	39.29	1,908
민국당	54.94	3,361	주가	37.92	23,190	수비	38.98	5,787
시민	53.88	36,496	와히드	37.55	1,599	평가전	38.72	2,528
투신사	53.76	3,604	카불	37.48	1,756	청탁	38.72	4,010
명단	53.6	7,703	공정위	37.43	4,528	대회	38.62	41,645
소프트웨어	53.42	6,532	고시	37.38	4,650	신용	38.24	16,322
웹	53.39	6,119	의약	37.12	3,411	패스	38.15	3,948
퇴출	53.28	5,514	파월	36.48	2,697	검찰	38.11	33,536
지역감정	53.12	3,371	오사마	36.19	1,783	근무제	37.93	2,711
채권단	52.88	6,265	방어	36.06	4,298	무기	37.89	9,157
자구	52.8	3,489	하이닉스반도체	35.38	1,921	부산	37.81	24,874

2000년			2001년			2002년		
단어	t-점수	빈도	단어	t-점수	빈도	단어	t-점수	빈도
상한가	52.7	4,274	민주당	35.32	27,370	마이크론	37.81	1,967
증자	52.42	4,678	사이트	35.26	13,850	부패	37.79	5,463
도메인	52.26	3,187	채권	35.24	11,194	입장권	37.77	2,696
닷컴	51.93	4,624	주	35.07	34,262	홍명보	37.73	2,015
의사	51.2	20,321	진념	34.75	1,638	아르헨티나	37.64	3,845
투자자	51.19	14,098	장관	34.7	33,929	터키	37.49	4,309
명예	51.07	11,733	공조	34.35	4,185	총재	37.31	13,227
모리	50.54	3,425	나스닥	34.34	2,866	자민련	37.24	6,689
매각	50.42	11,879	야당	34.32	8,994	주식	37.1	25,115
워크아웃	50.01	3,940	이회창	34.2	6,013	사찰	36.74	4,157
유권자	50	7,462	공격	34.19	14,514	송종국	36.46	1,696
여야	49.74	8,864	발행	33.91	8,489	열기	36.44	4,198
폭락	49.51	4,811	게이트	33.89	2,788	김홍업	36.29	1,467
연합	48.98	10,582	탄압	33.87	3,063	진출	36.1	16,519
낙천	48.69	2,679	박찬호	33.87	3,548	타이거풀스	35.95	1,387
올림픽	48.63	16,756	정찰기	33.4	1,500	미국	35.95	118,597
북측	47.46	6,713	해태	33.4	1,953	이탈리아	35.6	7,982
약국	47.24	3,743	수출	33.38	16,785	출마	35.53	8,090
기관	46.59	32,356	김종필	33.26	2,252	무소속	35.33	3,988
재검표	46.54	2,434	아르헨티나	33.08	3,393	현대상선	35.17	2,733
금감원	46.25	5,605	이슬람	32.94	4,675	햇볕	34.74	3,322
김정일	46.05	7,576	신문사	32.84	2,969	거스	34.62	1,939
서비스	45.65	28,713	매각	32.74	9,628	여중생	34.2	1,728
발행	45.08	9,873	금고	32.62	3,200	이형택	34.13	2,089

2003년			2004년			2005년		
단어	t-점수	빈도	단어	t-점수	빈도	단어	t-점수	빈도
이라크	174.79	47,228	열린우리당	140.1	29,719	도청	96.65	11,971
파병	101.65	14,469	탄핵	130.08	19,147	줄기	75.85	8,766
대통령	101.51	110,579	수도	107.58	17,050	세포	74.83	11,245
노	95.77	31,715	이라크	107.05	28,863	독도	73.37	9,429
노무현	95.36	24,172	총선	88.72	19,607	열린우리당	66.53	14,659
특검	95.03	12,961	케리	82.42	7,112	일본	57.49	67,616
사스	93.72	9,248	고구려	76.01	8,207	교수	56.57	50,591
핵	92.01	31,402	파병	75.1	10,137	테이프	49.98	4,595
전쟁	90.66	30,434	보안법	73.01	7,470	인권	49.37	12,782
후세인	87.56	9,577	미군	71.59	19,811	국정원	49.11	6,432
미군	85.74	23,034	헌법	67.38	13,334	부동산	49.05	19,052
바그다드	76.32	7,102	아테네	64.48	5,648	황우석	49.03	3,016
송금	75.01	7,984	신행정	60.31	4,068	청계천	47.56	4,910
검찰	74.34	41,126	헌재	59.91	5,429	난자	46.88	2,974
개혁	74.11	28,558	국회	55.05	29,669	박주영	45.95	2,915
당선자	71.02	12,084	소추	48.88	2,860	교황	45.48	3,279
청와대	67.77	25,488	폐지	47.75	10,294	연정	45.46	2,843
수사	67.62	32,704	의원	47.01	59,965	감청	44.23	2,884
재신임	61.55	4,354	국보법	46.98	2,435	혁신	43.34	7,267
신당	61.15	9,679	세력	46.09	14,014	지진	42.99	3,775
인수위	59.26	5,388	불량자	46.06	3,577	대사	42.84	9,464
이라크전	56.96	4,164	의문사	44.89	2,764	과거사	42.46	3,259
카드	55.63	24,055	의장	44.57	13,912	광복	41.69	2,974
한총련	54.02	3,561	민주노동당	44.41	4,979	유전	41.52	3,704
화물	53.95	5,902	올림픽	44.06	15,889	행담도	40	1,658
자금	53.74	32,499	내수	43.83	5,878	배아	39.38	2,825
대북	53.57	14,206	주한	43.47	7,995	고이즈미	39.38	4,492
카드사	48.99	4,726	재판소	41.94	3,889	역사	39.23	20,261
사담	48.44	3,128	분양	41.9	16,822	교과서	38.53	8,252
조흥은행	48.06	3,841	팔루자	41.74	1,822	일	37.95	8,062
에스케이	47.72	6,455	탈북자	41.38	5,323	논술	37.86	7,682
반전	47.1	4,908	가결	41.37	2,547	박지성	37.16	3,440
미국	46.02	123,365	부시	40.86	17,593	라이스	36.03	2,676
회계	45.96	8,754	독감	40.83	3,252	판교	35.97	3,156

2003년			2004년			2005년		
단어	t-점수	빈도	단어	t-점수	빈도	단어	t-점수	빈도
투기	45.45	7,669	친일	39.69	2,874	동북아	35.85	4,617
노사	44.78	8,267	저항	38.85	5,373	적립식	35.84	2,140
북	44.28	17,195	국가	38.74	44,677	사학	35.61	3,313
비자금	44.02	4,779	그리스	38.08	3,795	회담	35.49	22,825
굿모닝시티	43.59	1,957	용천	37.59	1,535	참배	35.3	3,007
주류	42.43	5,484	과거사	37.18	2,973	핵	35.24	19,015
침공	42.42	3,255	버스	37.18	11,461	한류	34.97	2,565
보좌관	42.39	4,749	여당	36.95	8,275	투기	33.71	5,924
부안	41.87	2,510	부정행위	36.95	1,746	지휘권	33.59	1,371
최병렬	41.62	2,269	웰빙	36.43	2,219	김치	33.56	4,942
파업	41.38	10,350	외교부	36.24	4,504	서울대	33.56	12,282
실장	41.11	11,087	지역	35.8	78,933	윤리	32.94	4,469
이라크인	41.08	2,303	EBS	35.48	2,644	도시	32.89	25,014
측근	40.94	6,645	규명	35.46	4,881	한겨레	32.82	4,630
총무	40.76	5,311	시아파	35.35	2,082	해일	32.66	1,457
태풍	40.69	4,359	정당	35.33	9,463	연구	32.65	30,697
현대상선	40.13	3,098	테러	35.31	13,030	방폐장	32.54	1,232
로또	39.91	2,263	고속철	35.2	1,705	본프레레	32.42	1,233
미	39.62	33,219	투표	35.14	10,868	토지	32.18	7,769
사단	38.99	4,302	이헌재	35.12	1,825	허리케인	31.48	1,282
대구	38.92	18,557	중국	35.09	63,844	여당	31.46	7,273
재건축	38.89	7,727	민노당	34.81	2,459	독감	31.15	2,471
대통령직	38.66	2,671	진상	34.7	4,619	MBC	31.14	5,479
나라종금	38.42	1,665	조류	34.46	3,524	시마네	30.78	1,089
아파트	38.37	32,434	단체	34.34	34,972	절상	30.44	1,701
무기	38.32	9,290	특별법	34.03	3,614	삼성	30.43	16,076
인사	38.27	27,637	이공계	34.02	2,726	조류	30.34	3,079
전교조	38.17	5,304	위반	33.98	9,368	미림	30.14	926
분식	37.79	2,931	우라늄	33.84	2,677	야스쿠니	29.64	1,821
분양권	37.16	3,129	이라크인	33.45	1,779	헌법	29.43	8,260
폐기장	37.12	1,609	가구	33.28	21,689	위안화	29.3	1,817
평화적	36.24	3,084	충청권	33.16	2,686	본고사	28.89	1,327
장관	36.2	36,410	재판관	33.04	2,245	아펙	28.79	1,031
호흡기	36.09	2,311	행정	32.87	17,089	수첩	28.7	2,234

2003년			2004년			2005년		
단어	t-점수	빈도	단어	t-점수	빈도	단어	t-점수	빈도
급성	36.05	2,120	불법	32.69	13,934	수사권	28.57	1,252
거부권	35.91	1,942	노무현	32.64	13,723	특별법	28.51	3,067
해결	35.64	20,229	고속	32.54	4,106	논문	28.27	5,624
분권	35.64	2,147	만두	32.46	1,690	에인트호벤	28.18	921
재처리	35.6	1,864	선거법	32.3	3,823	휴대	27.87	9,829
대구지하철	35.22	1,611	LG	31.69	18,207	공공	27.45	8,094
전동차	35.16	2,099	결정	31.66	31,979	일제	27.4	4,835
복권	35.03	3,464	폭발	31.66	3,846	맥아더	27.3	1,035
정대철	34.88	1,771	위헌	31.64	3,425	기생충	27.1	996
운송	34.83	3,650	노	31.61	19,481	다케시마	26.99	933
국정원	34.66	5,609	수능	31.5	9,237	땅	26.91	11,188
이승엽	34.61	4,631	정치	31.48	27,860	이사국	26.86	1,424
연합군	34.58	1,927	주둔	31.39	3,048	드라마	26.81	9,261
재건	34.53	2,746	김선일	31.31	1,011	재건축	26.73	5,923
유엔	34.53	9,942	무장	31.09	4,631	경수로	26.7	1,608
송두율	34.4	1,370	원가	30.97	3,812	반일	26.66	964
청계천	34.32	4,145	학대	30.59	2,001	개발	26.62	42,723
북한	34.31	62,128	부대	30.48	6,892	뉴올리언스	26.57	924
유니버시아드	34.01	1,621	선관위	30.45	4,154	내용	26.49	30,628
참사	33.88	3,156	선거	30.25	28,245	행정	26.45	15,138
국정	33.81	10,290	부총리	30.23	5,300	중국	26.43	57,218
공격	33.73	15,328	바그다드	29.81	2,653	강정구	26.34	787
신주류	33.49	1,143	개정안	29.42	6,927	중국산	26.22	2,141
연체율	33.46	1,790	형법	29.4	1,319	안기부	26.01	1,967
입장	33.41	21,755	칠레	29.33	2,563	추위	25.92	1,884
살상	33.39	2,894	한국군	29.1	2,105	체세포	25.76	1,092
복구	33.27	3,833	재산세	29.06	2,550	복제	25.75	3,562
외국인	33.11	23,011	비례	28.78	3,049	힐	25.72	1,866
코엘류	33.06	1,250	지역구	28.67	3,235	소나무	25.7	2,368
지구당	32.9	2,876	엘지	28.61	4,921	두산그룹	25.49	1,009
김병현	32.9	2,537	후보지	28.47	2,166	시효	25.25	1,397
반미	32.84	3,167	한미은행	28.41	1,540	미즈메디	25.06	722

2006년			2007년			2008년		
단어	t-점수	빈도	단어	t-점수	빈도	단어	t-점수	빈도
열린우리당	90.72	18,392	후보	201.78	97,854	이명박	133.49	26,484
핵	80.95	26,241	대선	126.84	34,187	쇠고기	128.87	20,134
실험	77.52	14,097	이명박	104.64	20,393	오바마	122.53	19,608
논술	68.42	11,149	경선	93.99	15,992	올림픽	108.79	27,375
제재	68.05	8,885	신당	92.38	13,972	촛불	98.65	12,280
론스타	65.21	5,109	범여권	80.04	6,507	당선	96.98	17,349
북한	65.08	60,972	대통합	79.92	6,880	위기	86.4	33,077
미사일	64.79	11,687	탈레반	72.62	7,884	광우병	85.21	9,013
외환은행	60.83	6,169	논술	71.61	12,362	공천	82.25	13,207
발사	55.88	7,500	인질	64.97	5,397	금융	82.08	47,517
독일	54.93	18,272	캠프	64.9	9,901	베이징	78.97	14,848
토고	54.15	3,034	정동영	64.87	6,509	영어	78.43	25,407
총리	53.44	22,553	박	64.41	34,290	미국산	76.28	7,186
월드컵	52.07	17,379	펀드	64.12	26,771	에너지	75.08	17,720
현대차	51.69	8,194	박근혜	63.86	7,366	매케인	74.25	6,145
한국	51.34	114,235	주자	60.33	7,399	정부	73.95	112,951
환수	51.3	3,843	탈당	59.2	6,346	인수위	71.46	6,706
양극화	51.27	4,090	지지율	55.55	6,369	물가	67.69	10,576
상품권	49.59	4,652	검증	52.42	8,696	친박	64.19	4,708
아베	48.9	3,530	아베	52.29	3,965	재정부	63.22	4,983
판교	45.97	3,910	브리핑	51.64	5,398	대표	62.26	65,150
사학	45.14	4,030	손학규	51.34	3,614	수입	61.03	20,600
유엔	44.16	9,821	와인	51.3	7,860	집회	60.81	10,179
이란	43.66	7,140	김	50.42	65,011	독도	60.74	8,262
통제권	43.55	2,301	통합	50.09	18,011	운하	60.06	4,692
집값	43.34	5,377	발언	49.68	3,087	환율	58.84	11,820
인도	42.68	10,100	말	49.65	226,784	펀드	57.67	25,660
스위스	42.44	5,030	개헌	48.88	4,498	힐러리	56.54	4,685
부동산	41.87	17,713	민주	47.91	7,815	글로벌	55.8	12,007
지방	41.48	24,408	내신	47.81	5,382	시위	55.74	12,934
안보리	40.99	3,253	로스쿨	47.5	3,803	식품	53.03	11,485
작통권	40.96	1,701	기자실	46.95	2,931	규제	52.74	15,628
논문	40.8	6,652	지사	46.18	10,555	재협상	51.7	3,437
여당	40.2	8,014	동영상	46.07	5,953	선진	50.09	5,511

2006년			2007년			2008년		
단어	t-점수	빈도	단어	t-점수	빈도	단어	t-점수	빈도
이승엽	39.4	4,572	서브	45.02	3,476	숭례문	49.93	2,832
레바논	39.15	2,559	대학	44.53	46,203	완화	48.71	9,420
아이	39.15	34,351	사르코지	44.46	2,732	해양부	48.58	3,483
선거	38.01	27,058	엄마	43.82	11,609	시위대	48.1	4,419
리지	37.78	1,649	협상	43.17	20,584	공기업	47.69	6,055
중국	37.43	58,686	사람	43.07	96,020	직불금	47.55	2,357
책	37.13	27,653	석방	43.05	3,926	가격	47.44	34,266
워드	37.02	2,777	단일화	42.67	3,713	프라임	47.31	3,433
안보	36.67	8,711	취재	41.9	6,911	금메달	46.91	6,641
부총리	36.64	5,460	프라임	41.76	2,996	고유가	46.56	3,601
아드보카트	36	1,424	등급	41.01	10,551	원자재	46.54	4,255
한	35.85	15,919	아프간	40.67	3,784	디자인	46.09	13,446
의장	35.51	11,796	협정	40.62	9,389	서브	45.58	3,522
도하	34.21	1,823	신정	40.4	2,037	버락	45.47	3,098
급식	33.59	3,189	평창	40.04	2,963	기름	44.95	5,408
사행성	33.38	1,264	선거인단	39.96	2,652	낙선자	44.82	8,706
헤즈볼라	32.98	1,361	회담	39.76	25,792	국토	44.78	6,220
오락실	32.69	1,582	홍보처	39.75	2,185	침체	44.42	9,038
요미우리	32.62	2,246	김경준	39.28	1,588	티베트	44.26	3,403
한미	32.26	3,884	열린우리당	39.23	12,073	비준	44.08	3,746
작전권	32.1	1,144	납치	38.77	5,162	유가	43.74	7,433
글	31.56	13,886	외고	38.36	3,493	대운하	43.68	2,188
장관	31.55	30,753	책	38.28	31,196	청와대	42.4	20,846
프랑스	31.41	16,203	상한제	38.23	2,254	전형	41.86	10,999
콜랭	31.12	982	논제	37.37	2,085	경제	41.67	63,084
대포동	31.1	1,318	공약	37.19	6,141	대통령직	41.36	2,834
박지성	30.94	2,964	중국	37.11	66,076	달러	40.84	8,022
아드보카트	30.46	1,015	팀장	36.7	9,449	세계	40.52	62,498
김근태	30.43	2,153	친노	36.58	2,101	종부세	40.48	2,463
전시	30.41	9,891	힐	36.52	2,642	민영화	40.09	4,321
분양가	30.25	5,027	문국현	36.47	1,547	수첩	39.76	3,110
정책	30.2	39,153	글로벌	36.46	9,745	미국발	39.4	1,862
출총제	30.2	1,057	대표	36.41	58,766	비례	39.09	3,842
야스쿠니	29.83	1,815	부친상	36.3	1,643	코스피	38.84	3,211

2006년			2007년			2008년		
단어	t-점수	빈도	단어	t-점수	빈도	단어	t-점수	빈도
참배	29.82	2,610	청장	35.85	6,203	구제	38.7	3,992
내정자	29.71	2,308	위안부	35.84	2,526	친환경	38.67	4,496
응원	29.24	3,456	학력	35.29	5,131	태양광	38.47	2,462
전작권	29.19	992	세계	35.28	61,197	박	38.45	29,533
이종석	29.12	1,102	총장	35.16	13,337	원내	38.38	6,785
위폐	29.09	1,081	온난화	35.03	2,580	강만수	38.14	1,568
대법원장	29.03	1,879	디자인	34.81	12,076	곡물	38.13	2,259
미	29	27,110	의혹	34.56	14,106	값	38.04	13,012
축구	29	15,484	피랍자	34.31	1,293	그루지야	37.84	1,859
연합뉴스	28.82	1,812	여수	34.28	3,406	특검	37.82	5,765
황우석	28.79	1,610	경선	34.21	1,640	공부	37.81	15,767
지단	28.72	1,375	유치	34.13	12,871	복당	37.61	1,581
노	28.49	17,424	아이	34.09	37,575	소	37.47	6,057
코드	28.39	3,174	사진	34.05	34,189	자전거	37.29	7,469
펀드	28.32	18,746	노	33.91	20,305	페일린	37.16	1,417
청약	28.31	6,326	네거티브	33.7	1,486	교육감	37.08	3,915
재판관	28.28	1,866	해외	33.31	21,853	와인	36.98	6,445
괴물	28.2	1,718	교육부	33.16	7,512	태환	36.97	2,219
개성	28.07	3,707	도곡동	33.1	1,719	공화당	36.59	5,097
대북	28.05	9,746	가점제	33.07	1,213	상원	36.58	5,232
사회	28	42,262	코스피	33.02	2,804	소통	36.38	4,109
사람	27.83	80,896	타결	32.94	3,635	대한민국	36.23	7,270
저출산	27.77	1,355	실장	32.61	9,914	농림	35.9	2,158
후보자	27.66	4,635	콘	32.26	1,983	기술부	35.9	2,957
경품용	27.56	769	피랍	32.04	1,494	건국	35.57	2,789
좌파	27.51	3,101	텐트	31.76	2,406	로스쿨	35.5	2,886
결의안	27.47	2,887	변호사	31.69	10,869	성장	35.48	19,191
작전	27.47	5,771	소설	31.51	10,502	한우	35.07	3,005
이야기	27.41	17,139	동국대	31.46	2,708	흑인	34.72	3,715
베어벡	27.34	987	이해찬	31.46	2,347	사진	34.54	34,303
제분	27.27	866	학위	31.44	5,065	태안	34.47	2,083
루니	27.1	1,082	혁신	31.35	6,667	진보	34.35	5,758

2009년			2010년			2011년		
단어	t-점수	빈도	단어	t-점수	빈도	단어	t-점수	빈도
오바마	125.27	20,307	천안	129.45	21,167	원전	93.36	13,908
위기	104.24	37,674	월드컵	103.21	17,704	등록금	87.55	11,864
신종	92.89	9,644	후보	100.44	46,242	대지진	74.42	6,181
세종	91.22	11,058	침몰	82.34	7,934	저축은행	73.59	6,703
자전거	90.08	14,384	선거	74.79	30,694	물가	68.58	10,533
플루	88.53	7,910	당선자	68.11	6,669	복지	68.20	16,923
글로벌	85.54	16,577	어뢰	65.17	4,682	구제역	67.31	8,146
녹색	83.52	9,640	강	64.26	17,430	총선	58.90	8,945
이명박	77.53	15,970	지방선거	61.30	5,793	지진	55.39	6,775
전형	74	15,533	전쟁	57.35	1,059	방사능	55.34	3,393
일자리	71.59	11,972	수정안	57.03	4,864	방사성	55.22	3,454
발사	70.06	9,870	훈련	53.81	16,097	대선	54.41	10,343
학생	65.31	48,464	교육감	53.45	10,774	반값	53.64	3,407
쌍용차	63.52	5,060	정상회의	51.70	5,104	야권	53.34	6,132
노조	62.57	23,486	금메달	49.79	6,208	시위	52.21	11,929
비락	62.31	4,655	리콜	48.71	3,266	스마트폰	50.05	12,599
친환경	61.9	6,805	군	48.19	29,253	저축	49.36	6,386
에너지	61.64	16,001	실종자	47.33	2,779	해적	48.60	4,141
공부	61.46	19,561	도발	47.16	6,841	피해	47.68	15,734
금융	60.77	43,843	스마트폰	46.91	13,065	투표	47.63	10,586
인플루엔자	58.64	4,142	포격	45.87	4,097	대표	45.31	64,932
지원	58.22	55,070	대강	44.50	3,863	변호사	45.03	11,276
성장	57.95	23,135	축구	43.98	11,884	신공항	43.96	2,690
디자인	57.24	15,247	사찰	43.26	4,450	주민투표	43.95	2,249
사업	57.24	58,458	지방	42.21	20,258	호기	43.12	2,831
교과	57.05	7,407	절상	40.32	2,815	원장	42.54	11,177
미디어	56.96	10,591	인양	39.94	1,857	앱	40.79	4,123
하토야마	56.81	3,344	서해	39.89	4,368	트위터	39.94	6,930
재정부	56.59	4,344	해군	39.67	7,612	쓰나미	39.61	2,517
다문화	55.4	3,587	구청장	38.51	3,319	시위대	39.21	4,710
성적	54.98	17,483	골	38.03	10,884	물질	39.18	7,098
입학	54.94	10,738	단체장	37.93	3,568	비준	38.74	3,659
기후	54.62	5,559	함미	37.85	1,452	가수	38.05	7,573
비정규직	54.24	7,478	기뢰	37.03	1,402	고엽제	37.80	1,581

2009년			2010년			2011년		
단어	t-점수	빈도	단어	t-점수	빈도	단어	t-점수	빈도
박	54.04	33,158	대	36.75	18,044	선장	37.78	2,825
로켓	53.7	4,161	잠수함	36.70	2,734	매몰지	37.68	1,420
서거	53.64	3,186	사격	36.50	3,142	동반성장	37.48	1,665
사정	52.41	11,316	연대	35.68	7,783	무상	37.42	6,645
외고	52.16	4,706	위안화	35.67	4,046	강등	37.13	1,919
국토	51.26	6,977	군수	35.48	3,844	주유소	37.09	3,796
해양부	49.76	3,614	대표팀	35.20	4,637	해킹	36.80	2,788
탄소	49.62	3,575	회의	34.36	22,451	스마트	36.77	4,668
김연아	48.12	3,048	도지사	33.87	3,451	영업정지	36.71	1,510
관제	47.54	2,861	아이폰	33.80	3,764	인하	36.69	5,798
막걸리	47.27	2,998	해안포	33.06	1,457	무상급식	36.30	3,948
회복	46.9	15,670	안보	32.89	6,741	매몰	35.79	2,460
온실	46.79	3,967	중공군	32.89	1,752	태블릿	35.61	2,683
올해	45.79	53,911	장병	32.88	3,244	침출수	35.29	1,381
추기경	45.77	3,544	공직윤리지원관실	32.71	1,174	과학벨트	35.07	1,398
도시	45.55	30,530	합조단	32.67	1,183	사망	35.06	9,307
사교육	45.12	3,793	배추	32.58	2,876	원자로	35.03	2,431
브랜드	44.8	13,643	아바타	32.45	1,608	원자력	34.67	3,840
용산	44.59	4,877	총리	32.37	22,991	산사태	34.33	1,521
인턴	44.5	3,271	공천	32.28	5,129	종편	34.10	3,031
학습	44.35	11,644	선체	32.01	1,404	페이스북	33.98	2,176
백신	43.84	3,808	잠수정	31.72	1,266	반군	33.95	2,040
광장	43.79	8,284	민간인	31.71	3,820	정치권	33.68	6,791
진행	43.51	27,222	대표자회	31.08	1,091	수수료	33.46	5,251
철거민	43.43	2,160	방중	30.81	2,118	멘토	33.34	2,444
보금자리	43.15	2,454	메달	30.72	2,224	정유사	33.30	1,609
영어	43	20,090	광부	30.52	1,352	검출	33.12	2,548
불황	42.87	4,975	애플리케이션	30.07	2,323	반정부	33.03	2,148
소통	42.77	4,703	전작권	30.00	1,552	디베이트	32.97	1,134
선발	42.77	15,537	폭발	29.73	5,045	대기업	32.91	12,756
의료	42.75	12,633	국군	29.64	2,370	가축	32.54	2,370
세계	42.57	64,804	무소속	29.42	3,555	동일본	32.48	1,055
수학	42.41	9,256	막걸리	29.29	4,455	고졸	32.43	1,552
후보자	42.23	6,481	스님	29.19	6,975	소송	32.39	8,863

2009년			2010년			2011년		
단어	t-점수	빈도	단어	t-점수	빈도	단어	t-점수	빈도
원안	42.21	2,358	특채	29.15	1,250	포퓰리즘	32.35	2,392
면접	42.18	7,465	포탄	29.10	1,500	주민	32.32	27,786
안전부	41.7	2,151	코픽스	28.70	1,123	대주주	31.80	2,705
석면	41	2,130	제재	28.66	6,785	관계자	31.52	39,658
태양광	40.91	2,659	공격	28.55	15,489	복구	31.33	2,609
수업	40.67	11,831	지사	28.50	8,209	방사선	31.19	2,180
침체	40.61	8,828	선수	28.48	34,127	한류	31.07	2,827
전임자	40.6	2,269	선거구	28.35	1,970	민주화	30.90	4,994
센터	39.96	25,434	트위터	28.33	6,595	보궐선거	30.78	1,654
기술부	39.91	3,291	담화	28.20	1,537	예금자	30.75	1,199
학원	39.85	10,659	민선	28.01	1,442	사고	30.75	16,180
고용	39.82	10,556	공약	27.71	5,771	세금	30.35	9,446
효과	39.7	21,566	함수	27.63	1,135	재정	30.35	11,527
프로젝트	39.56	7,748	수색	27.61	2,951	인출	30.31	1,727
노총	39.32	5,758	중사	27.39	1,097	혁명	30.21	5,227
취업	39.13	9,288	정목회	27.22	1,077	국채	30.11	3,789
접종	39.1	2,825	준위	27.18	1,082	클라우드	30.06	1,442
강	38.99	13,483	절단면	27.05	760	오염	30.01	4,361
인재	38.86	6,757	정상	26.89	15,152	정당	29.99	7,478
과학	38.72	22,412	국새	26.76	1,197	재정위기	29.84	1,924
해고	38.7	4,428	소행	26.48	1,565	비대위	29.73	1,208
개성	38.62	4,969	적	26.46	3,682	전력	29.72	7,707
창출	38.53	5,972	서술형	26.41	1,367	급식	29.63	5,547
학교	38.51	40,541	급식	26.39	5,712	부채	29.58	5,536
정규직	38.45	3,329	기초단체장	26.12	860	부실	29.34	6,028
대법관	38.34	3,561	함대	25.99	1,482	승부조작	29.17	903
가스	38.24	7,133	대포폰	25.95	850	특허	29.11	4,203
다양	38.15	25,843	지원관실	25.83	690	보궐	29.04	1,444
법안	37.82	10,352	예비후보	25.74	1,082	목사	28.89	4,435
태광	37.53	1,752	진보	25.67	7,941	월세	28.85	2,310
체험	37.5	12,244	모바일	25.58	4,972	신용등급	28.84	2,079
나로호	37.43	1,401	사건	25.50	30,829	가격	28.57	28,957

적절히 선정된 키워드는 문서의 내용을 쉽게 파악할 수 있게 해줄 뿐 아니라 문서의 검색, 분류 등에도 폭넓게 사용되기 때문이다. 더욱이 최근 블로그 등의 웹문서와 같이 문서의 유형이 다양해지고 규모도 폭발적으로 늘어남에 따라 문서의 내용을 명시적으로 대표할 수 있는 키워드의 중요성이 더욱 부각된다.[8] 1년간 생산된 대규모의 뉴스기사로부터 변화의 추이를 분석해 내기 위해서는 키워드의 선정이 무엇보다 중요한 것임에는 두말할 여지가 없다. 이 장에서는 12년간의 신문 기사 전체로부터 키워드를 선정하는 것인 만큼 키워드의 추출 방법과 선정이 더욱 중요한 문제로 대두되었다.

---

[8] LG경제연구원은 미디어다음과 공동으로 '한국인의 관심사와 라이프스타일'을 16개의 키워드를 통해 살펴보고 있다. 여기서는 2009년부터 2010년 7월까지 1년간의 뉴스 기사 약 500만 개를 대상으로 문화·생활-경제·스포츠엔터테인먼트 3개 분야의 키워드를 선정하고 분석 결과를 발표하였다(http://media.daum.net/trendreport/2010/). 1년간 생산된 대규모의 뉴스기사로부터 변화의 추이를 분석해 내기 위해서는 키워드의 선정이 무엇보다 중요한 것임에는 두말할 여지가 없다. 이 장에서는 12년간의 신문 기사 전체로부터 키워드를 선정하는 것인 만큼 키워드의 추출 방법과 선정이 중요한 문제라 할 수 있다.

태그별 형태소 사용 빈도

|부록|

태그별 형태소 사용 빈도

1. 어휘범주 형태소 사용 빈도

1) 일반명사

태그: NNG
타입: 1,048,575
토큰: 289,246,036

(1) 고빈도 순서

순위	형태	빈도	백분율	누 적 백분율
1	말	2,476,353	0.86	0.86
2	때	1,299,634	0.45	1.31
3	사람	1,011,560	0.35	1.66
4	정부	986,453	0.34	2.00
5	전	979,671	0.34	2.33
6	대통령	880,176	0.30	2.64
7	문제	858,931	0.30	2.94
8	뒤	807,353	0.28	3.22
9	경우	800,106	0.28	3.49
10	일	719,999	0.25	3.74
11	지난해	714,554	0.25	3.99
12	이상	673,822	0.23	4.22
13	이번	644,433	0.22	4.44
14	최근	638,510	0.22	4.66
15	생각	581,350	0.20	4.87
16	기업	563,922	0.19	5.06
17	시작	557,132	0.19	5.25
18	의원	549,823	0.19	5.44
19	세계	548,038	0.19	5.63
20	정도	545,826	0.19	5.82
21	관련	540,660	0.19	6.01
22	올해	537,655	0.19	6.19
23	이후	532,385	0.18	6.38
24	이날	527,377	0.18	6.56
25	곳	522,267	0.18	6.74
26	교수	518,193	0.18	6.92
27	시간	509,869	0.18	7.10
28	지역	508,392	0.18	7.27
29	시장	490,414	0.17	7.44
30	계획	479,122	0.17	7.61
31	자신	478,811	0.17	7.77
32	국내	472,391	0.16	7.94
33	대표	463,984	0.16	8.10
34	필요	463,027	0.16	8.26
35	앞	457,403	0.16	8.41
36	후보	445,366	0.15	8.57
37	주상	426,337	0.15	8.72
38	관계자	420,040	0.15	8.86
39	지원	419,310	0.14	9.01
40	학생	417,205	0.14	9.15
41	결과	413,122	0.14	9.29
42	조사	400,892	0.14	9.43
43	가운데	396,084	0.14	9.57
44	예정	389,798	0.13	9.70
45	사진	381,763	0.13	9.84
46	회장	381,123	0.13	9.97
47	경기	372,412	0.13	10.10
48	대학	368,059	0.13	10.22
49	상황	364,447	0.13	10.35
50	아이	361,922	0.13	10.47
51	발표	359,517	0.12	10.60
52	후	357,830	0.12	10.72
53	처음	356,293	0.12	10.85
54	국민	351,660	0.12	10.97
55	사업	349,626	0.12	11.09

순위	형태	빈도	백분율	누적 백분율	순위	형태	빈도	백분율	누적 백분율
56	대상	349,273	0.12	11.21	90	이용	290,303	0.10	14.92
57	동안	349,084	0.12	11.33	91	점	290,196	0.10	15.02
58	회사	349,007	0.12	11.45	92	여성	289,239	0.10	15.12
59	개발	345,609	0.12	11.57	93	선수	287,844	0.10	15.21
60	투자	337,034	0.12	11.69	94	고	284,981	0.10	15.31
61	가능성	336,915	0.12	11.80	95	안	284,188	0.10	15.41
62	내용	335,302	0.12	11.92	96	국가	283,571	0.10	15.51
63	돈	330,226	0.11	12.03	97	교육	279,885	0.10	15.61
64	당시	328,722	0.11	12.15	98	영화	277,221	0.10	15.70
65	경제	327,593	0.11	12.26	99	수준	273,716	0.09	15.80
66	오후	326,498	0.11	12.37	100	포함	272,814	0.09	15.89
67	일부	324,656	0.11	12.48	101	사건	272,196	0.09	15.99
68	학교	321,461	0.11	12.60	102	규모	271,670	0.09	16.08
69	기록	321,379	0.11	12.71	103	운영	270,700	0.09	16.17
70	추진	317,295	0.11	12.82	104	시	268,923	0.09	16.27
71	사용	315,491	0.11	12.93	105	집	267,054	0.09	16.36
72	사실	314,376	0.11	13.03	106	자리	264,764	0.09	16.45
73	지금	312,747	0.11	13.14	107	참여	261,265	0.09	16.54
74	결정	312,131	0.11	13.25	108	중요	259,809	0.09	16.63
75	설명	310,790	0.11	13.36	109	업체	255,278	0.09	16.72
76	이유	310,430	0.11	13.47	110	진행	254,186	0.09	16.81
77	내년	309,939	0.11	13.57	111	사장	252,848	0.09	16.89
78	과정	309,416	0.11	13.68	112	정책	252,503	0.09	16.98
79	속	307,042	0.11	13.79	113	다양	251,986	0.09	17.07
80	인터넷	306,817	0.11	13.89	114	아파트	250,675	0.09	17.15
81	사회	303,375	0.10	14.00	115	분석	250,004	0.09	17.24
82	요구	300,976	0.10	14.10	116	행사	249,609	0.09	17.33
83	감독	298,193	0.10	14.20	117	최고	248,414	0.09	17.41
84	지적	297,839	0.10	14.31	118	전체	248,246	0.09	17.50
85	평가	296,671	0.10	14.41	119	장관	247,295	0.09	17.58
86	검찰	296,296	0.10	14.51	120	가능	245,466	0.08	17.67
87	전망	292,912	0.10	14.61	121	가격	245,006	0.08	17.75
88	마련	292,107	0.10	14.71	122	모습	243,850	0.08	17.84
89	책	291,057	0.10	14.81	123	주민	237,205	0.08	17.92

순위	형태	빈도	백분율	누 적 백분율	순위	형태	빈도	백분율	누 적 백분율
124	예상	235,617	0.08	18.00	158	발생	203,247	0.07	20.57
125	나라	234,522	0.08	18.08	159	작품	202,822	0.07	20.64
126	확인	234,045	0.08	18.16	160	차례	202,726	0.07	20.71
127	지난달	231,075	0.08	18.24	161	출신	201,228	0.07	20.78
128	팀	229,154	0.08	18.32	162	반대	200,695	0.07	20.84
129	올	228,127	0.08	18.40	163	대부분	200,101	0.07	20.91
130	활동	226,320	0.08	18.48	164	방안	199,981	0.07	20.98
131	프로그램	225,461	0.08	18.56	165	외국인	199,969	0.07	21.05
132	뜻	225,117	0.08	18.64	166	준비	199,863	0.07	21.12
133	전국	225,002	0.08	18.71	167	사랑	199,428	0.07	21.19
134	사이	224,932	0.08	18.79	168	인사	198,780	0.07	21.26
135	경찰	223,627	0.08	18.87	169	가구	198,523	0.07	21.33
136	배	223,583	0.08	18.95	170	우려	198,081	0.07	21.40
137	관심	223,153	0.08	19.02	171	분야	198,077	0.07	21.46
138	제공	222,964	0.08	19.10	172	애기	196,660	0.07	21.53
139	대회	221,417	0.08	19.18	173	주	196,037	0.07	21.60
140	이름	220,919	0.08	19.25	174	수사	195,518	0.07	21.67
141	보도	220,608	0.08	19.33	175	실시	195,134	0.07	21.74
142	기준	220,197	0.08	19.41	176	이야기	195,115	0.07	21.80
143	눈	219,525	0.08	19.48	177	입장	193,428	0.07	21.87
144	전문가	218,531	0.08	19.56	178	총리	193,183	0.07	21.94
145	서비스	216,563	0.07	19.63	179	기술	192,129	0.07	22.00
146	오전	215,374	0.07	19.71	180	문화	191,796	0.07	22.07
147	상태	213,047	0.07	19.78	181	연구	191,500	0.07	22.14
148	다음	211,807	0.07	19.85	182	확대	191,284	0.07	22.20
149	직원	210,525	0.07	19.93	183	하루	191,169	0.07	22.27
150	제품	209,686	0.07	20.00	184	주요	190,197	0.07	22.33
151	길	209,497	0.07	20.07	185	중심	190,027	0.07	22.40
152	강조	207,860	0.07	20.14	186	의미	187,263	0.06	22.46
153	기대	205,476	0.07	20.21	187	판매	186,676	0.06	22.53
154	가족	204,023	0.07	20.28	188	혐의	185,877	0.06	22.59
155	마음	203,497	0.07	20.35	189	구성	185,600	0.06	22.66
156	정보	203,422	0.07	20.43	190	최대	185,167	0.06	22.72
157	은행	203,334	0.07	20.50	191	방법	184,855	0.06	22.78

순위	형태	빈도	백분율	누 적 백분율	순위	형태	빈도	백분율	누 적 백분율
192	방문	184,487	0.06	22.85	226	의견	168,757	0.06	24.91
193	방식	184,326	0.06	22.91	227	역사	168,353	0.06	24.97
194	기간	184,277	0.06	22.98	228	시대	168,077	0.06	25.03
195	관계	183,844	0.06	23.04	229	차지	167,745	0.06	25.09
196	반면	183,765	0.06	23.10	230	기존	167,370	0.06	25.14
197	힘	183,763	0.06	23.17	231	이전	167,175	0.06	25.20
198	성공	183,072	0.06	23.23	232	활용	166,791	0.06	25.26
199	시민	183,027	0.06	23.29	233	위원장	166,640	0.06	25.32
200	그동안	182,377	0.06	23.36	234	상대	164,895	0.06	25.37
201	방침	182,077	0.06	23.42	235	각종	164,405	0.06	25.43
202	설치	181,631	0.06	23.48	236	손	164,182	0.06	25.49
203	변화	181,559	0.06	23.54	237	공연	163,447	0.06	25.54
204	대신	175,573	0.06	23.61	238	비판	163,332	0.06	25.60
205	층	175,404	0.06	23.67	239	교사	163,258	0.06	25.66
206	평균	175,071	0.06	23.73	240	고객	163,017	0.06	25.71
207	강화	174,808	0.06	23.79	241	건설	162,898	0.06	25.77
208	부담	174,312	0.06	23.85	242	영향	162,823	0.06	25.83
209	도입	173,844	0.06	23.91	243	정치	162,595	0.06	25.88
210	선정	173,076	0.06	23.97	244	추가	161,576	0.06	25.94
211	해결	173,026	0.06	24.03	245	위기	161,275	0.06	25.99
212	유지	172,899	0.06	24.09	246	주가	159,668	0.06	26.05
213	주변	172,833	0.06	24.15	247	확보	158,870	0.05	26.10
214	선거	172,727	0.06	24.21	248	상품	158,189	0.05	26.16
215	관리	172,725	0.06	24.27	249	검토	157,983	0.05	26.21
216	날	172,074	0.06	24.33	250	증가	157,940	0.05	26.27
217	언론	171,099	0.06	24.38	251	삶	157,859	0.05	26.32
218	효과	171,012	0.06	24.44	252	해외	157,562	0.05	26.38
219	군	170,193	0.06	24.50	253	몸	156,944	0.05	26.43
220	당	169,953	0.06	24.56	254	도시	156,388	0.05	26.49
221	위	169,592	0.06	24.62	255	판단	155,348	0.05	26.54
222	공개	169,150	0.06	24.68	256	합의	155,174	0.05	26.59
223	글	169,112	0.06	24.74	257	자동차	154,958	0.05	26.65
224	노력	169,005	0.06	24.80	258	물	154,369	0.05	26.70
225	방송	168,953	0.06	24.85	259	공동	153,783	0.05	26.75

순위	형태	빈도	백분율	누 적 백분율	순위	형태	빈도	백분율	누 적 백분율
260	발전	153,754	0.05	26.81	294	회의	140,575	0.05	28.54
261	전쟁	153,365	0.05	26.86	295	의사	140,411	0.05	28.59
262	역할	153,270	0.05	26.91	296	친구	140,212	0.05	28.64
263	차	152,639	0.05	26.97	297	현재	140,001	0.05	28.69
264	면	152,372	0.05	27.02	298	환경	139,552	0.05	28.73
265	우리나라	152,226	0.05	27.07	299	환자	139,063	0.05	28.78
266	운동	151,908	0.05	27.12	300	세상	139,018	0.05	28.83
267	성장	151,879	0.05	27.18	301	처리	138,739	0.05	28.88
268	논의	150,668	0.05	27.23	302	과거	138,588	0.05	28.93
269	결국	150,499	0.05	27.28	303	진출	137,911	0.05	28.97
270	도움	150,350	0.05	27.33	304	현장	137,771	0.05	29.02
271	작년	149,952	0.05	27.38	305	신문	137,632	0.05	29.07
272	펀드	149,695	0.05	27.44	306	생활	137,446	0.05	29.12
273	국회	149,234	0.05	27.49	307	개인	137,384	0.05	29.16
274	공부	149,228	0.05	27.54	308	부동산	136,464	0.05	29.21
275	요즘	149,143	0.05	27.59	309	개선	135,965	0.05	29.26
276	끝	148,828	0.05	27.64	310	시즌	135,541	0.05	29.31
277	선택	148,003	0.05	27.69	311	여부	135,304	0.05	29.35
278	제기	146,642	0.05	27.74	312	부족	134,967	0.05	29.40
279	생산	145,970	0.05	27.79	313	우승	134,595	0.05	29.45
280	자체	145,937	0.05	27.84	314	단계	134,516	0.05	29.49
281	조성	145,838	0.05	27.89	315	어린이	134,027	0.05	29.54
282	주식	145,773	0.05	27.94	316	자료	133,802	0.05	29.58
283	기회	145,386	0.05	28.00	317	회담	133,388	0.05	29.63
284	이해	145,241	0.05	28.05	318	대비	133,230	0.05	29.68
285	부분	145,067	0.05	28.10	319	상승	133,177	0.05	29.72
286	참석	145,004	0.05	28.15	320	인정	132,659	0.05	29.77
287	제도	144,452	0.05	28.20	321	정권	132,244	0.05	29.81
288	경쟁	144,182	0.05	28.25	322	밤	132,176	0.05	29.86
289	인기	143,587	0.05	28.30	323	해당	132,102	0.05	29.91
290	적용	143,205	0.05	28.34	324	사고	132,051	0.05	29.95
291	분위기	142,529	0.05	28.39	325	월드컵	132,037	0.05	30.00
292	목표	142,526	0.05	28.44	326	제시	131,690	0.05	30.04
293	논란	141,276	0.05	28.49	327	남자	131,506	0.05	30.09

순위	형태	빈도	백분율	누 적 백분율	순위	형태	빈도	백분율	누 적 백분율
328	협상	131,153	0.05	30.13	362	참가	122,211	0.04	31.61
329	예산	130,128	0.04	30.18	363	포인트	122,169	0.04	31.65
330	전화	129,181	0.04	30.22	364	표	121,952	0.04	31.69
331	신청	129,106	0.04	30.27	365	피해	121,653	0.04	31.74
332	아들	128,896	0.04	30.31	366	건물	121,601	0.04	31.78
333	달	128,516	0.04	30.36	367	노조	121,168	0.04	31.82
334	표현	128,067	0.04	30.40	368	반영	120,858	0.04	31.86
335	인간	127,763	0.04	30.44	369	마지막	120,572	0.04	31.90
336	경험	127,703	0.04	30.49	370	성적	120,529	0.04	31.94
337	능력	127,398	0.04	30.53	371	금융	119,978	0.04	31.99
338	단체	127,287	0.04	30.58	372	주택	119,928	0.04	32.03
339	수출	127,023	0.04	30.62	373	자금	119,891	0.04	32.07
340	병원	126,497	0.04	30.66	374	시행	119,802	0.04	32.11
341	계속	125,913	0.04	30.71	375	일반	119,787	0.04	32.15
342	소비자	125,898	0.04	30.75	376	의혹	119,774	0.04	32.19
343	공급	125,648	0.04	30.80	377	대책	119,633	0.04	32.23
344	공사	125,545	0.04	30.84	378	국제	119,622	0.04	32.28
345	공격	125,425	0.04	30.88	379	여자	119,169	0.04	32.32
346	작가	125,315	0.04	30.93	380	음악	118,919	0.04	32.36
347	선	124,977	0.04	30.97	381	제외	118,095	0.04	32.40
348	발견	124,883	0.04	31.01	382	문	118,008	0.04	32.44
349	법	124,746	0.04	31.05	383	설립	118,001	0.04	32.48
350	책임	124,537	0.04	31.10	384	비용	117,815	0.04	32.52
351	거리	124,376	0.04	31.14	385	현실	117,737	0.04	32.56
352	아버지	124,250	0.04	31.18	386	기능	117,638	0.04	32.60
353	그룹	123,675	0.04	31.23	387	자유	117,274	0.04	32.64
354	소개	123,596	0.04	31.27	388	시스템	117,260	0.04	32.68
355	수도권	123,297	0.04	31.31	389	작업	117,133	0.04	32.72
356	시절	122,956	0.04	31.35	390	대선	116,851	0.04	32.76
357	요청	122,891	0.04	31.40	391	분기	116,774	0.04	32.80
358	일정	122,871	0.04	31.44	392	차이	116,137	0.04	32.84
359	전략	122,642	0.04	31.48	393	밖	115,409	0.04	32.88
360	이하	122,464	0.04	31.52	394	이달	115,394	0.04	32.92
361	공무원	122,281	0.04	31.57	395	시설	115,291	0.04	32.96

순위	형태	빈도	백분율	누 적 백분율	순위	형태	빈도	백분율	누 적 백분율
396	등장	114,782	0.04	33.00	430	외국	108,581	0.04	34.32
397	전달	114,642	0.04	33.04	431	사례	108,016	0.04	34.35
398	금리	113,966	0.04	33.08	432	가입	107,932	0.04	34.39
399	인	113,761	0.04	33.12	433	통과	107,849	0.04	34.43
400	학년	113,679	0.04	33.16	434	게임	107,680	0.04	34.46
401	한편	113,511	0.04	33.20	435	경영	107,447	0.04	34.50
402	규정	113,425	0.04	33.24	436	대출	107,430	0.04	34.54
403	대	113,239	0.04	33.28	437	주제	107,350	0.04	34.58
404	사태	113,202	0.04	33.32	438	세계적	107,043	0.04	34.61
405	집중	112,727	0.04	33.36	439	정치적	106,986	0.04	34.65
406	소리	112,659	0.04	33.40	440	제출	106,778	0.04	34.69
407	브랜드	112,629	0.04	33.44	441	자연	106,033	0.04	34.72
408	핵심	112,501	0.04	33.47	442	부모	105,998	0.04	34.76
409	차원	111,962	0.04	33.51	443	위험	105,971	0.04	34.80
410	고려	111,837	0.04	33.55	444	공장	105,433	0.04	34.83
411	가치	111,421	0.04	33.59	445	실제	104,973	0.04	34.87
412	승리	111,401	0.04	33.63	446	지정	104,703	0.04	34.91
413	대화	111,400	0.04	33.67	447	주목	104,696	0.04	34.94
414	땅	111,199	0.04	33.71	448	개혁	104,358	0.04	34.98
415	중단	111,141	0.04	33.74	449	그림	104,213	0.04	35.01
416	지방	111,104	0.04	33.78	450	부문	104,201	0.04	35.05
417	선발	111,025	0.04	33.82	451	질문	104,198	0.04	35.09
418	꿈	110,903	0.04	33.86	452	지급	103,959	0.04	35.12
419	대형	110,869	0.04	33.90	453	기관	103,802	0.04	35.16
420	무대	110,757	0.04	33.94	454	세기	103,357	0.04	35.19
421	인상	110,653	0.04	33.97	455	치료	103,332	0.04	35.23
422	건강	110,503	0.04	34.01	456	부인	103,269	0.04	35.27
423	발언	110,487	0.04	34.05	457	연결	102,778	0.04	35.30
424	확정	110,451	0.04	34.09	458	구체적	102,577	0.04	35.34
425	얼굴	110,173	0.04	34.13	459	동시	102,290	0.04	35.37
426	수입	109,859	0.04	34.16	460	공간	102,202	0.04	35.41
427	미래	109,440	0.04	34.20	461	하락	102,171	0.04	35.44
428	산업	109,137	0.04	34.24	462	유명	102,147	0.04	35.48
429	거래	108,848	0.04	34.28	463	매출	101,997	0.04	35.51

순위	형태	빈도	백분율	누 적 백분율
464	현상	101,992	0.04	35.55
465	개최	101,253	0.04	35.58
466	컴퓨터	101,168	0.03	35.62
467	차량	101,027	0.03	35.65
468	남북	100,656	0.03	35.69
469	증시	100,345	0.03	35.72
470	목소리	100,342	0.03	35.76
471	희망	100,071	0.03	35.79
472	정상	100,014	0.03	35.83
473	이제	100,006	0.03	35.86
474	인수	99,970	0.03	35.90
475	디자인	99,625	0.03	35.93
476	분양	99,374	0.03	35.96
477	검사	99,074	0.03	36.00
478	해	98,929	0.03	36.03
479	홈페이지	98,890	0.03	36.07
480	총장	98,466	0.03	36.10
481	방향	98,385	0.03	36.14
482	회원	98,116	0.03	36.17
483	자녀	98,112	0.03	36.20
484	통합	97,976	0.03	36.24
485	기사	97,917	0.03	36.27
486	반응	97,647	0.03	36.30
487	원인	97,604	0.03	36.34
488	계약	97,312	0.03	36.37
489	조치	97,304	0.03	36.41
490	유치	97,246	0.03	36.44
491	제한	97,132	0.03	36.47
492	회복	96,967	0.03	36.51
493	현지	96,795	0.03	36.54
494	업무	96,614	0.03	36.57
495	반발	96,386	0.03	36.61
496	어머니	96,301	0.03	36.64
497	시기	96,131	0.03	36.67
498	지지	96,127	0.03	36.71
499	걱정	96,118	0.03	36.74
500	남	96,096	0.03	36.77

(2) 가나다 순서

순위	형태	빈도	백분율
121	가격	245,006	0.08
169	가구	198,523	0.07
120	가능	245,466	0.08
61	가능성	336,915	0.12
43	가운데	396,084	0.14
432	가입	107,932	0.04
154	가족	204,023	0.07
411	가치	111,421	0.04
235	각종	164,405	0.06
83	감독	298,193	0.10
152	강조	207,860	0.07
207	강화	174,808	0.06
59	개발	345,609	0.12
309	개선	135,965	0.05
307	개인	137,384	0.05
465	개최	101,253	0.04
448	개혁	104,358	0.04
429	거래	108,848	0.04
351	거리	124,376	0.04
499	걱정	96,118	0.03
422	건강	110,503	0.04
366	건물	121,601	0.04
241	건설	162,898	0.06
477	검사	99,074	0.03
86	검찰	296,296	0.10
249	검토	157,983	0.05

순위	형태	빈도	백분율	순위	형태	빈도	백분율
434	게임	107,680	0.04	137	관심	223,153	0.08
41	결과	413,122	0.14	239	교사	163,258	0.06
269	결국	150,499	0.05	26	교수	518,193	0.18
74	결정	312,131	0.11	97	교육	279,885	0.10
47	경기	372,412	0.13	189	구성	185,600	0.06
435	경영	107,447	0.04	458	구체적	102,577	0.04
9	경우	800,106	0.28	96	국가	283,571	0.10
288	경쟁	144,182	0.05	32	국내	472,391	0.16
65	경제	327,593	0.11	54	국민	351,660	0.12
135	경찰	223,627	0.08	378	국제	119,622	0.04
336	경험	127,703	0.04	273	국회	149,234	0.05
341	계속	125,913	0.04	219	군	170,193	0.06
488	계약	97,312	0.03	102	규모	271,670	0.09
30	계획	479,122	0.17	402	규정	113,425	0.04
94	고	284,981	0.10	200	그동안	182,377	0.06
240	고개	163,017	0.06	353	그룹	123,675	0.04
410	고려	111,837	0.04	449	그림	104,213	0.04
25	곳	522,267	0.18	223	글	169,112	0.06
460	공간	102,202	0.04	398	금리	113,966	0.04
222	공개	169,150	0.06	371	금융	119,978	0.04
345	공격	125,425	0.04	194	기간	184,277	0.06
343	공급	125,648	0.04	453	기관	103,802	0.04
259	공동	153,783	0.05	386	기능	117,638	0.04
361	공무원	122,281	0.04	153	기대	205,476	0.07
274	공부	149,228	0.05	69	기록	321,379	0.11
344	공사	125,545	0.04	485	기사	97,917	0.03
237	공연	163,447	0.06	179	기술	192,129	0.07
444	공장	105,433	0.04	16	기업	563,922	0.19
302	과거	138,588	0.05	230	기존	167,370	0.06
78	과정	309,416	0.11	142	기준	220,197	0.08
195	관계	183,844	0.06	283	기회	145,386	0.05
38	관계자	420,040	0.15	151	길	209,497	0.07
21	관련	540,660	0.19	418	꿈	110,903	0.04
215	관리	172,725	0.06	276	끝	148,828	0.05

순위	형태	빈도	백분율	순위	형태	빈도	백분율
125	나라	234,522	0.08	254	도시	156,388	0.05
216	날	172,074	0.06	270	도움	150,350	0.05
500	남	96,096	0.03	209	도입	173,844	0.06
468	남북	100,656	0.03	63	돈	330,226	0.11
327	남자	131,506	0.05	459	동시	102,290	0.04
77	내년	309,939	0.11	57	동안	349,084	0.12
62	내용	335,302	0.12	8	뒤	807,353	0.28
224	노력	169,005	0.06	396	등장	114,782	0.04
367	노조	121,168	0.04	475	디자인	99,625	0.03
293	논란	141,276	0.05	414	땅	111,199	0.04
268	논의	150,668	0.05	2	때	1,299,634	0.45
143	눈	219,525	0.08	132	뜻	225,117	0.08
337	능력	127,398	0.04	88	마련	292,107	0.10
113	다양	251,986	0.09	155	마음	203,497	0.07
148	다음	211,807	0.07	369	마지막	120,572	0.04
314	단계	134,516	0.05	1	말	2,476,353	0.86
338	단체	127,287	0.04	463	매출	101,997	0.04
333	달	128,516	0.04	264	면	152,372	0.05
220	당	169,953	0.06	122	모습	243,850	0.08
64	당시	328,722	0.11	470	목소리	100,342	0.03
403	대	113,239	0.04	292	목표	142,526	0.05
163	대부분	200,101	0.07	253	몸	156,944	0.05
318	대비	133,230	0.05	420	무대	110,757	0.04
56	대상	349,273	0.12	382	문	118,008	0.04
390	대선	116,851	0.04	7	문제	858,931	0.30
204	대신	175,573	0.06	180	문화	191,796	0.07
377	대책	119,633	0.04	258	물	154,369	0.05
436	대출	107,430	0.04	427	미래	109,440	0.04
6	대통령	880,176	0.30	393	밖	115,409	0.04
33	대표	463,984	0.16	162	반대	200,695	0.07
48	대학	368,059	0.13	196	반면	183,765	0.06
419	대형	110,869	0.04	495	반발	96,386	0.03
413	대화	111,400	0.04	368	반영	120,858	0.04
139	대회	221,417	0.08	486	반응	97,647	0.03

순위	형태	빈도	백분율	순위	형태	빈도	백분율
348	발견	124,883	0.04	324	사고	132,051	0.05
158	발생	203,247	0.07	3	사람	1,011,560	0.35
423	발언	110,487	0.04	167	사랑	199,428	0.07
260	발전	153,754	0.05	431	사례	108,016	0.04
51	발표	359,517	0.12	72	사실	314,376	0.11
322	밤	132,176	0.05	55	사업	349,626	0.12
192	방문	184,487	0.06	71	사용	315,491	0.11
191	방법	184,855	0.06	134	사이	224,932	0.08
225	방송	168,953	0.06	111	사장	252,848	0.09
193	방식	184,326	0.06	45	사진	381,763	0.13
164	방안	199,981	0.07	404	사태	113,202	0.04
201	방침	182,077	0.06	81	사회	303,375	0.10
481	방향	98,385	0.03	428	산업	109,137	0.04
136	배	223,583	0.08	251	삶	157,859	0.05
349	법	124,746	0.04	234	상대	164,895	0.06
203	변회	181,559	0.06	319	상승	133,177	0.05
340	병원	126,497	0.04	147	상태	213,047	0.07
141	보도	220,608	0.08	248	상품	158,189	0.05
208	부담	174,312	0.06	49	상황	364,447	0.13
308	부동산	136,464	0.05	15	생각	581,350	0.20
442	부모	105,998	0.04	279	생산	145,970	0.05
450	부문	104,201	0.04	306	생활	137,446	0.05
285	부분	145,067	0.05	145	서비스	216,563	0.07
456	부인	103,269	0.04	347	선	124,977	0.04
312	부족	134,967	0.05	214	선거	172,727	0.06
391	분기	116,774	0.04	417	선발	111,025	0.04
115	분석	250,004	0.09	93	선수	287,844	0.10
171	분야	198,077	0.07	210	선정	173,076	0.06
476	분양	99,374	0.03	277	선택	148,003	0.05
291	분위기	142,529	0.05	383	설립	118,001	0.04
407	브랜드	112,629	0.04	75	설명	310,790	0.11
384	비용	117,815	0.04	202	설치	181,631	0.06
238	비판	163,332	0.06	198	성공	183,072	0.06
101	사건	272,196	0.09	267	성장	151,879	0.05

순위	형태	빈도	백분율	순위	형태	빈도	백분율
370	성적	120,529	0.04	50	아이	361,922	0.13
19	세계	548,038	0.19	114	아파트	250,675	0.09
438	세계적	107,043	0.04	95	안	284,188	0.10
454	세기	103,357	0.04	35	앞	457,403	0.16
300	세상	139,018	0.05	172	애기	196,660	0.07
354	소개	123,596	0.04	315	어린이	134,027	0.05
406	소리	112,659	0.04	496	어머니	96,301	0.03
342	소비자	125,898	0.04	217	언론	171,099	0.06
79	속	307,042	0.11	425	얼굴	110,173	0.04
236	손	164,182	0.06	494	업무	96,614	0.03
355	수도권	123,297	0.04	109	업체	255,278	0.09
174	수사	195,518	0.07	311	여부	135,304	0.05
426	수입	109,859	0.04	92	여성	289,239	0.10
99	수준	273,716	0.09	379	여자	119,169	0.04
339	수출	127,023	0.04	227	역사	168,353	0.06
412	승리	111,401	0.04	262	역할	153,270	0.05
104	시	268,923	0.09	457	연결	102,778	0.04
27	시간	509,869	0.18	181	연구	191,500	0.07
497	시기	96,131	0.03	242	영향	162,823	0.06
228	시대	168,077	0.06	98	영화	277,221	0.10
199	시민	183,027	0.06	329	예산	130,128	0.04
395	시설	115,291	0.04	124	예상	235,617	0.08
388	시스템	117,260	0.04	44	예정	389,798	0.13
17	시작	557,132	0.19	146	오전	215,374	0.07
29	시장	490,414	0.17	66	오후	326,498	0.11
356	시절	122,956	0.04	129	올	228,127	0.08
310	시즌	135,541	0.05	22	올해	537,655	0.19
374	시행	119,802	0.04	430	외국	108,581	0.04
305	신문	137,632	0.05	165	외국인	199,969	0.07
331	신청	129,106	0.04	82	요구	300,976	0.10
175	실시	195,134	0.07	275	요즘	149,143	0.05
445	실제	104,973	0.04	357	요청	122,891	0.04
332	아들	128,896	0.04	170	우려	198,081	0.07
352	아버지	124,250	0.04	265	우리나라	152,226	0.05

순위	형태	빈도	백분율	순위	형태	빈도	백분율
313	우승	134,595	0.05	289	인기	143,587	0.05
266	운동	151,908	0.05	168	인사	198,780	0.07
103	운영	270,700	0.09	421	인상	110,653	0.04
487	원인	97,604	0.03	474	인수	99,970	0.03
325	월드컵	132,037	0.05	320	인정	132,659	0.05
221	위	169,592	0.06	80	인터넷	306,817	0.11
245	위기	161,275	0.06	10	일	719,999	0.25
233	위원장	166,640	0.06	375	일반	119,787	0.04
443	위험	105,971	0.04	67	일부	324,656	0.11
462	유명	102,147	0.04	358	일정	122,871	0.04
212	유지	172,899	0.06	177	입장	193,428	0.07
490	유치	97,246	0.03	373	자금	119,891	0.04
157	은행	203,334	0.07	483	자녀	98,112	0.03
380	음악	118,919	0.04	257	자동차	154,958	0.05
226	의견	168,757	0.06	316	자료	133,802	0.05
186	의미	187,263	0.06	106	사리	264,764	0.09
295	의사	140,411	0.05	31	자신	478,811	0.17
18	의원	549,823	0.19	441	자연	106,033	0.04
376	의혹	119,774	0.04	387	자유	117,274	0.04
24	이날	527,377	0.18	280	자체	145,937	0.05
394	이달	115,394	0.04	346	작가	125,315	0.04
140	이름	220,919	0.08	271	작년	149,952	0.05
13	이번	644,433	0.22	389	작업	117,133	0.04
12	이상	673,822	0.23	159	작품	202,822	0.07
176	이야기	195,115	0.07	119	장관	247,295	0.09
90	이용	290,303	0.10	290	적용	143,205	0.05
76	이유	310,430	0.11	5	전	979,671	0.34
231	이전	167,175	0.06	133	전국	225,002	0.08
473	이제	100,006	0.03	397	전달	114,642	0.04
360	이하	122,464	0.04	359	전략	122,642	0.04
284	이해	145,241	0.05	87	전망	292,912	0.10
23	이후	532,385	0.18	144	전문가	218,531	0.08
399	인	113,761	0.04	261	전쟁	153,365	0.05
335	인간	127,763	0.04	118	전체	248,246	0.09

순위	형태	빈도	백분율	순위	형태	빈도	백분율
330	전화	129,181	0.04	108	중요	259,809	0.09
91	점	290,196	0.10	250	증가	157,940	0.05
321	정권	132,244	0.05	469	증시	100,345	0.03
20	정도	545,826	0.19	73	지금	312,747	0.11
156	정보	203,422	0.07	452	지급	103,959	0.04
4	정부	986,453	0.34	127	지난달	231,075	0.08
472	정상	100,014	0.03	11	지난해	714,554	0.25
112	정책	252,503	0.09	416	지방	111,104	0.04
243	정치	162,595	0.06	28	지역	508,392	0.18
439	정치적	106,986	0.04	39	지원	419,310	0.14
138	제공	222,964	0.08	84	지적	297,839	0.10
278	제기	146,642	0.05	446	지정	104,703	0.04
287	제도	144,452	0.05	498	지지	96,127	0.03
326	제시	131,690	0.05	149	직원	210,525	0.07
381	제외	118,095	0.04	303	진출	137,911	0.05
440	제출	106,778	0.04	110	진행	254,186	0.09
150	제품	209,686	0.07	451	질문	104,198	0.04
491	제한	97,132	0.03	105	집	267,054	0.09
42	조사	400,892	0.14	405	집중	112,727	0.04
281	조성	145,838	0.05	263	차	152,639	0.05
489	조치	97,304	0.03	467	차량	101,027	0.03
173	주	196,037	0.07	160	차례	202,726	0.07
246	주가	159,668	0.06	409	차원	111,962	0.04
447	주목	104,696	0.04	392	차이	116,137	0.04
123	주민	237,205	0.08	229	차지	167,745	0.06
213	주변	172,833	0.06	362	참가	122,211	0.04
282	주식	145,773	0.05	286	참석	145,004	0.05
184	주요	190,197	0.07	107	참여	261,265	0.09
37	주장	426,337	0.15	89	책	291,057	0.10
437	주제	107,350	0.04	350	책임	124,537	0.04
372	주택	119,928	0.04	301	처리	138,739	0.05
166	준비	199,863	0.07	53	처음	356,293	0.12
415	중단	111,141	0.04	178	총리	193,183	0.07
185	중심	190,027	0.07	480	총장	98,466	0.03

순위	형태	빈도	백분율	순위	형태	빈도	백분율
117	최고	248,414	0.09	211	해결	173,026	0.06
14	최근	638,510	0.22	323	해당	132,102	0.05
190	최대	185,167	0.06	252	해외	157,562	0.05
244	추가	161,576	0.06	408	핵심	112,501	0.04
70	추진	317,295	0.11	116	행사	249,609	0.09
161	출신	201,228	0.07	464	현상	101,992	0.04
205	층	175,404	0.06	385	현실	117,737	0.04
455	치료	103,332	0.04	304	현장	137,771	0.05
296	친구	140,212	0.05	297	현재	140,001	0.05
466	컴퓨터	101,168	0.03	493	현지	96,795	0.03
433	통과	107,849	0.04	188	협의	185,877	0.06
484	통합	97,976	0.03	328	협상	131,153	0.05
60	투자	337,034	0.12	479	홈페이지	98,890	0.03
128	팀	229,154	0.08	182	확대	191,284	0.07
255	판단	155,348	0.05	247	확보	158,870	0.05
187	판매	186,676	0.06	126	확인	234,045	0.08
272	펀드	149,695	0.05	424	확정	110,451	0.04
85	평가	296,671	0.10	298	환경	139,552	0.05
206	평균	175,071	0.06	299	환자	139,063	0.05
363	포인트	122,169	0.04	130	활동	226,320	0.08
100	포함	272,814	0.09	232	활용	166,791	0.06
364	표	121,952	0.04	317	회담	133,388	0.05
334	표현	128,067	0.04	492	회복	96,967	0.03
131	프로그램	225,461	0.08	58	회사	349,007	0.12
365	피해	121,653	0.04	482	회원	98,116	0.03
34	필요	463,027	0.16	294	회의	140,575	0.05
461	하락	102,171	0.04	46	회장	381,123	0.13
183	하루	191,169	0.07	218	효과	171,012	0.06
68	학교	321,461	0.11	52	후	357,830	0.12
400	학년	113,679	0.04	36	후보	445,366	0.15
40	학생	417,205	0.14	471	희망	100,071	0.03
401	한편	113,511	0.04	197	힘	183,763	0.06
256	합의	155,174	0.05				
478	해	98,929	0.03				

2) 고유명사

태그: NNP
타입: 878,650
토큰: 50,843,961

(1) 고빈도 순서

순위	형태	빈도	백분율	누 적 백분율
1	미국	1,214,474	2.39	2.39
2	한국	1,091,983	2.15	4.54
3	서울	737,959	1.45	5.99
4	중국	709,305	1.40	7.38
5	일본	699,829	1.38	8.76
6	북한	601,961	1.18	9.94
7	김	519,054	1.02	10.96
8	한나라당	344,934	0.68	11.64
9	민주당	284,099	0.56	12.20
10	미	279,822	0.55	12.75
11	박	231,406	0.46	13.21
12	부산	216,137	0.43	13.63
13	청와대	189,008	0.37	14.00
14	영국	177,372	0.35	14.35
15	프랑스	168,038	0.33	14.68
16	정	162,223	0.32	15.00
17	삼성	157,301	0.31	15.31
18	한	157,286	0.31	15.62
19	노	156,428	0.31	15.93
20	유럽	153,845	0.30	16.23
21	대구	153,275	0.30	16.53
22	독일	153,112	0.30	16.83
23	러시아	151,973	0.30	17.13
24	이	141,990	0.28	17.41
25	부시	138,738	0.27	17.68

순위	형태	빈도	백분율	누 적 백분율
26	인천	132,973	0.26	17.95
27	이라크	130,826	0.26	18.20
28	영어	129,960	0.26	18.46
29	서울대	128,769	0.25	18.71
30	아시아	127,519	0.25	18.96
31	경기	124,004	0.24	19.21
32	경기도	123,469	0.24	19.45
33	서울시	121,259	0.24	19.69
34	노무현	115,404	0.23	19.92
35	광주	114,278	0.22	20.14
36	삼성전자	113,549	0.22	20.36
37	LG	103,117	0.20	20.57
38	뉴욕	102,042	0.20	20.77
39	전	98,943	0.19	20.96
40	이명박	98,907	0.19	21.16
41	대전	95,583	0.19	21.34
42	최	95,201	0.19	21.53
43	현대	93,393	0.18	21.71
44	울산	88,608	0.17	21.89
45	제주	87,457	0.17	22.06
46	한반도	86,003	0.17	22.23
47	경남	83,731	0.16	22.40
48	인도	82,913	0.16	22.56
49	열린우리당	82,776	0.16	22.72
50	SK	82,174	0.16	22.88
51	베이징	81,779	0.16	23.04
52	워싱턴	76,093	0.15	23.19
53	조	75,488	0.15	23.34
54	전남	74,691	0.15	23.49
55	경북	73,120	0.14	23.63
56	도쿄	70,696	0.14	23.77
57	국회	70,305	0.14	23.91
58	조선	70,130	0.14	24.05
59	오바마	69,814	0.14	24.18

순위	형태	빈도	백분율	누 적 백분율	순위	형태	빈도	백분율	누 적 백분율
60	대만	69,567	0.14	24.32	94	윤	45,095	0.09	28.04
61	유엔	68,293	0.13	24.46	95	충북	45,050	0.09	28.13
62	홍콩	66,520	0.13	24.59	96	두산	44,624	0.09	28.22
63	김대중	66,417	0.13	24.72	97	베트남	43,883	0.09	28.30
64	강	64,698	0.13	24.84	98	아프리카	43,477	0.09	28.39
65	대한민국	63,604	0.13	24.97	99	파리	43,421	0.09	28.47
66	김정일	62,711	0.12	25.09	100	강원	40,681	0.08	28.55
67	이탈리아	62,129	0.12	25.22	101	이회창	40,569	0.08	28.63
68	충남	61,898	0.12	25.34	102	존	40,513	0.08	28.71
69	중	61,097	0.12	25.46	103	자민련	40,374	0.08	28.79
70	전북	59,648	0.12	25.57	104	FTA	39,948	0.08	28.87
71	KBS	58,286	0.11	25.69	105	국민은행	39,918	0.08	28.95
72	신	57,960	0.11	25.80	106	한화	39,500	0.08	29.03
73	강원도	57,640	0.11	25.92	107	코리아	38,940	0.08	29.10
74	일	57,101	0.11	26.03	108	황	38,873	0.08	29.18
75	강남	56,445	0.11	26.14	109	클린턴	38,331	0.08	29.26
76	제주도	56,153	0.11	26.25	110	독도	37,929	0.07	29.33
77	현대차	55,444	0.11	26.36	111	중구	37,753	0.07	29.41
78	장	55,310	0.11	26.47	112	전교조	37,035	0.07	29.48
79	수원	55,150	0.11	26.58	113	전주	36,711	0.07	29.55
80	이란	53,848	0.11	26.68	114	싱가포르	36,529	0.07	29.62
81	유	52,927	0.10	26.79	115	강남구	36,476	0.07	29.69
82	고려대	52,881	0.10	26.89	116	임	35,764	0.07	29.76
83	이스라엘	52,844	0.10	26.99	117	박근혜	34,977	0.07	29.83
84	연세대	52,539	0.10	27.10	118	런던	34,910	0.07	29.90
85	고	52,338	0.10	27.20	119	중동	34,615	0.07	29.97
86	롯데	51,056	0.10	27.30	120	EU	34,580	0.07	30.04
87	호주	49,691	0.10	27.40	121	국방부	34,271	0.07	30.11
88	스페인	48,146	0.09	27.49	122	오	34,223	0.07	30.17
89	브라질	48,140	0.09	27.59	123	상하이	34,162	0.07	30.24
90	평양	47,862	0.09	27.68	124	인천시	34,018	0.07	30.31
91	조지	46,271	0.09	27.77	125	성남	33,580	0.07	30.37
92	캐나다	45,564	0.09	27.86	126	공화당	33,324	0.07	30.44
93	MBC	45,300	0.09	27.95	127	백악관	33,183	0.07	30.50

순위	형태	빈도	백분율	누 적 백분율	순위	형태	빈도	백분율	누 적 백분율
128	홍	33,113	0.07	30.57	162	스웨덴	26,903	0.05	32.56
129	남한	32,869	0.06	30.63	163	외환은행	26,648	0.05	32.61
130	SBS	32,668	0.06	30.70	164	태국	26,559	0.05	32.67
131	포스코	32,624	0.06	30.76	165	파키스탄	26,461	0.05	32.72
132	대구시	32,096	0.06	30.82	166	인도네시아	26,316	0.05	32.77
133	여의도	32,001	0.06	30.89	167	신세계	26,305	0.05	32.82
134	한강	31,852	0.06	30.95	168	청주	26,098	0.05	32.87
135	KT	31,748	0.06	31.01	169	호남	26,076	0.05	32.92
136	네덜란드	31,686	0.06	31.08	170	필리핀	25,837	0.05	32.97
137	현대건설	31,677	0.06	31.14	171	주한미군	25,569	0.05	33.02
138	그리스	31,457	0.06	31.20	172	금감원	25,371	0.05	33.07
139	송	31,274	0.06	31.26	173	연합뉴스	25,370	0.05	33.12
140	권	31,009	0.06	31.32	174	IMF	25,302	0.05	33.17
141	우즈	30,524	0.06	31.38	175	민주노총	25,254	0.05	33.22
142	국정원	30,113	0.06	31.44	176	천안	25,243	0.05	33.27
143	금강산	30,093	0.06	31.50	177	고이즈미	24,984	0.05	33.32
144	스위스	30,013	0.06	31.56	178	LG전자	24,953	0.05	33.37
145	부산시	29,567	0.06	31.62	179	터키	24,930	0.05	33.42
146	이승엽	29,163	0.06	31.67	180	아프가니스탄	24,924	0.05	33.47
147	팔레스타인	29,034	0.06	31.73	181	용인	24,902	0.05	33.52
148	행정부	28,879	0.06	31.79	182	춘천	24,800	0.05	33.57
149	포항	28,736	0.06	31.85	183	타임스	24,717	0.05	33.62
150	농협	28,673	0.06	31.90	184	교육부	24,586	0.05	33.66
151	대한항공	28,663	0.06	31.96	185	현대자동차	24,456	0.05	33.71
152	멕시코	28,526	0.06	32.01	186	박지성	24,048	0.05	33.76
153	한국은행	28,504	0.06	32.07	187	공정위	23,919	0.05	33.81
154	부천	28,289	0.06	32.13	188	세종시	23,554	0.05	33.85
155	현	28,249	0.06	32.18	189	국세청	23,518	0.05	33.90
156	동북아	28,193	0.06	32.24	190	동아시아	23,455	0.05	33.95
157	분당	27,699	0.05	32.29	191	탈레반	23,413	0.05	33.99
158	민주노동당	27,580	0.05	32.35	192	자유무역협정	23,334	0.05	34.04
159	기아차	27,557	0.05	32.40	193	한국시각	23,249	0.05	34.08
160	서	27,460	0.05	32.45	194	한은	23,244	0.05	34.13
161	유럽연합	27,410	0.05	32.51	195	한양대	23,143	0.05	34.17

순위	형태	빈도	백분율	누적백분율
196	삼성생명	22,731	0.04	34.22
197	경주	22,658	0.04	34.26
198	이화여대	22,641	0.04	34.31
199	이집트	22,515	0.04	34.35
200	통일부	22,479	0.04	34.40
201	소련	22,413	0.04	34.44
202	미군	22,347	0.04	34.48
203	청계천	22,288	0.04	34.53
204	아르헨티나	22,223	0.04	34.57
205	건설교통부	22,170	0.04	34.62
206	우리은행	21,982	0.04	34.66
207	광주시	21,981	0.04	34.70
208	남북한	21,888	0.04	34.75
209	박찬호	21,796	0.04	34.79
210	한국어	21,744	0.04	34.83
211	성남시	21,710	0.04	34.87
212	기아	21,695	0.04	34.92
213	정동영	21,675	0.04	34.96
214	GM	21,657	0.04	35.00
215	외교부	21,619	0.04	35.04
216	도요타	21,598	0.04	35.09
217	고양시	21,552	0.04	35.13
218	금융감독원	21,517	0.04	35.17
219	종로구	21,481	0.04	35.21
220	허	21,429	0.04	35.26
221	박정희	21,344	0.04	35.30
222	법무부	21,215	0.04	35.34
223	히딩크	21,129	0.04	35.38
224	재정경제부	21,110	0.04	35.42
225	애플	20,917	0.04	35.46
226	에스케이	20,853	0.04	35.50
227	창원	20,811	0.04	35.55
228	하이닉스	20,795	0.04	35.59
229	안양	20,681	0.04	35.63
230	건교부	20,675	0.04	35.67
231	재경부	20,602	0.04	35.71
232	신한은행	20,601	0.04	35.75
233	광화문	20,487	0.04	35.79
234	SK텔레콤	20,411	0.04	35.83
235	서초구	20,273	0.04	35.87
236	푸틴	20,221	0.04	35.91
237	빌	20,187	0.04	35.95
238	아프간	20,070	0.04	35.99
239	베를린	20,026	0.04	36.03
240	후세인	20,025	0.04	36.07
241	성균관대	19,965	0.04	36.11
242	엘지	19,743	0.04	36.15
243	빈	19,685	0.04	36.18
244	전경련	19,658	0.04	36.22
245	잉글랜드	19,642	0.04	36.26
246	삼성화재	19,542	0.04	36.30
247	대우	19,429	0.04	36.34
248	경희대	19,352	0.04	36.38
249	태평양	19,216	0.04	36.41
250	모스크바	19,117	0.04	36.45
251	할리우드	19,070	0.04	36.49
252	마이클	18,984	0.04	36.53
253	울산시	18,827	0.04	36.56
254	민주	18,655	0.04	36.60
255	잠실	18,639	0.04	36.64
256	대전시	18,596	0.04	36.67
257	남구	18,383	0.04	36.71
258	한나라	18,367	0.04	36.75
259	폴란드	18,277	0.04	36.78
260	삼성증권	18,237	0.04	36.82
261	진	18,235	0.04	36.85
262	데이비드	18,203	0.04	36.89
263	고구려	18,194	0.04	36.92

순위	형태	빈도	백분율	누 적 백분율	순위	형태	빈도	백분율	누 적 백분율
264	한·미	18,128	0.04	36.96	298	일산	16,060	0.03	38.10
265	자민당	17,945	0.04	37.00	299	삼성그룹	16,059	0.03	38.13
266	국무부	17,938	0.04	37.03	300	동남아	16,012	0.03	38.16
267	현대중공업	17,822	0.04	37.07	301	소니	15,996	0.03	38.19
268	대법원	17,811	0.04	37.10	302	공산당	15,981	0.03	38.22
269	용산	17,749	0.03	37.14	303	최경주	15,946	0.03	38.25
270	중앙대	17,627	0.03	37.17	304	김일성	15,917	0.03	38.28
271	리비아	17,568	0.03	37.21	305	강릉	15,848	0.03	38.32
272	송파구	17,501	0.03	37.24	306	몽골	15,834	0.03	38.35
273	외교통상부	17,480	0.03	37.27	307	여수	15,822	0.03	38.38
274	현대그룹	17,463	0.03	37.31	308	하나은행	15,713	0.03	38.41
275	파주	17,407	0.03	37.34	309	남아공	15,498	0.03	38.44
276	고려	17,263	0.03	37.38	310	서울지검	15,498	0.03	38.47
277	로버트	17,255	0.03	37.41	311	로스앤젤레스	15,492	0.03	38.50
278	민	17,238	0.03	37.44	312	폴	15,461	0.03	38.53
279	이창호	17,207	0.03	37.48	313	낙동강	15,447	0.03	38.56
280	뉴욕타임스	17,141	0.03	37.51	314	중국어	15,422	0.03	38.59
281	말레이시아	17,019	0.03	37.55	315	용인시	15,415	0.03	38.62
282	로마	16,895	0.03	37.58	316	동해	15,364	0.03	38.65
283	대우차	16,827	0.03	37.61	317	인천공항	15,221	0.03	38.68
284	동구	16,824	0.03	37.64	318	제임스	15,209	0.03	38.71
285	환경부	16,767	0.03	37.68	319	한전	15,199	0.03	38.74
286	한미	16,736	0.03	37.71	320	동국대	15,185	0.03	38.77
287	서울시장	16,693	0.03	37.74	321	박주영	15,104	0.03	38.80
288	평창	16,578	0.03	37.78	322	조선시대	15,056	0.03	38.83
289	KTF	16,554	0.03	37.81	323	뉴질랜드	14,901	0.03	38.86
290	개성공단	16,526	0.03	37.84	324	시카고	14,831	0.03	38.89
291	김영삼	16,428	0.03	37.87	325	남미	14,815	0.03	38.92
292	CJ	16,368	0.03	37.91	326	힐러리	14,801	0.03	38.95
293	이마트	16,253	0.03	37.94	327	서강대	14,783	0.03	38.98
294	칠레	16,221	0.03	37.97	328	EBS	14,763	0.03	39.01
295	김연아	16,153	0.03	38.00	329	대우증권	14,758	0.03	39.03
296	보건복지부	16,104	0.03	38.03	330	노동당	14,736	0.03	39.06
297	LA	16,083	0.03	38.06	331	연평도	14,698	0.03	39.09

순위	형태	빈도	백분율	누적 백분율	순위	형태	빈도	백분율	누적 백분율
332	포르투갈	14,663	0.03	39.12	366	벨기에	12,976	0.03	40.05
333	미셸	14,657	0.03	39.15	367	보스턴	12,976	0.03	40.07
334	민노당	14,656	0.03	39.18	368	참여연대	12,966	0.03	40.10
335	아일랜드	14,601	0.03	39.21	369	일본어	12,895	0.03	40.12
336	버락	14,465	0.03	39.24	370	러	12,856	0.03	40.15
337	새만금	14,415	0.03	39.26	371	한국방송	12,848	0.03	40.17
338	김모	14,395	0.03	39.29	372	심	12,845	0.03	40.20
339	화성	14,379	0.03	39.32	373	하버드대	12,837	0.03	40.23
340	산업은행	14,369	0.03	39.35	374	신라	12,819	0.03	40.25
341	경남도	14,309	0.03	39.38	375	포드	12,814	0.03	40.28
342	정몽준	14,309	0.03	39.41	376	OECD	12,779	0.03	40.30
343	롯데백화점	14,299	0.03	39.43	377	산업자원부	12,763	0.03	40.33
344	바그다드	14,257	0.03	39.46	378	오스트리아	12,705	0.02	40.35
345	쿠바	14,247	0.03	39.49	379	남산	12,696	0.02	40.38
346	원주	14,222	0.03	39.52	380	FIFA	12,610	0.02	40.40
347	북구	14,200	0.03	39.55	381	쌍용차	12,601	0.02	40.43
348	문화방송	13,975	0.03	39.57	382	의정부	12,587	0.02	40.45
349	감사원	13,905	0.03	39.60	383	대우건설	12,586	0.02	40.48
350	손학규	13,891	0.03	39.63	384	우	12,577	0.02	40.50
351	안	13,769	0.03	39.66	385	안산	12,559	0.02	40.52
352	박세리	13,700	0.03	39.68	386	판교	12,559	0.02	40.55
353	리처드	13,661	0.03	39.71	387	충청	12,533	0.02	40.57
354	목포	13,606	0.03	39.74	388	마산	12,512	0.02	40.60
355	이세돌	13,589	0.03	39.76	389	구	12,511	0.02	40.62
356	교육인적자원부	13,560	0.03	39.79	390	백	12,502	0.02	40.65
357	문화관광부	13,442	0.03	39.82	391	JP	12,450	0.02	40.67
358	덴마크	13,352	0.03	39.84	392	알	12,405	0.02	40.70
359	평택	13,292	0.03	39.87	393	현대상선	12,399	0.02	40.72
360	론스타	13,181	0.03	39.89	394	마이크로소프트	12,352	0.02	40.75
361	현대백화점	13,098	0.03	39.92	395	이건희	12,332	0.02	40.77
362	노동부	13,089	0.03	39.95	396	종로	12,329	0.02	40.79
363	LPGA	13,044	0.03	39.97	397	시드니	12,326	0.02	40.82
364	경북도	13,024	0.03	40.00	398	명동	12,322	0.02	40.84
365	지리산	13,002	0.03	40.02	399	미국산	12,312	0.02	40.87

순위	형태	빈도	백분율	누 적 백분율	순위	형태	빈도	백분율	누 적 백분율
400	메이저리그	12,273	0.02	40.89	434	충청권	11,359	0.02	41.68
401	고어	12,255	0.02	40.91	435	제주시	11,354	0.02	41.71
402	선관위	12,208	0.02	40.94	436	손	11,346	0.02	41.73
403	캘리포니아	12,200	0.02	40.96	437	곽	11,331	0.02	41.75
404	정보통신부	12,146	0.02	40.99	438	아테네	11,320	0.02	41.77
405	군산	12,129	0.02	41.01	439	삼성동	11,282	0.02	41.79
406	주공	12,096	0.02	41.03	440	삼성물산	11,268	0.02	41.82
407	경찰청	12,071	0.02	41.06	441	핀란드	11,236	0.02	41.84
408	부천시	12,042	0.02	41.08	442	파월	11,191	0.02	41.86
409	통계청	12,025	0.02	41.11	443	오사카	11,182	0.02	41.88
410	이인제	12,000	0.02	41.13	444	텍사스	11,165	0.02	41.90
411	국제통화기금	11,977	0.02	41.15	445	모비스	11,161	0.02	41.93
412	김포	11,957	0.02	41.18	446	과천	11,107	0.02	41.95
413	만기	11,953	0.02	41.20	447	한국노총	11,103	0.02	41.97
414	라덴	11,936	0.02	41.22	448	두바이	11,085	0.02	41.99
415	전남도	11,897	0.02	41.25	449	충남도	11,057	0.02	42.01
416	한국시간	11,894	0.02	41.27	450	아리랑	11,056	0.02	42.04
417	사우디아라비아	11,882	0.02	41.29	451	대학로	11,051	0.02	42.06
418	수원시	11,844	0.02	41.32	452	서울지역	11,049	0.02	42.08
419	해운대	11,843	0.02	41.34	453	티베트	11,040	0.02	42.10
420	WTO	11,842	0.02	41.36	454	고양	11,031	0.02	42.12
421	KCC	11,836	0.02	41.39	455	서울중앙지검	11,020	0.02	42.14
422	김병현	11,770	0.02	41.41	456	현대아산	11,003	0.02	42.17
423	노르웨이	11,757	0.02	41.43	457	신한	10,991	0.02	42.19
424	예술의전당	11,683	0.02	41.46	458	영남	10,987	0.02	42.21
425	현대증권	11,671	0.02	41.48	459	게이츠	10,967	0.02	42.23
426	조흥은행	11,657	0.02	41.50	460	건국대	10,958	0.02	42.25
427	구글	11,656	0.02	41.52	461	예수	10,942	0.02	42.27
428	박지원	11,643	0.02	41.55	462	시리아	10,939	0.02	42.29
429	안동	11,614	0.02	41.57	463	대검	10,861	0.02	42.32
430	후진타오	11,589	0.02	41.59	464	경북대	10,848	0.02	42.34
431	라이스	11,506	0.02	41.62	465	미얀마	10,839	0.02	42.36
432	아산	11,434	0.02	41.64	466	김근태	10,815	0.02	42.38
433	송도	11,417	0.02	41.66	467	전주시	10,814	0.02	42.40

순위	형태	빈도	백분율	누 적 백분율
468	요미우리	10,795	0.02	42.42
469	브라운	10,756	0.02	42.44
470	케이티	10,755	0.02	42.46
471	파주시	10,740	0.02	42.49
472	강북	10,730	0.02	42.51
473	헌재	10,684	0.02	42.53
474	백제	10,614	0.02	42.55
475	이해찬	10,607	0.02	42.57
476	세종문화회관	10,563	0.02	42.59
477	기상청	10,546	0.02	42.61
478	아시아나항공	10,524	0.02	42.63
479	리	10,468	0.02	42.65
480	IOC	10,454	0.02	42.67
481	KAIST	10,440	0.02	42.69
482	영	10,300	0.02	42.71
483	반	10,299	0.02	42.73
484	서초동	10,280	0.02	42.75
485	마크	10,277	0.02	42.77
486	현대캐피탈	10,277	0.02	42.79
487	김해	10,276	0.02	42.82
488	맨체스터	10,242	0.02	42.84
489	아베	10,239	0.02	42.86
490	블레어	10,228	0.02	42.88
491	체코	10,226	0.02	42.90
492	마포구	10,207	0.02	42.92
493	제네바	10,154	0.02	42.96
494	전북도	10,108	0.02	42.98
495	교과부	10,034	0.02	43.00
496	한국전쟁	9,994	0.02	43.02
497	서울시내	9,954	0.02	43.03
498	농림부	9,943	0.02	43.05
499	한국전력	9,915	0.02	43.07
500	카다피	9,906	0.02	43.09

(2) 가나다 순서

순위	형태	빈도	백분율
292	CJ	16,368	0.03
328	EBS	14,763	0.03
120	EU	34,580	0.07
380	FIFA	12,610	0.02
104	FTA	39,948	0.08
214	GM	21,657	0.04
174	IMF	25,302	0.05
480	IOC	10,454	0.02
391	JP	12,450	0.02
481	KAIST	10,440	0.02
71	KBS	58,286	0.11
421	KCC	11,836	0.02
135	KT	31,748	0.06
289	KTF	16,554	0.03
297	LA	16,083	0.03
37	LG	103,117	0.20
178	LG전자	24,953	0.05
363	LPGA	13,044	0.03
93	MBC	45,300	0.09
376	OECD	12,779	0.03
130	SBS	32,668	0.06
50	SK	82,174	0.16
234	SK텔레콤	20,411	0.04
420	WTO	11,842	0.02
349	감사원	13,905	0.03
64	강	64,698	0.13
75	강남	56,445	0.11
115	강남구	36,476	0.07
305	강릉	15,848	0.03
472	강북	10,730	0.02
100	강원	40,681	0.08
73	강원도	57,640	0.11

순위	형태	빈도	백분율	순위	형태	빈도	백분율
290	개성공단	16,526	0.03		원부		
230	건교부	20,675	0.04	389	구	12,511	0.02
460	건국대	10,958	0.02	427	구글	11,656	0.02
205	건설교통부	22,170	0.04	266	국무부	17,938	0.04
459	게이츠	10,967	0.02	105	국민은행	39,918	0.08
31	경기	124,004	0.24	121	국방부	34,271	0.07
32	경기도	123,469	0.24	189	국세청	23,518	0.05
47	경남	83,731	0.16	142	국정원	30,113	0.06
341	경남도	14,309	0.03	411	국제통화기금	11,977	0.02
55	경북	73,120	0.14	57	국회	70,305	0.14
464	경북대	10,848	0.02	405	군산	12,129	0.02
364	경북도	13,024	0.03	140	권	31,009	0.06
197	경주	22,658	0.04	138	그리스	31,457	0.06
407	경찰청	12,071	0.02	172	금감원	25,371	0.05
248	경희대	19,352	0.04	143	금강산	30,093	0.06
85	고	52,338	0.10	218	금융감독원	21,517	0.04
263	고구려	18,194	0.04	477	기상청	10,546	0.02
276	고려	17,263	0.03	212	기아	21,695	0.04
82	고려대	52,881	0.10	159	기아차	27,557	0.05
454	고양	11,031	0.02	7	김	519,054	1.02
217	고양시	21,552	0.04	466	김근태	10,815	0.02
401	고어	12,255	0.02	63	김대중	66,417	0.13
177	고이즈미	24,984	0.05	338	김모	14,395	0.03
302	공산당	15,981	0.03	422	김병현	11,770	0.02
187	공정위	23,919	0.05	295	김연아	16,153	0.03
126	공화당	33,324	0.07	291	김영삼	16,428	0.03
446	과천	11,107	0.02	304	김일성	15,917	0.03
437	곽	11,331	0.02	66	김정일	62,711	0.12
35	광주	114,278	0.22	412	김포	11,957	0.02
207	광주시	21,981	0.04	487	김해	10,276	0.02
233	광화문	20,487	0.04	313	낙동강	15,447	0.03
496	교과부	10,034	0.02	257	남구	18,383	0.04
184	교육부	24,586	0.05	325	남미	14,815	0.03
356	교육인적자	13,560	0.03	208	남북한	21,888	0.04

순위	형태	빈도	백분율	순위	형태	빈도	백분율
379	남산	12,696	0.02	284	동구	16,824	0.03
309	남아공	15,498	0.03	320	동국대	15,185	0.03
129	남한	32,869	0.06	300	동남아	16,012	0.03
136	네덜란드	31,686	0.06	156	동북아	28,193	0.06
19	노	156,428	0.31	190	동아시아	23,455	0.05
330	노동당	14,736	0.03	316	동해	15,364	0.03
362	노동부	13,089	0.03	448	두바이	11,085	0.02
423	노르웨이	11,757	0.02	96	두산	44,624	0.09
34	노무현	115,404	0.23	414	라덴	11,936	0.02
499	농림부	9,943	0.02	431	라이스	11,506	0.02
150	농협	28,673	0.06	370	러	12,856	0.03
38	뉴욕	102,042	0.20	23	러시아	151,973	0.30
280	뉴욕타임스	17,141	0.03	118	런던	34,910	0.07
323	뉴질랜드	14,901	0.03	282	로마	16,895	0.03
463	대검	10,861	0.02	277	로버트	17,255	0.03
21	대구	153,275	0.30	311	로스앤젤레스	15,492	0.03
132	대구시	32,096	0.06	360	론스타	13,181	0.03
60	대만	69,567	0.14	86	롯데	51,056	0.10
268	대법원	17,811	0.04	343	롯데백화점	14,299	0.03
247	대우	19,429	0.04	479	리	10,468	0.02
383	대우건설	12,586	0.02	271	리비아	17,568	0.03
329	대우증권	14,758	0.03	353	리처드	13,661	0.03
283	대우차	16,827	0.03	388	마산	12,512	0.02
41	대전	95,583	0.19	394	마이크로소프트	12,352	0.02
256	대전시	18,596	0.04	252	마이클	18,984	0.04
451	대학로	11,051	0.02	485	마크	10,277	0.02
65	대한민국	63,604	0.13	492	마포구	10,207	0.02
151	대한항공	28,663	0.06	413	만기	11,953	0.02
262	데이비드	18,203	0.04	281	말레이시아	17,019	0.03
358	덴마크	13,352	0.03	488	맨체스터	10,242	0.02
216	도요타	21,598	0.04	400	메이저리그	12,273	0.02
56	도쿄	70,696	0.14	152	멕시코	28,526	0.06
110	독도	37,929	0.07	398	명동	12,322	0.02
22	독일	153,112	0.30	445	모비스	11,161	0.02

순위	형태	빈도	백분율	순위	형태	빈도	백분율
250	모스크바	19,117	0.04	97	베트남	43,883	0.09
354	목포	13,606	0.03	366	벨기에	12,976	0.03
306	몽골	15,834	0.03	296	보건복지부	16,104	0.03
357	문화관광부	13,442	0.03	367	보스턴	12,976	0.03
348	문화방송	13,975	0.03	12	부산	216,137	0.43
10	미	279,822	0.55	145	부산시	29,567	0.06
1	미국	1,214,474	2.39	25	부시	138,738	0.27
399	미국산	12,312	0.02	154	부천	28,289	0.06
202	미군	22,347	0.04	408	부천시	12,042	0.02
333	미셸	14,657	0.03	347	북구	14,200	0.03
465	미얀마	10,839	0.02	6	북한	601,961	1.18
278	민	17,238	0.03	157	분당	27,699	0.05
334	민노당	14,656	0.03	469	브라운	10,756	0.02
254	민주	18,655	0.04	89	브라질	48,140	0.09
158	민주노동당	27,580	0.05	490	블레어	10,228	0.02
175	민주노총	25,254	0.05	243	빈	19,685	0.04
9	민주당	284,099	0.56	237	빌	20,187	0.04
344	바그다드	14,257	0.03	417	사우디아라비아	11,882	0.02
11	박	231,406	0.46	340	산업은행	14,369	0.03
117	박근혜	34,977	0.07	377	산업자원부	12,763	0.03
352	박세리	13,700	0.03	17	삼성	157,301	0.31
221	박정희	21,344	0.04	299	삼성그룹	16,059	0.03
321	박주영	15,104	0.03	439	삼성동	11,282	0.02
186	박지성	24,048	0.05	440	삼성물산	11,268	0.02
428	박지원	11,643	0.02	196	삼성생명	22,731	0.04
209	박찬호	21,796	0.04	36	삼성전자	113,549	0.22
483	반	10,299	0.02	260	삼성증권	18,237	0.04
390	백	12,502	0.02	246	삼성화재	19,542	0.04
127	백악관	33,183	0.07	123	상하이	34,162	0.07
474	백제	10,614	0.02	337	새만금	14,415	0.03
336	버락	14,465	0.03	160	서	27,460	0.05
222	법무부	21,215	0.04	327	서강대	14,783	0.03
239	베를린	20,026	0.04	3	서울	737,959	1.45
51	베이징	81,779	0.16				

순위	형태	빈도	백분율	순위	형태	빈도	백분율
29	서울대	128,769	0.25	232	신한은행	20,601	0.04
33	서울시	121,259	0.24	372	심	12,845	0.03
498	서울시내	9,954	0.02	114	싱가포르	36,529	0.07
287	서울시장	16,693	0.03	381	쌍용차	12,601	0.02
455	서울중앙지검	11,020	0.02	204	아르헨티나	22,223	0.04
310	서울지검	15,498	0.03	450	아리랑	11,056	0.02
452	서울지역	11,049	0.02	489	아베	10,239	0.02
235	서초구	20,273	0.04	432	아산	11,434	0.02
484	서초동	10,280	0.02	30	아시아	127,519	0.25
402	선관위	12,208	0.02	478	아시아나항공	10,524	0.02
241	성균관대	19,965	0.04	335	아일랜드	14,601	0.03
125	성남	33,580	0.07	438	아테네	11,320	0.02
211	성남시	21,710	0.04	180	아프가니스탄	24,924	0.05
476	세종문화회관	10,563	0.02	238	아프간	20,070	0.04
188	세종시	23,554	0.05	98	아프리카	43,477	0.09
301	수니	15,996	0.03	351	안	13,769	0.03
201	소련	22,413	0.04	429	안동	11,614	0.02
436	손	11,346	0.02	385	안산	12,559	0.02
350	손학규	13,891	0.03	229	안양	20,681	0.04
139	송	31,274	0.06	392	알	12,405	0.02
433	송도	11,417	0.02	225	애플	20,917	0.04
272	송파구	17,501	0.03	226	에스케이	20,853	0.04
79	수원	55,150	0.11	242	엘지	19,743	0.04
418	수원시	11,844	0.02	307	여수	15,822	0.03
162	스웨덴	26,903	0.05	133	여의도	32,001	0.06
144	스위스	30,013	0.06	84	연세대	52,539	0.10
88	스페인	48,146	0.09	331	연평도	14,698	0.03
397	시드니	12,326	0.02	173	연합뉴스	25,370	0.05
462	시리아	10,939	0.02	49	열린우리당	82,776	0.16
324	시카고	14,831	0.03	482	영	10,300	0.02
72	신	57,960	0.11	14	영국	177,372	0.35
374	신라	12,819	0.03	458	영남	10,987	0.02
167	신세계	26,305	0.05	28	영어	129,960	0.26
457	신한	10,991	0.02	461	예수	10,942	0.02

순위	형태	빈도	백분율	순위	형태	빈도	백분율
424	예술의전당	11,683	0.02	410	이인제	12,000	0.02
122	오	34,223	0.07	199	이집트	22,515	0.04
59	오바마	69,814	0.14	279	이창호	17,207	0.03
443	오사카	11,182	0.02	67	이탈리아	62,129	0.12
378	오스트리아	12,705	0.02	475	이해찬	10,607	0.02
215	외교부	21,619	0.04	198	이화여대	22,641	0.04
273	외교통상부	17,480	0.03	101	이회창	40,569	0.08
163	외환은행	26,648	0.05	48	인도	82,913	0.16
468	요미우리	10,795	0.02	166	인도네시아	26,316	0.05
269	용산	17,749	0.03	26	인천	132,973	0.26
181	용인	24,902	0.05	317	인천공항	15,221	0.03
315	용인시	15,415	0.03	124	인천시	34,018	0.07
384	우	12,577	0.02	74	일	57,101	0.11
206	우리은행	21,982	0.04	5	일본	699,829	1.38
141	우즈	30,524	0.06	369	일본어	12,895	0.03
44	울산	88,608	0.17	298	일산	16,060	0.03
253	울산시	18,827	0.04	116	임	35,764	0.07
52	워싱턴	76,093	0.15	245	잉글랜드	19,642	0.04
346	원주	14,222	0.03	265	자민당	17,945	0.04
81	유	52,927	0.10	103	자민련	40,374	0.08
20	유럽	153,845	0.30	192	자유무역협정	23,334	0.05
161	유럽연합	27,410	0.05	255	잠실	18,639	0.04
61	유엔	68,293	0.13	78	장	55,310	0.11
94	윤	45,095	0.09	231	재경부	20,602	0.04
382	의정부	12,587	0.02	224	재정경제부	21,110	0.04
24	이	141,990	0.28	39	전	98,943	0.19
395	이건희	12,332	0.02	244	전경련	19,658	0.04
27	이라크	130,826	0.26	112	전교조	37,035	0.07
80	이란	53,848	0.11	54	전남	74,691	0.15
293	이마트	16,253	0.03	415	전남도	11,897	0.02
40	이명박	98,907	0.19	70	전북	59,648	0.12
355	이세돌	13,589	0.03	495	전북도	10,108	0.02
83	이스라엘	52,844	0.10	113	전주	36,711	0.07
146	이승엽	29,163	0.06	467	전주시	10,814	0.02

순위	형태	빈도	백분율	순위	형태	빈도	백분율
16	정	162,223	0.32	42	최	95,201	0.19
213	정동영	21,675	0.04	303	최경주	15,946	0.03
342	정몽준	14,309	0.03	182	춘천	24,800	0.05
404	정보통신부	12,146	0.02	68	충남	61,898	0.12
494	제네바	10,154	0.02	449	충남도	11,057	0.02
318	제임스	15,209	0.03	95	충북	45,050	0.09
45	제주	87,457	0.17	387	충청	12,533	0.02
76	제주도	56,153	0.11	434	충청권	11,359	0.02
435	제주시	11,354	0.02	294	칠레	16,221	0.03
53	조	75,488	0.15	92	캐나다	45,564	0.09
58	조선	70,130	0.14	403	캘리포니아	12,200	0.02
322	조선시대	15,056	0.03	470	케이티	10,755	0.02
91	조지	46,271	0.09	107	코리아	38,940	0.08
426	조흥은행	11,657	0.02	345	쿠바	14,247	0.03
102	존	40,513	0.08	109	클린턴	38,331	0.08
396	존료	12,329	0.02	183	타임스	24,717	0.05
219	종로구	21,481	0.04	191	탈레반	23,413	0.05
406	주공	12,096	0.02	164	태국	26,559	0.05
171	주한미군	25,569	0.05	249	태평양	19,216	0.04
69	중	61,097	0.12	179	터키	24,930	0.05
111	중구	37,753	0.07	444	텍사스	11,165	0.02
4	중국	709,305	1.40	409	통계청	12,025	0.02
314	중국어	15,422	0.03	200	통일부	22,479	0.04
119	중동	34,615	0.07	453	티베트	11,040	0.02
270	중앙대	17,627	0.03	99	파리	43,421	0.09
365	지리산	13,002	0.03	442	파월	11,191	0.02
261	진	18,235	0.04	275	파주	17,407	0.03
368	참여연대	12,966	0.03	471	파주시	10,740	0.02
227	창원	20,811	0.04	165	파키스탄	26,461	0.05
176	천안	25,243	0.05	386	판교	12,559	0.02
203	청계천	22,288	0.04	147	팔레스타인	29,034	0.06
13	청와대	189,008	0.37	90	평양	47,862	0.09
168	청주	26,098	0.05	288	평창	16,578	0.03
491	체코	10,226	0.02	359	평택	13,292	0.03

순위	형태	빈도	백분율
375	포드	12,814	0.03
332	포르투갈	14,663	0.03
131	포스코	32,624	0.06
149	포항	28,736	0.06
312	폴	15,461	0.03
259	폴란드	18,277	0.04
236	푸틴	20,221	0.04
15	프랑스	168,038	0.33
441	핀란드	11,236	0.02
170	필리핀	25,837	0.05
308	하나은행	15,713	0.03
373	하버드대	12,837	0.03
228	하이닉스	20,795	0.04
18	한	157,286	0.31
264	한·미	18,128	0.04
134	한강	31,852	0.06
2	한국	1,091,983	2.15
447	한국노총	11,103	0.02
371	한국방송	12,848	0.03
193	한국시각	23,249	0.05
416	한국시간	11,894	0.02
210	한국어	21,744	0.04
153	한국은행	28,504	0.06
500	한국전력	9,915	0.02
497	한국전쟁	9,994	0.02
258	한나라	18,367	0.04
8	한나라당	344,934	0.68
286	한미	16,736	0.03
46	한반도	86,003	0.17
195	한양대	23,143	0.05
194	한은	23,244	0.05
319	한전	15,199	0.03
106	한화	39,500	0.08
251	할리우드	19,070	0.04
419	해운대	11,843	0.02
148	행정부	28,879	0.06
220	허	21,429	0.04
473	헌재	10,684	0.02
155	현	28,249	0.06
43	현대	93,393	0.18
137	현대건설	31,677	0.06
274	현대그룹	17,463	0.03
361	현대백화점	13,098	0.03
393	현대상선	12,399	0.02
456	현대아산	11,003	0.02
185	현대자동차	24,456	0.05
267	현대중공업	17,822	0.04
425	현대증권	11,671	0.02
77	현대차	55,444	0.11
486	현대캐피탈	10,277	0.02
169	호남	26,076	0.05
87	호주	49,691	0.10
128	홍	33,113	0.07
62	홍콩	66,520	0.13
339	화성	14,379	0.03
285	환경부	16,767	0.03
108	황	38,873	0.08
240	후세인	20,025	0.04
430	후진타오	11,589	0.02
223	히딩크	21,129	0.04
326	힐러리	14,801	0.03

3) 의존명사

태그: NNB
타입: 769
토큰: 50,843,961

(1) 고빈도 순서

순위	형태	빈도	백분율	누 적 백분율
1	것	7,204,772	16.02	16.02
2	등	4,311,277	9.59	25.60
3	일	3,649,900	8.12	33.72
4	년	3,525,819	7.84	41.56
5	수	3,238,753	7.20	48.76
6	원	2,300,128	5.11	53.87
7	명	2,015,530	4.48	58.36
8	월	1,981,261	4.41	62.76
9	씨	1,495,292	3.32	66.09
10	중	1,201,418	2.67	68.76
11	개	1,171,887	2.61	71.36
12	때문	1,150,985	2.56	73.92
13	데	587,535	1.31	75.23
14	번	552,606	1.23	76.46
15	시	538,764	1.20	77.65
16	대	526,406	1.17	78.82
17	분	469,993	1.04	79.87
18	위	425,971	0.95	80.82
19	만	402,819	0.90	81.71
20	달러	393,980	0.88	82.59
21	점	390,988	0.87	83.46
22	측	326,211	0.73	84.18
23	회	289,973	0.64	84.83
24	쪽	280,110	0.62	85.45
25	초	254,087	0.56	86.01

순위	형태	빈도	백분율	누 적 백분율
26	개월	251,340	0.56	86.57
27	차	232,421	0.52	87.09
28	뿐	226,701	0.50	87.59
29	만큼	204,745	0.46	88.05
30	간	199,747	0.44	88.49
31	가지	199,070	0.44	88.94
32	세	191,244	0.43	89.36
33	년대	181,516	0.40	89.77
34	듯	179,126	0.40	90.16
35	내	167,575	0.37	90.54
36	채	164,532	0.37	90.90
37	평	164,483	0.37	91.27
38	편	144,195	0.32	91.59
39	적	143,207	0.32	91.91
40	달	123,126	0.27	92.18
41	센	119,458	0.27	92.45
42	거	117,799	0.26	92.71
43	자	116,951	0.26	92.97
44	승	116,631	0.26	93.23
45	외	109,748	0.24	93.47
46	말	108,586	0.24	93.71
47	바	108,234	0.24	93.95
48	지	101,000	0.22	94.18
49	살	98,294	0.22	94.40
50	호	96,674	0.21	94.61
51	건	94,457	0.21	94.82
52	장	94,285	0.21	95.03
53	식	92,641	0.21	95.24
54	개국	92,063	0.20	95.44
55	권	67,224	0.15	95.59
56	줄	67,149	0.15	95.74
57	마리	66,802	0.15	95.89
58	주년	64,687	0.14	96.03
59	주	63,574	0.14	96.17

순위	형태	빈도	백분율	누 적 백분율	순위	형태	빈도	백분율	누 적 백분율
60	터	61,309	0.14	96.31	94	야드	16,955	0.04	98.73
61	패	58,613	0.13	96.44	95	판	16,520	0.04	98.76
62	대로	57,970	0.13	96.57	96	심	15,606	0.03	98.80
63	부	54,650	0.12	96.69	97	그루	14,469	0.03	98.83
64	바람	48,469	0.11	96.80	98	유로	14,406	0.03	98.86
65	평형	48,383	0.11	96.91	99	통	13,749	0.03	98.89
66	도	46,771	0.10	97.01	100	지경	13,234	0.03	98.92
67	법	41,623	0.09	97.10	101	시간	13,165	0.03	98.95
68	석	40,213	0.09	97.19	102	위안	13,107	0.03	98.98
69	이래	36,254	0.08	97.27	103	따위	12,189	0.03	99.01
70	해	35,059	0.08	97.35	104	놈	11,934	0.03	99.03
71	엔	33,424	0.07	97.43	105	푼	11,869	0.03	99.06
72	척	32,832	0.07	97.50	106	회전	11,500	0.03	99.09
73	가량	32,407	0.07	97.57	107	뺀	11,088	0.02	99.11
74	리	31,988	0.07	97.64	108	여지	10,934	0.02	99.14
75	동	31,897	0.07	97.71	109	군데	10,714	0.02	99.16
76	양	31,325	0.07	97.78	110	마당	9,460	0.02	99.18
77	겸	31,229	0.07	97.85	111	파운드	9,417	0.02	99.20
78	주일	30,932	0.07	97.92	112	돌	9,351	0.02	99.22
79	박	28,505	0.06	97.98	113	년도	9,239	0.02	99.24
80	군	27,949	0.06	98.05	114	전	9,169	0.02	99.26
81	기	26,733	0.06	98.11	115	주간	8,778	0.02	99.28
82	나름	26,412	0.06	98.16	116	술	8,760	0.02	99.30
83	이	26,366	0.06	98.22	117	거리	8,742	0.02	99.32
84	배	25,718	0.06	98.28	118	치	8,722	0.02	99.34
85	등지	24,267	0.05	98.33	119	듯이	8,250	0.02	99.36
86	무렵	23,375	0.05	98.39	120	배럴	7,829	0.02	99.38
87	조	22,163	0.05	98.44	121	집	7,738	0.02	99.39
88	쿼터	20,677	0.05	98.48	122	선	7,592	0.02	99.41
89	격	19,955	0.04	98.53	123	바퀴	7,144	0.02	99.43
90	인치	18,704	0.04	98.57	124	국	6,967	0.02	99.44
91	마련	18,578	0.04	98.61	125	마일	6,757	0.02	99.46
92	무	18,224	0.04	98.65	126	즈음	6,715	0.01	99.47
93	남짓	18,078	0.04	98.69	127	보	6,580	0.01	99.49

순위	형태	빈도	백분율	누 적 백분율	순위	형태	빈도	백분율	누 적 백분율
128	개소	6,520	0.01	99.50	162	섬	2,460	0.01	99.80
129	등등	6,248	0.01	99.51	163	불	2,450	0.01	99.81
130	필지	6,234	0.01	99.53	164	켤레	2,408	0.01	99.81
131	주기	6,209	0.01	99.54	165	둥	1,990	0.00	99.82
132	인	5,892	0.01	99.56	166	겨를	1,859	0.00	99.82
133	녀석	5,563	0.01	99.57	167	옹	1,830	0.00	99.83
134	짝	5,359	0.01	99.58	168	촌	1,828	0.00	99.83
135	발	5,276	0.01	99.59	169	온스	1,814	0.00	99.84
136	따름	5,181	0.01	99.60	170	매	1,810	0.00	99.84
137	톤	4,920	0.01	99.61	171	켠	1,807	0.00	99.84
138	실	4,770	0.01	99.62	172	품	1,760	0.00	99.85
139	년생	4,484	0.01	99.63	173	길	1,746	0.00	99.85
140	개년	4,406	0.01	99.64	174	리터	1,695	0.00	99.85
141	벌	4,220	0.01	99.65	175	기가바이트	1,637	0.00	99.86
142	마력	4,132	0.01	99.66	176	방	1,600	0.00	99.86
143	세트	4,129	0.01	99.67	177	인데	1,579	0.00	99.87
144	교시	4,128	0.01	99.68	178	성	1,505	0.00	99.87
145	발짝	4,049	0.01	99.69	179	님	1,472	0.00	99.87
146	참	3,916	0.01	99.70	180	프랑	1,459	0.00	99.88
147	나위	3,577	0.01	99.71	181	나노미터	1,298	0.00	99.88
148	메가	3,499	0.01	99.71	182	비트	1,289	0.00	99.88
149	김	3,348	0.01	99.72	183	좌	1,284	0.00	99.88
150	체	3,290	0.01	99.73	184	근	1,269	0.00	99.89
151	구	3,278	0.01	99.74	185	제	1,222	0.00	99.89
152	모금	3,183	0.01	99.74	186	뼘	1,213	0.00	99.89
153	피트	3,050	0.01	99.75	187	루타	1,110	0.00	99.89
154	막	2,947	0.01	99.76	188	눔	1,100	0.00	99.90
155	투	2,935	0.01	99.76	189	필	1,090	0.00	99.90
156	제곱미터	2,861	0.01	99.77	190	종	1,031	0.00	99.90
157	축	2,598	0.01	99.78	191	마르크	1,015	0.00	99.90
158	기가	2,575	0.01	99.78	192	넝	1,011	0.00	99.91
159	할	2,504	0.01	99.79	193	냥	1,004	0.00	99.91
160	미터	2,502	0.01	99.79	194	디	1,004	0.00	99.91
161	량	2,492	0.01	99.80	195	페소	985	0.00	99.91

순위	형태	빈도	백분율	누적 백분율	순위	형태	빈도	백분율	누적 백분율
196	드	981	0.00	99.92	230	마지기	411	0.00	99.96
197	메가바이트	972	0.00	99.92	231	꺼	396	0.00	99.96
198	퍼센트	963	0.00	99.92	232	마이크로미터	395	0.00	99.97
199	아름	906	0.00	99.92	233	족족	394	0.00	99.97
200	탄	899	0.00	99.92	234	바이트	390	0.00	99.97
201	톨	870	0.00	99.93	235	모양	378	0.00	99.97
202	되	861	0.00	99.93	236	관	374	0.00	99.97
203	갤런	769	0.00	99.93	237	새	368	0.00	99.97
204	해리	763	0.00	99.93	238	정	365	0.00	99.97
205	개조	749	0.00	99.93	239	다스	319	0.00	99.97
206	데시벨	733	0.00	99.93	240	딴	304	0.00	99.97
207	여석	716	0.00	99.94	241	메가와트	293	0.00	99.97
208	루피	704	0.00	99.94	242	센티미터	292	0.00	99.97
209	턱	696	0.00	99.94	243	중지	287	0.00	99.97
210	루블	665	0.00	99.94	244	두	279	0.00	99.97
211	광년	657	0.00	99.94	245	홉	278	0.00	99.98
212	마	640	0.00	99.94	246	절지	267	0.00	99.98
213	환	636	0.00	99.94	247	끼	264	0.00	99.98
214	자루	616	0.00	99.95	248	디옵터	262	0.00	99.98
215	볼트	593	0.00	99.95	249	루피아	260	0.00	99.98
216	그램	584	0.00	99.95	250	첩	254	0.00	99.98
217	범	576	0.00	99.95	251	마이크로그램	248	0.00	99.98
218	헤르츠	567	0.00	99.95	252	각	239	0.00	99.98
219	움큼	547	0.00	99.95	253	만치	229	0.00	99.98
220	킬로	527	0.00	99.95	254	닢	221	0.00	99.98
221	에이커	520	0.00	99.95	255	디나르	220	0.00	99.98
222	제곱킬로미터	502	0.00	99.96	256	돈쭝	208	0.00	99.98
223	망정	491	0.00	99.96	257	헥타르	197	0.00	99.98
224	킬로미터	486	0.00	99.96	258	결	194	0.00	99.98
225	공	478	0.00	99.96	259	리라	190	0.00	99.98
226	바트	460	0.00	99.96	260	킬로그램	184	0.00	99.98
227	스위스프랑	448	0.00	99.96	261	룩스	183	0.00	99.98
228	기가비트	418	0.00	99.96	262	땀	175	0.00	99.98
229	날	413	0.00	99.96	263	크로나	167	0.00	99.98

순위	형태	빈도	백분율	누적 백분율	순위	형태	빈도	백분율	누적 백분율
264	보루	165	0.00	99.98	298	벗	70	0.00	99.99
265	중대	165	0.00	99.98	299	접	70	0.00	99.99
266	령	150	0.00	99.99	300	가	69	0.00	99.99
267	돈	148	0.00	99.99	301	웅큼	69	0.00	99.99
268	실링	145	0.00	99.99	302	씨씨	68	0.00	99.99
269	등속	144	0.00	99.99	303	길더	67	0.00	99.99
270	나절	135	0.00	99.99	304	드라크마	66	0.00	99.99
271	탕	130	0.00	99.99	305	넉	64	0.00	99.99
272	펜스	129	0.00	99.99	306	촉	64	0.00	99.99
273	즈	126	0.00	99.99	307	단	59	0.00	99.99
274	와트	123	0.00	99.99	308	마장	58	0.00	99.99
275	킬로와트	115	0.00	99.99	309	밀리미터	58	0.00	99.99
276	알	111	0.00	99.99	310	늠	54	0.00	99.99
277	족	108	0.00	99.99	311	킬	49	0.00	99.99
278	줌	107	0.00	99.99	312	데니어	48	0.00	99.99
279	기가와트	106	0.00	99.99	313	헥	48	0.00	99.99
280	센티	105	0.00	99.99	314	등대	47	0.00	99.99
281	두름	100	0.00	99.99	315	엔대	41	0.00	99.99
282	녀	99	0.00	99.99	316	평방미터	41	0.00	99.99
283	본	98	0.00	99.99	317	씨등	40	0.00	99.99
284	밍	96	0.00	99.99	318	티	39	0.00	99.99
285	달란트	93	0.00	99.99	319	껏	38	0.00	99.99
286	끗	91	0.00	99.99	320	원등	38	0.00	99.99
287	밀리	89	0.00	99.99	321	질	38	0.00	100.00
288	중시	84	0.00	99.99	322	타카	38	0.00	100.00
289	킬로바이트	83	0.00	99.99	323	슈	37	0.00	100.00
290	폭	79	0.00	99.99	324	엥	36	0.00	100.00
291	프로	79	0.00	99.99	325	켤	36	0.00	100.00
292	눔터	78	0.00	99.99	326	중위	35	0.00	100.00
293	씨로	77	0.00	99.99	327	한	33	0.00	100.00
294	꺼리	74	0.00	99.99	328	바리	32	0.00	100.00
295	명대	74	0.00	99.99					
296	때	73	0.00	99.99					
297	마블	70	0.00	99.99					

(2) 가나다 순서

순위	형태	빈도	백분율
300	가	69	0.00
73	가량	32,407	0.07
31	가지	199,070	0.44
252	각	239	0.00
30	간	199,747	0.44
11	개	1,171,887	2.61
54	개국	92,063	0.20
140	개년	4,406	0.01
128	개소	6,520	0.01
26	개월	251,340	0.56
205	개조	749	0.00
203	갤런	769	0.00
42	거	117,799	0.26
117	거리	8,742	0.02
51	건	94,457	0.21
1	것	7,204,772	16.02
166	겨를	1,859	0.00
89	격	19,955	0.04
258	결	194	0.00
77	겸	31,229	0.07
225	공	478	0.00
236	관	374	0.00
211	광년	657	0.00
144	교시	4,128	0.01
151	구	3,278	0.01
124	국	6,967	0.02
80	군	27,949	0.06
109	군데	10,714	0.02
55	권	67,224	0.15
216	그램	584	0.00
97	그루	14,469	0.03
184	근	1,269	0.00

순위	형태	빈도	백분율
81	기	26,733	0.06
158	기가	2,575	0.01
175	기가바이트	1,637	0.00
228	기가비트	418	0.00
279	기가와트	106	0.00
173	길	1,746	0.00
303	길더	67	0.00
149	김	3,348	0.01
231	꺼	396	0.00
294	꺼리	74	0.00
319	껏	38	0.00
286	끗	91	0.00
247	끼	264	0.00
181	나노미터	1,298	0.00
82	나름	26,412	0.06
147	나위	3,577	0.01
270	나절	135	0.00
229	날	413	0.00
93	남짓	18,078	0.04
35	내	167,575	0.37
193	냥	1,004	0.00
282	녀	99	0.00
133	녀석	5,563	0.01
305	녁	64	0.00
4	년	3,525,819	7.84
33	년대	181,516	0.40
113	년도	9,239	0.02
139	년생	4,484	0.01
192	녘	1,011	0.00
104	놈	11,934	0.03
188	눔	1,100	0.00
292	눔터	78	0.00
310	늠	54	0.00
179	님	1,472	0.00

순위	형태	빈도	백분율	순위	형태	빈도	백분율
254	닢	221	0.00	240	딴	304	0.00
239	다스	319	0.00	296	때	73	0.00
307	단	59	0.00	12	때문	1,150,985	2.56
40	달	123,126	0.27	262	땜	175	0.00
285	달란트	93	0.00	161	량	2,492	0.01
20	달러	393,980	0.88	266	령	150	0.00
16	대	526,406	1.17	210	루블	665	0.00
62	대로	57,970	0.13	187	루타	1,110	0.00
13	데	587,535	1.31	208	루피	704	0.00
312	데니어	48	0.00	249	루피아	260	0.00
206	데시벨	733	0.00	261	룩스	183	0.00
66	도	46,771	0.10	74	리	31,988	0.07
267	돈	148	0.00	259	리라	190	0.00
256	돈쭝	208	0.00	174	리터	1,695	0.00
112	돌	9,351	0.02	212	마	640	0.00
75	동	31,897	0.07	110	마낭	9,460	0.02
202	되	861	0.00	142	마력	4,132	0.01
244	두	279	0.00	91	마련	18,578	0.04
281	두름	100	0.00	191	마르크	1,015	0.00
165	둥	1,990	0.00	57	마리	66,802	0.15
196	드	981	0.00	297	마블	70	0.00
304	드라크마	66	0.00	251	마이크로그램	248	0.00
34	듯	179,126	0.40	232	마이크로미터	395	0.00
119	듯이	8,250	0.02	125	마일	6,757	0.02
2	등	4,311,277	9.59	308	마장	58	0.00
314	등대	47	0.00	230	마지기	411	0.00
129	등등	6,248	0.01	154	막	2,947	0.01
269	등속	144	0.00	19	만	402,819	0.90
85	등지	24,267	0.05	253	만치	229	0.00
194	디	1,004	0.00	29	만큼	204,745	0.46
255	디나르	220	0.00	46	말	108,586	0.24
248	디옵터	262	0.00	223	망정	491	0.00
136	따름	5,181	0.01	170	매	1,810	0.00
103	따위	12,189	0.03	148	메가	3,499	0.01

순위	형태	빈도	백분율	순위	형태	빈도	백분율
197	메가바이트	972	0.00	17	분	469,993	1.04
241	메가와트	293	0.00	163	불	2,450	0.01
7	명	2,015,530	4.48	182	비트	1,289	0.00
295	명대	74	0.00	107	뼌	11,088	0.02
152	모금	3,183	0.01	186	뺨	1,213	0.00
235	모양	378	0.00	28	뿐	226,701	0.50
92	무	18,224	0.04	49	살	98,294	0.22
86	무렵	23,375	0.05	237	새	368	0.00
160	미터	2,502	0.01	68	석	40,213	0.09
287	밀리	89	0.00	122	선	7,592	0.02
309	밀리미터	58	0.00	162	섬	2,460	0.01
284	밍	96	0.00	178	성	1,505	0.00
47	바	108,234	0.24	32	세	191,244	0.43
64	바람	48,469	0.11	143	센트	4,129	0.01
328	바리	32	0.00	280	센티	105	0.00
234	바이트	390	0.00	242	센티미터	292	0.00
123	바퀴	7,144	0.02	41	셈	119,458	0.27
226	바트	460	0.00	5	수	3,238,753	7.20
79	박	28,505	0.06	116	술	8,760	0.02
135	발	5,276	0.01	323	슈	37	0.00
145	발짝	4,049	0.01	227	스위스프랑	448	0.00
176	방	1,600	0.00	44	승	116,631	0.26
84	배	25,718	0.06	15	시	538,764	1.20
120	배럴	7,829	0.02	101	시간	13,165	0.03
14	번	552,606	1.23	53	식	92,641	0.21
141	벌	4,220	0.01	138	실	4,770	0.01
217	범	576	0.00	268	실링	145	0.00
67	법	41,623	0.09	96	심	15,606	0.03
298	벗	70	0.00	9	씨	1,495,292	3.32
127	보	6,580	0.01	317	씨등	40	0.00
264	보루	165	0.00	293	씨로	77	0.00
283	본	98	0.00	302	씨씨	68	0.00
215	볼트	593	0.00	199	아름	906	0.00
63	부	54,650	0.12	276	알	111	0.00

순위	형태	빈도	백분율	순위	형태	빈도	백분율
94	야드	16,955	0.04	238	정	365	0.00
76	양	31,325	0.07	185	제	1,222	0.00
221	에이커	520	0.00	156	제곱미터	2,861	0.01
71	엔	33,424	0.07	222	제곱킬로미터	502	0.00
315	엔대	41	0.00	87	조	22,163	0.05
324	엥	36	0.00	277	족	108	0.00
207	여석	716	0.00	233	족족	394	0.00
108	여지	10,934	0.02	190	종	1,031	0.00
169	온스	1,814	0.00	183	좌	1,284	0.00
167	옹	1,830	0.00	59	주	63,574	0.14
274	와트	123	0.00	115	주간	8,778	0.02
45	외	109,748	0.24	131	주기	6,209	0.01
219	움큼	547	0.00	58	주년	64,687	0.14
301	웅큼	69	0.00	78	주일	30,932	0.07
6	원	2,300,128	5.11	56	줄	67,149	0.15
177	원대	1,579	0.00	278	숨	107	0.00
320	원등	38	0.00	10	중	1,201,418	2.67
8	월	1,981,261	4.41	265	중대	165	0.00
18	위	425,971	0.95	288	중시	84	0.00
102	위안	13,107	0.03	326	중위	35	0.00
98	유로	14,406	0.03	243	중지	287	0.00
83	이	26,366	0.06	273	즈	126	0.00
69	이래	36,254	0.08	126	즈음	6,715	0.01
132	인	5,892	0.01	48	지	101,000	0.22
90	인치	18,704	0.04	100	지경	13,234	0.03
3	일	3,649,900	8.12	321	질	38	0.00
43	자	116,951	0.26	121	집	7,738	0.02
214	자루	616	0.00	134	짝	5,359	0.01
52	장	94,285	0.21	24	쪽	280,110	0.62
39	적	143,207	0.32	27	차	232,421	0.52
114	전	9,169	0.02	146	참	3,916	0.01
246	절지	267	0.00	36	채	164,532	0.37
21	점	390,988	0.87	72	척	32,832	0.07
299	접	70	0.00	250	첩	254	0.00

순위	형태	빈도	백분율	순위	형태	빈도	백분율
150	체	3,290	0.01	38	편	144,195	0.32
25	초	254,087	0.56	37	평	164,483	0.37
306	촉	64	0.00	316	평방미터	41	0.00
168	춘	1,828	0.00	65	평형	48,383	0.11
157	축	2,598	0.01	290	폭	79	0.00
22	측	326,211	0.73	105	푼	11,869	0.03
118	치	8,722	0.02	172	품	1,760	0.00
171	켠	1,807	0.00	180	프랑	1,459	0.00
325	켤	36	0.00	291	프로	79	0.00
164	켤레	2,408	0.01	153	피트	3,050	0.01
88	쿼터	20,677	0.05	189	필	1,090	0.00
263	크로나	167	0.00	130	필지	6,234	0.01
311	킬	49	0.00	327	한	33	0.00
220	킬로	527	0.00	159	할	2,504	0.01
260	킬로그램	184	0.00	70	해	35,059	0.08
224	킬로미터	486	0.00	204	해리	763	0.00
289	킬로바이트	83	0.00	218	헤르츠	567	0.00
275	킬로와트	115	0.00	313	헥	48	0.00
322	타카	38	0.00	257	헥타르	197	0.00
200	탄	899	0.00	50	호	96,674	0.21
271	탕	130	0.00	245	홉	278	0.00
60	터	61,309	0.14	213	환	636	0.00
209	턱	696	0.00	23	회	289,973	0.64
137	톤	4,920	0.01	106	회전	11,500	0.03
201	톨	870	0.00				
99	통	13,749	0.03				
155	투	2,935	0.01				
318	티	39	0.00				
111	파운드	9,417	0.02				
95	판	16,520	0.04				
61	패	58,613	0.13				
198	퍼센트	963	0.00				
195	페소	985	0.00				
272	펜스	129	0.00				

4) 대명사

태그: NP
타입: 204
토큰: 6,712,224

(1) 고빈도 순서

순위	형태	빈도	백분율	누 적 백분율
1	이	1,709,157	25.46	25.46
2	그	1,361,219	20.28	45.74
3	우리	802,791	11.96	57.70
4	나	731,216	10.89	68.60
5	무엇	209,937	3.13	71.72
6	누구	209,226	3.12	74.84
7	그것	200,663	2.99	77.83
8	내	146,485	2.18	80.01
9	여기	142,081	2.12	82.13
10	자기	129,547	1.93	84.06
11	저	125,465	1.87	85.93
12	이곳	113,137	1.69	87.62
13	어디	112,663	1.68	89.29
14	이것	98,473	1.47	90.76
15	뭐	81,195	1.21	91.97
16	그녀	58,617	0.87	92.84
17	당신	56,742	0.85	93.69
18	모	52,763	0.79	94.48
19	아무개	48,950	0.73	95.20
20	너	45,573	0.68	95.88
21	언제	40,099	0.60	96.48
22	제	35,501	0.53	97.01
23	거기	33,750	0.50	97.51
24	여러분	25,315	0.38	97.89
25	그곳	25,064	0.37	98.26

순위	형태	빈도	백분율	누 적 백분율
26	아무	22,733	0.34	98.60
27	저희	8,779	0.13	98.73
28	네	8,440	0.13	98.86
29	그대	8,212	0.12	98.98
30	그분	7,748	0.12	99.10
31	너희	7,550	0.11	99.21
32	이거	5,428	0.08	99.29
33	그쪽	3,910	0.06	99.35
34	그거	3,311	0.05	99.40
35	지	3,231	0.05	99.44
36	저것	3,061	0.05	99.49
37	니	3,004	0.04	99.54
38	저쪽	2,884	0.04	99.58
39	저기	2,816	0.04	99.62
40	자네	2,735	0.04	99.66
41	애	1,795	0.03	99.69
42	이분	1,520	0.02	99.71
43	그놈	1,379	0.02	99.73
44	저편	1,358	0.02	99.75
45	그이	1,242	0.02	99.77
46	뭣	1,184	0.02	99.79
47	이놈	1,047	0.02	99.80
48	귀하	1,042	0.02	99.82
49	저곳	925	0.01	99.83
50	그네	842	0.01	99.84
51	무어	765	0.01	99.86
52	쟤	749	0.01	99.87
53	즈	721	0.01	99.88
54	걔	696	0.01	99.89
55	저거	546	0.01	99.90
56	누구누구	430	0.01	99.90
57	예	346	0.01	99.91
58	저그	321	0.00	99.91
59	저놈	285	0.00	99.92

순위	형태	빈도	백분율	누적 백분율	순위	형태	빈도	백분율	누적 백분율
60	머	278	0.00	99.92	94	그기	61	0.00	99.98
61	거시기	245	0.00	99.92	95	저이	55	0.00	99.98
62	울	213	0.00	99.93	96	모모	54	0.00	99.98
63	거	209	0.00	99.93	97	옹	52	0.00	99.98
64	그니	187	0.00	99.93	98	것	51	0.00	99.98
65	요것	177	0.00	99.94	99	고놈	49	0.00	99.98
66	소인	171	0.00	99.94	100	즈그	47	0.00	99.98
67	누	169	0.00	99.94	101	이따위	45	0.00	99.98
68	저분	168	0.00	99.94	102	형씨	44	0.00	99.99
69	어데	151	0.00	99.95	103	요거	41	0.00	99.99
70	게	146	0.00	99.95	104	이자	39	0.00	99.99
71	워디	120	0.00	99.95	105	과인	38	0.00	99.99
72	요놈	110	0.00	99.95	106	댁	35	0.00	99.99
73	네놈	105	0.00	99.95	107	저네	35	0.00	99.99
74	그자	104	0.00	99.96	108	소생	34	0.00	99.99
75	임자	103	0.00	99.96	109	이눔	34	0.00	99.99
76	뉘	101	0.00	99.96	110	갸	33	0.00	99.99
77	제군	99	0.00	99.96	111	가	30	0.00	99.99
78	이놈아	96	0.00	99.96	112	너그	28	0.00	99.99
79	여	90	0.00	99.96	113	암	27	0.00	99.99
80	모군	87	0.00	99.96	114	이기	27	0.00	99.99
81	그치	83	0.00	99.97	115	너이	26	0.00	99.99
82	여그	83	0.00	99.97	116	그따위	25	0.00	99.99
83	늬	80	0.00	99.97	117	어드메	24	0.00	99.99
84	이년	80	0.00	99.97	118	저년	24	0.00	99.99
85	이이	80	0.00	99.97	119	느네	22	0.00	99.99
86	고것	79	0.00	99.97	120	무삼	21	0.00	99.99
87	울리	77	0.00	99.97	121	우덜	18	0.00	99.99
88	느	74	0.00	99.97	122	조기	18	0.00	99.99
89	믓	73	0.00	99.97	123	거그	17	0.00	99.99
90	너거	71	0.00	99.98	124	그년	17	0.00	99.99
91	느그	71	0.00	99.98	125	나눔	17	0.00	99.99
92	요기	64	0.00	99.98	126	느이	17	0.00	99.99
93	자	62	0.00	99.98	127	니놈	16	0.00	100.00

순위	형태	빈도	백분율	누 적 백분율	순위	형태	빈도	백분율	누 적 백분율
128	즈네	16	0.00	100.00	162	궐자	3	0.00	100.00
129	얼	15	0.00	100.00	163	기거	3	0.00	100.00
130	고거	14	0.00	100.00	164	내장	3	0.00	100.00
131	긔	14	0.00	100.00	165	노형	3	0.00	100.00
132	그편	12	0.00	100.00	166	뉘기	3	0.00	100.00
133	즈이	12	0.00	100.00	167	무디	3	0.00	100.00
134	형장	10	0.00	100.00	168	씨	3	0.00	100.00
135	내이	9	0.00	100.00	169	요년	3	0.00	100.00
136	아	9	0.00	100.00	170	이녁	3	0.00	100.00
137	어	9	0.00	100.00	171	고기	2	0.00	100.00
138	저치	9	0.00	100.00	172	귀공	2	0.00	100.00
139	기것	8	0.00	100.00	173	나것	2	0.00	100.00
140	오데	8	0.00	100.00	174	당	2	0.00	100.00
141	우	8	0.00	100.00	175	뭐어	2	0.00	100.00
142	원제	8	0.00	100.00	176	뭐이	2	0.00	100.00
143	무	7	0.00	100.00	177	소관	2	0.00	100.00
144	저어기	7	0.00	100.00	178	신	2	0.00	100.00
145	조것	7	0.00	100.00	179	아신	2	0.00	100.00
146	소첩	6	0.00	100.00	180	어어	2	0.00	100.00
147	쉰네	6	0.00	100.00	181	언지	2	0.00	100.00
148	운제	6	0.00	100.00	182	여긔	2	0.00	100.00
149	여게	5	0.00	100.00	183	오대	2	0.00	100.00
150	은제	5	0.00	100.00	184	요	2	0.00	100.00
151	이쪽	5	0.00	100.00	185	저눔	2	0.00	100.00
152	자긔	5	0.00	100.00	186	그눔	1	0.00	100.00
153	조년	5	0.00	100.00	187	네년	1	0.00	100.00
154	고년	4	0.00	100.00	188	누넘	1	0.00	100.00
155	메	4	0.00	100.00	189	누지	1	0.00	100.00
156	모씨	4	0.00	100.00	190	당네	1	0.00	100.00
157	시생	4	0.00	100.00	191	모그	1	0.00	100.00
158	야	4	0.00	100.00	192	모디	1	0.00	100.00
159	으디	4	0.00	100.00	193	모제	1	0.00	100.00
160	저자	4	0.00	100.00	194	무시기	1	0.00	100.00
161	조오기	4	0.00	100.00	195	뭐디	1	0.00	100.00

순위	형태	빈도	백분율	누 적 백분율
196	쉰	1	0.00	100.00
197	아모	1	0.00	100.00
198	아희	1	0.00	100.00
199	여자	1	0.00	100.00
200	우어	1	0.00	100.00
201	우치	1	0.00	100.00
202	이넘	1	0.00	100.00
203	이노옴	1	0.00	100.00
204	저우	1	0.00	100.00

(2) 가나다 순서

순위	형태	빈도	백분율
111	가	30	0.00
110	갸	33	0.00
54	걔	696	0.01
63	거	209	0.00
123	거그	17	0.00
23	거기	33,750	0.50
61	거시기	245	0.00
98	것	51	0.00
70	게	146	0.00
130	고거	14	0.00
86	고것	79	0.00
171	고기	2	0.00
154	고년	4	0.00
99	고놈	49	0.00
105	과인	38	0.00
162	궐자	3	0.00
172	귀공	2	0.00
48	귀하	1,042	0.02
2	그	1,361,219	20.28
34	그거	3,311	0.05
7	그것	200,663	2.99
25	그곳	25,064	0.37
94	그기	61	0.00
50	그네	842	0.01
16	그녀	58,617	0.87
124	그년	17	0.00
43	그놈	1,379	0.02
186	그눔	1	0.00
64	그니	187	0.00
29	그대	8,212	0.12
116	그따위	25	0.00
30	그분	7,748	0.12

순위	형태	빈도	백분율	순위	형태	빈도	백분율
45	그이	1,242	0.02	83	늬	80	0.00
74	그자	104	0.00	37	니	3,004	0.04
33	그쪽	3,910	0.06	127	니놈	16	0.00
81	그치	83	0.00	174	당	2	0.00
132	그편	12	0.00	190	당네	1	0.00
131	긔	14	0.00	17	당신	56,742	0.85
163	기거	3	0.00	106	댁	35	0.00
139	기것	8	0.00	60	머	278	0.00
4	나	731,216	10.89	155	메	4	0.00
173	나것	2	0.00	18	모	52,763	0.79
125	나눔	17	0.00	80	모군	87	0.00
8	내	146,485	2.18	191	모그	1	0.00
135	내이	9	0.00	192	모디	1	0.00
164	내장	3	0.00	96	모모	54	0.00
20	너	45,573	0.68	156	모씨	4	0.00
90	너기	71	0.00	193	모제	1	0.00
112	너그	28	0.00	143	무	7	0.00
115	너이	26	0.00	167	무디	3	0.00
31	너희	7,550	0.11	120	무삼	21	0.00
28	네	8,440	0.13	194	무시기	1	0.00
187	네년	1	0.00	51	무어	765	0.01
73	네놈	105	0.00	5	무엇	209,937	3.13
165	노형	3	0.00	15	뭐	81,195	1.21
67	누	169	0.00	195	뭐디	1	0.00
6	누구	209,226	3.12	175	뭐어	2	0.00
56	누구누구	430	0.01	176	뭐이	2	0.00
188	누넘	1	0.00	46	뭣	1,184	0.02
189	누지	1	0.00	89	믓	73	0.00
76	뉘	101	0.00	177	소관	2	0.00
166	뉘기	3	0.00	108	소생	34	0.00
88	느	74	0.00	66	소인	171	0.00
91	느그	71	0.00	146	소첩	6	0.00
119	느네	22	0.00	196	쇤	1	0.00
126	느이	17	0.00	147	쇤네	6	0.00

순위	형태	빈도	백분율	순위	형태	빈도	백분율
157	시생	4	0.00	92	요기	64	0.00
178	신	2	0.00	169	요년	3	0.00
168	씨	3	0.00	72	요놈	110	0.00
136	아	9	0.00	141	우	8	0.00
197	아모	1	0.00	121	우덜	18	0.00
26	아무	22,733	0.34	3	우리	802,791	11.96
19	아무개	48,950	0.73	200	우어	1	0.00
179	아신	2	0.00	201	우치	1	0.00
198	아희	1	0.00	148	운제	6	0.00
113	암	27	0.00	62	울	213	0.00
158	야	4	0.00	87	울리	77	0.00
41	애	1,795	0.03	71	워디	120	0.00
137	어	9	0.00	142	원제	8	0.00
69	어데	151	0.00	159	으디	4	0.00
117	어드메	24	0.00	150	은제	5	0.00
13	어디	112,663	1.68	1	이	1,709,157	25.46
180	어어	2	0.00	32	이거	5,428	0.08
21	언제	40,099	0.60	14	이것	98,473	1.47
181	언지	2	0.00	12	이곳	113,137	1.69
129	얼	15	0.00	114	이기	27	0.00
79	여	90	0.00	202	이넘	1	0.00
149	여게	5	0.00	170	이녁	3	0.00
82	여그	83	0.00	84	이년	80	0.00
182	여긔	2	0.00	203	이노옴	1	0.00
9	여기	142,081	2.12	47	이놈	1,047	0.02
24	여러분	25,315	0.38	78	이놈아	96	0.00
199	여자	1	0.00	109	이눔	34	0.00
57	예	346	0.01	101	이따위	45	0.00
183	오대	2	0.00	42	이분	1,520	0.02
140	오데	8	0.00	85	이이	80	0.00
97	옹	52	0.00	104	이자	39	0.00
184	요	2	0.00	151	이쪽	5	0.00
103	요거	41	0.00	75	임자	103	0.00
65	요것	177	0.00	93	자	62	0.00

순위	형태	빈도	백분율
152	자긔	5	0.00
10	자기	129,547	1.93
40	자네	2,735	0.04
52	쟤	749	0.01
11	저	125,465	1.87
55	저거	546	0.01
36	저것	3,061	0.05
49	저곳	925	0.01
58	저그	321	0.00
39	저기	2,816	0.04
107	저네	35	0.00
118	저년	24	0.00
59	저놈	285	0.00
185	저눔	2	0.00
68	저분	168	0.00
144	저어기	7	0.00
204	저우	1	0.00
95	저이	55	0.00
160	저자	4	0.00
38	저쪽	2,884	0.04
138	저치	9	0.00
44	저편	1,358	0.02
27	저희	8,779	0.13
22	제	35,501	0.53
77	제군	99	0.00
145	조것	7	0.00
122	조기	18	0.00
153	조년	5	0.00
161	조오기	4	0.00
53	즈	721	0.01
100	즈그	47	0.00
128	즈네	16	0.00
133	즈이	12	0.00
35	지	3,231	0.05

순위	형태	빈도	백분율
102	형씨	44	0.00
134	형장	10	0.00

5) 수사

태그: NR
타입: 904
토큰: 5,266,497

(1) 고빈도 순서

순위	형태	빈도	백분율	누 적 백분율
1	만	2,079,955	39.49	39.49
2	억	1,260,679	23.94	63.43
3	조	324,374	6.16	69.59
4	하나	319,707	6.07	75.66
5	백	266,777	5.07	80.73
6	천	258,814	4.91	85.64
7	천만	78,955	1.50	87.14
8	둘	59,085	1.12	88.26
9	둘째	42,711	0.81	89.07
10	천억	39,817	0.76	89.83
11	수십	39,168	0.74	90.57
12	백만	38,396	0.73	91.30
13	다섯	37,822	0.72	92.02
14	일	35,306	0.67	92.69
15	첫째	29,478	0.56	93.25
16	열	29,112	0.55	93.80
17	수백	25,352	0.48	94.28
18	셋째	23,098	0.44	94.72
19	수천	18,085	0.34	95.07
20	여섯	17,495	0.33	95.40
21	백억	16,021	0.30	95.70
22	일곱	11,438	0.22	95.92
23	수백만	10,207	0.19	96.11
24	수만	9,599	0.18	96.30
25	십	9,508	0.18	96.48
26	셋	8,449	0.16	96.64
27	수천만	8,196	0.16	96.79
28	넷째	8,048	0.15	96.95
29	수십억	7,971	0.15	97.10
30	아홉	7,766	0.15	97.24
31	수억	7,522	0.14	97.39
32	여덟	7,409	0.14	97.53
33	수십만	7,231	0.14	97.67
34	수백억	6,437	0.12	97.79
35	사	6,243	0.12	97.91
36	서른	6,173	0.12	98.02
37	삼	5,282	0.10	98.12
38	여만	5,164	0.10	98.22
39	넷	4,227	0.08	98.30
40	수천억	4,116	0.08	98.38
41	마흔	4,084	0.08	98.46
42	구	3,811	0.07	98.53
43	오	3,626	0.07	98.60
44	스물	2,889	0.05	98.65
45	여억	2,824	0.05	98.71
46	수조	2,544	0.05	98.76
47	다섯째	2,511	0.05	98.80
48	대여섯	2,063	0.04	98.84
49	한둘	2,049	0.04	98.88
50	몇몇	2,048	0.04	98.92
51	몇	2,021	0.04	98.96
52	이	1,961	0.04	99.00
53	여	1,758	0.03	99.03
54	쉰	1,679	0.03	99.06
55	육	1,617	0.03	99.09
56	일흔	1,544	0.03	99.12
57	여든	1,460	0.03	99.15
58	오만	1,354	0.03	99.17
59	열아홉	1,329	0.03	99.20

순위	형태	빈도	백분율	누적 백분율	순위	형태	빈도	백분율	누적 백분율
60	열다섯	1,291	0.02	99.22	94	십억	365	0.01	99.68
61	열일곱	1,217	0.02	99.25	95	서른다섯	362	0.01	99.69
62	예순	1,189	0.02	99.27	96	스물여덟	319	0.01	99.69
63	열여섯	1,076	0.02	99.29	97	팔십	302	0.01	99.70
64	일만	1,066	0.02	99.31	98	육십	293	0.01	99.71
65	이십	1,007	0.02	99.33	99	서른여섯	281	0.01	99.71
66	이천	981	0.02	99.35	100	백여	272	0.01	99.72
67	오십	956	0.02	99.37	101	열댓	264	0.01	99.72
68	수십조	926	0.02	99.38	102	천여	264	0.01	99.73
69	열여덟	911	0.02	99.40	103	이만	259	0.00	99.73
70	십만	878	0.02	99.42	104	일곱째	254	0.00	99.74
71	삼십	870	0.02	99.43	105	첫	249	0.00	99.74
72	하	863	0.02	99.45	106	이삼	243	0.00	99.75
73	여섯째	823	0.02	99.47	107	서른일곱	239	0.00	99.75
74	네댓	718	0.01	99.48	108	스물셋	237	0.00	99.75
75	이흔	716	0.01	99.49	109	서른아홉	236	0.00	99.76
76	백조	711	0.01	99.51	110	오일	233	0.00	99.76
77	예닐곱	666	0.01	99.52	111	댓	223	0.00	99.77
78	수	648	0.01	99.53	112	네다섯	221	0.00	99.77
79	스물다섯	643	0.01	99.54	113	스물넷	209	0.00	99.78
80	스물아홉	599	0.01	99.56	114	서른셋	206	0.00	99.78
81	삼천	576	0.01	99.57	115	다	205	0.00	99.78
82	칠십	568	0.01	99.58	116	아흔아홉	202	0.00	99.79
83	팔	558	0.01	99.59	117	서른여덟	201	0.00	99.79
84	이백	543	0.01	99.60	118	서넛	194	0.00	99.79
85	오백	516	0.01	99.61	119	여덟째	188	0.00	99.80
86	스물일곱	488	0.01	99.62	120	억만	187	0.00	99.80
87	칠	478	0.01	99.63	121	즈	187	0.00	99.81
88	스물여섯	465	0.01	99.64	122	너댓	177	0.00	99.81
89	사십	450	0.01	99.64	123	세째	170	0.00	99.81
90	사천	435	0.01	99.65	124	마흔다섯	169	0.00	99.82
91	오천	400	0.01	99.66	125	수백조	163	0.00	99.82
92	삼백	385	0.01	99.67	126	시오	158	0.00	99.82
93	만여	376	0.01	99.67	127	이백만	151	0.00	99.82

순위	형태	빈도	백분율	누 적 백분율	순위	형태	빈도	백분율	누 적 백분율
128	여남은	144	0.00	99.83	162	이삼만	66	0.00	99.89
129	일천	137	0.00	99.83	163	백이	65	0.00	99.89
130	너덧	136	0.00	99.83	164	예순여섯	65	0.00	99.89
131	경	127	0.00	99.83	165	공	64	0.00	99.89
132	즈믄	124	0.00	99.84	166	삼사	64	0.00	99.89
133	구십	123	0.00	99.84	167	두엇	62	0.00	99.90
134	팔만	119	0.00	99.84	168	몇조	62	0.00	99.90
135	칠천	118	0.00	99.84	169	네째	61	0.00	99.90
136	마흔여덟	114	0.00	99.85	170	구백	59	0.00	99.90
137	사만	112	0.00	99.85	171	쉰여섯	59	0.00	99.90
138	두셋	110	0.00	99.85	172	이삼십	57	0.00	99.90
139	마흔여섯	109	0.00	99.85	173	사천만	56	0.00	99.90
140	무	105	0.00	99.85	174	한나	55	0.00	99.90
141	십오	104	0.00	99.86	175	십이	54	0.00	99.90
142	이천만	103	0.00	99.86	176	일고여덟	53	0.00	99.91
143	십수	100	0.00	99.86	177	마흔넷	52	0.00	99.91
144	서른둘	96	0.00	99.86	178	삼천만	51	0.00	99.91
145	일백	95	0.00	99.86	179	하나둘	51	0.00	99.91
146	삼만	93	0.00	99.87	180	백팔	50	0.00	99.91
147	스물한	93	0.00	99.87	181	구사	49	0.00	99.91
148	마흔아홉	91	0.00	99.87	182	마흔둘	47	0.00	99.91
149	마흔일곱	91	0.00	99.87	183	열셋	47	0.00	99.91
150	스	90	0.00	99.87	184	륙	46	0.00	99.91
151	쉰다섯	88	0.00	99.87	185	세	46	0.00	99.91
152	스물두	84	0.00	99.88	186	수삼	46	0.00	99.91
153	아	82	0.00	99.88	187	쉰일곱	46	0.00	99.92
154	마흔셋	81	0.00	99.88	188	열대여섯	46	0.00	99.92
155	구만	78	0.00	99.88	189	열째	46	0.00	99.92
156	서른넷	75	0.00	99.88	190	일흔셋	46	0.00	99.92
157	스물둘	75	0.00	99.88	191	사오십	45	0.00	99.92
158	칠백	69	0.00	99.88	192	쉰여덟	45	0.00	99.92
159	스물네	68	0.00	99.89	193	천백	45	0.00	99.92
160	여든여덟	67	0.00	99.89	194	구천	44	0.00	99.92
161	예순다섯	67	0.00	99.89	195	여든다섯	44	0.00	99.92

순위	형태	빈도	백분율	누적 백분율	순위	형태	빈도	백분율	누적 백분율
196	일만이천	42	0.00	99.92	230	일흔여섯	28	0.00	99.95
197	대	41	0.00	99.92	231	칠천만	28	0.00	99.95
198	이억	41	0.00	99.92	232	삼일	27	0.00	99.95
199	일천만	41	0.00	99.93	233	셋째아	27	0.00	99.95
200	일흔다섯	41	0.00	99.93	234	팔백	27	0.00	99.95
201	일흔일곱	41	0.00	99.93	235	네	26	0.00	99.95
202	구째	40	0.00	99.93	236	쉰둘	26	0.00	99.95
203	기천	39	0.00	99.93	237	십팔	26	0.00	99.95
204	아홉째	39	0.00	99.93	238	칠만	26	0.00	99.95
205	육백	39	0.00	99.93	239	두나	25	0.00	99.95
206	백천	37	0.00	99.93	240	백구	25	0.00	99.95
207	사백	37	0.00	99.93	241	아홉수	25	0.00	99.95
208	열둘	37	0.00	99.93	242	일억	25	0.00	99.95
209	칠팔	37	0.00	99.93	243	사십오	24	0.00	99.95
210	팔천	37	0.00	99.93	244	스물하나	24	0.00	99.95
211	삼사십	36	0.00	99.93	245	오천만	24	0.00	99.95
212	석	36	0.00	99.93	246	일흔둘	24	0.00	99.95
213	천조	36	0.00	99.94	247	두울	23	0.00	99.95
214	칠팔십	35	0.00	99.94	248	백팔십	23	0.00	99.95
215	기백만	34	0.00	99.94	249	십칠	23	0.00	99.95
216	억아	34	0.00	99.94	250	일흔아홉	23	0.00	99.96
217	여조	34	0.00	99.94	251	서른두	22	0.00	99.96
218	예순넷	34	0.00	99.94	252	여든셋	22	0.00	99.96
219	일째	33	0.00	99.94	253	오륙십	22	0.00	99.96
220	일흔넷	33	0.00	99.94	254	여든여섯	21	0.00	99.96
221	쉰셋	31	0.00	99.94	255	시	20	0.00	99.96
222	몇십조	30	0.00	99.94	256	십일	20	0.00	99.96
223	오륙	30	0.00	99.94	257	이십오	20	0.00	99.96
224	일이	30	0.00	99.94	258	조억	20	0.00	99.96
225	영	29	0.00	99.94	259	다나	19	0.00	99.96
226	천오백	29	0.00	99.94	260	십여	19	0.00	99.96
227	하나넷	29	0.00	99.94	261	열나	19	0.00	99.96
228	쉰아홉	28	0.00	99.94	262	예순여덟	19	0.00	99.96
229	일흔여덟	28	0.00	99.95	263	백오십	18	0.00	99.96

순위	형태	빈도	백분율	누 적 백분율	순위	형태	빈도	백분율	누 적 백분율
264	억서	18	0.00	99.96	298	둘다섯	12	0.00	99.97
265	여든아홉	18	0.00	99.96	299	백나	12	0.00	99.97
266	오백만	18	0.00	99.96	300	삼나	12	0.00	99.97
267	이십만	18	0.00	99.96					
268	팔만사천	18	0.00	99.96					
269	너	17	0.00	99.96					
270	넉	17	0.00	99.96					
271	삼백만	17	0.00	99.96					
272	수억만	17	0.00	99.96					
273	십조	17	0.00	99.96					
274	두서넛	16	0.00	99.96					
275	만오천	16	0.00	99.96					
276	삼백육십오	16	0.00	99.96					
277	삼십이	16	0.00	99.96					
278	설흔	16	0.00	99.96					
279	십육	16	0.00	99.97					
280	기십만	15	0.00	99.97					
281	기천만	15	0.00	99.97					
282	둘만	15	0.00	99.97					
283	몇째	15	0.00	99.97					
284	셋째날	15	0.00	99.97					
285	수백구	15	0.00	99.97					
286	수십여	15	0.00	99.97					
287	열만	15	0.00	99.97					
288	오십만	15	0.00	99.97					
289	천삼	15	0.00	99.97					
290	기백	14	0.00	99.97					
291	수백여	14	0.00	99.97					
292	십구	14	0.00	99.97					
293	아흔여섯	14	0.00	99.97					
294	이십사	14	0.00	99.97					
295	하만	14	0.00	99.97					
296	아흔셋	13	0.00	99.97					
297	구십구	12	0.00	99.97					

(2) 가나다 순서

순위	형태	빈도	백분율
131	경	127	0.00
165	공	64	0.00
42	구	3,811	0.07
155	구만	78	0.00
170	구백	59	0.00
181	구사	49	0.00
133	구십	123	0.00
297	구십구	12	0.00
202	구째	40	0.00
194	구천	44	0.00
290	기백	14	0.00
215	기백만	34	0.00
280	기십만	15	0.00
203	기천	39	0.00
281	기천만	15	0.00
269	너	17	0.00
122	너댓	177	0.00
130	너덧	136	0.00
270	넉	17	0.00
235	네	26	0.00
112	네다섯	221	0.00
74	네댓	718	0.01
169	네째	61	0.00
39	넷	4,227	0.08
28	넷째	8,048	0.15
115	다	205	0.00
259	다나	19	0.00
13	다섯	37,822	0.72
47	다섯째	2,511	0.05
197	대	41	0.00
48	대여섯	2,063	0.04
111	댓	223	0.00

순위	형태	빈도	백분율
239	두나	25	0.00
274	두서넛	16	0.00
138	두셋	110	0.00
167	두엇	62	0.00
247	두울	23	0.00
8	둘	59,085	1.12
298	둘다섯	12	0.00
282	둘만	15	0.00
9	둘째	42,711	0.81
184	륙	46	0.00
41	마흔	4,084	0.08
177	마흔넷	52	0.00
124	마흔다섯	169	0.00
182	마흔둘	47	0.00
154	마흔셋	81	0.00
148	마흔아홉	91	0.00
136	마흔여덟	114	0.00
139	마흔여섯	109	0.00
149	마흔일곱	91	0.00
1	만	2,079,955	39.49
93	만여	376	0.01
275	만오천	16	0.00
51	몇	2,021	0.04
50	몇몇	2,048	0.04
222	몇십조	30	0.00
168	몇조	62	0.00
283	몇째	15	0.00
140	무	105	0.00
5	백	266,777	5.07
240	백구	25	0.00
299	백나	12	0.00
12	백만	38,396	0.73
21	백억	16,021	0.30
100	백여	272	0.01

순위	형태	빈도	백분율	순위	형태	빈도	백분율
263	백오십	18	0.00	109	서른아홉	236	0.00
163	백이	65	0.00	117	서른여덟	201	0.00
76	백조	711	0.01	99	서른여섯	281	0.01
206	백천	37	0.00	107	서른일곱	239	0.00
180	백팔	50	0.00	212	석	36	0.00
248	백팔십	23	0.00	278	설혼	16	0.00
35	사	6,243	0.12	185	세	46	0.00
137	사만	112	0.00	123	세째	170	0.00
207	사백	37	0.00	26	셋	8,449	0.16
89	사십	450	0.01	18	셋째	23,098	0.44
243	사십오	24	0.00	284	셋째날	15	0.00
191	사오십	45	0.00	233	셋째아	27	0.00
90	사천	435	0.01	78	수	648	0.01
173	사천만	56	0.00	24	수만	9,599	0.18
37	삼	5,282	0.10	17	수백	25,352	0.48
300	삼나	12	0.00	285	수백구	15	0.00
146	삼만	93	0.00	23	수백만	10,207	0.19
92	삼백	385	0.01	34	수백억	6,437	0.12
271	삼백만	17	0.00	291	수백여	14	0.00
276	삼백육십오	16	0.00	125	수백조	163	0.00
166	삼사	64	0.00	186	수삼	46	0.00
211	삼사십	36	0.00	11	수십	39,168	0.74
71	삼십	870	0.02	33	수십만	7,231	0.14
277	삼십이	16	0.00	29	수십억	7,971	0.15
232	삼일	27	0.00	286	수십여	15	0.00
81	삼천	576	0.01	68	수십조	926	0.02
178	삼천만	51	0.00	31	수억	7,522	0.14
118	서넛	194	0.00	272	수억만	17	0.00
36	서른	6,173	0.12	46	수조	2,544	0.05
156	서른넷	75	0.00	19	수천	18,085	0.34
95	서른다섯	362	0.01	27	수천만	8,196	0.16
251	서른두	22	0.00	40	수천억	4,116	0.08
144	서른둘	96	0.00	54	쉰	1,679	0.03
114	서른셋	206	0.00	151	쉰다섯	88	0.00

순위	형태	빈도	백분율	순위	형태	빈도	백분율
236	쉰둘	26	0.00	237	십팔	26	0.00
221	쉰셋	31	0.00	153	아	82	0.00
228	쉰아홉	28	0.00	30	아홉	7,766	0.15
192	쉰여덟	45	0.00	241	아홉수	25	0.00
171	쉰여섯	59	0.00	204	아홉째	39	0.00
187	쉰일곱	46	0.00	75	아흔	716	0.01
150	스	90	0.00	296	아흔셋	13	0.00
44	스물	2,889	0.05	116	아흔아홉	202	0.00
159	스물네	68	0.00	293	아흔여섯	14	0.00
113	스물넷	209	0.00	2	억	1,260,679	23.94
79	스물다섯	643	0.01	120	억만	187	0.00
152	스물두	84	0.00	264	억서	18	0.00
157	스물둘	75	0.00	216	억아	34	0.00
108	스물셋	237	0.00	53	여	1,758	0.03
80	스물아홉	599	0.01	128	여남은	144	0.00
96	스물여덟	319	0.01	32	여덟	7,409	0.14
88	스물여섯	465	0.01	119	여덟째	188	0.00
86	스물일곱	488	0.01	57	여든	1,460	0.03
244	스물하나	24	0.00	195	여든다섯	44	0.00
147	스물한	93	0.00	252	여든셋	22	0.00
255	시	20	0.00	265	여든아홉	18	0.00
126	시오	158	0.00	160	여든여덟	67	0.00
25	십	9,508	0.18	254	여든여섯	21	0.00
292	십구	14	0.00	38	여만	5,164	0.10
70	십만	878	0.02	20	여섯	17,495	0.33
143	십수	100	0.00	73	여섯째	823	0.02
94	십억	365	0.01	45	여억	2,824	0.05
260	십여	19	0.00	217	여조	34	0.00
141	십오	104	0.00	16	열	29,112	0.55
279	십육	16	0.00	261	열나	19	0.00
175	십이	54	0.00	60	열다섯	1,291	0.02
256	십일	20	0.00	188	열대여섯	46	0.00
273	십조	17	0.00	101	열댓	264	0.01
249	십칠	23	0.00	208	열둘	37	0.00

순위	형태	빈도	백분율	순위	형태	빈도	백분율
287	열만	15	0.00	172	이삼십	57	0.00
183	열셋	47	0.00	65	이십	1,007	0.02
59	열아홉	1,329	0.03	267	이십만	18	0.00
69	열여덟	911	0.02	294	이십사	14	0.00
63	열여섯	1,076	0.02	257	이십오	20	0.00
61	열일곱	1,217	0.02	198	이억	41	0.00
189	열째	46	0.00	66	이천	981	0.02
225	영	29	0.00	142	이천만	103	0.00
77	예닐곱	666	0.01	14	일	35,306	0.67
62	예순	1,189	0.02	176	일고여덟	53	0.00
218	예순넷	34	0.00	22	일곱	11,438	0.22
161	예순다섯	67	0.00	104	일곱째	254	0.00
262	예순여덟	19	0.00	64	일만	1,066	0.02
164	예순여섯	65	0.00	196	일만이천	42	0.00
43	오	3,626	0.07	145	일백	95	0.00
223	오륙	30	0.00	242	일억	25	0.00
253	오륙십	22	0.00	224	일이	30	0.00
58	오만	1,354	0.03	219	일째	33	0.00
85	오백	516	0.01	129	일천	137	0.00
266	오백만	18	0.00	199	일천만	41	0.00
67	오십	956	0.02	56	일흔	1,544	0.03
288	오십만	15	0.00	220	일흔넷	33	0.00
110	오일	233	0.00	200	일흔다섯	41	0.00
91	오천	400	0.01	246	일흔둘	24	0.00
245	오천만	24	0.00	190	일흔셋	46	0.00
55	육	1,617	0.03	250	일흔아홉	23	0.00
205	육백	39	0.00	229	일흔여덟	28	0.00
98	육십	293	0.01	230	일흔여섯	28	0.00
52	이	1,961	0.04	201	일흔일곱	41	0.00
103	이만	259	0.00	3	조	324,374	6.16
84	이백	543	0.01	258	조억	20	0.00
127	이백만	151	0.00	121	즈	187	0.00
106	이삼	243	0.00	132	즈믄	124	0.00
162	이삼만	66	0.00	6	천	258,814	4.91

순위	형태	빈도	백분율
7	천만	78,955	1.50
193	천백	45	0.00
289	천삼	15	0.00
10	천억	39,817	0.76
102	천여	264	0.01
226	천오백	29	0.00
213	천조	36	0.00
105	첫	249	0.00
15	첫째	29,478	0.56
87	칠	478	0.01
238	칠만	26	0.00
158	칠백	69	0.00
82	칠십	568	0.01
135	칠천	118	0.00
231	칠천만	28	0.00
209	칠팔	37	0.00
214	칠팔십	35	0.00
83	팔	558	0.01
134	팔만	119	0.00
268	팔만사천	18	0.00
234	팔백	27	0.00
97	팔십	302	0.01
210	팔천	37	0.00
72	하	863	0.02
4	하나	319,707	6.07
227	하나넷	29	0.00
179	하나둘	51	0.00
295	하만	14	0.00
174	한나	55	0.00
49	한둘	2,049	0.04

6) 동사

태그: VV
타입: 7,686
토큰: 66,136,935

(1) 고빈도 순서

순위	형태	빈도	백분율	누적 백분율
1	있	4,664,214	7.05	7.05
2	하	3,576,631	5.41	12.46
3	되	2,545,679	3.85	16.31
4	대하	1,928,581	2.92	19.23
5	받	1,657,351	2.51	21.73
6	위하	1,607,252	2.43	24.16
7	보	1,152,832	1.74	25.90
8	밝히	1,064,867	1.61	27.51
9	따르	991,313	1.50	29.01
10	보이	914,648	1.38	30.40
11	만들	828,558	1.25	31.65
12	지나	801,636	1.21	32.86
13	통하	764,481	1.16	34.02
14	나오	699,831	1.06	35.08
15	들	573,373	0.87	35.94
16	가	528,982	0.80	36.74
17	열리	526,857	0.80	37.54
18	쓰	504,620	0.76	38.30
19	내	466,544	0.71	39.01
20	오	456,993	0.69	39.70
21	알	415,503	0.63	40.33
22	살	413,315	0.62	40.95
23	열	411,424	0.62	41.57
24	주	398,464	0.60	42.18
25	오르	391,923	0.59	42.77

순위	형태	빈도	백분율	누 적 백분율	순위	형태	빈도	백분율	누 적 백분율
26	알리	389,465	0.59	43.36	60	남	185,604	0.28	56.27
27	찾	386,427	0.58	43.94	61	생기	184,026	0.28	56.55
28	나서	341,438	0.52	44.46	62	타	183,096	0.28	56.82
29	맞	331,470	0.50	44.96	63	거치	181,788	0.27	57.10
30	갖	324,397	0.49	45.45	64	내놓	181,098	0.27	57.37
31	만나	305,632	0.46	45.91	65	그러	180,583	0.27	57.65
32	잇	296,520	0.45	46.36	66	읽	176,458	0.27	57.91
33	넘	284,209	0.43	46.79	67	세우	174,658	0.26	58.18
34	떨어지	283,915	0.43	47.22	68	줄이	173,136	0.26	58.44
35	나타나	277,952	0.42	47.64	69	끝나	172,031	0.26	58.70
36	가지	276,741	0.42	48.06	70	갖추	170,925	0.26	58.96
37	전하	269,702	0.41	48.47	71	빠지	169,598	0.26	59.21
38	벌이	263,458	0.40	48.86	72	모으	169,208	0.26	59.47
39	모르	259,491	0.39	49.26	73	높이	165,737	0.25	59.72
40	잡	259,114	0.39	49.65	74	막	165,034	0.25	59.97
41	올리	256,268	0.39	50.04	75	이어지	163,041	0.25	60.22
42	들어가	255,492	0.39	50.42	76	지키	157,502	0.24	60.45
43	나	245,646	0.37	50.79	77	걸리	157,467	0.24	60.69
44	보내	239,857	0.36	51.16	78	묻	157,133	0.24	60.93
45	두	239,695	0.36	51.52	79	비롯하	152,954	0.23	61.16
46	내리	229,951	0.35	51.87	80	부르	152,124	0.23	61.39
47	이르	229,682	0.35	52.21	81	팔	151,201	0.23	61.62
48	먹	225,100	0.34	52.55	82	앞서	150,143	0.23	61.85
49	짓	220,541	0.33	52.89	83	서	145,249	0.22	62.07
50	얻	219,282	0.33	53.22	84	넣	143,281	0.22	62.28
51	늘어나	218,929	0.33	53.55	85	치	142,328	0.22	62.50
52	듣	213,521	0.32	53.87	86	옮기	141,399	0.21	62.71
53	이루어지	211,923	0.32	54.19	87	맞추	138,713	0.21	62.92
54	바꾸	211,262	0.32	54.51	88	늘리	136,581	0.21	63.13
55	맡	209,461	0.32	54.83	89	담	135,219	0.20	63.33
56	비하	196,314	0.30	55.13	90	이루	134,884	0.20	63.54
57	느끼	195,929	0.30	55.42	91	떠나	134,727	0.20	63.74
58	늘	188,393	0.28	55.71	92	앞두	131,494	0.20	63.94
59	나누	186,322	0.28	55.99	93	이끌	131,036	0.20	64.14

순위	형태	빈도	백분율	누적 백분율	순위	형태	빈도	백분율	누적 백분율
94	바뀌	130,770	0.20	64.34	128	삼	100,197	0.15	70.24
95	끌	130,122	0.20	64.53	129	들어서	99,977	0.15	70.39
96	의하	129,872	0.20	64.73	130	지내	98,614	0.15	70.54
97	놓	127,752	0.19	64.92	131	걷	98,586	0.15	70.69
98	배우	126,769	0.19	65.11	132	받아들이	98,474	0.15	70.83
99	겪	125,998	0.19	65.30	133	뛰	97,800	0.15	70.98
100	인하	124,858	0.19	65.49	134	살리	97,531	0.15	71.13
101	관하	124,263	0.19	65.68	135	믿	96,756	0.15	71.28
102	정하	123,558	0.19	65.87	136	뽑	96,214	0.15	71.42
103	입	123,484	0.19	66.05	137	줄	95,000	0.14	71.57
104	미치	122,251	0.18	66.24	138	잃	94,855	0.14	71.71
105	다니	121,434	0.18	66.42	139	남기	94,606	0.14	71.85
106	그리	120,957	0.18	66.61	140	걷	93,499	0.14	71.99
107	드러나	119,797	0.18	66.79	141	거두	92,979	0.14	72.13
108	벌어지	117,175	0.18	66.96	142	돌아오	92,539	0.14	72.27
109	시	116,726	0.18	67.14	143	불리	91,566	0.14	72.41
110	키우	116,536	0.18	67.32	144	지	90,339	0.14	72.55
111	즐기	116,218	0.18	67.49	145	돌아가	89,623	0.14	72.68
112	풀	115,222	0.17	67.67	146	피하	89,548	0.14	72.82
113	치르	114,016	0.17	67.84	147	당하	89,530	0.14	72.96
114	펼치	113,621	0.17	68.01	148	모이	89,372	0.14	73.09
115	커지	112,432	0.17	68.18	149	벗어나	88,826	0.13	73.22
116	달리	112,198	0.17	68.35	150	사라지	88,528	0.13	73.36
117	마치	111,659	0.17	68.52	151	달하	88,523	0.13	73.49
118	줄어들	108,347	0.16	68.68	152	걸치	86,563	0.13	73.62
119	돕	108,026	0.16	68.85	153	향하	86,060	0.13	73.75
120	죽	104,638	0.16	69.00	154	바라	85,705	0.13	73.88
121	일어나	104,420	0.16	69.16	155	이기	85,584	0.13	74.01
122	그치	103,788	0.16	69.32	156	찍	84,697	0.13	74.14
123	선보이	103,211	0.16	69.48	157	기다리	84,195	0.13	74.27
124	덧붙이	101,229	0.15	69.63	158	다루	83,165	0.13	74.39
125	들어오	100,943	0.15	69.78	159	잇따르	80,909	0.12	74.52
126	나가	100,667	0.15	69.93	160	들이	79,897	0.12	74.64
127	원하	100,263	0.15	70.08	161	몰리	78,196	0.12	74.75

순위	형태	빈도	백분율	누 적 백분율	순위	형태	빈도	백분율	누 적 백분율
162	일으키	77,947	0.12	74.87	196	고르	59,583	0.09	78.33
163	던지	77,296	0.12	74.99	197	불구하	59,543	0.09	78.42
164	넘기	74,885	0.11	75.10	198	넘어서	58,656	0.09	78.51
165	달라지	74,630	0.11	75.22	199	돌	58,457	0.09	78.60
166	취하	74,055	0.11	75.33	200	맞서	58,436	0.09	78.69
167	좋아하	73,363	0.11	75.44	201	웃	58,319	0.09	78.78
168	붙이	73,078	0.11	75.55	202	맡기	58,098	0.09	78.87
169	변하	72,167	0.11	75.66	203	쉬	57,299	0.09	78.95
170	빼	71,762	0.11	75.77	204	가리	57,073	0.09	79.04
171	따	71,657	0.11	75.87	205	잘하	56,906	0.09	79.12
172	돌리	71,430	0.11	75.98	206	꼽	56,717	0.09	79.21
173	맺	70,080	0.11	76.09	207	쓰이	56,707	0.09	79.30
174	둘러싸	69,609	0.11	76.19	208	팔리	56,701	0.09	79.38
175	챙기	67,958	0.10	76.30	209	쌓	56,011	0.08	79.47
176	앉	67,612	0.10	76.40	210	나타내	55,919	0.08	79.55
177	가르치	67,491	0.10	76.50	211	지켜보	55,643	0.08	79.63
178	움직이	67,310	0.10	76.60	212	버리	55,570	0.08	79.72
179	마시	66,474	0.10	76.70	213	차	55,518	0.08	79.80
180	낮추	66,125	0.10	76.80	214	달	55,216	0.08	79.89
181	구하	66,032	0.10	76.90	215	흐르	54,752	0.08	79.97
182	내세우	65,603	0.10	77.00	216	여기	54,715	0.08	80.05
183	꼽히	65,060	0.10	77.10	217	찾아가	53,498	0.08	80.13
184	숨지	64,855	0.10	77.20	218	쏟	52,999	0.08	80.21
185	빌리	64,125	0.10	77.30	219	펴	52,660	0.08	80.29
186	따지	64,106	0.10	77.39	220	지니	52,552	0.08	80.37
187	태어나	63,713	0.10	77.49	221	없애	52,081	0.08	80.45
188	떠오르	63,389	0.10	77.58	222	펼쳐지	51,454	0.08	80.53
189	드러내	63,314	0.10	77.68	223	채우	50,723	0.08	80.60
190	붙	62,831	0.10	77.78	224	싣	50,205	0.08	80.68
191	올라가	62,555	0.09	77.87	225	빚	50,144	0.08	80.76
192	뜨	62,537	0.09	77.96	226	쏟아지	49,927	0.08	80.83
193	담기	62,536	0.09	78.06	227	노리	49,782	0.08	80.91
194	터지	61,023	0.09	78.15	228	벌	48,283	0.07	80.98
195	낳	60,701	0.09	78.24	229	찾아오	47,706	0.07	81.05

순위	형태	빈도	백분율	누적 백분율	순위	형태	빈도	백분율	누적 백분율
230	누르	47,493	0.07	81.12	264	누리	38,160	0.06	83.27
231	바라보	46,408	0.07	81.19	265	넘어가	37,570	0.06	83.33
232	놀라	46,128	0.07	81.26	266	깨	37,550	0.06	83.39
233	무너지	44,938	0.07	81.33	267	가져오	37,334	0.06	83.44
234	합치	44,410	0.07	81.40	268	인정받	37,308	0.06	83.50
235	잊	44,367	0.07	81.47	269	다가오	37,187	0.06	83.55
236	심	44,037	0.07	81.53	270	기르	37,119	0.06	83.61
237	실리	43,925	0.07	81.60	271	놀	37,050	0.06	83.67
238	꺾	43,901	0.07	81.67	272	대	36,742	0.06	83.72
239	띠	43,519	0.07	81.73	273	끊	36,301	0.05	83.78
240	내다보	43,037	0.07	81.80	274	시키	36,186	0.05	83.83
241	잡히	42,960	0.06	81.86	275	홀리	36,140	0.05	83.89
242	살펴보	42,630	0.06	81.93	276	시달리	36,011	0.05	83.94
243	일	42,536	0.06	81.99	277	떼	35,717	0.05	83.99
244	미루	42,284	0.06	82.05	278	오가	35,492	0.05	84.05
245	기울이	42,021	0.06	82.12	279	흔들리	35,237	0.05	84.10
246	자라	41,883	0.06	82.18	280	놓치	35,187	0.05	84.16
247	밟	41,799	0.06	82.24	281	펴내	34,939	0.05	84.21
248	꾸미	41,693	0.06	82.31	282	앞세우	34,649	0.05	84.26
249	적	41,672	0.06	82.37	283	물러나	34,590	0.05	84.31
250	밀리	41,548	0.06	82.43	284	사들이	34,576	0.05	84.36
251	뒤지	41,495	0.06	82.50	285	불	34,565	0.05	84.42
252	내주	40,783	0.06	82.56	286	놓이	34,546	0.05	84.47
253	머물	40,432	0.06	82.62	287	묶	34,239	0.05	84.52
254	끝내	40,402	0.06	82.68	288	접하	34,032	0.05	84.57
255	어울리	40,233	0.06	82.74	289	울	33,982	0.05	84.62
256	넘치	39,726	0.06	82.80	290	짜	33,891	0.05	84.68
257	나아가	39,655	0.06	82.86	291	갚	33,739	0.05	84.73
258	고치	39,168	0.06	82.92	292	알아보	33,630	0.05	84.78
259	날리	39,092	0.06	82.98	293	들리	33,606	0.05	84.83
260	안	39,004	0.06	83.04	294	뛰어들	33,435	0.05	84.88
261	싸우	38,941	0.06	83.10	295	몰	33,068	0.05	84.93
262	터뜨리	38,839	0.06	83.16	296	쌓이	32,973	0.05	84.98
263	외치	38,663	0.06	83.21	297	서두르	32,910	0.05	85.03

순위	형태	빈도	백분율	누 적 백분율	순위	형태	빈도	백분율	누 적 백분율
298	퍼지	32,686	0.05	85.08	332	막히	29,023	0.04	86.66
299	주어지	32,569	0.05	85.13	333	앓	28,950	0.04	86.70
300	자	32,227	0.05	85.18	334	깨닫	28,893	0.04	86.74
301	풀리	32,174	0.05	85.22	335	드리	28,584	0.04	86.79
302	말	32,170	0.05	85.27	336	찾아내	28,583	0.04	86.83
303	멈추	31,995	0.05	85.32	337	감추	28,501	0.04	86.87
304	끼치	31,901	0.05	85.37	338	익히	28,341	0.04	86.92
305	힘입	31,666	0.05	85.42	339	깎	28,181	0.04	86.96
306	넓히	31,627	0.05	85.47	340	올라오	27,840	0.04	87.00
307	속하	31,589	0.05	85.51	341	건네	27,836	0.04	87.04
308	살아가	31,571	0.05	85.56	342	끌어올리	27,732	0.04	87.09
309	도와주	31,371	0.05	85.61	343	울리	27,626	0.04	87.13
310	가하	31,272	0.05	85.66	344	엇갈리	27,320	0.04	87.17
311	처하	31,243	0.05	85.70	345	숨기	27,115	0.04	87.21
312	제치	30,988	0.05	85.75	346	비	26,987	0.04	87.25
313	꿈꾸	30,947	0.05	85.80	347	잇달	26,897	0.04	87.29
314	내려가	30,945	0.05	85.84	348	때리	26,790	0.04	87.33
315	머무르	30,942	0.05	85.89	349	숨	26,706	0.04	87.37
316	내걸	30,882	0.05	85.94	350	다치	26,552	0.04	87.41
317	죽이	30,743	0.05	85.98	351	다투	26,492	0.04	87.45
318	돌아서	30,669	0.05	86.03	352	더불	26,424	0.04	87.49
319	아끼	30,585	0.05	86.08	353	쥐	26,377	0.04	87.53
320	택하	30,581	0.05	86.12	354	뽑히	26,279	0.04	87.57
321	책임지	30,394	0.05	86.17	355	어쩌	26,272	0.04	87.61
322	꺼내	30,236	0.05	86.21	356	떠올리	26,230	0.04	87.65
323	끼	29,837	0.05	86.26	357	내려오	26,223	0.04	87.69
324	뿌리	29,774	0.05	86.30	358	차리	26,058	0.04	87.73
325	자르	29,409	0.04	86.35	359	붓	25,928	0.04	87.77
326	버티	29,276	0.04	86.39	360	매달리	25,858	0.04	87.81
327	저지르	29,274	0.04	86.44	361	앞장서	25,844	0.04	87.85
328	다지	29,211	0.04	86.48	362	살피	25,390	0.04	87.89
329	찾아보	29,208	0.04	86.52	363	뚫	25,243	0.04	87.92
330	흔들	29,104	0.04	86.57	364	겹치	25,179	0.04	87.96
331	쏘	29,048	0.04	86.61	365	닫	25,127	0.04	88.00

순위	형태	빈도	백분율	누적 백분율	순위	형태	빈도	백분율	누적 백분율
366	벗	25,073	0.04	88.04	400	앞당기	21,629	0.03	89.23
367	털어놓	24,920	0.04	88.08	401	매기	21,470	0.03	89.26
368	쏠리	24,882	0.04	88.11	402	거듭하	21,173	0.03	89.29
369	되찾	24,850	0.04	88.15	403	섞	21,083	0.03	89.33
370	새기	24,639	0.04	88.19	404	안기	21,067	0.03	89.36
371	견디	24,590	0.04	88.23	405	튀	20,989	0.03	89.39
372	피우	24,437	0.04	88.26	406	빠져나가	20,939	0.03	89.42
373	뒤집	24,350	0.04	88.30	407	돋보이	20,925	0.03	89.45
374	꾸리	24,280	0.04	88.34	408	접	20,925	0.03	89.48
375	지나가	24,208	0.04	88.37	409	메우	20,886	0.03	89.52
376	나뉘	24,186	0.04	88.41	410	살아나	20,853	0.03	89.55
377	참	24,179	0.04	88.45	411	띠	20,826	0.03	89.58
378	늦추	24,100	0.04	88.48	412	씻	20,795	0.03	89.61
379	태우	23,998	0.04	88.52	413	닦	20,391	0.03	89.64
380	불거지	23,540	0.04	88.55	414	가르	20,367	0.03	89.67
381	살아남	23,444	0.04	88.59	415	떨어뜨리	20,344	0.03	89.70
382	부리	23,374	0.04	88.62	416	적히	20,337	0.03	89.73
383	그만두	23,087	0.03	88.66	417	돌아보	20,300	0.03	89.76
384	닿	23,070	0.03	88.69	418	밀	20,296	0.03	89.79
385	비추	22,736	0.03	88.73	419	덜	20,247	0.03	89.83
386	닮	22,603	0.03	88.76	420	돌보	20,237	0.03	89.86
387	비치	22,578	0.03	88.80	421	비롯되	19,979	0.03	89.89
388	접어들	22,334	0.03	88.83	422	깔리	19,976	0.03	89.92
389	바로잡	22,293	0.03	88.86	423	응하	19,893	0.03	89.95
390	치솟	22,271	0.03	88.90	424	주고받	19,874	0.03	89.98
391	다녀오	22,270	0.03	88.93	425	빚어지	19,842	0.03	90.01
392	번지	22,245	0.03	88.97	426	끌어들이	19,807	0.03	90.04
393	모시	22,132	0.03	89.00	427	견주	19,703	0.03	90.07
394	둘러보	22,017	0.03	89.03	428	생겨나	19,603	0.03	90.10
395	부추기	21,943	0.03	89.07	429	켜	19,575	0.03	90.13
396	맛보	21,795	0.03	89.10	430	피	19,572	0.03	90.16
397	들려주	21,715	0.03	89.13	431	깨지	19,410	0.03	90.18
398	내보내	21,659	0.03	89.16	432	애쓰	19,351	0.03	90.21
399	싸	21,649	0.03	89.20	433	마르	19,290	0.03	90.24

순위	형태	빈도	백분율	누 적 백분율	순위	형태	빈도	백분율	누 적 백분율
434	물어보	19,132	0.03	90.27	468	짚	16,999	0.03	91.20
435	뛰어넘	19,009	0.03	90.30	469	끊기	16,928	0.03	91.23
436	띄우	18,988	0.03	90.33	470	물리	16,831	0.03	91.25
437	말리	18,986	0.03	90.36	471	틀	16,704	0.03	91.28
438	털	18,981	0.03	90.39	472	살아오	16,660	0.03	91.30
439	웃돌	18,978	0.03	90.42	473	바치	16,606	0.03	91.33
440	먹이	18,974	0.03	90.44	474	가리키	16,590	0.03	91.35
441	품	18,819	0.03	90.47	475	내비치	16,394	0.02	91.38
442	쓰러지	18,787	0.03	90.50	476	가져가	16,366	0.02	91.40
443	들르	18,684	0.03	90.53	477	좁히	16,360	0.02	91.43
444	지치	18,682	0.03	90.56	478	눕	16,336	0.02	91.45
445	올라서	18,651	0.03	90.59	479	덮	16,238	0.02	91.47
446	모자라	18,569	0.03	90.61	480	밀어붙이	16,194	0.02	91.50
447	따라가	18,509	0.03	90.64	481	빛나	16,184	0.02	91.52
448	꺼리	18,508	0.03	90.67	482	어우러지	16,106	0.02	91.55
449	보태	18,226	0.03	90.70	483	이러	16,071	0.02	91.57
450	반하	18,143	0.03	90.72	484	곁들이	16,040	0.02	91.60
451	들여다보	18,131	0.03	90.75	485	입히	15,954	0.02	91.62
452	불러일으키	18,006	0.03	90.78	486	어긋나	15,899	0.02	91.64
453	지우	17,992	0.03	90.81	487	추	15,825	0.02	91.67
454	섞이	17,968	0.03	90.83	488	돌려주	15,818	0.02	91.69
455	틀리	17,878	0.03	90.86	489	어기	15,801	0.02	91.72
456	바르	17,616	0.03	90.89	490	내려지	15,722	0.02	91.74
457	떨	17,524	0.03	90.91	491	끓이	15,692	0.02	91.76
458	박	17,387	0.03	90.94	492	갈	15,627	0.02	91.79
459	면하	17,333	0.03	90.97	493	굽	15,598	0.02	91.81
460	잃어버리	17,309	0.03	90.99	494	건너	15,546	0.02	91.83
461	함께하	17,288	0.03	91.02	495	닥치	15,244	0.02	91.86
462	가꾸	17,286	0.03	91.04	496	훔치	15,221	0.02	91.88
463	물	17,207	0.03	91.07	497	얽히	14,859	0.02	91.90
464	데리	17,083	0.03	91.10	498	내밀	14,795	0.02	91.93
465	몰려들	17,038	0.03	91.12	499	신	14,732	0.02	91.95
466	묻히	17,016	0.03	91.15	500	날아가	14,730	0.02	91.97
467	지르	17,000	0.03	91.17					

(2) 가나다 순서

순위	형태	빈도	백분율
16	가	528,982	0.80
462	가꾸	17,286	0.03
414	가르	20,367	0.03
177	가르치	67,491	0.10
204	가리	57,073	0.09
474	가리키	16,590	0.03
476	가져가	16,366	0.02
267	가져오	37,334	0.06
36	가지	276,741	0.42
310	가하	31,272	0.05
492	갈	15,627	0.02
337	감추	28,501	0.04
30	갖	324,397	0.49
70	갖추	170,925	0.26
291	갚	33,739	0.05
141	거두	92,979	0.14
402	거듭하	21,173	0.03
63	거치	181,788	0.27
494	건너	15,546	0.02
341	건네	27,836	0.04
131	걷	98,586	0.15
140	걸	93,499	0.14
77	걸리	157,467	0.24
152	걸치	86,563	0.13
99	겪	125,998	0.19
371	견디	24,590	0.04
427	견주	19,703	0.03
364	겹치	25,179	0.04
484	곁들이	16,040	0.02
196	고르	59,583	0.09
258	고치	39,168	0.06
101	관하	124,263	0.19

순위	형태	빈도	백분율
181	구하	66,032	0.10
493	굽	15,598	0.02
65	그러	180,583	0.27
106	그리	120,957	0.18
383	그만두	23,087	0.03
122	그치	103,788	0.16
157	기다리	84,195	0.13
270	기르	37,119	0.06
245	기울이	42,021	0.06
339	깎	28,181	0.04
422	깔리	19,976	0.03
266	깨	37,550	0.06
334	깨닫	28,893	0.04
431	깨지	19,410	0.03
322	꺼내	30,236	0.05
448	꺼리	18,508	0.03
238	꺾	43,901	0.07
206	꼽	56,717	0.09
183	꼽히	65,060	0.10
374	꾸리	24,280	0.04
248	꾸미	41,693	0.06
313	꿈꾸	30,947	0.05
273	끊	36,301	0.05
469	끊기	16,928	0.03
491	끊이	15,692	0.02
95	끌	130,122	0.20
426	끌어들이	19,807	0.03
342	끌어올리	27,732	0.04
69	끝나	172,031	0.26
254	끝내	40,402	0.06
323	끼	29,837	0.05
304	끼치	31,901	0.05
43	나	245,646	0.37
126	나가	100,667	0.15

순위	형태	빈도	백분율	순위	형태	빈도	백분율
59	나누	186,322	0.28	271	놀	37,050	0.06
376	나뉘	24,186	0.04	232	놀라	46,128	0.07
28	나서	341,438	0.52	73	높이	165,737	0.25
257	나아가	39,655	0.06	97	놓	127,752	0.19
14	나오	699,831	1.06	286	놓이	34,546	0.05
35	나타나	277,952	0.42	280	놓치	35,187	0.05
210	나타내	55,919	0.08	230	누르	47,493	0.07
259	날리	39,092	0.06	264	누리	38,160	0.06
500	날아가	14,730	0.02	478	눕	16,336	0.02
60	남	185,604	0.28	57	느끼	195,929	0.30
139	남기	94,606	0.14	58	늘	188,393	0.28
180	낮추	66,125	0.10	88	늘리	136,581	0.21
195	낳	60,701	0.09	51	늘어나	218,929	0.33
19	내	466,544	0.71	378	늦추	24,100	0.04
316	내걸	30,882	0.05	269	다가오	37,187	0.06
64	내놓	181,098	0.27	391	다녀오	22,270	0.03
240	내다보	43,037	0.07	105	다니	121,434	0.18
314	내려가	30,945	0.05	158	다루	83,165	0.13
357	내려오	26,223	0.04	328	다지	29,211	0.04
490	내려지	15,722	0.02	350	다치	26,552	0.04
46	내리	229,951	0.35	351	다투	26,492	0.04
498	내밀	14,795	0.02	495	닥치	15,244	0.02
398	내보내	21,659	0.03	413	닦	20,391	0.03
475	내비치	16,394	0.02	365	닫	25,127	0.04
182	내세우	65,603	0.10	214	달	55,216	0.08
252	내주	40,783	0.06	165	달라지	74,630	0.11
306	넓히	31,627	0.05	116	달리	112,198	0.17
33	넘	284,209	0.43	151	달하	88,523	0.13
164	넘기	74,885	0.11	386	닮	22,603	0.03
265	넘어가	37,570	0.06	89	담	135,219	0.20
198	넘어서	58,656	0.09	193	담기	62,536	0.09
256	넘치	39,726	0.06	147	당하	89,530	0.14
84	넣	143,281	0.22	384	닿	23,070	0.03
227	노리	49,782	0.08	272	대	36,742	0.06

순위	형태	빈도	백분율	순위	형태	빈도	백분율
4	대하	1,928,581	2.92	129	들어서	99,977	0.15
352	더불	26,424	0.04	125	들어오	100,943	0.15
163	던지	77,296	0.12	451	들여다보	18,131	0.03
419	덜	20,247	0.03	160	들이	79,897	0.12
124	덧붙이	101,229	0.15	171	따	71,657	0.11
479	덮	16,238	0.02	447	따라가	18,509	0.03
464	데리	17,083	0.03	9	따르	991,313	1.50
309	도와주	31,371	0.05	186	따지	64,106	0.10
407	돋보이	20,925	0.03	348	때리	26,790	0.04
199	돌	58,457	0.09	91	떠나	134,727	0.20
488	돌려주	15,818	0.02	188	떠오르	63,389	0.10
172	돌리	71,430	0.11	356	떠올리	26,230	0.04
420	돌보	20,237	0.03	457	떨	17,524	0.03
145	돌아가	89,623	0.14	415	떨어뜨리	20,344	0.03
417	돌아보	20,300	0.03	34	떨어지	283,915	0.43
318	돌아시	30,669	0.05	277	떼	35,717	0.05
142	돌아오	92,539	0.14	363	뚫	25,243	0.04
119	돕	108,026	0.16	133	뛰	97,800	0.15
3	되	2,545,679	3.85	435	뛰어넘	19,009	0.03
369	되찾	24,850	0.04	294	뛰어들	33,435	0.05
45	두	239,695	0.36	192	뜨	62,537	0.09
394	둘러보	22,017	0.03	239	띄	43,519	0.07
174	둘러싸	69,609	0.11	436	띄우	18,988	0.03
251	뒤지	41,495	0.06	411	띠	20,826	0.03
373	뒤집	24,350	0.04	433	마르	19,290	0.03
107	드러나	119,797	0.18	179	마시	66,474	0.10
189	드러내	63,314	0.10	117	마치	111,659	0.17
335	드리	28,584	0.04	74	막	165,034	0.25
52	듣	213,521	0.32	332	막히	29,023	0.04
15	들	573,373	0.87	31	만나	305,632	0.46
397	들려주	21,715	0.03	11	만들	828,558	1.25
443	들르	18,684	0.03	302	말	32,170	0.05
293	들리	33,606	0.05	437	말리	18,986	0.03
42	들어가	255,492	0.39	396	맛보	21,795	0.03

순위	형태	빈도	백분율	순위	형태	빈도	백분율
29	맞	331,470	0.50	418	밀	20,296	0.03
200	맞서	58,436	0.09	250	밀리	41,548	0.06
87	맞추	138,713	0.21	480	밀어붙이	16,194	0.02
55	맡	209,461	0.32	54	바꾸	211,262	0.32
202	맡기	58,098	0.09	94	바뀌	130,770	0.20
401	매기	21,470	0.03	154	바라	85,705	0.13
360	매달리	25,858	0.04	231	바라보	46,408	0.07
173	맺	70,080	0.11	389	바로잡	22,293	0.03
315	머무르	30,942	0.05	456	바르	17,616	0.03
253	머물	40,432	0.06	473	바치	16,606	0.03
48	먹	225,100	0.34	458	박	17,387	0.03
440	먹이	18,974	0.03	450	반하	18,143	0.03
303	멈추	31,995	0.05	5	받	1,657,351	2.51
409	메우	20,886	0.03	132	받아들이	98,474	0.15
459	면하	17,333	0.03	8	밝히	1,064,867	1.61
39	모르	259,491	0.39	247	밟	41,799	0.06
393	모시	22,132	0.03	98	배우	126,769	0.19
72	모으	169,208	0.26	212	버리	55,570	0.08
148	모이	89,372	0.14	326	버티	29,276	0.04
446	모자라	18,569	0.03	392	번지	22,245	0.03
295	몰	33,068	0.05	228	벌	48,283	0.07
465	몰려들	17,038	0.03	108	벌어지	117,175	0.18
161	몰리	78,196	0.12	38	벌이	263,458	0.40
233	무너지	44,938	0.07	366	벗	25,073	0.04
287	묶	34,239	0.05	149	벗어나	88,826	0.13
78	묻	157,133	0.24	169	변하	72,167	0.11
466	묻히	17,016	0.03	7	보	1,152,832	1.74
463	물	17,207	0.03	44	보내	239,857	0.36
283	물러나	34,590	0.05	10	보이	914,648	1.38
470	물리	16,831	0.03	449	보태	18,226	0.03
434	물어보	19,132	0.03	80	부르	152,124	0.23
244	미루	42,284	0.06	382	부리	23,374	0.04
104	미치	122,251	0.18	395	부추기	21,943	0.03
135	밀	96,756	0.15	285	불	34,565	0.05

순위	형태	빈도	백분율	순위	형태	빈도	백분율
380	불거지	23,540	0.04	128	삼	100,197	0.15
197	불구하	59,543	0.09	370	새기	24,639	0.04
452	불러일으키	18,006	0.03	428	생겨나	19,603	0.03
143	불리	91,566	0.14	61	생기	184,026	0.28
359	붓	25,928	0.04	83	서	145,249	0.22
190	붙	62,831	0.10	297	서두르	32,910	0.05
168	붙이	73,078	0.11	403	섞	21,083	0.03
346	비	26,987	0.04	454	섞이	17,968	0.03
421	비롯되	19,979	0.03	123	선보이	103,211	0.16
79	비롯하	152,954	0.23	67	세우	174,658	0.26
385	비추	22,736	0.03	307	속하	31,589	0.05
387	비치	22,578	0.03	349	숨	26,706	0.04
56	비하	196,314	0.30	345	숨기	27,115	0.04
185	빌리	64,125	0.10	184	숨지	64,855	0.10
225	빚	50,144	0.08	203	쉬	57,299	0.09
425	빚어지	19,842	0.03	276	시달리	36,011	0.05
481	빛나	16,184	0.02	274	시키	36,186	0.05
406	빠져나가	20,939	0.03	499	신	14,732	0.02
71	빠지	169,598	0.26	224	싣	50,205	0.08
170	빼	71,762	0.11	237	실리	43,925	0.07
136	뽑	96,214	0.15	236	심	44,037	0.07
354	뽑히	26,279	0.04	399	싸	21,649	0.03
324	뿌리	29,774	0.05	261	싸우	38,941	0.06
109	사	116,726	0.18	209	쌓	56,011	0.08
284	사들이	34,576	0.05	296	쌓이	32,973	0.05
150	사라지	88,528	0.13	331	쏘	29,048	0.04
22	살	413,315	0.62	218	쏟	52,999	0.08
134	살리	97,531	0.15	226	쏟아지	49,927	0.08
308	살아가	31,571	0.05	368	쏠리	24,882	0.04
410	살아나	20,853	0.03	18	쓰	504,620	0.76
381	살아남	23,444	0.04	442	쓰러지	18,787	0.03
472	살아오	16,660	0.03	207	쓰이	56,707	0.09
242	살펴보	42,630	0.06	412	씻	20,795	0.03
362	살피	25,390	0.04	319	아끼	30,585	0.05

순위	형태	빈도	백분율	순위	형태	빈도	백분율
260	안	39,004	0.06	289	울	33,982	0.05
404	안기	21,067	0.03	343	울리	27,626	0.04
176	앉	67,612	0.10	178	움직이	67,310	0.10
21	알	415,503	0.63	201	웃	58,319	0.09
26	알리	389,465	0.59	439	웃돌	18,978	0.03
292	알아보	33,630	0.05	127	원하	100,263	0.15
333	앓	28,950	0.04	6	위하	1,607,252	2.43
400	앞당기	21,629	0.03	423	응하	19,893	0.03
92	앞두	131,494	0.20	96	의하	129,872	0.20
82	앞서	150,143	0.23	155	이기	85,584	0.13
282	앞세우	34,649	0.05	93	이끌	131,036	0.20
361	앞장서	25,844	0.04	483	이러	16,071	0.02
432	애쓰	19,351	0.03	90	이루	134,884	0.20
486	어긋나	15,899	0.02	53	이루어지	211,923	0.32
489	어기	15,801	0.02	47	이르	229,682	0.35
482	어우러지	16,106	0.02	75	이어지	163,041	0.25
255	어울리	40,233	0.06	338	익히	28,341	0.04
355	어쩌	26,272	0.04	268	인정받	37,308	0.06
50	얻	219,282	0.33	100	인하	124,858	0.19
497	얽히	14,859	0.02	243	일	42,536	0.06
221	없애	52,081	0.08	121	일어나	104,420	0.16
344	엇갈리	27,320	0.04	162	일으키	77,947	0.12
216	여기	54,715	0.08	66	읽	176,458	0.27
23	열	411,424	0.62	138	잃	94,855	0.14
17	열리	526,857	0.80	460	잃어버리	17,309	0.03
20	오	456,993	0.69	103	입	123,484	0.19
278	오가	35,492	0.05	485	입히	15,954	0.02
25	오르	391,923	0.59	32	잇	296,520	0.45
191	올라가	62,555	0.09	347	잇달	26,897	0.04
445	올라서	18,651	0.03	159	잇따르	80,909	0.12
340	올라오	27,840	0.04	1	있	4,664,214	7.05
41	올리	256,268	0.39	235	잊	44,367	0.07
86	옮기	141,399	0.21	300	자	32,227	0.05
263	외치	38,663	0.06	246	자라	41,883	0.06

순위	형태	빈도	백분율	순위	형태	빈도	백분율
325	자르	29,409	0.04	76	지키	157,502	0.24
205	잘하	56,906	0.09	49	짓	220,541	0.33
40	잡	259,114	0.39	468	짚	16,999	0.03
241	잡히	42,960	0.06	290	짜	33,891	0.05
327	저지르	29,274	0.04	156	찍	84,697	0.13
249	적	41,672	0.06	213	차	55,518	0.08
416	적히	20,337	0.03	358	차리	26,058	0.04
37	전하	269,702	0.41	377	참	24,179	0.04
408	접	20,925	0.03	27	찾	386,427	0.58
388	접어들	22,334	0.03	217	찾아가	53,498	0.08
288	접하	34,032	0.05	336	찾아내	28,583	0.04
102	정하	123,558	0.19	329	찾아보	29,208	0.04
312	제치	30,988	0.05	229	찾아오	47,706	0.07
477	좁히	16,360	0.02	223	채우	50,723	0.08
167	좋아하	73,363	0.11	321	책임지	30,394	0.05
24	주	398,464	0.60	175	챙기	67,958	0.10
424	주고받	19,874	0.03	311	처하	31,243	0.05
299	주어지	32,569	0.05	487	추	15,825	0.02
120	죽	104,638	0.16	166	취하	74,055	0.11
317	죽이	30,743	0.05	85	치	142,328	0.22
137	줄	95,000	0.14	113	치르	114,016	0.17
118	줄어들	108,347	0.16	390	치솟	22,271	0.03
68	줄이	173,136	0.26	115	커지	112,432	0.17
353	쥐	26,377	0.04	429	켜	19,575	0.03
111	즐기	116,218	0.18	110	키우	116,536	0.18
144	지	90,339	0.14	62	타	183,096	0.28
12	지나	801,636	1.21	187	태어나	63,713	0.10
375	지나가	24,208	0.04	379	태우	23,998	0.04
130	지내	98,614	0.15	320	택하	30,581	0.05
220	지니	52,552	0.08	262	터뜨리	38,839	0.06
467	지르	17,000	0.03	194	터지	61,023	0.09
453	지우	17,992	0.03	438	털	18,981	0.03
444	지치	18,682	0.03	367	털어놓	24,920	0.04
211	지켜보	55,643	0.08	13	통하	764,481	1.16

순위	형태	빈도	백분율
405	튀	20,989	0.03
471	틀	16,704	0.03
455	틀리	17,878	0.03
81	팔	151,201	0.23
208	팔리	56,701	0.09
298	퍼지	32,686	0.05
219	펴	52,660	0.08
281	펴내	34,939	0.05
222	펼쳐지	51,454	0.08
114	펼치	113,621	0.17
112	풀	115,222	0.17
301	풀리	32,174	0.05
441	품	18,819	0.03
430	피	19,572	0.03
372	피우	24,437	0.04
146	피하	89,548	0.14
2	하	3,576,631	5.41
461	함께하	17,288	0.03
234	합치	44,410	0.07
153	향하	86,060	0.13
496	훔치	15,221	0.02
215	흐르	54,752	0.08
330	흔들	29,104	0.04
279	흔들리	35,237	0.05
275	흘리	36,140	0.05
305	힘입	31,666	0.05

7) 형용사

태그: VA
타입: 2,984
토큰: 17,231,425

(1) 고빈도 순서

순위	형태	빈도	백분율	누 적 백분율
1	없	2,060,317	11.96	11.96
2	아니	1,190,647	6.91	18.87
3	같	1,005,106	5.83	24.70
4	크	951,518	5.52	30.22
5	많	865,796	5.02	35.25
6	좋	615,399	3.57	38.82
7	높	540,959	3.14	41.96
8	어렵	371,193	2.15	44.11
9	그렇	345,493	2.01	46.12
10	새롭	271,293	1.57	47.69
11	어떻	264,003	1.53	49.22
12	쉽	235,437	1.37	50.59
13	이렇	210,080	1.22	51.81
14	다르	177,844	1.03	52.84
15	낮	168,006	0.97	53.81
16	힘들	160,943	0.93	54.75
17	적	153,777	0.89	55.64
18	작	148,481	0.86	56.50
19	강하	146,408	0.85	57.35
20	빠르	118,293	0.69	58.04
21	비슷하	113,177	0.66	58.70
22	불과하	106,303	0.62	59.31
23	젊	103,501	0.60	59.91
24	가깝	103,007	0.60	60.51
25	아름답	85,764	0.50	61.01

순위	형태	빈도	백분율	누 적 백분율	순위	형태	빈도	백분율	누 적 백분율
26	심하	84,528	0.49	61.50	60	복잡하	36,077	0.21	71.74
27	깊	84,389	0.49	61.99	61	즐겁	35,946	0.21	71.95
28	심각하	83,602	0.49	62.47	62	확실하	35,733	0.21	72.16
29	길	81,682	0.47	62.95	63	바쁘	34,644	0.20	72.36
30	어리	80,994	0.47	63.42	64	풍부하	34,510	0.20	72.56
31	늦	66,770	0.39	63.81	65	편하	33,907	0.20	72.75
32	지나치	60,498	0.35	64.16	66	안타깝	32,918	0.19	72.95
33	이러하	59,901	0.35	64.50	67	똑같	32,884	0.19	73.14
34	나쁘	59,463	0.35	64.85	68	진정하	32,407	0.19	73.32
35	비싸	59,338	0.34	65.19	69	아쉽	32,343	0.19	73.51
36	강력하	58,688	0.34	65.53	70	거세	32,192	0.19	73.70
37	뛰어나	56,996	0.33	65.87	71	당연하	31,862	0.18	73.88
38	짧	56,575	0.33	66.19	72	드물	30,209	0.18	74.06
39	멀	55,154	0.32	66.51	73	간단하	30,084	0.17	74.23
40	엄청나	51,755	0.30	66.81	74	뚜렷하	29,642	0.17	74.41
41	바람직하	49,469	0.29	67.10	75	옳	29,585	0.17	74.58
42	넓	48,602	0.28	67.38	76	뒤늦	28,608	0.17	74.74
43	화려하	47,356	0.27	67.66	77	훌륭하	28,355	0.16	74.91
44	충분하	47,107	0.27	67.93	78	좁	27,918	0.16	75.07
45	적절하	46,045	0.27	68.20	79	부드럽	27,474	0.16	75.23
46	분명하	45,577	0.26	68.46	80	싫	27,088	0.16	75.39
47	아프	44,710	0.26	68.72	81	궁금하	26,802	0.16	75.54
48	뜨겁	44,389	0.26	68.98	82	무섭	26,159	0.15	75.69
49	싸	43,677	0.25	69.23	83	저렴하	25,901	0.15	75.84
50	불가피하	42,868	0.25	69.48	84	민감하	25,788	0.15	75.99
51	가볍	42,708	0.25	69.73	85	소중하	25,753	0.15	76.14
52	수많	40,695	0.24	69.97	86	익숙하	25,689	0.15	76.29
53	밝	40,668	0.24	70.20	87	괜찮	25,634	0.15	76.44
54	재미있	40,076	0.23	70.44	88	놀랍	25,572	0.15	76.59
55	낫	38,390	0.22	70.66	89	깨끗하	25,224	0.15	76.74
56	이르	38,307	0.22	70.88	90	붉	25,054	0.15	76.88
57	따뜻하	37,726	0.22	71.10	91	무겁	24,621	0.14	77.02
58	약하	37,620	0.22	71.32	92	멋지	24,608	0.14	77.17
59	활발하	36,800	0.21	71.53	93	시급하	23,256	0.13	77.30

순위	형태	빈도	백분율	누 적 백분율	순위	형태	빈도	백분율	누 적 백분율
94	만만하	22,916	0.13	77.44	128	절실하	16,614	0.10	81.35
95	어둡	22,750	0.13	77.57	129	극심하	16,383	0.10	81.44
96	낯설	22,494	0.13	77.70	130	급하	16,286	0.09	81.54
97	맑	22,380	0.13	77.83	131	정당하	15,661	0.09	81.63
98	무관하	22,302	0.13	77.96	132	춥	15,595	0.09	81.72
99	막대하	22,282	0.13	78.09	133	하얗	15,442	0.09	81.81
100	평범하	22,136	0.13	78.22	134	적당하	15,304	0.09	81.90
101	예쁘	21,939	0.13	78.34	135	억울하	15,230	0.09	81.98
102	낡	21,560	0.13	78.47	136	당당하	15,141	0.09	82.07
103	엄격하	21,457	0.12	78.59	137	신선하	14,950	0.09	82.16
104	검	21,305	0.12	78.72	138	바르	14,949	0.09	82.25
105	진지하	21,039	0.12	78.84	139	부끄럽	14,867	0.09	82.33
106	기쁘	20,810	0.12	78.96	140	어떠하	14,804	0.09	82.42
107	올바르	20,320	0.12	79.08	141	희	14,771	0.09	82.50
108	고맙	20,185	0.12	79.19	142	느리	14,674	0.09	82.59
109	짙	19,850	0.12	79.31	143	그러하	14,382	0.08	82.67
110	별다르	19,694	0.11	79.42	144	조용하	14,127	0.08	82.75
111	잦	19,650	0.11	79.54	145	두렵	14,117	0.08	82.84
112	못지않	19,616	0.11	79.65	146	폭넓	14,030	0.08	82.92
113	과감하	19,426	0.11	79.76	147	탁월하	14,010	0.08	83.00
114	위대하	19,302	0.11	79.88	148	다름없	13,959	0.08	83.08
115	마땅하	19,195	0.11	79.99	149	반갑	13,956	0.08	83.16
116	커다랗	19,131	0.11	80.10	150	급격하	13,870	0.08	83.24
117	생생하	19,115	0.11	80.21	151	탄탄하	13,763	0.08	83.32
118	푸르	18,622	0.11	80.32	152	명백하	13,760	0.08	83.40
119	대단하	18,475	0.11	80.42	153	슬프	13,750	0.08	83.48
120	시원하	18,273	0.11	80.53	154	자세하	13,742	0.08	83.56
121	답답하	18,223	0.11	80.64	155	열악하	13,726	0.08	83.64
122	가득하	18,038	0.10	80.74	156	걸맞	13,618	0.08	83.72
123	맛있	17,978	0.10	80.85	157	이상하	13,576	0.08	83.80
124	거칠	17,700	0.10	80.95	158	손쉽	13,161	0.08	83.87
125	흔하	17,628	0.10	81.05	159	엉뚱하	12,989	0.08	83.95
126	명확하	17,446	0.10	81.15	160	얇	12,915	0.07	84.03
127	까다롭	17,085	0.10	81.25	161	곱	12,778	0.07	84.10

순위	형태	빈도	백분율	누 적 백분율	순위	형태	빈도	백분율	누 적 백분율
162	여전하	12,539	0.07	84.17	196	섬세하	10,179	0.06	86.36
163	차갑	12,532	0.07	84.24	197	풍성하	10,102	0.06	86.42
164	솔직하	12,473	0.07	84.32	198	아깝	10,092	0.06	86.48
165	친하	12,377	0.07	84.39	199	신기하	10,055	0.06	86.53
166	빨갛	12,145	0.07	84.46	200	부럽	9,840	0.06	86.59
167	남다르	12,031	0.07	84.53	201	적잖	9,780	0.06	86.65
168	날카롭	12,019	0.07	84.60	202	황당하	9,683	0.06	86.70
169	깔끔하	11,960	0.07	84.67	203	값싸	9,478	0.06	86.76
170	웬만하	11,799	0.07	84.74	204	환하	9,461	0.05	86.81
171	세	11,689	0.07	84.80	205	모호하	9,383	0.05	86.87
172	치밀하	11,591	0.07	84.87	206	튼튼하	9,280	0.05	86.92
173	꾸준하	11,434	0.07	84.94	207	색다르	9,254	0.05	86.98
174	힘겹	11,356	0.07	85.00	208	딱딱하	9,246	0.05	87.03
175	부적절하	11,205	0.07	85.07	209	꼼꼼하	9,241	0.05	87.08
176	확고하	11,164	0.06	85.13	210	쾌적하	9,158	0.05	87.14
177	다채롭	11,155	0.06	85.20	211	사소하	9,134	0.05	87.19
178	가파르	11,053	0.06	85.26	212	눈부시	9,117	0.05	87.24
179	강렬하	10,959	0.06	85.33	213	두껍	8,877	0.05	87.29
180	정교하	10,784	0.06	85.39	214	어색하	8,800	0.05	87.35
181	유연하	10,723	0.06	85.45	215	덥	8,679	0.05	87.40
182	착하	10,687	0.06	85.51	216	소박하	8,658	0.05	87.45
183	외롭	10,667	0.06	85.58	217	두텁	8,642	0.05	87.50
184	뻔하	10,587	0.06	85.64	218	달콤하	8,552	0.05	87.55
185	격렬하	10,582	0.06	85.70	219	끔찍하	8,512	0.05	87.60
186	굳	10,551	0.06	85.76	220	귀하	8,351	0.05	87.64
187	두드러지	10,541	0.06	85.82	221	미묘하	8,311	0.05	87.69
188	지루하	10,482	0.06	85.88	222	미미하	8,285	0.05	87.74
189	차분하	10,417	0.06	85.94	223	단단하	8,268	0.05	87.79
190	넉넉하	10,398	0.06	86.00	224	고르	8,256	0.05	87.84
191	숱하	10,340	0.06	86.06	225	귀엽	8,233	0.05	87.88
192	갑작스럽	10,319	0.06	86.12	226	시끄럽	8,155	0.05	87.93
193	단호하	10,249	0.06	86.18	227	진하	8,142	0.05	87.98
194	팽팽하	10,211	0.06	86.24	228	힘차	8,091	0.05	88.03
195	굵	10,208	0.06	86.30	229	긴밀하	8,086	0.05	88.07

순위	형태	빈도	백분율	누 적 백분율	순위	형태	빈도	백분율	누 적 백분율
230	그립	7,895	0.05	88.12	264	더디	6,126	0.04	89.47
231	노랗	7,778	0.05	88.16	265	오래	6,081	0.04	89.50
232	든든하	7,734	0.04	88.21	266	타당하	6,073	0.04	89.54
233	급급하	7,687	0.04	88.25	267	파랗	6,069	0.04	89.57
234	예민하	7,512	0.04	88.30	268	집요하	6,056	0.04	89.61
235	절박하	7,439	0.04	88.34	269	친근하	6,046	0.04	89.65
236	방대하	7,378	0.04	88.38	270	뿌듯하	5,994	0.03	89.68
237	틀림없	7,327	0.04	88.43	271	덜하	5,937	0.03	89.71
238	죄송하	7,290	0.04	88.47	272	초라하	5,893	0.03	89.75
239	조그맣	7,195	0.04	88.51	273	어리석	5,870	0.03	89.78
240	유쾌하	7,051	0.04	88.55	274	경쾌하	5,856	0.03	89.82
241	똑똑하	7,035	0.04	88.59	275	첨예하	5,848	0.03	89.85
242	불확실하	6,998	0.04	88.63	276	씁쓸하	5,809	0.03	89.88
243	둥글	6,955	0.04	88.67	277	귀중하	5,790	0.03	89.92
244	우아하	6,941	0.04	88.71	278	엄정하	5,788	0.03	89.95
245	생소하	6,940	0.04	88.75	279	심상하	5,725	0.03	89.98
246	간편하	6,850	0.04	88.79	280	원만하	5,697	0.03	90.02
247	무난하	6,770	0.04	88.83	281	어지럽	5,666	0.03	90.05
248	끈질기	6,727	0.04	88.87	282	불쾌하	5,570	0.03	90.08
249	절묘하	6,696	0.04	88.91	283	흐리	5,556	0.03	90.12
250	만만찮	6,684	0.04	88.95	284	위태롭	5,517	0.03	90.15
251	막연하	6,670	0.04	88.99	285	무성하	5,508	0.03	90.18
252	괴롭	6,650	0.04	89.03	286	저렇	5,502	0.03	90.21
253	짜릿하	6,642	0.04	89.06	287	맵	5,483	0.03	90.24
254	허술하	6,600	0.04	89.10	288	난감하	5,452	0.03	90.27
255	상세하	6,570	0.04	89.14	289	느슨하	5,450	0.03	90.31
256	자랑스럽	6,532	0.04	89.18	290	참신하	5,437	0.03	90.34
257	상관없	6,444	0.04	89.22	291	유치하	5,363	0.03	90.37
258	성급하	6,376	0.04	89.25	292	역력하	5,362	0.03	90.40
259	세심하	6,352	0.04	89.29	293	귀찮	5,230	0.03	90.43
260	혹독하	6,240	0.04	89.33	294	끊임없	5,229	0.03	90.46
261	밤늦	6,239	0.04	89.36	295	즐비하	5,207	0.03	90.49
262	빼어나	6,188	0.04	89.40	296	막막하	5,197	0.03	90.52
263	조속하	6,161	0.04	89.43	297	무색하	5,171	0.03	90.55

순위	형태	빈도	백분율	누적 백분율	순위	형태	빈도	백분율	누적 백분율
298	은밀하	5,160	0.03	90.58	332	매끄럽	4,467	0.03	91.52
299	공교롭	5,151	0.03	90.61	333	담백하	4,455	0.03	91.55
300	세밀하	5,133	0.03	90.64	334	어이없	4,444	0.03	91.57
301	수월하	5,064	0.03	90.67	335	알차	4,428	0.03	91.60
302	여의하	5,056	0.03	90.70	336	열띠	4,426	0.03	91.62
303	불분명하	5,050	0.03	90.73	337	다급하	4,405	0.03	91.65
304	희박하	5,039	0.03	90.76	338	명쾌하	4,390	0.03	91.67
305	쓸쓸하	5,010	0.03	90.79	339	안이하	4,385	0.03	91.70
306	알맞	4,995	0.03	90.82	340	거창하	4,380	0.03	91.73
307	간절하	4,948	0.03	90.84	341	매섭	4,353	0.03	91.75
308	기발하	4,913	0.03	90.87	342	해롭	4,338	0.03	91.78
309	멀쩡하	4,834	0.03	90.90	343	심심하	4,327	0.03	91.80
310	번거롭	4,820	0.03	90.93	344	오죽하	4,301	0.02	91.83
311	한심하	4,799	0.03	90.96	345	간결하	4,281	0.02	91.85
312	뾰족하	4,779	0.03	90.98	346	어설프	4,250	0.02	91.88
313	고소히	4,765	0.03	91.01	347	은은하	4,212	0.02	91.90
314	잔잔하	4,756	0.03	91.04	348	싱싱하	4,142	0.02	91.92
315	빈번하	4,735	0.03	91.07	349	지독하	4,127	0.02	91.95
316	험하	4,729	0.03	91.10	350	어수선하	4,116	0.02	91.97
317	흥겹	4,698	0.03	91.12	351	순탄하	4,113	0.02	92.00
318	머지않	4,696	0.03	91.15	352	노련하	4,098	0.02	92.02
319	가쁘	4,695	0.03	91.18	353	합당하	4,095	0.02	92.04
320	벅차	4,664	0.03	91.20	354	멋있	4,089	0.02	92.07
321	섭섭하	4,662	0.03	91.23	355	화사하	4,077	0.02	92.09
322	굵직하	4,611	0.03	91.26	356	느긋하	4,076	0.02	92.11
323	밉	4,597	0.03	91.28	357	흐뭇하	4,073	0.02	92.14
324	더럽	4,580	0.03	91.31	358	터무니없	4,029	0.02	92.16
325	과격하	4,566	0.03	91.34	359	발랄하	4,027	0.02	92.18
326	담담하	4,547	0.03	91.36	360	푸짐하	4,005	0.02	92.21
327	값지	4,539	0.03	91.39	361	험난하	3,992	0.02	92.23
328	우습	4,507	0.03	91.42	362	웅장하	3,988	0.02	92.25
329	완만하	4,499	0.03	91.44	363	흡사하	3,986	0.02	92.28
330	방불하	4,488	0.03	91.47	364	끝없	3,975	0.02	92.30
331	차	4,469	0.03	91.49	365	썰렁하	3,970	0.02	92.32

순위	형태	빈도	백분율	누 적 백분율	순위	형태	빈도	백분율	누 적 백분율
366	화끈하	3,956	0.02	92.35	400	아슬아슬하	3,458	0.02	93.08
367	진솔하	3,929	0.02	92.37	401	능숙하	3,434	0.02	93.10
368	서운하	3,925	0.02	92.39	402	끈끈하	3,432	0.02	93.11
369	떳떳하	3,898	0.02	92.41	403	용이하	3,423	0.02	93.13
370	강인하	3,877	0.02	92.44	404	냉철하	3,418	0.02	93.15
371	온전하	3,850	0.02	92.46	405	배고프	3,415	0.02	93.17
372	고단하	3,839	0.02	92.48	406	잘	3,407	0.02	93.19
373	값비싸	3,820	0.02	92.50	407	용감하	3,385	0.02	93.21
374	그만하	3,810	0.02	92.53	408	조급하	3,379	0.02	93.23
375	교묘하	3,772	0.02	92.55	409	흥미진진하	3,378	0.02	93.25
376	민망하	3,767	0.02	92.57	410	공허하	3,377	0.02	93.27
377	기막히	3,764	0.02	92.59	411	서툴	3,374	0.02	93.29
378	까맣	3,736	0.02	92.61	412	따스하	3,372	0.02	93.31
379	따갑	3,727	0.02	92.63	413	정겹	3,369	0.02	93.33
380	견고하	3,714	0.02	92.66	414	찬란하	3,359	0.02	93.35
381	애매하	3,708	0.02	92.68	415	서늘하	3,338	0.02	93.37
382	적나라하	3,708	0.02	92.70	416	짭짤하	3,338	0.02	93.39
383	쟁쟁하	3,692	0.02	92.72	417	그지없	3,325	0.02	93.41
384	묵직하	3,688	0.02	92.74	418	뚱뚱하	3,321	0.02	93.43
385	줄기차	3,676	0.02	92.76	419	능하	3,301	0.02	93.45
386	활기차	3,676	0.02	92.78	420	희미하	3,273	0.02	93.47
387	싸늘하	3,675	0.02	92.81	421	뜸하	3,268	0.02	93.49
388	버겁	3,668	0.02	92.83	422	빠듯하	3,251	0.02	93.50
389	뼈아프	3,663	0.02	92.85	423	섬뜩하	3,239	0.02	93.52
390	불쌍하	3,626	0.02	92.87	424	섣부르	3,235	0.02	93.54
391	어처구니없	3,611	0.02	92.89	425	예리하	3,219	0.02	93.56
392	가늘	3,594	0.02	92.91	426	잘나	3,208	0.02	93.58
393	순진하	3,590	0.02	92.93	427	미약하	3,204	0.02	93.60
394	엄중하	3,584	0.02	92.95	428	오래되	3,185	0.02	93.62
395	관대하	3,564	0.02	92.97	429	딱하	3,182	0.02	93.63
396	산뜻하	3,524	0.02	92.99	430	절친하	3,172	0.02	93.65
397	방만하	3,495	0.02	93.01	431	날씬하	3,164	0.02	93.67
398	석연하	3,484	0.02	93.03	432	상쾌하	3,164	0.02	93.69
399	열렬하	3,477	0.02	93.06	433	고되	3,147	0.02	93.71

순위	형태	빈도	백분율	누적 백분율	순위	형태	빈도	백분율	누적 백분율
434	허름하	3,147	0.02	93.73	468	기이하	2,843	0.02	94.32
435	비장하	3,143	0.02	93.74	469	촉촉하	2,836	0.02	94.34
436	목마르	3,127	0.02	93.76	470	안쓰럽	2,832	0.02	94.35
437	미숙하	3,118	0.02	93.78	471	엄연하	2,830	0.02	94.37
438	아무렇	3,116	0.02	93.80	472	유창하	2,829	0.02	94.39
439	익	3,114	0.02	93.82	473	참되	2,820	0.02	94.40
440	유례없	3,111	0.02	93.83	474	공공연하	2,817	0.02	94.42
441	거침없	3,107	0.02	93.85	475	면밀하	2,817	0.02	94.43
442	구수하	3,090	0.02	93.87	476	울창하	2,800	0.02	94.45
443	지겹	3,083	0.02	93.89	477	근소하	2,784	0.02	94.47
444	동떨어지	3,079	0.02	93.91	478	처참하	2,782	0.02	94.48
445	단정하	3,076	0.02	93.92	479	변변하	2,775	0.02	94.50
446	이롭	3,059	0.02	93.94	480	재밌	2,758	0.02	94.52
447	그르	3,049	0.02	93.96	481	점잖	2,754	0.02	94.53
448	수상하	3,046	0.02	93.98	482	재미없	2,753	0.02	94.55
449	무수하	3,026	0.02	94.00	483	엄하	2,752	0.02	94.56
450	착잡하	3,026	0.02	94.01	484	관계없	2,742	0.02	94.58
451	애틋하	3,016	0.02	94.03	485	지저분하	2,733	0.02	94.60
452	동그랗	3,011	0.02	94.05	486	쌀쌀하	2,731	0.02	94.61
453	쏠쏠하	3,001	0.02	94.07	487	못하	2,729	0.02	94.63
454	쑥스럽	2,997	0.02	94.08	488	무고하	2,726	0.02	94.64
455	아찔하	2,989	0.02	94.10	489	희한하	2,725	0.02	94.66
456	한적하	2,977	0.02	94.12	490	얕	2,724	0.02	94.67
457	훈훈하	2,972	0.02	94.13	491	게으르	2,716	0.02	94.69
458	잠잠하	2,957	0.02	94.15	492	서럽	2,715	0.02	94.71
459	아기자기하	2,946	0.02	94.17	493	어정쩡하	2,714	0.02	94.72
460	근사하	2,945	0.02	94.19	494	형편없	2,713	0.02	94.74
461	분분하	2,935	0.02	94.20	495	수줍	2,710	0.02	94.75
462	두툼하	2,918	0.02	94.22	496	시리	2,700	0.02	94.77
463	허다하	2,898	0.02	94.24	497	희귀하	2,690	0.02	94.78
464	속상하	2,890	0.02	94.25	498	변함없	2,688	0.02	94.80
465	자유롭	2,889	0.02	94.27	499	난해하	2,683	0.02	94.82
466	비좁	2,888	0.02	94.29	500	무자비하	2,674	0.02	94.83
467	수두룩하	2,878	0.02	94.30					

(2) 가나다 순서

순위	형태	빈도	백분율
24	가깝	103,007	0.60
392	가늘	3,594	0.02
122	가득하	18,038	0.10
51	가볍	42,708	0.25
319	가쁘	4,695	0.03
178	가파르	11,053	0.06
345	간결하	4,281	0.02
73	간단하	30,084	0.17
307	간절하	4,948	0.03
246	간편하	6,850	0.04
192	갑작스럽	10,319	0.06
373	값비싸	3,820	0.02
203	값싸	9,478	0.06
327	값지	4,539	0.03
36	강력하	58,688	0.34
179	강렬하	10,959	0.06
370	강인하	3,877	0.02
19	강하	146,408	0.85
3	같	1,005,106	5.83
70	거세	32,192	0.19
340	거창하	4,380	0.03
124	거칠	17,700	0.10
441	거침없	3,107	0.02
156	걸맞	13,618	0.08
104	검	21,305	0.12
491	게으르	2,716	0.02
185	격렬하	10,582	0.06
380	견고하	3,714	0.02
274	경쾌하	5,856	0.03
372	고단하	3,839	0.02
433	고되	3,147	0.02
224	고르	8,256	0.05

순위	형태	빈도	백분율
108	고맙	20,185	0.12
313	고소하	4,765	0.03
161	곱	12,778	0.07
474	공공연하	2,817	0.02
299	공교롭	5,151	0.03
410	공허하	3,377	0.02
113	과감하	19,426	0.11
325	과격하	4,566	0.03
484	관계없	2,742	0.02
395	관대하	3,564	0.02
87	괜찮	25,634	0.15
252	괴롭	6,650	0.04
375	교묘하	3,772	0.02
442	구수하	3,090	0.02
186	굳	10,551	0.06
195	굵	10,208	0.06
322	굵직하	4,611	0.03
81	궁금하	26,802	0.16
225	귀엽	8,233	0.05
277	귀중하	5,790	0.03
293	귀찮	5,230	0.03
220	귀하	8,351	0.05
143	그러하	14,382	0.08
9	그렇	345,493	2.01
447	그르	3,049	0.02
230	그립	7,895	0.05
374	그만하	3,810	0.02
417	그지없	3,325	0.02
129	극심하	16,383	0.10
460	근사하	2,945	0.02
477	근소하	2,784	0.02
150	급격하	13,870	0.08
233	급급하	7,687	0.04
130	급하	16,286	0.09

순위	형태	빈도	백분율	순위	형태	빈도	백분율
377	기막히	3,764	0.02	7	높	540,959	3.14
308	기발하	4,913	0.03	212	눈부시	9,117	0.05
106	기쁘	20,810	0.12	356	느긋하	4,076	0.02
468	기이하	2,843	0.02	142	느리	14,674	0.09
229	긴밀하	8,086	0.05	289	느슨하	5,450	0.03
29	길	81,682	0.47	401	능숙하	3,434	0.02
27	깊	84,389	0.49	419	능하	3,301	0.02
127	까다롭	17,085	0.10	31	늦	66,770	0.39
378	까맣	3,736	0.02	337	다급하	4,405	0.03
169	깔끔하	11,960	0.07	14	다르	177,844	1.03
89	깨끗하	25,224	0.15	148	다름없	13,959	0.08
209	꼼꼼하	9,241	0.05	177	다채롭	11,155	0.06
173	꾸준하	11,434	0.07	223	단단하	8,268	0.05
402	끈끈하	3,432	0.02	445	단정하	3,076	0.02
248	끈질기	6,727	0.04	193	단호하	10,249	0.06
294	끊임없	5,229	0.03	218	달콤하	8,552	0.05
219	끔찍하	8,512	0.05	326	담담하	4,547	0.03
364	끝없	3,975	0.02	333	담백하	4,455	0.03
34	나쁘	59,463	0.35	121	답답하	18,223	0.11
288	난감하	5,452	0.03	136	당당하	15,141	0.09
499	난해하	2,683	0.02	71	당연하	31,862	0.18
431	날씬하	3,164	0.02	119	대단하	18,475	0.11
168	날카롭	12,019	0.07	264	더디	6,126	0.04
102	낡	21,560	0.13	324	더럽	4,580	0.03
167	남다르	12,031	0.07	271	덜하	5,937	0.03
55	낫	38,390	0.22	215	덥	8,679	0.05
15	낮	168,006	0.97	452	동그랗	3,011	0.02
96	낯설	22,494	0.13	444	동떨어지	3,079	0.02
404	냉철하	3,418	0.02	213	두껍	8,877	0.05
190	넉넉하	10,398	0.06	187	두드러지	10,541	0.06
42	넓	48,602	0.28	145	두렵	14,117	0.08
231	노랗	7,778	0.05	217	두텁	8,642	0.05
352	노련하	4,098	0.02	462	두툼하	2,918	0.02
88	놀랍	25,572	0.15	243	둥글	6,955	0.04

순위	형태	빈도	백분율	순위	형태	빈도	백분율
76	뒤늦	28,608	0.17	152	명백하	13,760	0.08
72	드물	30,209	0.18	338	명쾌하	4,390	0.03
232	든든하	7,734	0.04	126	명확하	17,446	0.10
379	따갑	3,727	0.02	205	모호하	9,383	0.05
57	따뜻하	37,726	0.22	436	목마르	3,127	0.02
412	따스하	3,372	0.02	112	못지않	19,616	0.11
208	딱딱하	9,246	0.05	487	못하	2,729	0.02
429	딱하	3,182	0.02	91	무겁	24,621	0.14
369	떳떳하	3,898	0.02	488	무고하	2,726	0.02
67	똑같	32,884	0.19	98	무관하	22,302	0.13
241	똑똑하	7,035	0.04	247	무난하	6,770	0.04
74	뚜렷하	29,642	0.17	297	무색하	5,171	0.03
418	뚱뚱하	3,321	0.02	82	무섭	26,159	0.15
37	뛰어나	56,996	0.33	285	무성하	5,508	0.03
48	뜨겁	44,389	0.26	449	무수하	3,026	0.02
421	뜸하	3,268	0.02	500	무자비하	2,674	0.02
115	마땅하	19,195	0.11	384	묵직하	3,688	0.02
99	막대하	22,282	0.13	221	미묘하	8,311	0.05
296	막막하	5,197	0.03	222	미미하	8,285	0.05
251	막연하	6,670	0.04	437	미숙하	3,118	0.02
250	만만찮	6,684	0.04	427	미약하	3,204	0.02
94	만만하	22,916	0.13	84	민감하	25,788	0.15
5	많	865,796	5.02	376	민망하	3,767	0.02
97	맑	22,380	0.13	323	밉	4,597	0.03
123	맛있	17,978	0.10	41	바람직하	49,469	0.29
332	매끄럽	4,467	0.03	138	바르	14,949	0.09
341	매섭	4,353	0.03	63	바쁘	34,644	0.20
287	맵	5,483	0.03	149	반갑	13,956	0.08
318	머지않	4,696	0.03	359	발랄하	4,027	0.02
39	멀	55,154	0.32	53	밝	40,668	0.24
309	멀쩡하	4,834	0.03	261	밤늦	6,239	0.04
354	멋있	4,089	0.02	236	방대하	7,378	0.04
92	멋지	24,608	0.14	397	방만하	3,495	0.02
475	면밀하	2,817	0.02	330	방불하	4,488	0.03

순위	형태	빈도	백분율	순위	형태	빈도	백분율
405	배고프	3,415	0.02	211	사소하	9,134	0.05
388	버겁	3,668	0.02	396	산뜻하	3,524	0.02
320	벅차	4,664	0.03	257	상관없	6,444	0.04
310	번거롭	4,820	0.03	255	상세하	6,570	0.04
479	변변하	2,775	0.02	432	상쾌하	3,164	0.02
498	변함없	2,688	0.02	10	새롭	271,293	1.57
110	별다르	19,694	0.11	207	색다르	9,254	0.05
60	복잡하	36,077	0.21	117	생생하	19,115	0.11
139	부끄럽	14,867	0.09	245	생소하	6,940	0.04
79	부드럽	27,474	0.16	415	서늘하	3,338	0.02
200	부럽	9,840	0.06	492	서럽	2,715	0.02
175	부적절하	11,205	0.07	368	서운하	3,925	0.02
46	분명하	45,577	0.26	411	서툴	3,374	0.02
461	분분하	2,935	0.02	398	석연하	3,484	0.02
50	불가피하	42,868	0.25	424	섣부르	3,235	0.02
22	붙가하	106,303	0.62	423	섬늑하	3,239	0.02
303	불분명하	5,050	0.03	196	섬세하	10,179	0.06
390	불쌍하	3,626	0.02	321	섭섭하	4,662	0.03
282	불쾌하	5,570	0.03	258	성급하	6,376	0.04
242	불확실하	6,998	0.04	171	세	11,689	0.07
90	붉	25,054	0.15	300	세밀하	5,133	0.03
21	비슷하	113,177	0.66	259	세심하	6,352	0.04
35	비싸	59,338	0.34	216	소박하	8,658	0.05
435	비장하	3,143	0.02	85	소중하	25,753	0.15
466	비좁	2,888	0.02	464	속상하	2,890	0.02
315	빈번하	4,735	0.03	158	손쉽	13,161	0.08
422	빠듯하	3,251	0.02	164	솔직하	12,473	0.07
20	빠르	118,293	0.69	467	수두룩하	2,878	0.02
166	빨갛	12,145	0.07	52	수많	40,695	0.24
262	빼어나	6,188	0.04	448	수상하	3,046	0.02
184	뻔하	10,587	0.06	301	수월하	5,064	0.03
389	뼈아프	3,663	0.02	495	수줍	2,710	0.02
312	뾰족하	4,779	0.03	393	순진하	3,590	0.02
270	뿌듯하	5,994	0.03	351	순탄하	4,113	0.02

순위	형태	빈도	백분율	순위	형태	빈도	백분율
191	숱하	10,340	0.06	66	안타깝	32,918	0.19
12	쉽	235,437	1.37	306	알맞	4,995	0.03
153	슬프	13,750	0.08	335	알차	4,428	0.03
93	시급하	23,256	0.13	381	애매하	3,708	0.02
226	시끄럽	8,155	0.05	451	애틋하	3,016	0.02
496	시리	2,700	0.02	58	약하	37,620	0.22
120	시원하	18,273	0.11	160	얇	12,915	0.07
199	신기하	10,055	0.06	490	얕	2,724	0.02
137	신선하	14,950	0.09	95	어둡	22,750	0.13
80	싫	27,088	0.16	140	어떠하	14,804	0.09
28	심각하	83,602	0.49	11	어떻	264,003	1.53
279	심상하	5,725	0.03	8	어렵	371,193	2.15
343	심심하	4,327	0.03	30	어리	80,994	0.47
26	심하	84,528	0.49	273	어리석	5,870	0.03
348	싱싱하	4,142	0.02	214	어색하	8,800	0.05
49	싸	43,677	0.25	346	어설프	4,250	0.02
387	싸늘하	3,675	0.02	350	어수선하	4,116	0.02
486	쌀쌀하	2,731	0.02	334	어이없	4,444	0.03
365	썰렁하	3,970	0.02	493	어정쩡하	2,714	0.02
453	쏠쏠하	3,001	0.02	281	어지럽	5,666	0.03
454	쑥스럽	2,997	0.02	391	어처구니없	3,611	0.02
305	쓸쓸하	5,010	0.03	135	억울하	15,230	0.09
276	씁쓸하	5,809	0.03	103	엄격하	21,457	0.12
459	아기자기하	2,946	0.02	471	엄연하	2,830	0.02
198	아깝	10,092	0.06	278	엄정하	5,788	0.03
2	아니	1,190,647	6.91	394	엄중하	3,584	0.02
25	아름답	85,764	0.50	40	엄청나	51,755	0.30
438	아무렇	3,116	0.02	483	엄하	2,752	0.02
69	아쉽	32,343	0.19	1	없	2,060,317	11.96
400	아슬아슬하	3,458	0.02	159	엉뚱하	12,989	0.08
455	아찔하	2,989	0.02	302	여의하	5,056	0.03
47	아프	44,710	0.26	162	여전하	12,539	0.07
470	안쓰럽	2,832	0.02	292	역력하	5,362	0.03
339	안이하	4,385	0.03	336	열띠	4,426	0.03

순위	형태	빈도	백분율	순위	형태	빈도	백분율
399	열렬하	3,477	0.02	157	이상하	13,576	0.08
155	열악하	13,726	0.08	439	익	3,114	0.02
425	예리하	3,219	0.02	86	익숙하	25,689	0.15
234	예민하	7,512	0.04	256	자랑스럽	6,532	0.04
101	예쁘	21,939	0.13	154	자세하	13,742	0.08
265	오래	6,081	0.04	465	자유롭	2,889	0.02
428	오래되	3,185	0.02	18	작	148,481	0.86
344	오죽하	4,301	0.02	314	잔잔하	4,756	0.03
371	온전하	3,850	0.02	406	잘	3,407	0.02
107	올바르	20,320	0.12	426	잘나	3,208	0.02
75	옳	29,585	0.17	458	잠잠하	2,957	0.02
329	완만하	4,499	0.03	111	잦	19,650	0.11
183	외롭	10,667	0.06	482	재미없	2,753	0.02
407	용감하	3,385	0.02	54	재미있	40,076	0.23
403	용이하	3,423	0.02	480	재밌	2,758	0.02
328	우습	4,507	0.03	383	쟁쟁하	3,692	0.02
244	우아하	6,941	0.04	286	저렇	5,502	0.03
476	울창하	2,800	0.02	83	저렴하	25,901	0.15
362	웅장하	3,988	0.02	17	적	153,777	0.89
280	원만하	5,697	0.03	382	적나라하	3,708	0.02
170	웬만하	11,799	0.07	134	적당하	15,304	0.09
114	위대하	19,302	0.11	201	적잖	9,780	0.06
284	위태롭	5,517	0.03	45	적절하	46,045	0.27
440	유례없	3,111	0.02	249	절묘하	6,696	0.04
181	유연하	10,723	0.06	235	절박하	7,439	0.04
472	유창하	2,829	0.02	128	절실하	16,614	0.10
291	유치하	5,363	0.03	430	절친하	3,172	0.02
240	유쾌하	7,051	0.04	23	젊	103,501	0.60
298	은밀하	5,160	0.03	481	점잖	2,754	0.02
347	은은하	4,212	0.02	413	정겹	3,369	0.02
33	이러하	59,901	0.35	180	정교하	10,784	0.06
13	이렇	210,080	1.22	131	정당하	15,661	0.09
446	이롭	3,059	0.02	239	조그맣	7,195	0.04
56	이르	38,307	0.22	408	조급하	3,379	0.02

순위	형태	빈도	백분율	순위	형태	빈도	백분율
263	조속하	6,161	0.04	132	춤	15,595	0.09
144	조용하	14,127	0.08	44	충분하	47,107	0.27
78	좁	27,918	0.16	172	치밀하	11,591	0.07
6	좋	615,399	3.57	269	친근하	6,046	0.04
238	죄송하	7,290	0.04	165	친하	12,377	0.07
385	줄기차	3,676	0.02	116	커다랗	19,131	0.11
61	즐겁	35,946	0.21	210	쾌적하	9,158	0.05
295	즐비하	5,207	0.03	4	크	951,518	5.52
443	지겹	3,083	0.02	266	타당하	6,073	0.04
32	지나치	60,498	0.35	147	탁월하	14,010	0.08
349	지독하	4,127	0.02	151	탄탄하	13,763	0.08
188	지루하	10,482	0.06	358	터무니없	4,029	0.02
485	지저분하	2,733	0.02	206	튼튼하	9,280	0.05
367	진솔하	3,929	0.02	237	틀림없	7,327	0.04
68	진정하	32,407	0.19	267	파랗	6,069	0.04
105	진지하	21,039	0.12	194	팽팽하	10,211	0.06
227	진하	8,142	0.05	65	편하	33,907	0.20
268	집요하	6,056	0.04	100	평범하	22,136	0.13
109	짙	19,850	0.12	146	폭넓	14,030	0.08
253	짜릿하	6,642	0.04	118	푸르	18,622	0.11
38	짧	56,575	0.33	360	푸짐하	4,005	0.02
416	짭짤하	3,338	0.02	64	풍부하	34,510	0.20
331	차	4,469	0.03	197	풍성하	10,102	0.06
163	차갑	12,532	0.07	133	하얗	15,442	0.09
189	차분하	10,417	0.06	311	한심하	4,799	0.03
450	착잡하	3,026	0.02	456	한적하	2,977	0.02
182	착하	10,687	0.06	353	합당하	4,095	0.02
414	찬란하	3,359	0.02	342	해롭	4,338	0.03
473	참되	2,820	0.02	463	허다하	2,898	0.02
290	참신하	5,437	0.03	434	허름하	3,147	0.02
478	처참하	2,782	0.02	254	허술하	6,600	0.04
275	첨예하	5,848	0.03	361	험난하	3,992	0.02
272	초라하	5,893	0.03	316	험하	4,729	0.03
469	촉촉하	2,836	0.02	494	형편없	2,713	0.02

순위	형태	빈도	백분율
260	혹독하	6,240	0.04
366	화끈하	3,956	0.02
43	화려하	47,356	0.27
355	화사하	4,077	0.02
176	확고하	11,164	0.06
62	확실하	35,733	0.21
204	환하	9,461	0.05
386	활기차	3,676	0.02
59	활발하	36,800	0.21
202	황당하	9,683	0.06
457	훈훈하	2,972	0.02
77	훌륭하	28,355	0.16
283	흐리	5,556	0.03
357	흐뭇하	4,073	0.02
125	흔하	17,628	0.10
363	흡사하	3,986	0.02
317	흥겹	4,698	0.03
409	흥미진진하	3,378	0.02
141	희	14,771	0.09
497	희귀하	2,690	0.02
420	희미하	3,273	0.02
304	희박하	5,039	0.03
489	희한하	2,725	0.02
174	힘겹	11,356	0.07
16	힘들	160,943	0.93
228	힘차	8,091	0.05

8) 보조용언

태그: VX
타입: 125
토큰: 18,133,319

(1) 고빈도 순서

순위	형태	빈도	백분율	누적 백분율
1	있	5,205,412	28.71	28.71
2	하	3,607,365	19.89	48.60
3	않	2,499,653	13.78	62.38
4	지	1,627,718	8.98	71.36
5	주	1,094,966	6.04	77.40
6	오	702,514	3.87	81.27
7	보	701,975	3.87	85.14
8	못하	691,128	3.81	88.96
9	가	345,054	1.90	90.86
10	싶	315,757	1.74	92.60
11	내	305,278	1.68	94.28
12	놓	197,715	1.09	95.37
13	말	175,997	0.97	96.34
14	나가	159,105	0.88	97.22
15	달	129,559	0.71	97.94
16	버리	116,081	0.64	98.58
17	두	96,336	0.53	99.11
18	나	62,953	0.35	99.46
19	대	21,485	0.12	99.57
20	드리	20,498	0.11	99.69
21	들	20,024	0.11	99.80

순위	형태	빈도	백분율	누 적 백분율
22	치우	9,386	0.05	99.85
23	먹	9,013	0.05	99.90
24	계시	6,273	0.03	99.93
25	프	3,651	0.02	99.95
26	아니하	2,449	0.01	99.97
27	가지	2,351	0.01	99.98
28	빠지	584	0.00	99.98
29	마지않	446	0.00	99.99
30	갖	408	0.00	99.99
31	터지	331	0.00	99.99
32	불	148	0.00	99.99
33	죽	135	0.00	99.99
34	카	107	0.00	99.99
35	직하	103	0.00	99.99
36	치	93	0.00	99.99
37	뜨리	87	0.00	99.99
38	부	82	0.00	99.99
39	베	79	0.00	99.99
40	뿌	76	0.00	99.99

(2) 가나다 순서

순위	형태	빈도	백분율
1	가	345,054	1.90
2	가지	2,351	0.01
3	갖	408	0.00
4	계시	6,273	0.03
5	나	62,953	0.35
6	나가	159,105	0.88
7	내	305,278	1.68
8	놓	197,715	1.09
9	달	129,559	0.71
10	대	21,485	0.12
11	두	96,336	0.53
12	드리	20,498	0.11
13	들	20,024	0.11
14	뜨리	87	0.00
15	마지않	446	0.00
16	말	175,997	0.97
17	먹	9,013	0.05
18	못하	691,128	3.81
19	버리	116,081	0.64
20	베	79	0.00
21	보	701,975	3.87
22	부	82	0.00
23	불	148	0.00
24	빠지	584	0.00
25	뿌	76	0.00
26	싶	315,757	1.74
27	아니하	2,449	0.01
28	않	2,499,653	13.78

순위	형태	빈도	백분율
29	오	702,514	3.87
30	있	5,205,412	28.71
31	주	1,094,966	6.04
32	죽	135	0.00
33	지	1,627,718	8.98
34	직하	103	0.00
35	치	93	0.00
36	치우	9,386	0.05
37	카	107	0.00
38	터지	331	0.00
39	프	3,651	0.02
40	하	3,607,365	19.89

9) 지정사

태그: VCP
타입: 1
토큰: 163,327,614

순위	형태	빈도	백분율	누 적 백분율
1	이	16327614	100.00	100.00

10) 관형사

태그: MM
타입: 164
토큰: 9,710,094

(1) 고빈도 순서

순위	형태	빈도	백분율	누 적 백분율
1	이	2,075,007	21.37	21.37
2	한	1,372,569	14.14	35.51
3	그	865,256	8.91	44.42
4	두	591,607	6.09	50.51
5	다른	538,991	5.55	56.06
6	이런	498,041	5.13	61.19
7	제	334,592	3.45	64.63
8	모든	276,611	2.85	67.48
9	첫	270,972	2.79	70.27
10	어떤	231,951	2.39	72.66
11	새	212,095	2.18	74.85
12	그런	202,193	2.08	76.93
13	전	194,964	2.01	78.94
14	약	188,725	1.94	80.88
15	여러	183,006	1.88	82.77
16	어느	169,138	1.74	84.51
17	몇	168,135	1.73	86.24
18	세	163,279	1.68	87.92
19	각	162,714	1.68	89.60
20	총	146,944	1.51	91.11
21	현	93,558	0.96	92.07
22	옛	71,450	0.74	92.81
23	무슨	58,595	0.60	93.41
24	네	57,737	0.59	94.01
25	단	52,643	0.54	94.55
26	오랜	36,189	0.37	94.92
27	아무런	32,043	0.33	95.25
28	양	31,748	0.33	95.58
29	순	31,708	0.33	95.90
30	아무	31,284	0.32	96.23
31	별	30,013	0.31	96.54
32	저	27,143	0.28	96.82
33	한두	24,221	0.25	97.07
34	몇몇	23,327	0.24	97.31
35	고	22,632	0.23	97.54
36	모	22,276	0.23	97.77
37	온갖	20,650	0.21	97.98
38	온	19,490	0.20	98.18
39	주	18,665	0.19	98.37
40	석	15,713	0.16	98.54
41	맨	15,686	0.16	98.70
42	만	11,758	0.12	98.82
43	서너	8,958	0.09	98.91
44	양대	8,203	0.08	98.99
45	이런저런	7,948	0.08	99.08
46	여느	7,772	0.08	99.16
47	두세	7,007	0.07	99.23
48	매	6,887	0.07	99.30
49	타	6,741	0.07	99.37
50	스무	6,070	0.06	99.43
51	딴	5,471	0.06	99.49
52	저런	4,499	0.05	99.53
53	넉	4,448	0.05	99.58
54	웬	4,193	0.04	99.62
55	수	4,114	0.04	99.67
56	동	3,860	0.04	99.71
57	헌	3,090	0.03	99.74
58	갖은	3,054	0.03	99.77
59	두어	2,993	0.03	99.80

순위	형태	빈도	백분율	누적 백분율	순위	형태	빈도	백분율	누적 백분율
60	본	2,690	0.03	99.83	94	어인	68	0.00	99.99
61	근	2,029	0.02	99.85	95	이까짓	68	0.00	99.99
62	일대	1,565	0.02	99.86	96	고얀	63	0.00	99.99
63	외딴	1,524	0.02	99.88	97	모모	58	0.00	99.99
64	요	1,140	0.01	99.89	98	그런저런	55	0.00	99.99
65	구	1,067	0.01	99.90	99	오만	44	0.00	99.99
66	뭇	1,059	0.01	99.91	100	및	37	0.00	100.00
67	장장	934	0.01	99.92	101	모오든	36	0.00	100.00
68	몹쓸	693	0.01	99.93	102	아모	34	0.00	100.00
69	별의별	624	0.01	99.94	103	여늬	31	0.00	100.00
70	별별	590	0.01	99.94	104	흔	30	0.00	100.00
71	연	463	0.00	99.95	105	네까짓	26	0.00	100.00
72	왼	453	0.00	99.95	106	일	24	0.00	100.00
73	허튼	421	0.00	99.96	107	먼먼	20	0.00	100.00
74	서	370	0.00	99.96	108	이른	20	0.00	100.00
75	그까짓	363	0.00	99.96	109	다	19	0.00	100.00
76	그깟	272	0.00	99.97	110	몹	14	0.00	100.00
77	긴긴	243	0.00	99.97	111	이깟	14	0.00	100.00
78	닷	243	0.00	99.97	112	제까짓	13	0.00	100.00
79	오른	208	0.00	99.97	113	고까짓	12	0.00	100.00
80	두서너	185	0.00	99.98	114	여	12	0.00	100.00
81	무신	164	0.00	99.98	115	따른	11	0.00	100.00
82	애먼	150	0.00	99.98	116	무	10	0.00	100.00
83	언	150	0.00	99.98	117	벨	10	0.00	100.00
84	까짓	144	0.00	99.98	118	고연	8	0.00	100.00
85	어는	126	0.00	99.98	119	믄	8	0.00	100.00
86	요런	120	0.00	99.98	120	전대	8	0.00	100.00
87	당	114	0.00	99.99	121	고런	7	0.00	100.00
88	이따위	102	0.00	99.99	122	어	7	0.00	100.00
89	그따위	94	0.00	99.99	123	온갖	7	0.00	100.00
90	뭔	92	0.00	99.99	124	스먼	6	0.00	100.00
91	성	75	0.00	99.99	125	시	6	0.00	100.00
92	그딴	73	0.00	99.99	126	여나믄	6	0.00	100.00
93	이러저런	70	0.00	99.99	127	워떤	5	0.00	100.00

순위	형태	빈도	백분율	누 적 백분율	순위	형태	빈도	백분율	누 적 백분율
128	그간	4	0.00	100.00	162	제든	1	0.00	100.00
129	기	4	0.00	100.00	163	한신	1	0.00	100.00
130	제깟	4	0.00	100.00	164	한어	1	0.00	100.00
131	한두어	4	0.00	100.00					
132	지까짓	3	0.00	100.00					
133	총연	3	0.00	100.00					
134	고이헌	2	0.00	100.00					
135	맨느	2	0.00	100.00					
136	벼라별	2	0.00	100.00					
137	왼갖	2	0.00	100.00					
138	이깐	2	0.00	100.00					
139	이내	2	0.00	100.00					
140	조	2	0.00	100.00					
141	멫	1	0.00	100.00					
142	귀	1	0.00	100.00					
143	그든	1	0.00	100.00					
144	그만	1	0.00	100.00					
145	네든	1	0.00	100.00					
146	다느	1	0.00	100.00					
147	다는	1	0.00	100.00					
148	다쓸	1	0.00	100.00					
149	두른	1	0.00	100.00					
150	딴까	1	0.00	100.00					
151	무런	1	0.00	100.00					
152	수은	1	0.00	100.00					
153	아	1	0.00	100.00					
154	아무아무	1	0.00	100.00					
155	어런	1	0.00	100.00					
156	이녀러	1	0.00	100.00					
157	이느	1	0.00	100.00					
158	장	1	0.00	100.00					
159	저튼	1	0.00	100.00					
160	전무	1	0.00	100.00					
161	전세	1	0.00	100.00					

순위	형태	빈도	백분율
19	각	162,714	1.68
58	갖은	3,054	0.03
35	고	22,632	0.23
113	고까짓	12	0.00
121	고런	7	0.00
96	고얀	63	0.00
118	고연	8	0.00
134	고이헌	2	0.00
65	구	1,067	0.01
142	귀	1	0.00
3	그	865,256	8.91
75	그까짓	363	0.00
128	그깐	4	0.00
76	그깟	272	0.00
143	그든	1	0.00
89	그따위	94	0.00
92	그딴	73	0.00
12	그런	202,193	2.08
98	그런저런	55	0.00
144	그만	1	0.00
61	근	2,029	0.02
129	기	4	0.00
77	긴긴	243	0.00
84	까짓	144	0.00
53	넉	4,448	0.05
24	네	57,737	0.59
105	네까짓	26	0.00
145	네든	1	0.00
109	다	19	0.00
146	다느	1	0.00
147	다는	1	0.00
5	다른	538,991	5.55

순위	형태	빈도	백분율
148	다쓸	1	0.00
25	단	52,643	0.54
78	닷	243	0.00
87	당	114	0.00
56	동	3,860	0.04
4	두	591,607	6.09
149	두른	1	0.00
80	두서너	185	0.00
47	두세	7,007	0.07
59	두어	2,993	0.03
115	따른	11	0.00
51	딴	5,471	0.06
150	딴까	1	0.00
42	만	11,758	0.12
48	매	6,887	0.07
41	맨	15,686	0.16
135	맨느	2	0.00
107	먼먼	20	0.00
141	멫	1	0.00
17	몇	168,135	1.73
34	몇몇	23,327	0.24
36	모	22,276	0.23
8	모든	276,611	2.85
97	모모	58	0.00
101	모오든	36	0.00
110	몹	14	0.00
68	몹쓸	693	0.01
116	무	10	0.00
151	무런	1	0.00
23	무슨	58,595	0.60
81	무신	164	0.00
66	뭇	1,059	0.01
90	뭔	92	0.00
119	믄	8	0.00

순위	형태	빈도	백분율	순위	형태	빈도	백분율
100	및	37	0.00	83	언	150	0.00
117	벨	10	0.00	114	여	12	0.00
136	벼라별	2	0.00	126	여나믄	6	0.00
31	별	30,013	0.31	46	여느	7,772	0.08
70	별별	590	0.01	103	여늬	31	0.00
69	별의별	624	0.01	15	여러	183,006	1.88
60	본	2,690	0.03	71	연	463	0.00
11	새	212,095	2.18	22	옛	71,450	0.74
74	서	370	0.00	26	오랜	36,189	0.37
43	서너	8,958	0.09	79	오른	208	0.00
40	석	15,713	0.16	99	오만	44	0.00
91	성	75	0.00	38	온	19,490	0.20
18	세	163,279	1.68	123	온갓	7	0.00
55	수	4,114	0.04	37	온갖	20,650	0.21
152	수은	1	0.00	63	외딴	1,524	0.02
29	순	31,708	0.33	72	왼	453	0.00
124	스먼	6	0.00	137	왼갖	2	0.00
50	스무	6,070	0.06	64	요	1,140	0.01
125	시	6	0.00	86	요런	120	0.00
153	아	1	0.00	127	워떤	5	0.00
102	아모	34	0.00	54	웬	4,193	0.04
30	아무	31,284	0.32	1	이	2,075,007	21.37
27	아무런	32,043	0.33	95	이까짓	68	0.00
154	아무아무	1	0.00	138	이깐	2	0.00
82	애먼	150	0.00	111	이깟	14	0.00
14	약	188,725	1.94	139	이내	2	0.00
28	양	31,748	0.33	156	이녀러	1	0.00
44	양대	8,203	0.08	157	이느	1	0.00
122	어	7	0.00	88	이따위	102	0.00
16	어느	169,138	1.74	93	이러저런	70	0.00
85	어는	126	0.00	6	이런	498,041	5.13
10	어떤	231,951	2.39	45	이런저런	7,948	0.08
155	어런	1	0.00	108	이른	20	0.00
94	어인	68	0.00	106	일	24	0.00

순위	형태	빈도	백분율
62	일대	1,565	0.02
158	장	1	0.00
67	장장	934	0.01
32	저	27,143	0.28
52	저런	4,499	0.05
159	저튼	1	0.00
13	전	194,964	2.01
120	전대	8	0.00
160	전무	1	0.00
161	전세	1	0.00
7	제	334,592	3.45
112	제까짓	13	0.00
130	제깟	4	0.00
162	제든	1	0.00
140	조	2	0.00
39	주	18,665	0.19
132	지까짓	3	0.00
9	첫	270,972	2.79
20	총	146,944	1.51
133	총연	3	0.00
49	타	6,741	0.07
2	한	1,372,569	14.14
33	한두	24,221	0.25
131	한두어	4	0.00
163	한신	1	0.00
164	한어	1	0.00
73	허튼	421	0.00
57	헌	3,090	0.03
21	현	93,558	0.96
104	혼	30	0.00

11) 일반부사

태그: MAG
타입: 30,821
토큰: 18,708,020

(1) 고빈도 순서

순위	형태	빈도	백분율	누적 백분율
1	또	882055	4.71	4.71
2	더	764947	4.09	8.80
3	함께	625222	3.34	12.15
4	가장	546592	2.92	15.07
5	및	498074	2.66	17.73
6	모두	473593	2.53	20.26
7	안	422890	2.26	22.52
8	특히	383073	2.05	24.57
9	현재	369317	1.97	26.54
10	다시	362568	1.94	28.48
11	잘	343734	1.84	30.32
12	많이	309458	1.65	31.97
13	없이	259461	1.39	33.36
14	이미	228459	1.22	34.58
15	못	227848	1.22	35.80
16	아직	227048	1.21	37.01
17	직접	215849	1.15	38.17
18	물론	203193	1.09	39.25
19	다	196591	1.05	40.30
20	각각	194484	1.04	41.34
21	바로	174837	0.93	42.28
22	너무	173319	0.93	43.20
23	역시	171094	0.91	44.12
24	더욱	159270	0.85	44.97
25	제대로	155063	0.83	45.80

순위	형태	빈도	백분율	누 적 백분율	순위	형태	빈도	백분율	누 적 백분율
26	먼저	148015	0.79	46.59	60	정말	65939	0.35	64.57
27	계속	146428	0.78	47.37	61	잘못	65704	0.35	64.92
28	왜	145070	0.78	48.15	62	미리	63092	0.34	65.26
29	거의	141020	0.75	48.90	63	빨리	58790	0.31	65.57
30	또는	131676	0.70	49.61	64	다소	58775	0.31	65.88
31	이제	129909	0.69	50.30	65	오래	56409	0.30	66.19
32	우선	123608	0.66	50.96	66	이른바	55735	0.30	66.48
33	지금	121347	0.65	51.61	67	충분히	55143	0.29	66.78
34	오히려	120968	0.65	52.26	68	완전히	53858	0.29	67.07
35	좀	114438	0.61	52.87	69	아예	53195	0.28	67.35
36	달리	109678	0.59	53.45	70	늘	52935	0.28	67.63
37	그대로	108858	0.58	54.04	71	아주	50679	0.27	67.90
38	매우	106070	0.57	54.60	72	갑자기	50141	0.27	68.17
39	한편	103927	0.56	55.16	73	즉	49867	0.27	68.44
40	얼마나	101043	0.54	55.70	74	과연	48991	0.26	68.70
41	훨씬	96666	0.52	56.22	75	따로	48379	0.26	68.96
42	또한	95930	0.51	56.73	76	사실	47995	0.26	69.22
43	스스로	95470	0.51	57.24	77	대폭	47914	0.26	69.47
44	서로	94642	0.51	57.74	78	열심히	46341	0.25	69.72
45	여전히	93359	0.50	58.24	79	마치	45964	0.25	69.97
46	전혀	90967	0.49	58.73	80	그만큼	45781	0.24	70.21
47	새로	89246	0.48	59.21	81	가까이	44831	0.24	70.45
48	이어	88383	0.47	59.68	82	보다	43744	0.23	70.68
49	주로	87647	0.47	60.15	83	꾸준히	43505	0.23	70.92
50	실제로	84783	0.45	60.60	84	그냥	43431	0.23	71.15
51	꼭	81948	0.44	61.04	85	무려	43351	0.23	71.38
52	매년	80948	0.43	61.47	86	조금	42994	0.23	71.61
53	일단	78772	0.42	61.89	87	결코	42001	0.22	71.83
54	반드시	76749	0.41	62.30	88	아무리	41767	0.22	72.06
55	다만	75342	0.40	62.71	89	항상	41350	0.22	72.28
56	곧	74480	0.40	63.10	90	게다가	41124	0.22	72.50
57	자주	73798	0.39	63.50	91	별로	40205	0.21	72.71
58	같이	67467	0.36	63.86	92	곧바로	39762	0.21	72.93
59	매일	66591	0.36	64.21	93	갈수록	37724	0.20	73.13

순위	형태	빈도	백분율	누 적 백분율	순위	형태	빈도	백분율	누 적 백분율
94	분명히	37710	0.20	73.33	128	자칫	25100	0.13	78.86
95	혹은	37541	0.20	73.53	129	그나마	24988	0.13	79.00
96	매주	37288	0.20	73.73	130	널리	24832	0.13	79.13
97	점점	36496	0.20	73.92	131	대부분	24703	0.13	79.26
98	대거	36293	0.19	74.12	132	때로	24658	0.13	79.39
99	벌써	36021	0.19	74.31	133	나란히	24615	0.13	79.53
100	앞서	34358	0.18	74.49	134	그리	24531	0.13	79.66
101	잠시	33288	0.18	74.67	135	워낙	24399	0.13	79.79
102	단지	33074	0.18	74.85	136	멀리	23690	0.13	79.91
103	점차	32937	0.18	75.03	137	굳이	22871	0.12	80.04
104	내내	32907	0.18	75.20	138	일찍	22827	0.12	80.16
105	해마다	32131	0.17	75.37	139	대체로	22473	0.12	80.28
106	불과	32127	0.17	75.54	140	그저	22306	0.12	80.40
107	사실상	31872	0.17	75.71	141	끊임없이	22260	0.12	80.52
108	철저히	31282	0.17	75.88	142	깊이	22228	0.12	80.63
109	인제	30658	0.16	76.05	143	제일	22219	0.12	80.75
110	조만간	30258	0.16	76.21	144	참	22196	0.12	80.87
111	당분간	30216	0.16	76.37	145	겨우	21932	0.12	80.99
112	매달	29469	0.16	76.53	146	일제히	21915	0.12	81.11
113	무조건	29418	0.16	76.68	147	수시로	21857	0.12	81.22
114	상당히	29021	0.16	76.84	148	높이	21512	0.11	81.34
115	한꺼번에	28887	0.15	76.99	149	비록	21432	0.11	81.45
116	흔히	28773	0.15	77.15	150	어찌	21224	0.11	81.57
117	심지어	28611	0.15	77.30	151	예컨대	21186	0.11	81.68
118	즉각	28286	0.15	77.45	152	딱	20449	0.11	81.79
119	가득	27471	0.15	77.60	153	가끔	20442	0.11	81.90
120	당연히	27183	0.15	77.74	154	너무나	20342	0.11	82.01
121	단순히	27162	0.15	77.89	155	깜짝	19719	0.11	82.11
122	정확히	26821	0.14	78.03	156	언제나	19703	0.11	82.22
123	덜	26803	0.14	78.18	157	더구나	19590	0.10	82.32
124	약간	26637	0.14	78.32	158	급격히	19217	0.10	82.43
125	또다시	26341	0.14	78.46	159	꽤	19089	0.10	82.53
126	절대	25468	0.14	78.59	160	무척	18973	0.10	82.63
127	적어도	25165	0.13	78.73	161	거듭	18971	0.10	82.73

162	대개	18934	0.10	82.83	196	살짝	13633	0.07	85.75
163	마침내	18598	0.10	82.93	197	서서히	13526	0.07	85.83
164	속속	18523	0.10	83.03	198	자세히	13427	0.07	85.90
165	강력히	18296	0.10	83.13	199	확	13359	0.07	85.97
166	종종	18233	0.10	83.22	200	아마	13239	0.07	86.04
167	도대체	17990	0.10	83.32	201	각자	13082	0.07	86.11
168	한층	17887	0.10	83.42	202	비로소	13069	0.07	86.18
169	관계없이	17746	0.09	83.51	203	일찌감치	13048	0.07	86.25
170	일일이	17665	0.09	83.61	204	특별히	12975	0.07	86.32
171	아울러	17571	0.09	83.70	205	우연히	12974	0.07	86.39
172	홀로	17520	0.09	83.79	206	분명	12809	0.07	86.46
173	확실히	17354	0.09	83.89	207	다행히	12696	0.07	86.52
174	꼼꼼히	17291	0.09	83.98	208	막상	12691	0.07	86.59
175	보통	16762	0.09	84.07	209	솔직히	12153	0.06	86.66
176	혹시	16123	0.09	84.15	210	그야말로	12141	0.06	86.72
177	그만	16060	0.09	84.24	211	줄줄이	12000	0.06	86.79
178	고스란히	15910	0.09	84.33	212	극히	11806	0.06	86.85
179	끝내	15830	0.08	84.41	213	참으로	11718	0.06	86.91
180	상관없이	15602	0.08	84.49	214	도저히	11671	0.06	86.97
181	결국	15534	0.08	84.58	215	어쩌면	11619	0.06	87.04
182	막	15390	0.08	84.66	216	오직	11519	0.06	87.10
183	매월	15289	0.08	84.74	217	부쩍	11460	0.06	87.16
184	줄곧	15171	0.08	84.82	218	꽉	11445	0.06	87.22
185	채	15107	0.08	84.90	219	좀처럼	11442	0.06	87.28
186	언젠가	15066	0.08	84.98	220	마주	11336	0.06	87.34
187	자꾸	15060	0.08	85.06	221	소위	11273	0.06	87.40
188	똑같이	14782	0.08	85.14	222	모처럼	11068	0.06	87.46
189	두루	14746	0.08	85.22	223	훌쩍	11010	0.06	87.52
190	더욱이	14727	0.08	85.30	224	대단히	10985	0.06	87.58
191	비교적	14587	0.08	85.38	225	고작	10929	0.06	87.64
192	거꾸로	14399	0.08	85.45	226	활짝	10823	0.06	87.70
193	몰래	14272	0.08	85.53	227	온통	10783	0.06	87.75
194	급속히	14049	0.08	85.61	228	가령	10581	0.06	87.81
195	차라리	13992	0.07	85.68	229	천천히	10570	0.06	87.87

순위	형태	빈도	백분율	누 적 백분율	순위	형태	빈도	백분율	누 적 백분율
230	바짝	10563	0.06	87.92	264	잔뜩	8855	0.05	89.69
231	금방	10518	0.06	87.98	265	골고루	8683	0.05	89.74
232	아마도	10484	0.06	88.04	266	잠깐	8554	0.05	89.79
233	아무래도	10455	0.06	88.09	267	각기	8499	0.05	89.83
234	유독	10383	0.06	88.15	268	가만히	8423	0.05	89.88
235	어차피	10316	0.06	88.20	269	턱없이	8408	0.04	89.92
236	한창	10274	0.05	88.26	270	절대로	8375	0.04	89.97
237	조용히	10266	0.05	88.31	271	대체	8297	0.04	90.01
238	일부러	10234	0.05	88.37	272	굉장히	8231	0.04	90.06
239	마침	10168	0.05	88.42	273	갓	8195	0.04	90.10
240	단연	10149	0.05	88.47	274	선뜻	8113	0.04	90.14
241	아니	10132	0.05	88.53	275	과감히	8029	0.04	90.19
242	전부	10107	0.05	88.58	276	뚝	7975	0.04	90.23
243	어느새	9859	0.05	88.64	277	저절로	7869	0.04	90.27
244	소홀히	9848	0.05	88.69	278	함부로	7854	0.04	90.31
245	기급적	9771	0.05	88.74	279	한껏	7825	0.04	90.35
246	새삼	9765	0.05	88.79	280	매번	7822	0.04	90.40
247	유난히	9744	0.05	88.84	281	오늘	7795	0.04	90.44
248	이내	9714	0.05	88.90	282	마음껏	7767	0.04	90.48
249	그다지	9703	0.05	88.95	283	어쨌든	7695	0.04	90.52
250	드디어	9688	0.05	89.00	284	저마다	7690	0.04	90.56
251	한발	9650	0.05	89.05	285	간신히	7644	0.04	90.60
252	오로지	9581	0.05	89.10	286	조속히	7528	0.04	90.64
253	이대로	9569	0.05	89.15	287	톡톡히	7481	0.04	90.68
254	의외로	9540	0.05	89.21	288	소폭	7452	0.04	90.72
255	대략	9502	0.05	89.26	289	금세	7417	0.04	90.76
256	영원히	9390	0.05	89.31	290	실은	7385	0.04	90.80
257	적절히	9383	0.05	89.36	291	진정	7309	0.04	90.84
258	명확히	9304	0.05	89.41	292	그토록	7208	0.04	90.88
259	마구	9170	0.05	89.46	293	한결	7202	0.04	90.92
260	하여금	9128	0.05	89.50	294	제법	7004	0.04	90.95
261	마음대로	9073	0.05	89.55	295	엄격히	6971	0.04	90.99
262	푹	8883	0.05	89.60	296	어김없이	6934	0.04	91.03
263	어제	8878	0.05	89.65	297	자연스레	6896	0.04	91.07

순위	형태	빈도	백분율	누적 백분율	순위	형태	빈도	백분율	누적 백분율
298	지금껏	6886	0.04	91.10	332	가뜩이나	5807	0.03	92.27
299	주춤	6806	0.04	91.14	333	기꺼이	5715	0.03	92.30
300	한결같이	6774	0.04	91.18	334	무사히	5713	0.03	92.33
301	문득	6768	0.04	91.21	335	내지	5669	0.03	92.36
302	깨끗이	6709	0.04	91.25	336	몹시	5662	0.03	92.39
303	급기야	6708	0.04	91.28	337	연일	5613	0.03	92.42
304	활발히	6706	0.04	91.32	338	상세히	5599	0.03	92.45
305	지극히	6692	0.04	91.35	339	신속히	5560	0.03	92.48
306	고루	6666	0.04	91.39	340	틈틈이	5489	0.03	92.51
307	진짜	6624	0.04	91.43	341	텅	5435	0.03	92.54
308	깊숙이	6597	0.04	91.46	342	내리	5340	0.03	92.56
309	당당히	6590	0.04	91.50	343	대충	5331	0.03	92.59
310	미처	6580	0.04	91.53	344	반짝	5265	0.03	92.62
311	날로	6563	0.04	91.57	345	차츰	5209	0.03	92.65
312	하루빨리	6490	0.03	91.60	346	묵묵히	5184	0.03	92.68
313	되레	6486	0.03	91.64	347	하나하나	5160	0.03	92.70
314	번번이	6447	0.03	91.67	348	왠지	5121	0.03	92.73
315	수없이	6406	0.03	91.70	349	원래	5113	0.03	92.76
316	충실히	6394	0.03	91.74	350	어느덧	5035	0.03	92.78
317	제발	6380	0.03	91.77	351	왜냐하면	5003	0.03	92.81
318	억지로	6328	0.03	91.81	352	돌연	4977	0.03	92.84
319	간혹	6311	0.03	91.84	353	일시	4957	0.03	92.86
320	절로	6309	0.03	91.87	354	신중히	4926	0.03	92.89
321	마냥	6303	0.03	91.91	355	마땅히	4911	0.03	92.92
322	우뚝	6276	0.03	91.94	356	이를테면	4848	0.03	92.94
323	적당히	6271	0.03	91.97	357	실로	4847	0.03	92.97
324	정말로	6255	0.03	92.01	358	이리저리	4821	0.03	92.99
325	급히	6177	0.03	92.04	359	가까스로	4795	0.03	93.02
326	일절	6171	0.03	92.07	360	자연히	4755	0.03	93.05
327	간단히	6047	0.03	92.11	361	하나같이	4726	0.03	93.07
328	단숨에	6044	0.03	92.14	362	도무지	4669	0.02	93.10
329	사뭇	6018	0.03	92.17	363	끝없이	4667	0.02	93.12
330	설사	5917	0.03	92.20	364	손수	4650	0.02	93.15
331	면밀히	5885	0.03	92.23	365	설령	4563	0.02	93.17

순위	형태	빈도	백분율	누 적 백분율	순위	형태	빈도	백분율	누 적 백분율
366	꽁꽁	4560	0.02	93.19	400	물씬	3728	0.02	93.95
367	언뜻	4540	0.02	93.22	401	이토록	3691	0.02	93.97
368	곧장	4521	0.02	93.24	402	하도	3680	0.02	93.99
369	감히	4502	0.02	93.27	403	쏙	3674	0.02	94.01
370	거침없이	4500	0.02	93.29	404	이제야	3672	0.02	94.03
371	명백히	4496	0.02	93.32	405	몽땅	3616	0.02	94.05
372	꼬박	4477	0.02	93.34	406	흠뻑	3610	0.02	94.07
373	영	4458	0.02	93.36	407	장차	3598	0.02	94.09
374	한바탕	4429	0.02	93.39	408	이리	3591	0.02	94.11
375	일찍이	4423	0.02	93.41	409	뜻밖에	3574	0.02	94.13
376	껑충	4412	0.02	93.43	410	느닷없이	3570	0.02	94.15
377	빠짐없이	4402	0.02	93.46	411	펄펄	3570	0.02	94.17
378	은근히	4388	0.02	93.48	412	월등히	3563	0.02	94.18
379	현저히	4321	0.02	93.50	413	꼬박꼬박	3562	0.02	94.20
380	여간	4312	0.02	93.53	414	괜히	3528	0.02	94.22
381	하필	4273	0.02	93.55	415	더더욱	3506	0.02	94.24
382	차근차근	4236	0.02	93.57	416	똑바로	3499	0.02	94.26
383	확연히	4211	0.02	93.60	417	단번에	3477	0.02	94.28
384	재차	4168	0.02	93.62	418	팽팽히	3468	0.02	94.30
385	한없이	4152	0.02	93.64	419	시급히	3467	0.02	94.32
386	얼핏	4094	0.02	93.66	420	버젓이	3463	0.02	94.33
387	단단히	4073	0.02	93.68	421	부지런히	3424	0.02	94.35
388	섣불리	4032	0.02	93.70	422	간간이	3399	0.02	94.37
389	톡톡	4009	0.02	93.73	423	쑥쑥	3394	0.02	94.39
390	쭉	4008	0.02	93.75	424	긴밀히	3380	0.02	94.41
391	듬뿍	3951	0.02	93.77	425	불쑥	3377	0.02	94.42
392	시종	3915	0.02	93.79	426	재빨리	3346	0.02	94.44
393	온전히	3910	0.02	93.81	427	무난히	3316	0.02	94.46
394	되도록	3884	0.02	93.83	428	오락가락	3266	0.02	94.48
395	비단	3880	0.02	93.85	429	모조리	3265	0.02	94.50
396	간절히	3791	0.02	93.87	430	어쩌다	3252	0.02	94.51
397	흔쾌히	3780	0.02	93.89	431	슬그머니	3229	0.02	94.53
398	번쩍	3745	0.02	93.91	432	이어서	3218	0.02	94.55
399	슬쩍	3743	0.02	93.93	433	때마침	3207	0.02	94.56

순위	형태	빈도	백분율	누 적 백분율	순위	형태	빈도	백분율	누 적 백분율
434	도로	3180	0.02	94.58	468	쉽사리	2768	0.01	95.12
435	편히	3139	0.02	94.60	469	도리어	2766	0.01	95.14
436	차마	3122	0.02	94.61	470	얼른	2763	0.01	95.15
437	탁	3115	0.02	94.63	471	부랴부랴	2762	0.01	95.17
438	다시금	3099	0.02	94.65	472	고사하고	2748	0.01	95.18
439	더러	3093	0.02	94.66	473	때때로	2737	0.01	95.20
440	확고히	3091	0.02	94.68	474	유심히	2734	0.01	95.21
441	게을리	3087	0.02	94.70	475	부득이	2711	0.01	95.23
442	여실히	3052	0.02	94.71	476	가히	2708	0.01	95.24
443	곧잘	3050	0.02	94.73	477	각별히	2681	0.01	95.25
444	말끔히	3037	0.02	94.75	478	발끈	2674	0.01	95.27
445	뚜렷이	3033	0.02	94.76	479	똘똘	2651	0.01	95.28
446	으레	3029	0.02	94.78	480	훤히	2635	0.01	95.30
447	펑펑	3027	0.02	94.80	481	싹	2622	0.01	95.31
448	맘껏	3022	0.02	94.81	482	어렵사리	2608	0.01	95.32
449	절실히	3018	0.02	94.83	483	그때그때	2606	0.01	95.34
450	멋대로	3002	0.02	94.84	484	더없이	2596	0.01	95.35
451	무심코	2996	0.02	94.86	485	무턱대고	2584	0.01	95.37
452	성실히	2994	0.02	94.88	486	엄청	2580	0.01	95.38
453	공공연히	2969	0.02	94.89	487	툭	2551	0.01	95.39
454	썩	2960	0.02	94.91	488	달랑	2548	0.01	95.41
455	후끈	2957	0.02	94.92	489	단호히	2538	0.01	95.42
456	혹	2955	0.02	94.94	490	조목조목	2538	0.01	95.43
457	설마	2947	0.02	94.95	491	엄연히	2534	0.01	95.45
458	낱낱이	2938	0.02	94.97	492	사사건건	2531	0.01	95.46
459	이쯤	2917	0.02	94.99	493	두고두고	2530	0.01	95.48
460	차분히	2906	0.02	95.00	494	요컨대	2528	0.01	95.49
461	아무튼	2881	0.02	95.02	495	일약	2500	0.01	95.50
462	진작	2873	0.02	95.03	496	척척	2479	0.01	95.52
463	너도나도	2872	0.02	95.05	497	다분히	2474	0.01	95.53
464	샅샅이	2871	0.02	95.06	498	여러모로	2452	0.01	95.54
465	곧이어	2864	0.02	95.08	499	더군다나	2430	0.01	95.55
466	맘대로	2810	0.02	95.09	500	어서	2424	0.01	95.57
467	소중히	2794	0.01	95.11					

(2) 가나다 순서

순위	형태	빈도	백분율
245	가급적	9771	0.05
359	가까스로	4795	0.03
81	가까이	44831	0.24
153	가끔	20442	0.11
119	가득	27471	0.15
332	가뜩이나	5807	0.03
228	가령	10581	0.06
268	가만히	8423	0.05
4	가장	546592	2.92
476	가히	2708	0.01
20	각각	194484	1.04
267	각기	8499	0.05
477	각별히	2681	0.01
201	각자	13082	0.07
422	간간이	3399	0.02
327	간단히	6047	0.03
285	간신히	7644	0.04
396	간절히	3791	0.02
319	간혹	6311	0.03
93	갈수록	37724	0.20
369	감히	4502	0.02
72	갑자기	50141	0.27
273	갓	8195	0.04
165	강력히	18296	0.10
58	같이	67467	0.36
192	거꾸로	14399	0.08
161	거듭	18971	0.10
29	거의	141020	0.75
370	거침없이	4500	0.02
90	게다가	41124	0.22
441	게을리	3087	0.02
145	겨우	21932	0.12

순위	형태	빈도	백분율
181	결국	15534	0.08
87	결코	42001	0.22
27	계속	146428	0.78
306	고루	6666	0.04
472	고사하고	2748	0.01
178	고스란히	15910	0.09
225	고작	10929	0.06
56	곧	74480	0.40
92	곧바로	39762	0.21
465	곧이어	2864	0.02
443	곧잘	3050	0.02
368	곧장	4521	0.02
265	골고루	8683	0.05
453	공공연히	2969	0.02
275	과감히	8029	0.04
74	과연	48991	0.26
169	관계없이	17746	0.09
414	괜히	3528	0.02
272	굉장히	8231	0.04
137	굳이	22871	0.12
129	그나마	24988	0.13
84	그냥	43431	0.23
249	그다지	9703	0.05
37	그대로	108858	0.58
483	그때그때	2606	0.01
134	그리	24531	0.13
177	그만	16060	0.09
80	그만큼	45781	0.24
210	그야말로	12141	0.06
140	그저	22306	0.12
292	그토록	7208	0.04
212	극히	11806	0.06
231	금방	10518	0.06
289	금세	7417	0.04

순위	형태	빈도	백분율	순위	형태	빈도	백분율
158	급격히	19217	0.10	70	늘	52935	0.28
303	급기야	6708	0.04	19	다	196591	1.05
194	급속히	14049	0.08	55	다만	75342	0.40
325	급히	6177	0.03	497	다분히	2474	0.01
333	기꺼이	5715	0.03	64	다소	58775	0.31
424	긴밀히	3380	0.02	10	다시	362568	1.94
308	깊숙이	6597	0.04	438	다시금	3099	0.02
142	깊이	22228	0.12	207	다행히	12696	0.07
155	깜짝	19719	0.11	387	단단히	4073	0.02
302	깨끗이	6709	0.04	417	단번에	3477	0.02
376	껑충	4412	0.02	121	단순히	27162	0.15
372	꼬박	4477	0.02	328	단숨에	6044	0.03
413	꼬박꼬박	3562	0.02	240	단연	10149	0.05
51	꼭	81948	0.44	102	단지	33074	0.18
174	꼼꼼히	17291	0.09	489	단호히	2538	0.01
366	꽁꽁	4560	0.02	488	달랑	2548	0.01
218	꽉	11445	0.06	36	달리	109678	0.59
159	꽤	19089	0.10	309	당당히	6590	0.04
83	꾸준히	43505	0.23	111	당분간	30216	0.16
141	끊임없이	22260	0.12	120	당연히	27183	0.15
179	끝내	15830	0.08	162	대개	18934	0.10
363	끝없이	4667	0.02	98	대거	36293	0.19
133	나란히	24615	0.13	224	대단히	10985	0.06
311	날로	6563	0.04	255	대략	9502	0.05
458	낱낱이	2938	0.02	131	대부분	24703	0.13
104	내내	32907	0.18	271	대체	8297	0.04
342	내리	5340	0.03	139	대체로	22473	0.12
335	내지	5669	0.03	343	대충	5331	0.03
463	너도나도	2872	0.02	77	대폭	47914	0.26
22	너무	173319	0.93	2	더	764947	4.09
154	너무나	20342	0.11	157	더구나	19590	0.10
130	널리	24832	0.13	499	더군다나	2430	0.01
148	높이	21512	0.11	415	더더욱	3506	0.02
410	느닷없이	3570	0.02	439	더러	3093	0.02

순위	형태	빈도	백분율	순위	형태	빈도	백분율
484	더없이	2596	0.01	282	마음껏	7767	0.04
24	더욱	159270	0.85	261	마음대로	9073	0.05
190	더욱이	14727	0.08	220	마주	11336	0.06
123	덜	26803	0.14	79	마치	45964	0.25
167	도대체	17990	0.10	239	마침	10168	0.05
434	도로	3180	0.02	163	마침내	18598	0.10
469	도리어	2766	0.01	182	막	15390	0.08
362	도무지	4669	0.02	208	막상	12691	0.07
214	도저히	11671	0.06	12	많이	309458	1.65
352	돌연	4977	0.03	444	말끔히	3037	0.02
394	되도록	3884	0.02	448	맘껏	3022	0.02
313	되레	6486	0.03	466	맘대로	2810	0.02
493	두고두고	2530	0.01	52	매년	80948	0.43
189	두루	14746	0.08	112	매달	29469	0.16
250	드디어	9688	0.05	280	매번	7822	0.04
391	듬뿍	3951	0.02	38	매우	106070	0.57
75	따로	48379	0.26	183	매월	15289	0.08
152	딱	20449	0.11	59	매일	66591	0.36
473	때때로	2737	0.01	96	매주	37288	0.20
132	때로	24658	0.13	26	먼저	148015	0.79
433	때마침	3207	0.02	136	멀리	23690	0.13
1	또	882055	4.71	450	멋대로	3002	0.02
30	또는	131676	0.70	331	면밀히	5885	0.03
125	또다시	26341	0.14	371	명백히	4496	0.02
42	또한	95930	0.51	258	명확히	9304	0.05
188	똑같이	14782	0.08	6	모두	473593	2.53
416	똑바로	3499	0.02	429	모조리	3265	0.02
479	똘똘	2651	0.01	222	모처럼	11068	0.06
445	뚜렷이	3033	0.02	193	몰래	14272	0.08
276	뚝	7975	0.04	336	몹시	5662	0.03
409	뜻밖에	3574	0.02	15	못	227848	1.22
259	마구	9170	0.05	405	몽땅	3616	0.02
321	마냥	6303	0.03	427	무난히	3316	0.02
355	마땅히	4911	0.03	85	무려	43351	0.23

순위	형태	빈도	백분율	순위	형태	빈도	백분율
334	무사히	5713	0.03	202	비로소	13069	0.07
451	무심코	2996	0.02	149	비록	21432	0.11
113	무조건	29418	0.16	377	빠짐없이	4402	0.02
160	무척	18973	0.10	63	빨리	58790	0.31
485	무턱대고	2584	0.01	329	사뭇	6018	0.03
346	묵묵히	5184	0.03	492	사사건건	2531	0.01
301	문득	6768	0.04	76	사실	47995	0.26
18	물론	203193	1.09	107	사실상	31872	0.17
400	물씬	3728	0.02	196	살짝	13633	0.07
62	미리	63092	0.34	180	상관없이	15602	0.08
310	미처	6580	0.04	114	상당히	29021	0.16
5	및	498074	2.66	338	상세히	5599	0.03
21	바로	174837	0.93	464	샅샅이	2871	0.02
230	바짝	10563	0.06	47	새로	89246	0.48
54	반드시	76749	0.41	246	새삼	9765	0.05
344	반짝	5265	0.03	44	서로	94642	0.51
478	발끈	2674	0.01	197	서서히	13526	0.07
420	버젓이	3463	0.02	274	선뜻	8113	0.04
314	번번이	6447	0.03	388	섣불리	4032	0.02
398	번쩍	3745	0.02	365	설령	4563	0.02
99	벌써	36021	0.19	457	설마	2947	0.02
91	별로	40205	0.21	330	설사	5917	0.03
82	보다	43744	0.23	452	성실히	2994	0.02
175	보통	16762	0.09	221	소위	11273	0.06
475	부득이	2711	0.01	467	소중히	2794	0.01
471	부랴부랴	2762	0.01	288	소폭	7452	0.04
421	부지런히	3424	0.02	244	소홀히	9848	0.05
217	부쩍	11460	0.06	164	속속	18523	0.10
206	분명	12809	0.07	364	손수	4650	0.02
94	분명히	37710	0.20	209	솔직히	12153	0.06
106	불과	32127	0.17	147	수시로	21857	0.12
425	불쑥	3377	0.02	315	수없이	6406	0.03
191	비교적	14587	0.08	468	쉽사리	2768	0.01
395	비단	3880	0.02	43	스스로	95470	0.51

순위	형태	빈도	백분율	순위	형태	빈도	백분율
431	슬그머니	3229	0.02	430	어쩌다	3252	0.02
399	슬쩍	3743	0.02	215	어쩌면	11619	0.06
419	시급히	3467	0.02	150	어찌	21224	0.11
392	시종	3915	0.02	235	어차피	10316	0.06
339	신속히	5560	0.03	318	억지로	6328	0.03
354	신중히	4926	0.03	367	언뜻	4540	0.02
357	실로	4847	0.03	109	언제	30658	0.16
290	실은	7385	0.04	156	언제나	19703	0.11
50	실제로	84783	0.45	186	언젠가	15066	0.08
117	심지어	28611	0.15	470	얼른	2763	0.01
481	싹	2622	0.01	40	얼마나	101043	0.54
454	썩	2960	0.02	386	얼핏	4094	0.02
403	쏙	3674	0.02	295	엄격히	6971	0.04
423	쑥쑥	3394	0.02	491	엄연히	2534	0.01
241	아니	10132	0.05	486	엄청	2580	0.01
200	이미	13239	0.07	13	없이	259461	1.39
232	아마도	10484	0.06	380	여간	4312	0.02
233	아무래도	10455	0.06	498	여러모로	2452	0.01
88	아무리	41767	0.22	442	여실히	3052	0.02
461	아무튼	2881	0.02	45	여전히	93359	0.50
69	아예	53195	0.28	23	역시	171094	0.91
171	아울러	17571	0.09	337	연일	5613	0.03
71	아주	50679	0.27	78	열심히	46341	0.25
16	아직	227048	1.21	373	영	4458	0.02
7	안	422890	2.26	256	영원히	9390	0.05
100	앞서	34358	0.18	151	예컨대	21186	0.11
124	약간	26637	0.14	281	오늘	7795	0.04
296	어김없이	6934	0.04	428	오락가락	3266	0.02
350	어느덧	5035	0.03	65	오래	56409	0.30
243	어느새	9859	0.05	252	오로지	9581	0.05
482	어렵사리	2608	0.01	216	오직	11519	0.06
500	어서	2424	0.01	34	오히려	120968	0.65
263	어제	8878	0.05	393	온전히	3910	0.02
283	어쨌든	7695	0.04	227	온통	10783	0.06

순위	형태	빈도	백분율	순위	형태	빈도	백분율
68	완전히	53858	0.29	170	일일이	17665	0.09
28	왜	145070	0.78	326	일절	6171	0.03
351	왜냐하면	5003	0.03	146	일제히	21915	0.12
348	왠지	5121	0.03	203	일찌감치	13048	0.07
494	요컨대	2528	0.01	138	일찍	22827	0.12
322	우뚝	6276	0.03	375	일찍이	4423	0.02
32	우선	123608	0.66	187	자꾸	15060	0.08
205	우연히	12974	0.07	198	자세히	13427	0.07
135	워낙	24399	0.13	297	자연스레	6896	0.04
349	원래	5113	0.03	360	자연히	4755	0.03
412	월등히	3563	0.02	57	자주	73798	0.39
247	유난히	9744	0.05	128	자칫	25100	0.13
234	유독	10383	0.06	264	잔뜩	8855	0.05
474	유심히	2734	0.01	11	잘	343734	1.84
446	으레	3029	0.02	61	잘못	65704	0.35
378	은근히	4388	0.02	266	잠깐	8554	0.05
254	의외로	9540	0.05	101	잠시	33288	0.18
248	이내	9714	0.05	407	장차	3598	0.02
253	이대로	9569	0.05	426	재빨리	3346	0.02
66	이른바	55735	0.30	384	재차	4168	0.02
356	이를테면	4848	0.03	284	저마다	7690	0.04
408	이리	3591	0.02	277	저절로	7869	0.04
358	이리저리	4821	0.03	323	적당히	6271	0.03
14	이미	228459	1.22	127	적어도	25165	0.13
48	이어	88383	0.47	257	적절히	9383	0.05
432	이어서	3218	0.02	242	전부	10107	0.05
31	이제	129909	0.69	46	전혀	90967	0.49
404	이제야	3672	0.02	126	절대	25468	0.14
459	이쯤	2917	0.02	270	절대로	8375	0.04
401	이토록	3691	0.02	320	절로	6309	0.03
53	일단	78772	0.42	449	절실히	3018	0.02
238	일부러	10234	0.05	97	점점	36496	0.20
353	일시	4957	0.03	103	점차	32937	0.18
495	일약	2500	0.01	60	정말	65939	0.35

순위	형태	빈도	백분율	순위	형태	빈도	백분율
324	정말로	6255	0.03	213	참으로	11718	0.06
122	정확히	26821	0.14	185	채	15107	0.08
25	제대로	155063	0.83	496	척척	2479	0.01
317	제발	6380	0.03	229	천천히	10570	0.06
294	제법	7004	0.04	108	철저히	31282	0.17
143	제일	22219	0.12	67	충분히	55143	0.29
86	조금	42994	0.23	316	충실히	6394	0.03
110	조만간	30258	0.16	437	탁	3115	0.02
490	조목조목	2538	0.01	269	턱없이	8408	0.04
286	조속히	7528	0.04	341	텅	5435	0.03
237	조용히	10266	0.05	389	톡톡	4009	0.02
35	좀	114438	0.61	287	톡톡히	7481	0.04
219	좀처럼	11442	0.06	487	툭	2551	0.01
166	종종	18233	0.10	204	특별히	12975	0.07
49	주로	87647	0.47	8	특히	383073	2.05
299	주춤	6806	0.04	340	틈틈이	5489	0.03
184	줄곧	15171	0.08	418	팽팽히	3468	0.02
211	줄줄이	12000	0.06	411	펄펄	3570	0.02
73	즉	49867	0.27	447	펑펑	3027	0.02
118	즉각	28286	0.15	435	편히	3139	0.02
305	지극히	6692	0.04	262	푹	8883	0.05
33	지금	121347	0.65	361	하나같이	4726	0.03
298	지금껏	6886	0.04	347	하나하나	5160	0.03
17	직접	215849	1.15	402	하도	3680	0.02
462	진작	2873	0.02	312	하루빨리	6490	0.03
291	진정	7309	0.04	260	하여금	9128	0.05
307	진짜	6624	0.04	381	하필	4273	0.02
390	쭉	4008	0.02	293	한결	7202	0.04
382	차근차근	4236	0.02	300	한결같이	6774	0.04
195	차라리	13992	0.07	115	한꺼번에	28887	0.15
436	차마	3122	0.02	279	한껏	7825	0.04
460	차분히	2906	0.02	374	한바탕	4429	0.02
345	차츰	5209	0.03	251	한발	9650	0.05
144	참	22196	0.12	385	한없이	4152	0.02

순위	형태	빈도	백분율
236	한창	10274	0.05
168	한층	17887	0.10
39	한편	103927	0.56
3	함께	625222	3.34
278	함부로	7854	0.04
89	항상	41350	0.22
105	해마다	32131	0.17
9	현재	369317	1.97
379	현저히	4321	0.02
456	혹	2955	0.02
176	혹시	16123	0.09
95	혹은	37541	0.20
172	홀로	17520	0.09
199	확	13359	0.07
440	확고히	3091	0.02
173	확실히	17354	0.09
383	확연히	4211	0.02
304	활발히	6706	0.04
226	활짝	10823	0.06
455	후끈	2957	0.02
223	훌쩍	11010	0.06
480	훤히	2635	0.01
41	훨씬	96666	0.52
397	흔쾌히	3780	0.02
116	흔히	28773	0.15
406	흠뻑	3610	0.02

12) 접속부사

태그: MAJ
타입: 160
토큰: 1,852,278

(1) 고빈도 순서

순위	형태	빈도	백분율	누 적 백분율
1	그러나	727,381	39.27	39.27
2	하지만	496,151	26.79	66.06
3	그리고	181,905	9.82	75.88
4	그런데	141,298	7.63	83.50
5	그래서	117,815	6.36	89.87
6	따라서	102,364	5.53	95.39
7	그렇지만	18,725	1.01	96.40
8	그러면	17,413	0.94	97.34
9	그럼	10,769	0.58	97.92
10	단	7,718	0.42	98.34
11	그러므로	7,218	0.39	98.73
12	그러니까	6,347	0.34	99.07
13	근데	3,527	0.19	99.26
14	그리하여	3,441	0.19	99.45
15	한데	3,299	0.18	99.63
16	하긴	2,371	0.13	99.76
17	하물며	1,886	0.10	99.86
18	하기야	910	0.05	99.91
19	허나	376	0.02	99.93
20	이리하여	331	0.02	99.94
21	하기는	116	0.01	99.95
22	근디	102	0.01	99.96
23	하나	65	0.00	99.96
24	그라고	48	0.00	99.96
25	그라소	46	0.00	99.96

순위	형태	빈도	백분율	누적백분율
26	그라믄	40	0.00	99.97
27	그치만	38	0.00	99.97
28	그란디	33	0.00	99.97
29	하오나	31	0.00	99.97
30	긍께	28	0.00	99.97
31	그라마	25	0.00	99.98
32	이리고	24	0.00	99.98
33	그런디	20	0.00	99.98
34	허지만	20	0.00	99.98
35	그람	19	0.00	99.98
36	그란데	17	0.00	99.98
37	그랑께	16	0.00	99.98
38	그라모	15	0.00	99.98
39	그래소	15	0.00	99.98
40	그리구	15	0.00	99.98
41	헌네	14	0.00	99.98
42	그러	11	0.00	99.99
43	그러데	10	0.00	99.99
44	그리나	10	0.00	99.99
45	하지	10	0.00	99.99
46	하르데	9	0.00	99.99
47	하지마	9	0.00	99.99
48	그러니께	8	0.00	99.99
49	기래	8	0.00	99.99
50	허긴	8	0.00	99.99
51	그러믄	7	0.00	99.99
52	하지가	7	0.00	99.99
53	그렁게	6	0.00	99.99
54	긍게	6	0.00	99.99
55	그라사	5	0.00	99.99
56	그리모	5	0.00	99.99
57	허지사	5	0.00	99.99
58	그라나	4	0.00	99.99
59	그랑게	4	0.00	99.99
60	그래가	4	0.00	99.99
61	그런나	4	0.00	99.99
62	그제만	4	0.00	99.99
63	긴데	4	0.00	99.99
64	허기사	4	0.00	99.99
65	그라	3	0.00	99.99
66	그라먼	3	0.00	99.99
67	그라서	3	0.00	99.99
68	그러구	3	0.00	99.99
69	기래서	3	0.00	99.99
70	하오면	3	0.00	99.99
71	하지면	3	0.00	99.99
72	허기야	3	0.00	99.99
73	그라만	2	0.00	99.99
74	그라머	2	0.00	99.99
75	그라분	2	0.00	99.99
76	그래	2	0.00	99.99
77	그래디	2	0.00	99.99
78	그래머	2	0.00	99.99
79	그러가	2	0.00	99.99
80	그러면	2	0.00	99.99
81	그러사	2	0.00	100.00
82	그런께	2	0.00	100.00
83	그렇	2	0.00	100.00
84	그레서	2	0.00	100.00
85	그리	2	0.00	100.00
86	그리고어	2	0.00	100.00
87	그리니	2	0.00	100.00
88	그리디	2	0.00	100.00
89	그리만	2	0.00	100.00
90	하게만	2	0.00	100.00
91	하람	2	0.00	100.00
92	하만	2	0.00	100.00
93	하치만	2	0.00	100.00

순위	형태	빈도	백분율	누적 백분율	순위	형태	빈도	백분율	누적 백분율
94	한데나	2	0.00	100.00	128	그리머	1	0.00	100.00
95	그기야	1	0.00	100.00	129	그리소	1	0.00	100.00
96	그나	1	0.00	100.00	130	근게	1	0.00	100.00
97	그나나	1	0.00	100.00	131	기러나	1	0.00	100.00
98	그나만	1	0.00	100.00	132	기러니까디	1	0.00	100.00
99	그라게	1	0.00	100.00	133	기러니끼니	1	0.00	100.00
100	그라나디	1	0.00	100.00	134	기러문	1	0.00	100.00
101	그라소가	1	0.00	100.00	135	기런	1	0.00	100.00
102	그란	1	0.00	100.00	136	단오나	1	0.00	100.00
103	그란께	1	0.00	100.00	137	따기고	1	0.00	100.00
104	그란사소	1	0.00	100.00	138	따라고	1	0.00	100.00
105	그람서	1	0.00	100.00	139	따라사	1	0.00	100.00
106	그랑께로	1	0.00	100.00	140	따라사니까	1	0.00	100.00
107	그래고	1	0.00	100.00	141	따람	1	0.00	100.00
108	그래는데	1	0.00	100.00	142	따런	1	0.00	100.00
109	그래니	1	0.00	100.00	143	따리	1	0.00	100.00
110	그래니까디	1	0.00	100.00	144	따리사	1	0.00	100.00
111	그래디가	1	0.00	100.00	145	따지만	1	0.00	100.00
112	그래로	1	0.00	100.00	146	하기까	1	0.00	100.00
113	그래마	1	0.00	100.00	147	하나고나	1	0.00	100.00
114	그래며	1	0.00	100.00	148	하란디	1	0.00	100.00
115	그래서로	1	0.00	100.00	149	하리디	1	0.00	100.00
116	그러께	1	0.00	100.00	150	하리사	1	0.00	100.00
117	그러나하나	1	0.00	100.00	151	하리우	1	0.00	100.00
118	그러니가	1	0.00	100.00	152	하물	1	0.00	100.00
119	그러니까네	1	0.00	100.00	153	하물디	1	0.00	100.00
120	그러니까데	1	0.00	100.00	154	하지께면	1	0.00	100.00
121	그러니까디	1	0.00	100.00	155	하치로	1	0.00	100.00
122	그러마	1	0.00	100.00	156	한라서	1	0.00	100.00
123	그러서	1	0.00	100.00	157	허기나	1	0.00	100.00
124	그런께네	1	0.00	100.00	158	허디	1	0.00	100.00
125	그렁께	1	0.00	100.00	159	허지	1	0.00	100.00
126	그렁지만	1	0.00	100.00	160	헌디	1	0.00	100.00
127	그렇하지만	1	0.00	100.00					

순위	형태	빈도	백분율
95	그기야	1	0.00
96	그나	1	0.00
97	그나나	1	0.00
98	그나만	1	0.00
65	그라	3	0.00
99	그라게	1	0.00
24	그라고	48	0.00
58	그라나	4	0.00
100	그라나디	1	0.00
31	그라마	25	0.00
73	그라만	2	0.00
74	그라머	2	0.00
66	그라먼	3	0.00
38	그라모	15	0.00
75	그라문	2	0.00
26	그라믄	40	0.00
55	그라사	5	0.00
67	그라서	3	0.00
25	그라소	46	0.00
101	그라소가	1	0.00
102	그란	1	0.00
103	그란께	1	0.00
36	그란데	17	0.00
28	그란디	33	0.00
104	그란사소	1	0.00
35	그람	19	0.00
105	그람서	1	0.00
59	그랑게	4	0.00
37	그랑께	16	0.00
106	그랑께로	1	0.00
76	그래	2	0.00
60	그래가	4	0.00

순위	형태	빈도	백분율
107	그래고	1	0.00
108	그래는데	1	0.00
109	그래니	1	0.00
110	그래니까디	1	0.00
77	그래디	2	0.00
111	그래디가	1	0.00
112	그래로	1	0.00
113	그래마	1	0.00
78	그래머	2	0.00
114	그래며	1	0.00
5	그래서	117,815	6.36
115	그래서로	1	0.00
39	그래소	15	0.00
42	그러	11	0.00
79	그러가	2	0.00
68	그러구	3	0.00
116	그러께	1	0.00
1	그러나	727,381	39.27
117	그러나하나	1	0.00
118	그러니가	1	0.00
12	그러니까	6,347	0.34
119	그러니까네	1	0.00
120	그러니까데	1	0.00
121	그러니까디	1	0.00
48	그러니께	8	0.00
43	그러데	10	0.00
122	그러마	1	0.00
80	그러먼	2	0.00
8	그러면	17,413	0.94
11	그러므로	7,218	0.39
51	그러믄	7	0.00
81	그러사	2	0.00
123	그러서	1	0.00
82	그런께	2	0.00

순위	형태	빈도	백분율	순위	형태	빈도	백분율
124	그런께네	1	0.00	132	기러니까디	1	0.00
61	그런나	4	0.00	133	기러니끼니	1	0.00
4	그런데	141,298	7.63	134	기러문	1	0.00
33	그런디	20	0.00	135	기런	1	0.00
9	그럼	10,769	0.58	63	긴데	4	0.00
53	그렇게	6	0.00	10	단	7,718	0.42
125	그렇께	1	0.00	136	단오나	1	0.00
126	그렇지만	1	0.00	137	따기고	1	0.00
83	그렇	2	0.00	138	따라고	1	0.00
7	그렇지만	18,725	1.01	139	따라사	1	0.00
127	그렇하지만	1	0.00	140	따라사니까	1	0.00
84	그레서	2	0.00	6	따라서	102,364	5.53
85	그리	2	0.00	141	따람	1	0.00
3	그리고	181,905	9.82	142	따런	1	0.00
86	그리고어	2	0.00	143	따리	1	0.00
40	그리구	15	0.00	144	따리사	1	0.00
44	그리나	10	0.00	145	따지만	1	0.00
87	그리니	2	0.00	32	이리고	24	0.00
88	그리디	2	0.00	20	이리하여	331	0.02
89	그리만	2	0.00	90	하게만	2	0.00
128	그리머	1	0.00	146	하기까	1	0.00
56	그리모	5	0.00	21	하기는	116	0.01
129	그리소	1	0.00	18	하기야	910	0.05
14	그리하여	3,441	0.19	16	하긴	2,371	0.13
62	그제만	4	0.00	23	하나	65	0.00
27	그치만	38	0.00	147	하나고나	1	0.00
130	근게	1	0.00	148	하란디	1	0.00
13	근데	3,527	0.19	91	하람	2	0.00
22	근디	102	0.01	46	하르데	9	0.00
54	긍게	6	0.00	149	하리디	1	0.00
30	긍께	28	0.00	150	하리사	1	0.00
49	기래	8	0.00	151	하리우	1	0.00
69	기래서	3	0.00	92	하만	2	0.00
131	기러나	1	0.00	152	하물	1	0.00

순위	형태	빈도	백분율
153	하물디	1	0.00
17	하물며	1,886	0.10
29	하오나	31	0.00
70	하오면	3	0.00
45	하지	10	0.00
52	하지가	7	0.00
154	하지께면	1	0.00
47	하지마	9	0.00
2	하지만	496,151	26.79
71	하지면	3	0.00
155	하치로	1	0.00
93	하치만	2	0.00
15	한데	3,299	0.18
94	한데나	2	0.00
156	한라서	1	0.00
157	허기나	1	0.00
64	허기사	4	0.00
72	허기야	3	0.00
50	허긴	8	0.00
19	허나	376	0.02
158	허디	1	0.00
159	허지	1	0.00
34	허지만	20	0.00
57	허지사	5	0.00
41	헌데	14	0.00
160	헌디	1	0.00

13) 감탄사

태그: IC
타입: 1,080
토큰: 145,681

(1) 고빈도 순서

순위	형태	빈도	백분율	누적 백분율
1	아	13560	9.31	9.31
2	여	10588	7.27	16.58
3	뭐	7091	4.87	21.44
4	그래	6909	4.74	26.19
5	자	6322	4.34	30.53
6	야	5902	4.05	34.58
7	아니	4126	2.83	37.41
8	원	3849	2.64	40.05
9	오	3382	2.32	42.37
10	예	3267	2.24	44.62
11	어	3081	2.11	46.73
12	네	2869	1.97	48.70
13	글쎄	2837	1.95	50.65
14	참	2770	1.90	52.55
15	아하	2012	1.38	53.93
16	씨	1989	1.37	55.29
17	어디	1925	1.32	56.62
18	하하	1916	1.32	57.93
19	파이팅	1815	1.25	59.18
20	안녕	1794	1.23	60.41
21	와	1613	1.11	61.52
22	음	1582	1.09	62.60
23	에이	1417	0.97	63.57
24	아이고	1344	0.92	64.50
25	여보	1321	0.91	65.40

순위	형태	빈도	백분율	누 적 백분율	순위	형태	빈도	백분율	누 적 백분율
26	왜	1242	0.85	66.26	60	아뿔싸	385	0.26	81.75
27	응	1178	0.81	67.07	61	아웅	382	0.26	82.02
28	글쎄요	1118	0.77	67.83	62	얼쑤	373	0.26	82.27
29	앗	1064	0.73	68.56	63	좋아	373	0.26	82.53
30	옳다	1012	0.69	69.26	64	아뇨	372	0.26	82.78
31	저	997	0.68	69.94	65	아유	366	0.25	83.04
32	암	919	0.63	70.57	66	천만에	355	0.24	83.28
33	휴	904	0.62	71.19	67	하모	350	0.24	83.52
34	아아	878	0.60	71.80	68	으	347	0.24	83.76
35	만세	855	0.59	72.38	69	이봐	342	0.23	83.99
36	어머	814	0.56	72.94	70	악	339	0.23	84.23
37	허허	797	0.55	73.49	71	웬걸	339	0.23	84.46
38	그럼	790	0.54	74.03	72	뭘	338	0.23	84.69
39	아니오	747	0.51	74.54	73	헉	330	0.23	84.92
40	마	726	0.50	75.04	74	거시기	321	0.22	85.14
41	아차	723	0.50	75.54	75	홍	320	0.22	85.36
42	세상에	657	0.45	75.99	76	흠	315	0.22	85.57
43	어휴	610	0.42	76.41	77	야호	310	0.21	85.79
44	우와	609	0.42	76.83	78	그렇지	294	0.20	85.99
45	아이	547	0.38	77.20	79	맙소사	288	0.20	86.18
46	아니요	538	0.37	77.57	80	여보세요	285	0.20	86.38
47	허	531	0.36	77.94	81	에그	271	0.19	86.57
48	아니야	476	0.33	78.26	82	하	269	0.18	86.75
49	거	472	0.32	78.59	83	임마	252	0.17	86.92
50	에	459	0.32	78.90	84	빌어먹을	251	0.17	87.10
51	쉿	454	0.31	79.21	85	오케이	251	0.17	87.27
52	어이	442	0.30	79.52	86	아휴	248	0.17	87.44
53	아냐	438	0.30	79.82	87	외우	242	0.17	87.61
54	아이구	432	0.30	80.11	88	얍	240	0.16	87.77
55	이런	412	0.28	80.40	89	오냐	233	0.16	87.93
56	애	411	0.28	80.68	90	얼씨구	229	0.16	88.09
57	어머나	408	0.28	80.96	91	그러게	223	0.15	88.24
58	그럼요	388	0.27	81.22	92	허허허	223	0.15	88.39
59	그래요	387	0.27	81.49	93	호호호	221	0.15	88.54

순위	형태	빈도	백분율	누 적 백분율	순위	형태	빈도	백분율	누 적 백분율
94	아자	212	0.15	88.69	128	옳지	126	0.09	92.30
95	으악	204	0.14	88.83	129	에잇	123	0.08	92.38
96	어허	201	0.14	88.97	130	거참	122	0.08	92.47
97	저런	200	0.14	89.11	131	온	121	0.08	92.55
98	우	191	0.13	89.24	132	호	118	0.08	92.63
99	에라	189	0.13	89.37	133	아야	117	0.08	92.71
100	어라	188	0.13	89.50	134	차렷	116	0.08	92.79
101	오오	188	0.13	89.62	135	영차	115	0.08	92.87
102	잉	181	0.12	89.75	136	가만	113	0.08	92.95
103	저기	181	0.12	89.87	137	쯧쯧	113	0.08	93.03
104	어이쿠	177	0.12	89.99	138	우아	112	0.08	93.10
105	헤이	170	0.12	90.11	139	엉	110	0.08	93.18
106	어이구	166	0.11	90.23	140	하라	103	0.07	93.25
107	야야	164	0.11	90.34	141	와아	101	0.07	93.32
108	심봤다	150	0.10	90.44	142	인마	101	0.07	93.39
109	ㅗ	148	0.10	90.54	143	글쎄다	100	0.07	93.46
110	아따	147	0.10	90.64	144	휴우	100	0.07	93.52
111	오라	147	0.10	90.74	145	머	99	0.07	93.59
112	이	146	0.10	90.84	146	오호라	99	0.07	93.66
113	아무럼	141	0.10	90.94	147	홉	96	0.07	93.73
114	천만에요	140	0.10	91.04	148	체	95	0.07	93.79
115	억	139	0.10	91.13	149	으	93	0.06	93.86
116	젠장	139	0.10	91.23	150	제기랄	93	0.06	93.92
117	자자	137	0.09	91.32	151	까짓것	86	0.06	93.98
118	쉬	136	0.09	91.42	152	아악	85	0.06	94.04
119	자아	133	0.09	91.51	153	후유	84	0.06	94.09
120	아참	132	0.09	91.60	154	아싸	82	0.06	94.15
121	오호	132	0.09	91.69	155	하아	82	0.06	94.21
122	여보게	130	0.09	91.78	156	엥	81	0.06	94.26
123	아이쿠	128	0.09	91.87	157	이크	81	0.06	94.32
124	아멘	127	0.09	91.95	158	오라이	80	0.05	94.37
125	치	127	0.09	92.04	159	만만세	79	0.05	94.43
126	캬	127	0.09	92.13	160	으응	78	0.05	94.48
127	어어	126	0.09	92.21	161	엇	75	0.05	94.53

순위	형태	빈도	백분율	누 적 백분율	순위	형태	빈도	백분율	누 적 백분율
162	화이팅	75	0.05	94.58	196	오우	52	0.04	96.01
163	으음	74	0.05	94.63	197	웬걸요	52	0.04	96.05
164	이야	73	0.05	94.68	198	참나	52	0.04	96.09
165	에비	71	0.05	94.73	199	으아	51	0.04	96.12
166	아나	70	0.05	94.78	200	메롱	50	0.03	96.15
167	에구	70	0.05	94.83	201	에헴	50	0.03	96.19
168	오매	68	0.05	94.88	202	넷	48	0.03	96.22
169	예에	66	0.05	94.92	203	아우	48	0.03	96.25
170	워	66	0.05	94.97	204	허억	47	0.03	96.29
171	야아	65	0.04	95.01	205	휘이휘이	46	0.03	96.32
172	에고	65	0.04	95.06	206	또라이	45	0.03	96.35
173	후이	65	0.04	95.10	207	아서라	45	0.03	96.38
174	거봐	64	0.04	95.14	208	아뿔사	44	0.03	96.41
175	아무려면	63	0.04	95.19	209	히야	44	0.03	96.44
176	얼싸	63	0.04	95.23	210	와와	43	0.03	96.47
177	얼씨구나	63	0.04	95.27	211	파	43	0.03	96.50
178	에휴	63	0.04	95.32	212	휘이	43	0.03	96.53
179	쳇	63	0.04	95.36	213	애개	42	0.03	96.56
180	앗싸	60	0.04	95.40	214	어머머	42	0.03	96.59
181	도리도리	59	0.04	95.44	215	어쩜	42	0.03	96.62
182	이랴	59	0.04	95.48	216	녜	41	0.03	96.64
183	까꿍	58	0.04	95.52	217	세상에나	41	0.03	96.67
184	네에	58	0.04	95.56	218	앵	41	0.03	96.70
185	에크	58	0.04	95.60	219	우우	41	0.03	96.73
186	그려	57	0.04	95.64	220	워메	41	0.03	96.76
187	맘	57	0.04	95.68	221	으앙	41	0.03	96.78
188	무어	57	0.04	95.72	222	햐	41	0.03	96.81
189	네네	56	0.04	95.76	223	아고	40	0.03	96.84
190	오냐오냐	54	0.04	95.80	224	글쎄올시다	39	0.03	96.87
191	이그	54	0.04	95.83	225	하이고	39	0.03	96.89
192	이봐요	54	0.04	95.87	226	앙	38	0.03	96.92
193	호오	53	0.04	95.91	227	어유	38	0.03	96.95
194	흐흐흐	53	0.04	95.94	228	녠	37	0.03	96.97
195	오메	52	0.04	95.98	229	어마	36	0.02	97.00

순위	형태	빈도	백분율	누적 백분율	순위	형태	빈도	백분율	누적 백분율
230	어화	36	0.02	97.02	264	으쌰	26	0.02	97.71
231	까짓거	35	0.02	97.04	265	으윽	26	0.02	97.73
232	여보시오	35	0.02	97.07	266	허참	26	0.02	97.75
233	자장자장	35	0.02	97.09	267	후	26	0.02	97.77
234	어쭈	33	0.02	97.12	268	그랴	25	0.02	97.78
235	에끼	33	0.02	97.14	269	아쿠	25	0.02	97.80
236	아아아	32	0.02	97.16	270	푸우	25	0.02	97.82
237	야이	32	0.02	97.18	271	헤헤헤	25	0.02	97.84
238	옜다	32	0.02	97.20	272	그래그래	24	0.02	97.85
239	뭐지	31	0.02	97.23	273	워매	24	0.02	97.87
240	뭘요	31	0.02	97.25	274	저어	24	0.02	97.89
241	아무려나	31	0.02	97.27	275	하마	24	0.02	97.90
242	오오냐	31	0.02	97.29	276	흐	24	0.02	97.92
243	후우	31	0.02	97.31	277	뭐꼬	23	0.02	97.93
244	아함	30	0.02	97.33	278	씨발	23	0.02	97.95
245	에리이	30	0.02	97.35	279	아으	23	0.02	97.97
246	호이	30	0.02	97.37	280	알렐루야	23	0.02	97.98
247	아구	29	0.02	97.39	281	으하하	23	0.02	98.00
248	옛	29	0.02	97.41	282	이끼	23	0.02	98.01
249	이보게	29	0.02	97.43	283	제길	23	0.02	98.03
250	절씨구	29	0.02	97.45	284	영차영차	22	0.02	98.04
251	휘어이	29	0.02	97.47	285	그것참	21	0.01	98.06
252	아암	28	0.02	97.49	286	쉬잇	21	0.01	98.07
253	야야야	28	0.02	97.51	287	쌍	21	0.01	98.09
254	으이구	28	0.02	97.53	288	글씨	20	0.01	98.10
255	허어	28	0.02	97.55	289	뭐네	20	0.01	98.12
256	흠흠	28	0.02	97.57	290	아아아아아	20	0.01	98.13
257	쉬이	27	0.02	97.59	291	으이그	20	0.01	98.14
258	애고	27	0.02	97.61	292	이잉	20	0.01	98.16
259	예예	27	0.02	97.62	293	칫	20	0.01	98.17
260	우하하	27	0.02	97.64	294	파이팅이	20	0.01	98.18
261	흐음	27	0.02	97.66	295	어렵쇼	19	0.01	98.20
262	아얏	26	0.02	97.68	296	에헤야	19	0.01	98.21
263	아흐	26	0.02	97.70	297	으으	19	0.01	98.22

순위	형태	빈도	백분율	누적 백분율	순위	형태	빈도	백분율	누적 백분율
298	음음	19	0.01	98.24	332	햐아	12	0.01	98.58
299	지화자	19	0.01	98.25	333	넨을	11	0.01	98.59
300	넨	18	0.01	98.26	334	니기미	11	0.01	98.60
301	머시기	18	0.01	98.27	335	뭐래	11	0.01	98.61
302	아서	18	0.01	98.29	336	아아니	11	0.01	98.61
303	어험	18	0.01	98.30	337	아아아아	11	0.01	98.62
304	에에	18	0.01	98.31	338	아앙	11	0.01	98.63
305	데야	17	0.01	98.32	339	아이고메	11	0.01	98.64
306	에따	17	0.01	98.33	340	앗따	11	0.01	98.64
307	옜소	17	0.01	98.35	341	애걔걔	11	0.01	98.65
308	헛	17	0.01	98.36	342	야야야야	11	0.01	98.66
309	후후후	17	0.01	98.37	343	어흠	11	0.01	98.67
310	그쵸	16	0.01	98.38	344	에쎄	11	0.01	98.67
311	아차차	16	0.01	98.39	345	열차	11	0.01	98.68
312	차암	16	0.01	98.40	346	우라질	11	0.01	98.69
313	호호호호	16	0.01	98.41	347	응응	11	0.01	98.70
314	어기여차	15	0.01	98.42	348	이고	11	0.01	98.70
315	웁스	15	0.01	98.43	349	이애	11	0.01	98.71
316	으흠	15	0.01	98.44	350	자라	11	0.01	98.72
317	어매	14	0.01	98.45	351	지미	11	0.01	98.73
318	우째	14	0.01	98.46	352	하이구	11	0.01	98.73
319	으샤으샤	14	0.01	98.47	353	허허허허	11	0.01	98.74
320	으잉	14	0.01	98.48	354	내참	10	0.01	98.75
321	어사와	13	0.01	98.49	355	상사디야	10	0.01	98.76
322	에구구	13	0.01	98.50	356	씨구씨구	10	0.01	98.76
323	에구머니	13	0.01	98.51	357	어와	10	0.01	98.77
324	여봐라	13	0.01	98.52	358	에게	10	0.01	98.78
325	아하하	12	0.01	98.53	359	오마	10	0.01	98.78
326	얀마	12	0.01	98.53	360	옹헤야	10	0.01	98.79
327	여보쇼	12	0.01	98.54	361	으으으	10	0.01	98.80
328	여어	12	0.01	98.55	362	응애	10	0.01	98.80
329	여차	12	0.01	98.56	363	짜샤	10	0.01	98.81
330	으휴	12	0.01	98.57	364	험	10	0.01	98.82
331	참내	12	0.01	98.58	365	히힛	10	0.01	98.82

순위	형태	빈도	백분율	누 적 백분율	순위	형태	빈도	백분율	누 적 백분율
366	거봐라	9	0.01	98.83	400	기쎄	7	0.00	99.02
367	아이참	9	0.01	98.84	401	니미	7	0.00	99.03
368	애재라	9	0.01	98.84	402	니미럴	7	0.00	99.03
369	예이	9	0.01	98.85	403	뭐시기	7	0.00	99.04
370	옛다	9	0.01	98.86	404	보헴	7	0.00	99.04
371	옜	9	0.01	98.86	405	아이고오	7	0.00	99.05
372	요헴	9	0.01	98.87	406	아이구머니	7	0.00	99.05
373	우야꼬	9	0.01	98.87	407	어기영차	7	0.00	99.05
374	워어이	9	0.01	98.88	408	어야디야	7	0.00	99.06
375	합	9	0.01	98.89	409	어어어	7	0.00	99.06
376	글세	8	0.01	98.89	410	어이야	7	0.00	99.07
377	넨이	8	0.01	98.90	411	어허야	7	0.00	99.07
378	아아악	8	0.01	98.90	412	얼라	7	0.00	99.08
379	아앗	8	0.01	98.91	413	에이구	7	0.00	99.08
380	아이고야	8	0.01	98.91	414	에이씨	7	0.00	99.09
381	아항	8	0.01	98.92	415	우헤헤헤	7	0.00	99.09
382	앗차	8	0.01	98.93	416	유우	7	0.00	99.10
383	애라	8	0.01	98.93	417	으아악	7	0.00	99.10
384	어쭈구리	8	0.01	98.94	418	응앙응앙	7	0.00	99.11
385	에쿠	8	0.01	98.94	419	젠네	7	0.00	99.11
386	여보슈	8	0.01	98.95	420	젠장할	7	0.00	99.12
387	여봐	8	0.01	98.95	421	헹	7	0.00	99.12
388	옌	8	0.01	98.96	422	흐흐흐흐	7	0.00	99.13
389	오호호	8	0.01	98.96	423	글고	6	0.00	99.13
390	으쌰으쌰	8	0.01	98.97	424	글구	6	0.00	99.14
391	으샤	8	0.01	98.97	425	내	6	0.00	99.14
392	저어기	8	0.01	98.98	426	네기시	6	0.00	99.14
393	젠가	8	0.01	98.99	427	뭐어	6	0.00	99.15
394	차	8	0.01	98.99	428	시상에	6	0.00	99.15
395	참이고	8	0.01	99.00	429	아소	6	0.00	99.16
396	후여	8	0.01	99.00	430	아야야	6	0.00	99.16
397	거봐요	7	0.00	99.01	431	안냐세요	6	0.00	99.16
398	그지	7	0.00	99.01	432	암요	6	0.00	99.17
399	기럼	7	0.00	99.02	433	야에	6	0.00	99.17

순위	형태	빈도	백분율	누 적 백분율	순위	형태	빈도	백분율	누 적 백분율
434	어머어머	6	0.00	99.18	468	오디	5	0.00	99.30
435	얼래	6	0.00	99.18	469	오오라	5	0.00	99.31
436	에이고	6	0.00	99.18	470	와따	5	0.00	99.31
437	에이그	6	0.00	99.19	471	으아아악	5	0.00	99.31
438	에이아이	6	0.00	99.19	472	으으으음	5	0.00	99.32
439	에헤요	6	0.00	99.20	473	으으음	5	0.00	99.32
440	옴마	6	0.00	99.20	474	음마	5	0.00	99.33
441	와아아	6	0.00	99.21	475	크으	5	0.00	99.33
442	우야	6	0.00	99.21	476	팔	5	0.00	99.33
443	우헤헤	6	0.00	99.21	477	헤헤헤헤	5	0.00	99.34
444	으아앙	6	0.00	99.22	478	흐윽	5	0.00	99.34
445	으하하하하	6	0.00	99.22	479	흐흠	5	0.00	99.34
446	음하하	6	0.00	99.23	480	거시키	4	0.00	99.35
447	음하하하	6	0.00	99.23	481	그러믄요	4	0.00	99.35
448	절씨구나	6	0.00	99.23	482	그러엄	4	0.00	99.35
449	피이	6	0.00	99.24	483	글쎄유	4	0.00	99.35
450	흐응	6	0.00	99.24	484	네에미	4	0.00	99.36
451	힝	6	0.00	99.25	485	따	4	0.00	99.36
452	그래거	5	0.00	99.25	486	쓰벌	4	0.00	99.36
453	까보슈	5	0.00	99.25	487	아이구머니나	4	0.00	99.36
454	뭐유	5	0.00	99.26	488	아하하하	4	0.00	99.37
455	새꺄	5	0.00	99.26	489	앗다	4	0.00	99.37
456	씨이	5	0.00	99.26	490	어우	4	0.00	99.37
457	아자아자	5	0.00	99.27	491	어잇	4	0.00	99.38
458	아쭈	5	0.00	99.27	492	얼씨구씨구	4	0.00	99.38
459	얏호	5	0.00	99.27	493	에끼	4	0.00	99.38
460	어랍쇼	5	0.00	99.28	494	에또	4	0.00	99.38
461	어엉	5	0.00	99.28	495	에이아이에이	4	0.00	99.39
462	어영차	5	0.00	99.28	496	에헤야디야	4	0.00	99.39
463	어쿠	5	0.00	99.29	497	영치기	4	0.00	99.39
464	에구구구	5	0.00	99.29	498	오오오	4	0.00	99.39
465	에그머니	5	0.00	99.29	499	와따메	4	0.00	99.40
466	에헤라	5	0.00	99.30	500	왓다	4	0.00	99.40
467	여봐요	5	0.00	99.30					

(2) 가나다 순서

순위	형태	빈도	백분율
136	가만	113	0.08
49	거	472	0.32
174	거봐	64	0.04
366	거봐라	9	0.01
397	거봐요	7	0.00
74	거시기	321	0.22
480	거시키	4	0.00
130	거참	122	0.08
109	그	148	0.10
285	그것참	21	0.01
4	그래	6909	4.74
452	그래거	5	0.00
272	그래그래	24	0.02
59	그래요	387	0.27
268	그랴	25	0.02
91	그러게	223	0.15
481	그러믄요	4	0.00
482	그러엄	4	0.00
38	그럼	790	0.54
58	그럼요	388	0.27
78	그렇지	294	0.20
186	그려	57	0.04
398	그지	7	0.00
310	그쵸	16	0.01
423	글고	6	0.00
424	글구	6	0.00
376	글세	8	0.01
13	글쎄	2837	1.95
143	글쎄다	100	0.07
224	글쎄올시다	39	0.03
28	글쎄요	1118	0.77
483	글쎄유	4	0.00

순위	형태	빈도	백분율
288	글씨	20	0.01
399	기럼	7	0.00
400	기쎄	7	0.00
183	까꿍	58	0.04
453	까보슈	5	0.00
231	까짓거	35	0.02
151	까짓것	86	0.06
425	내	6	0.00
354	내참	10	0.01
12	네	2869	1.97
426	네기시	6	0.00
189	네네	56	0.04
184	네에	58	0.04
484	네에미	4	0.00
228	넨	37	0.03
333	넨을	11	0.01
377	넨이	8	0.01
202	넷	48	0.03
216	녜	41	0.03
300	녠	18	0.01
334	니기미	11	0.01
401	니미	7	0.00
402	니미럴	7	0.00
305	데야	17	0.01
181	도리도리	59	0.04
485	따	4	0.00
206	또라이	45	0.03
40	마	726	0.50
159	만만세	79	0.05
35	만세	855	0.59
187	맙	57	0.04
79	맙소사	288	0.20
145	머	99	0.07
301	머시기	18	0.01

순위	형태	빈도	백분율	순위	형태	빈도	백분율
200	메롱	50	0.03	53	아냐	438	0.30
188	무어	57	0.04	64	아뇨	372	0.26
3	뭐	7091	4.87	7	아니	4126	2.83
277	뭐꼬	23	0.02	48	아니야	476	0.33
289	뭐네	20	0.01	39	아니오	747	0.51
335	뭐래	11	0.01	46	아니요	538	0.37
403	뭐시기	7	0.00	110	아따	147	0.10
427	뭐어	6	0.00	124	아멘	127	0.09
454	뭐유	5	0.00	241	아무려나	31	0.02
239	뭐지	31	0.02	175	아무려면	63	0.04
72	뭘	338	0.23	113	아무렴	141	0.10
240	뭘요	31	0.02	208	아뿔사	44	0.03
404	보헴	7	0.00	60	아뿔싸	385	0.26
84	빌어먹을	251	0.17	302	아서	18	0.01
355	상사디야	10	0.01	207	아서라	45	0.03
455	새꺄	5	0.00	429	아소	6	0.00
42	세상에	657	0.45	154	아싸	82	0.06
217	세상에나	41	0.03	34	아아	878	0.60
118	쉬	136	0.09	336	아아니	11	0.01
257	쉬이	27	0.02	236	아아아	32	0.02
286	쉬잇	21	0.01	337	아아아아	11	0.01
51	쉿	454	0.31	290	아아아아아	20	0.01
428	시상에	6	0.00	378	아아악	8	0.01
108	심봤다	150	0.10	152	아악	85	0.06
287	썅	21	0.01	252	아암	28	0.02
486	쓰벌	4	0.00	379	아앗	8	0.01
16	씨	1989	1.37	338	아앙	11	0.01
356	씨구씨구	10	0.01	133	아야	117	0.08
278	씨발	23	0.02	430	아야야	6	0.00
456	씨이	5	0.00	262	아얏	26	0.02
1	아	13560	9.31	203	아우	48	0.03
223	아고	40	0.03	61	아웅	382	0.26
247	아구	29	0.02	65	아유	366	0.25
166	아나	70	0.05	279	아으	23	0.02

순위	형태	빈도	백분율	순위	형태	빈도	백분율
45	아이	547	0.38	382	앗차	8	0.01
24	아이고	1344	0.92	226	앙	38	0.03
339	아이고메	11	0.01	213	애개	42	0.03
380	아이고야	8	0.01	341	애개개	11	0.01
405	아이고오	7	0.00	258	애고	27	0.02
54	아이구	432	0.30	383	애라	8	0.01
406	아이구머니	7	0.00	368	애재라	9	0.01
487	아이구머니나	4	0.00	218	앵	41	0.03
367	아이참	9	0.01	6	야	5902	4.05
123	아이쿠	128	0.09	171	야아	65	0.04
94	아자	212	0.15	107	야야	164	0.11
457	아자아자	5	0.00	253	야야야	28	0.02
458	아쭈	5	0.00	342	야야야야	11	0.01
41	아차	723	0.50	433	야에	6	0.00
311	아차차	16	0.01	237	야이	32	0.02
120	아참	132	0.09	77	야호	310	0.21
269	아쿠	25	0.02	326	얀마	12	0.01
15	아하	2012	1.38	88	얍	240	0.16
325	아하하	12	0.01	459	얏호	5	0.00
488	아하하하	4	0.00	56	얘	411	0.28
244	아함	30	0.02	11	어	3081	2.11
381	아항	8	0.01	314	어기여차	15	0.01
86	아휴	248	0.17	407	어기영차	7	0.00
263	아흐	26	0.02	17	어디	1925	1.32
70	악	339	0.23	100	어라	188	0.13
431	안냐세요	6	0.00	460	어랍쇼	5	0.00
20	안녕	1794	1.23	295	어럽쇼	19	0.01
280	알렐루야	23	0.02	229	어마	36	0.02
32	암	919	0.63	317	어매	14	0.01
432	암요	6	0.00	36	어머	814	0.56
29	앗	1064	0.73	57	어머나	408	0.28
489	앗다	4	0.00	214	어머머	42	0.03
340	앗따	11	0.01	434	어머어머	6	0.00
180	앗싸	60	0.04	321	어사와	13	0.01

순위	형태	빈도	백분율	순위	형태	빈도	백분율
408	어야디야	7	0.00	358	에게	10	0.01
127	어어	126	0.09	172	에고	65	0.04
409	어어어	7	0.00	167	에구	70	0.05
461	어엉	5	0.00	322	에구구	13	0.01
462	어영차	5	0.00	464	에구구구	5	0.00
357	어와	10	0.01	323	에구머니	13	0.01
490	어우	4	0.00	81	에그	271	0.19
227	어유	38	0.03	465	에그머니	5	0.00
52	어이	442	0.30	493	에끼	4	0.00
106	어이구	166	0.11	306	에따	17	0.01
410	어이야	7	0.00	494	에또	4	0.00
104	어이쿠	177	0.12	99	에라	189	0.13
491	어잇	4	0.00	245	에라이	30	0.02
215	어쩜	42	0.03	165	에비	71	0.05
234	어쭈	33	0.02	344	에쎄	11	0.01
384	어쭈구리	8	0.01	304	에에	18	0.01
463	어쿠	5	0.00	23	에이	1417	0.97
96	어허	201	0.14	436	에이고	6	0.00
411	어허야	7	0.00	413	에이구	7	0.00
303	어험	18	0.01	437	에이그	6	0.00
230	어화	36	0.02	414	에이씨	7	0.00
43	어휴	610	0.42	438	에이아이	6	0.00
343	어흠	11	0.01	495	에이아이에이	4	0.00
115	억	139	0.10	129	에잇	123	0.08
412	얼라	7	0.00	385	에쿠	8	0.01
435	얼래	6	0.00	185	에크	58	0.04
176	얼싸	63	0.04	466	에헤라	5	0.00
62	얼쑤	373	0.26	296	에헤야	19	0.01
90	얼씨구	229	0.16	496	에헤야디야	4	0.00
177	얼씨구나	63	0.04	439	에헤요	6	0.00
492	얼씨구씨구	4	0.00	201	에헴	50	0.03
161	엇	75	0.05	178	에휴	63	0.04
139	엉	110	0.08	248	엣	29	0.02
50	에	459	0.32	156	엥	81	0.06

순위	형태	빈도	백분율	순위	형태	빈도	백분율
2	여	10588	7.27	195	오메	52	0.04
25	여보	1321	0.91	101	오오	188	0.13
122	여보게	130	0.09	242	오오냐	31	0.02
80	여보세요	285	0.20	469	오오라	5	0.00
327	여보쇼	12	0.01	498	오오오	4	0.00
386	여보슈	8	0.01	196	오우	52	0.04
232	여보시오	35	0.02	85	오케이	251	0.17
387	여봐	8	0.01	121	오호	132	0.09
324	여봐라	13	0.01	146	오호라	99	0.07
467	여봐요	5	0.00	389	오호호	8	0.01
328	여어	12	0.01	131	온	121	0.08
329	여차	12	0.01	30	옳다	1012	0.69
345	열차	11	0.01	128	옳지	126	0.09
135	영차	115	0.08	440	음마	6	0.00
284	영차영차	22	0.02	360	옹헤야	10	0.01
497	영치기	4	0.00	21	와	1613	1.11
10	예	3267	2.24	470	와따	5	0.00
235	예끼	33	0.02	499	와따메	4	0.00
169	예에	66	0.05	141	와아	101	0.07
259	예예	27	0.02	441	와아아	6	0.00
369	예이	9	0.01	210	와와	43	0.03
388	옌	8	0.01	87	와우	242	0.17
370	옛다	9	0.01	500	왓다	4	0.00
371	옜	9	0.01	26	왜	1242	0.85
238	옜다	32	0.02	372	요헴	9	0.01
307	옜소	17	0.01	98	우	191	0.13
9	오	3382	2.32	346	우라질	11	0.01
89	오냐	233	0.16	138	우아	112	0.08
190	오냐오냐	54	0.04	442	우야	6	0.00
468	오디	5	0.00	373	우야꼬	9	0.01
111	오라	147	0.10	44	우와	609	0.42
158	오라이	80	0.05	219	우우	41	0.03
359	오마	10	0.01	318	우째	14	0.01
168	오매	68	0.05	260	우하하	27	0.02

순위	형태	빈도	백분율	순위	형태	빈도	백분율
443	우헤헤	6	0.00	330	으휴	12	0.01
415	우헤헤헤	7	0.00	316	으흠	15	0.01
315	웁스	15	0.01	149	윽	93	0.06
170	워	66	0.05	22	음	1582	1.09
273	워매	24	0.02	474	음마	5	0.00
220	워메	41	0.03	298	음음	19	0.01
374	워어이	9	0.01	446	음하하	6	0.00
8	원	3849	2.64	447	음하하하	6	0.00
71	웬걸	339	0.23	27	응	1178	0.81
197	웬걸요	52	0.04	418	응앙응앙	7	0.00
416	유우	7	0.00	362	응애	10	0.01
68	으	347	0.24	347	응응	11	0.01
391	으샤	8	0.01	112	이	146	0.10
319	으샤으샤	14	0.01	348	이고	11	0.01
264	으쌰	26	0.02	191	이그	54	0.04
390	으쌰으쌰	8	0.01	282	이끼	23	0.02
199	으아	51	0.04	182	이랴	59	0.04
471	으아아악	5	0.00	55	이런	412	0.28
417	으아악	7	0.00	249	이보게	29	0.02
444	으아앙	6	0.00	69	이봐	342	0.23
95	으악	204	0.14	192	이봐요	54	0.04
221	으앙	41	0.03	349	이애	11	0.01
297	으으	19	0.01	164	이야	73	0.05
361	으으으	10	0.01	292	이잉	20	0.01
472	으으으음	5	0.00	157	이크	81	0.06
473	으으음	5	0.00	142	인마	101	0.07
265	으윽	26	0.02	83	임마	252	0.17
163	으음	74	0.05	102	잉	181	0.12
160	으응	78	0.05	5	자	6322	4.34
254	으이구	28	0.02	350	자라	11	0.01
291	으이그	20	0.01	119	자아	133	0.09
320	으잉	14	0.01	117	자자	137	0.09
281	으하하	23	0.02	233	자장자장	35	0.02
445	으하하하하	6	0.00	31	저	997	0.68

순위	형태	빈도	백분율
103	저기	181	0.12
97	저런	200	0.14
274	저어	24	0.02
392	저어기	8	0.01
250	절씨구	29	0.02
448	절씨구나	6	0.00
150	제기랄	93	0.06
283	제길	23	0.02
393	젠가	8	0.01
419	젠네	7	0.00
116	젠장	139	0.10
420	젠장할	7	0.00
63	좋아	373	0.26
351	지미	11	0.01
299	지화자	19	0.01
363	짜사	10	0.01
137	쯧쯧	113	0.08
394	차	8	0.01
134	차렷	116	0.08
312	차암	16	0.01
14	참	2770	1.90
198	참나	52	0.04
331	참내	12	0.01
395	참이고	8	0.01
66	천만에	355	0.24
114	천만에요	140	0.10
148	체	95	0.07
179	쳇	63	0.04
125	치	127	0.09
293	칫	20	0.01
126	캬	127	0.09
475	크으	5	0.00
211	파	43	0.03
19	파이팅	1815	1.25

순위	형태	빈도	백분율
294	파이팅이	20	0.01
476	팔	5	0.00
270	푸우	25	0.02
449	퍼이	6	0.00
82	하	269	0.18
140	하라	103	0.07
275	하마	24	0.02
67	하모	350	0.24
155	하아	82	0.06
225	하이고	39	0.03
352	하이구	11	0.01
18	하하	1916	1.32
375	합	9	0.01
222	햐	41	0.03
332	햐아	12	0.01
47	허	531	0.36
255	허어	28	0.02
204	허억	47	0.03
266	허참	26	0.02
37	허허	797	0.55
92	허허허	223	0.15
353	허허허허	11	0.01
73	헉	330	0.23
364	험	10	0.01
308	헛	17	0.01
105	헤이	170	0.12
271	헤헤헤	25	0.02
477	헤헤헤헤	5	0.00
421	헹	7	0.00
132	호	118	0.08
193	호오	53	0.04
246	호이	30	0.02
93	호호호	221	0.15
313	호호호호	16	0.01

순위	형태	빈도	백분율
162	화이팅	75	0.05
267	후	26	0.02
396	후여	8	0.01
243	후우	31	0.02
153	후유	84	0.06
173	후이	65	0.04
309	후후후	17	0.01
251	훠어이	29	0.02
212	훠이	43	0.03
205	훠이훠이	46	0.03
33	휴	904	0.62
144	휴우	100	0.07
276	흐	24	0.02
478	흐윽	5	0.00
261	흐음	27	0.02
450	흐응	6	0.00
194	흐흐흐	53	0.04
422	흐흐흐흐	7	0.00
479	흐흠	5	0.00
76	흠	315	0.22
256	흠흠	28	0.02
147	흡	96	0.07
75	흥	320	0.22
209	히야	44	0.03
365	히힛	10	0.01
451	힝	6	0.00

2. 문법범주 형태소 사용 빈도

1) 주격조사

태그: JKS
타입: 9
토큰: 28,604,430

순위	형태	빈도	백분율	누적 백분율
1	이	17,855,291	62.42	62.42
2	가	10,719,860	37.48	99.90
3	께서	16,639	0.06	99.96
4	서	10,239	0.04	99.99
5	이서	2,071	0.01	100.00
6	레	179	0.00	100.00
7	께오서	81	0.00	100.00
8	께옵서	36	0.00	100.00
9	래	34	0.00	100.00

2) 목적격조사

태그: JKO
타입: 5
토큰: 40,257,040

순위	형태	빈도	백분율	누 적 백분율
1	을	24,996,192	62.09	62.09
2	를	15,080,190	37.46	99.55
3	ㄹ	180,232	0.45	100.00
4	의	411	0.00	100.00
5	얼	15	0.00	100.00

3) 관형격조사

태그: JKG
타입: 7
토큰: 20,827,090

순위	형태	빈도	백분율	누 적 백분율
1	의	20,826,221	100.00	100.00
2	어	294	0.00	100.00
3	우	137	0.00	100.00
4	으	134	0.00	100.00
5	이	121	0.00	100.00
6	엣	98	0.00	100.00
7	에	85	0.00	100.00

4) 부사격조사

태그: JKB
타입: 71
토큰: 56,307,063

순위	형태	빈도	백분율	누 적 백분율
1	에	18,871,395	33.52	33.52
2	으로	8,116,794	14.42	47.93
3	에서	7,922,006	14.07	62.00
4	로	6,737,701	11.97	73.97
5	과	5,531,410	9.82	83.79
6	와	3,872,571	6.88	90.67
7	에게	1,504,427	2.67	93.34
8	보다	956,644	1.70	95.04
9	이나	564,609	1.00	96.04
10	처럼	504,884	0.90	96.94
11	나	489,861	0.87	97.81
12	서	239,990	0.43	98.23
13	로부터	171,165	0.30	98.54
14	로서	147,806	0.26	98.80
15	으로부터	101,328	0.18	98.98
16	으로써	96,824	0.17	99.15
17	으로서	94,699	0.17	99.32
18	만큼	58,882	0.10	99.42
19	같이	53,505	0.10	99.52
20	에게서	46,015	0.08	99.60
21	께	41,294	0.07	99.67
22	한테	41,229	0.07	99.75
23	에다	32,452	0.06	99.81
24	로써	29,864	0.05	99.86
25	에서부터	26,546	0.05	99.91
26	랑	11,104	0.02	99.93
27	한테서	9,965	0.02	99.94
28	하고	9,478	0.02	99.96
29	더러	4,227	0.01	99.97
30	이랑	3,480	0.01	99.97
31	보고	3,181	0.01	99.98
32	서부터	2,536	0.00	99.98
33	루	2,059	0.00	99.99
34	이	1,776	0.00	99.99
35	에다가	1,498	0.00	99.99
36	마따나	868	0.00	99.99
37	루서	613	0.00	100.00
38	마냥	536	0.00	100.00
39	하며	349	0.00	100.00
40	하구	243	0.00	100.00
41	이며	191	0.00	100.00
42	르더러	142	0.00	100.00
43	캉	104	0.00	100.00
44	만치	99	0.00	100.00
45	이루	81	0.00	100.00
46	으루	80	0.00	100.00
47	게	72	0.00	100.00
48	허고	68	0.00	100.00
49	이고	55	0.00	100.00
50	한티	46	0.00	100.00
51	보담	38	0.00	100.00
52	헌티	36	0.00	100.00
53	르보고	30	0.00	100.00
54	헌테	28	0.00	100.00
55	허구	25	0.00	100.00
56	겉이	22	0.00	100.00
57	모양	21	0.00	100.00
58	맨치로	18	0.00	100.00
59	맹키로	18	0.00	100.00
60	보구	17	0.00	100.00

순위	형태	빈도	백분율	누 적 백분율
61	게서	14	0.00	100.00
62	의서	9	0.00	100.00
63	맨쿠로	7	0.00	100.00
64	버덤	6	0.00	100.00
65	이서	6	0.00	100.00
66	보덤	5	0.00	100.00
67	만침	3	0.00	100.00
68	처름	3	0.00	100.00
69	다려	2	0.00	100.00
70	맨구로	2	0.00	100.00
71	으루서	1	0.00	100.00

5) 호격조사

태그: JKV

타입: 12

토큰: 26,733

순위	형태	빈도	백분율	누 적 백분율
1	야	12,557	46.97	46.97
2	아	11,681	43.70	90.67
3	이여	1,063	3.98	94.64
4	여	1,045	3.91	98.55
5	이시여	344	1.29	99.84
6	아아	12	0.04	99.88
7	시여	11	0.04	99.93
8	야아	11	0.04	99.97
9	예	4	0.01	99.98
10	으	2	0.01	99.99
11	이시어	2	0.01	100.00
12	하	1	0.00	100.00

6) 인용격조사

태그: JKQ
타입: 4
토큰: 1,710,845

순위	형태	빈도	백분율	누 적 백분율
1	고	1,114,610	65.15	65.15
2	이라고	345,286	20.18	85.33
3	라고	230,683	13.48	98.82
4	하고	20,266	1.18	100.00

7) 보조사

태그: JX
타입: 61
토큰: 41,328,079

순위	형태	빈도	백분율	누 적 백분율
1	는	14,132,543	34.20	34.20
2	은	12,875,371	31.15	65.35
3	도	6,955,950	16.83	82.18
4	까지	1,843,938	4.46	86.64
5	만	1,389,060	3.36	90.00
6	ㄴ	1,380,023	3.34	93.34
7	부터	1,251,528	3.03	96.37
8	밖에	201,398	0.49	96.86
9	나	198,434	0.48	97.34
10	마다	180,808	0.44	97.78
11	뿐	136,624	0.33	98.11
12	대로	129,452	0.31	98.42
13	이나	121,733	0.29	98.71
14	다	112,198	0.27	98.99
15	조차	82,146	0.20	99.18
16	야	67,902	0.16	99.35
17	마저	62,694	0.15	99.50
18	이란	55,582	0.13	99.64
19	란	39,729	0.10	99.73
20	요	28,235	0.07	99.80
21	이야말로	17,737	0.04	99.84
22	는커녕	9,469	0.02	99.87
23	나마	7,499	0.02	99.88
24	야말로	6,463	0.02	99.90
25	이야	6,414	0.02	99.91
26	두	5,839	0.01	99.93

순위	형태	빈도	백분율	누 적 백분율
27	이나마	5,538	0.01	99.94
28	치고	4,977	0.01	99.95
29	은커녕	4,354	0.01	99.97
30	다가	3,697	0.01	99.97
31	사	2,917	0.01	99.98
32	따라	2,336	0.01	99.99
33	커녕	1,425	0.00	99.99
34	마	1,142	0.00	99.99
35	깨나	763	0.00	99.99
36	일랑	571	0.00	100.00
37	유	330	0.00	100.00
38	예	243	0.00	100.00
39	ㄴ커녕	170	0.00	100.00
40	ㄹ랑	96	0.00	100.00
41	그려	95	0.00	100.00
42	이사	86	0.00	100.00
43	그래	85	0.00	100.00
44	마동	71	0.00	100.00
45	넌	70	0.00	100.00
46	쇼	56	0.00	100.00
47	마는	49	0.00	100.00
48	꺼정	48	0.00	100.00
49	까정	34	0.00	100.00
50	부텀	32	0.00	100.00
51	치구	23	0.00	100.00
52	서껀	19	0.00	100.00
53	까장	15	0.00	100.00
54	꺼지	14	0.00	100.00
55	밖이	14	0.00	100.00
56	대루	10	0.00	100.00
57	버텀	10	0.00	100.00
58	그랴	8	0.00	100.00
59	배끼	6	0.00	100.00
60	배께	3	0.00	100.00

순위	형태	빈도	백분율	누 적 백분율
61	을랑	3	0.00	100.00

8) 선어말어미

태그: EP
타입: 20
토큰: 23,222,158

순위	형태	빈도	백분율	누 적 백분율
1	았	12,371,084	53.27	53.27
2	었	9,445,664	40.68	93.95
3	겠	1,030,683	4.44	98.39
4	시	282,732	1.22	99.60
5	았었	52,376	0.23	99.83
6	으시	18,338	0.08	99.91
7	었었	18,073	0.08	99.99
8	오	1,379	0.01	99.99
9	겄	661	0.00	99.99
10	옵	475	0.00	100.00
11	겄	370	0.00	100.00
12	엇	90	0.00	100.00
13	얏	68	0.00	100.00
14	갔	55	0.00	100.00
15	엿	45	0.00	100.00
16	겟	26	0.00	100.00
17	씨	17	0.00	100.00
18	ㅂ시	10	0.00	100.00
19	굿	6	0.00	100.00
20	앗	6	0.00	100.00

9) 어말어미

태그: EM
타입: 1,612
토큰: 98,758,417

순위	형태	빈도	백분율	누 적 백분율
1	다	28,646,914	29.01	29.01
2	고	12,235,217	12.39	41.40
3	아	9,800,459	9.92	51.32
4	어	7,753,894	7.85	59.17
5	ㄴ다	5,968,119	6.04	65.21
6	게	3,556,135	3.60	68.82
7	지	3,421,342	3.46	72.28
8	며	2,256,686	2.29	74.56
9	면	2,231,217	2.26	76.82
10	지만	1,507,032	1.53	78.35
11	다고	1,297,995	1.31	79.66
12	면서	1,282,309	1.30	80.96
13	라고	1,202,041	1.22	82.18
14	아야	1,081,635	1.10	83.27
15	아서	958,224	0.97	84.25
16	어야	787,400	0.80	85.04
17	라	738,154	0.75	85.79
18	자	617,941	0.63	86.42
19	는데	596,654	0.60	87.02
20	도록	592,745	0.60	87.62
21	ㅂ니다	567,225	0.57	88.19
22	으며	556,955	0.56	88.76
23	는다	495,884	0.50	89.26
24	어서	451,369	0.46	89.72
25	습니다	448,006	0.45	90.17
26	라며	414,991	0.42	90.59

순위	형태	빈도	백분율	누 적 백분율	순위	형태	빈도	백분율	누 적 백분율
27	거나	390,237	0.40	90.99	61	지요	80,876	0.08	97.61
28	으면	379,291	0.38	91.37	62	다며	76,895	0.08	97.69
29	으나	373,544	0.38	91.75	63	므로	71,112	0.07	97.76
30	ㄴ다고	346,762	0.35	92.10	64	더니	69,178	0.07	97.83
31	어요	319,057	0.32	92.42	65	ㄹ수록	63,929	0.06	97.90
32	아도	311,551	0.32	92.74	66	러	53,866	0.05	97.95
33	ㄴ가	300,065	0.30	93.04	67	을지	49,032	0.05	98.00
34	니	271,832	0.28	93.32	68	야	47,661	0.05	98.05
35	는지	271,336	0.27	93.59	69	고자	47,507	0.05	98.10
36	다가	249,048	0.25	93.84	70	에요	47,174	0.05	98.14
37	ㄹ까	236,534	0.24	94.08	71	어라	46,581	0.05	98.19
38	ㄴ지	232,690	0.24	94.32	72	니까	44,281	0.04	98.24
39	다면	223,008	0.23	94.55	73	되	41,919	0.04	98.28
40	나	214,479	0.22	94.76	74	곤	41,173	0.04	98.32
41	ㄴ데	203,038	0.21	94.97	75	아라	38,382	0.04	98.36
42	ㄴ다면	197,557	0.20	95.17	76	느라	37,745	0.04	98.40
43	어도	194,843	0.20	95.37	77	든지	35,964	0.04	98.43
44	죠	162,125	0.16	95.53	78	으므로	35,702	0.04	98.47
45	ㄹ지	161,395	0.16	95.69	79	듯이	35,335	0.04	98.50
46	느냐	158,039	0.16	95.85	80	자고	34,647	0.04	98.54
47	라도	156,759	0.16	96.01	81	기에	34,331	0.03	98.57
48	는가	141,189	0.14	96.15	82	네	32,470	0.03	98.61
49	을까	140,232	0.14	96.30	83	은데	31,989	0.03	98.64
50	라면	138,579	0.14	96.44	84	는다고	30,708	0.03	98.67
51	더라도	134,420	0.14	96.57	85	라면서	29,957	0.03	98.70
52	려면	128,151	0.13	96.70	86	ㅂ니까	27,483	0.03	98.73
53	냐	118,651	0.12	96.82	87	는다면	26,546	0.03	98.76
54	아요	113,594	0.12	96.94	88	자마자	25,883	0.03	98.78
55	든	111,744	0.11	97.05	89	요	24,460	0.02	98.81
56	려	103,356	0.10	97.16	90	ㄹ까요	23,681	0.02	98.83
57	려고	103,344	0.10	97.26	91	습니까	23,597	0.02	98.86
58	으면서	91,167	0.09	97.35	92	고서	22,662	0.02	98.88
59	으니	87,637	0.09	97.44	93	ㄴ다며	22,588	0.02	98.90
60	듯	85,861	0.09	97.53	94	ㄴ데다	22,382	0.02	98.92

순위	형태	빈도	백분율	누 적 백분율	순위	형태	빈도	백분율	누 적 백분율
95	더라	22,281	0.02	98.95	129	란다	8,956	0.01	99.43
96	나요	22,135	0.02	98.97	130	아야지	8,745	0.01	99.44
97	으려면	21,752	0.02	98.99	131	다는데	8,725	0.01	99.45
98	자면	21,045	0.02	99.01	132	라니	8,641	0.01	99.46
99	어다	19,342	0.02	99.03	133	을까요	7,972	0.01	99.47
100	으려	19,089	0.02	99.05	134	소	7,948	0.01	99.48
101	구나	18,632	0.02	99.07	135	은지	7,870	0.01	99.48
102	네요	17,790	0.02	99.09	136	는데다	7,594	0.01	99.49
103	더군요	17,102	0.02	99.10	137	니까요	7,239	0.01	99.50
104	건	17,010	0.02	99.12	138	답니다	7,202	0.01	99.51
105	다니	16,529	0.02	99.14	139	ㄴ들	6,988	0.01	99.51
106	으려고	15,739	0.02	99.15	140	으냐	6,935	0.01	99.52
107	거든요	15,653	0.02	99.17	141	으라고	6,620	0.01	99.53
108	고요	15,605	0.02	99.19	142	ㄹ지라도	6,617	0.01	99.53
109	은가	15,281	0.02	99.20	143	거든	6,087	0.01	99.54
110	오	15,199	0.02	99.22	144	어야지	5,884	0.01	99.54
111	으니까	14,573	0.01	99.23	145	으리라	5,586	0.01	99.55
112	려다	14,105	0.01	99.25	146	고도	5,480	0.01	99.56
113	ㄴ가요	13,135	0.01	99.26	147	랴	5,415	0.01	99.56
114	냐고	12,705	0.01	99.27	148	다지만	5,305	0.01	99.57
115	을수록	12,059	0.01	99.28	149	자니	5,169	0.01	99.57
116	ㅂ시오	11,876	0.01	99.30	150	군요	5,046	0.01	99.58
117	ㅂ시다	11,639	0.01	99.31	151	ㄴ다는데	4,873	0.00	99.58
118	느냐고	11,556	0.01	99.32	152	리라고	4,873	0.00	99.59
119	단다	11,467	0.01	99.33	153	으라	4,814	0.00	99.59
120	라서	11,162	0.01	99.34	154	아서다	4,731	0.00	99.60
121	다시피	10,942	0.01	99.35	155	느니	4,571	0.00	99.60
122	리라	10,830	0.01	99.37	156	ㄴ다니	4,463	0.00	99.61
123	던가	10,424	0.01	99.38	157	아야죠	4,408	0.00	99.61
124	더라고요	10,124	0.01	99.39	158	는데요	4,383	0.00	99.61
125	ㄴ	9,302	0.01	99.40	159	게끔	4,354	0.00	99.62
126	더라면	9,201	0.01	99.40	160	고는	4,307	0.00	99.62
127	으러	9,195	0.01	99.41	161	다거나	4,298	0.00	99.63
128	다면서	9,167	0.01	99.42	162	건만	4,263	0.00	99.63

순위	형태	빈도	백분율	누 적 백분율	순위	형태	빈도	백분율	누 적 백분율
163	ㄴ데요	4,221	0.00	99.64	197	ㄹ래요	2,473	0.00	99.75
164	구	4,170	0.00	99.64	198	ㄹ게	2,460	0.00	99.75
165	라지만	4,136	0.00	99.65	199	ㄹ라	2,428	0.00	99.75
166	으니까요	4,086	0.00	99.65	200	이	2,343	0.00	99.75
167	ㄴ다거나	3,893	0.00	99.65	201	소서	2,307	0.00	99.75
168	던데	3,850	0.00	99.66	202	길래	2,237	0.00	99.76
169	어야죠	3,766	0.00	99.66	203	ㄹ래	2,120	0.00	99.76
170	ㄴ다면서	3,762	0.00	99.66	204	까	2,110	0.00	99.76
171	는구나	3,666	0.00	99.67	205	라든지	2,050	0.00	99.76
172	던지	3,616	0.00	99.67	206	음직	2,035	0.00	99.77
173	ㄴ단다	3,549	0.00	99.68	207	려다가	2,033	0.00	99.77
174	아서라도	3,426	0.00	99.68	208	ㄴ지라	1,999	0.00	99.77
175	려니	3,388	0.00	99.68	209	으려다	1,938	0.00	99.77
176	ㄴ다든지	3,353	0.00	99.69	210	으랴	1,918	0.00	99.77
177	랍니다	3,309	0.00	99.69	211	마	1,877	0.00	99.78
178	군	3,167	0.00	99.69	212	ㄴ다지만	1,855	0.00	99.78
179	거니	3,104	0.00	99.70	213	으리라고	1,830	0.00	99.78
180	라는데	3,053	0.00	99.70	214	거라	1,823	0.00	99.78
181	라야	2,982	0.00	99.70	215	든가	1,821	0.00	99.78
182	어서다	2,937	0.00	99.70	216	ㄹ세라	1,807	0.00	99.78
183	ㄹ게요	2,929	0.00	99.71	217	노라	1,794	0.00	99.79
184	거니와	2,903	0.00	99.71	218	디	1,757	0.00	99.79
185	라거나	2,849	0.00	99.71	219	려는데	1,753	0.00	99.79
186	건대	2,736	0.00	99.72	220	더군	1,710	0.00	99.79
187	ㄴ답니다	2,726	0.00	99.72	221	어서라도	1,702	0.00	99.79
188	노라면	2,680	0.00	99.72	222	다고요	1,695	0.00	99.80
189	랄까	2,668	0.00	99.72	223	더라구요	1,694	0.00	99.80
190	자며	2,648	0.00	99.73	224	구요	1,693	0.00	99.80
191	사	2,646	0.00	99.73	225	은데다	1,636	0.00	99.80
192	더라고	2,629	0.00	99.73	226	라고요	1,630	0.00	99.80
193	라든가	2,584	0.00	99.74	227	리	1,567	0.00	99.80
194	도	2,532	0.00	99.74	228	는지요	1,517	0.00	99.81
195	는다며	2,504	0.00	99.74	229	느라고	1,499	0.00	99.81
196	대요	2,479	0.00	99.74	230	냐며	1,468	0.00	99.81

순위	형태	빈도	백분율	누 적 백분율	순위	형태	빈도	백분율	누 적 백분율
231	ㄴ다든가	1,464	0.00	99.81	265	ㄴ대요	1,037	0.00	99.85
232	아다	1,420	0.00	99.81	266	럼	1,020	0.00	99.85
233	냐고요	1,370	0.00	99.81	267	ㄴ지요	1,006	0.00	99.85
234	은데요	1,358	0.00	99.81	268	다느니	998	0.00	99.85
235	소이다	1,325	0.00	99.82	269	ㄴ다더니	982	0.00	99.85
236	가	1,276	0.00	99.82	270	락	959	0.00	99.86
237	대	1,271	0.00	99.82	271	어야지요	941	0.00	99.86
238	아야지요	1,263	0.00	99.82	272	아서요	931	0.00	99.86
239	러서	1,262	0.00	99.82	273	다던데	918	0.00	99.86
240	다간	1,256	0.00	99.82	274	르거야	907	0.00	99.86
241	느냐며	1,251	0.00	99.82	275	ㅂ디다	900	0.00	99.86
242	을뿐더러	1,229	0.00	99.82	276	으냐고	893	0.00	99.86
243	어다가	1,222	0.00	99.83	277	르진대	892	0.00	99.86
244	ㅁ직	1,219	0.00	99.83	278	지만요	881	0.00	99.86
245	려나	1,217	0.00	99.83	279	노	880	0.00	99.86
246	는군요	1,208	0.00	99.83	280	ㄴ다니까	864	0.00	99.87
247	노라고	1,204	0.00	99.83	281	으되	864	0.00	99.87
248	으라면	1,203	0.00	99.83	282	아서든	862	0.00	99.87
249	다더라	1,192	0.00	99.83	283	다니까	854	0.00	99.87
250	르는지	1,189	0.00	99.83	284	르테니	850	0.00	99.87
251	르지언정	1,187	0.00	99.84	285	던가요	834	0.00	99.87
252	던데요	1,185	0.00	99.84	286	ㄴ즉	833	0.00	99.87
253	어가	1,162	0.00	99.84	287	려고요	827	0.00	99.87
254	ㄴ데도	1,153	0.00	99.84	288	ㄴ답시고	823	0.00	99.87
255	니만큼	1,150	0.00	99.84	289	다더니	815	0.00	99.87
256	래	1,145	0.00	99.84	290	을텐데	811	0.00	99.87
257	나마	1,144	0.00	99.84	291	을지라도	800	0.00	99.87
258	래도	1,138	0.00	99.84	292	로다	798	0.00	99.88
259	르뿐더러	1,133	0.00	99.84	293	세	798	0.00	99.88
260	르망정	1,115	0.00	99.85	294	ㄴ다고요	797	0.00	99.88
261	래요	1,104	0.00	99.85	295	르세	797	0.00	99.88
262	지나	1,092	0.00	99.85	296	에	786	0.00	99.88
263	다든지	1,051	0.00	99.85	297	제	783	0.00	99.88
264	르텐데	1,049	0.00	99.85	298	라니까	779	0.00	99.88

순위	형태	빈도	백분율	누적백분율	순위	형태	빈도	백분율	누적백분율
299	구먼	774	0.00	99.88	333	리만큼	609	0.00	99.90
300	ㄴ고	756	0.00	99.88	334	으려니	608	0.00	99.90
301	ㄴ바	756	0.00	99.88	335	라구	607	0.00	99.91
302	여서	754	0.00	99.88	336	로	604	0.00	99.91
303	을지언정	754	0.00	99.88	337	ㄴ다더라	594	0.00	99.91
304	도다	750	0.00	99.88	338	다오	592	0.00	99.91
305	다네	737	0.00	99.89	339	더냐	584	0.00	99.91
306	으리	735	0.00	99.89	340	데요	583	0.00	99.91
307	나니	717	0.00	99.89	341	ㄴ듯	575	0.00	99.91
308	려는지	703	0.00	99.89	342	세나	566	0.00	99.91
309	다든가	690	0.00	99.89	343	렵니다	548	0.00	99.91
310	고야	687	0.00	99.89	344	ㄴ대	542	0.00	99.91
311	거늘	685	0.00	99.89	345	려니와	542	0.00	99.91
312	다니까요	685	0.00	99.89	346	수	540	0.00	99.91
313	예요	671	0.00	99.89	347	다면서요	535	0.00	99.91
314	ㄴ게	664	0.00	99.89	348	라지	534	0.00	99.91
315	더란다	662	0.00	99.89	349	ㅂ니다만	526	0.00	99.91
316	ㄹ라치면	660	0.00	99.89	350	잖아요	522	0.00	99.91
317	려야	660	0.00	99.89	351	오나	514	0.00	99.91
318	우	659	0.00	99.89	352	을	506	0.00	99.91
319	으련만	659	0.00	99.89	353	ㅂ시다	506	0.00	99.92
320	유	654	0.00	99.90	354	려는가	505	0.00	99.92
321	라느니	652	0.00	99.90	355	아가	503	0.00	99.92
322	다지	651	0.00	99.90	356	음	500	0.00	99.92
323	라더니	646	0.00	99.90	357	ㄴ다기에	494	0.00	99.92
324	대나	642	0.00	99.90	358	로구나	486	0.00	99.92
325	고만	634	0.00	99.90	359	는디	485	0.00	99.92
326	여	633	0.00	99.90	360	던	484	0.00	99.92
327	외다	627	0.00	99.90	361	기로	479	0.00	99.92
328	어서요	625	0.00	99.90	362	라네	476	0.00	99.92
329	나이다	621	0.00	99.90	363	련다	470	0.00	99.92
330	고서라도	616	0.00	99.90	364	ㄴ다느니	466	0.00	99.92
331	ㄴ디	614	0.00	99.90	365	ㄴ다네	462	0.00	99.92
332	니라	612	0.00	99.90	366	은가요	456	0.00	99.92

순위	형태	빈도	백분율	누적 백분율	순위	형태	빈도	백분율	누적 백분율
367	을래	454	0.00	99.92	401	다네요	338	0.00	99.94
368	는다거나	448	0.00	99.92	402	는군	332	0.00	99.94
369	다가는	445	0.00	99.92	403	아다가	332	0.00	99.94
370	데	437	0.00	99.92	404	구려	329	0.00	99.94
371	느냐고요	433	0.00	99.92	405	라니요	328	0.00	99.94
372	는단다	431	0.00	99.92	406	너라	320	0.00	99.94
373	자는데	426	0.00	99.92	407	수록	318	0.00	99.94
374	으	415	0.00	99.93	408	습네다	318	0.00	99.94
375	라나	414	0.00	99.93	409	다니요	316	0.00	99.94
376	을는지	412	0.00	99.93	410	랍시고	309	0.00	99.94
377	려거든	411	0.00	99.93	411	라니까요	307	0.00	99.94
378	ㄴ구	410	0.00	99.93	412	랄까요	307	0.00	99.94
379	다는군요	400	0.00	99.93	413	어나	307	0.00	99.94
380	게든	399	0.00	99.93	414	ㄹ걸	306	0.00	99.94
381	ㄴ다던데	392	0.00	99.93	415	구만	303	0.00	99.94
382	먼	391	0.00	99.93	416	믄	302	0.00	99.94
383	ㄹ꼬	390	0.00	99.93	417	ㅂ니더	301	0.00	99.94
384	게요	385	0.00	99.93	418	다구	299	0.00	99.94
385	는다니	382	0.00	99.93	419	ㄹ밖에	296	0.00	99.94
386	는다는데	380	0.00	99.93	420	머	291	0.00	99.94
387	다지요	378	0.00	99.93	421	다구요	288	0.00	99.94
388	어고	377	0.00	99.93	422	을라	285	0.00	99.94
389	어만	376	0.00	99.93	423	리니	283	0.00	99.94
390	는지라	374	0.00	99.93	424	던들	281	0.00	99.94
391	슈	374	0.00	99.93	425	으라며	280	0.00	99.94
392	고나	368	0.00	99.93	426	는다면서	279	0.00	99.94
393	자면서	368	0.00	99.93	427	려니까	277	0.00	99.94
394	는다든지	366	0.00	99.93	428	ㄹ락	275	0.00	99.94
395	리만치	363	0.00	99.93	429	야죠	273	0.00	99.94
396	소이까	362	0.00	99.93	430	다던가	270	0.00	99.94
397	ㄴ다니까요	357	0.00	99.93	431	노라니	269	0.00	99.94
398	더라구	348	0.00	99.93	432	데이	268	0.00	99.94
399	이소	345	0.00	99.93	433	어라고	268	0.00	99.94
400	어유	344	0.00	99.93	434	라구요	267	0.00	99.95

순위	형태	빈도	백분율	누적 백분율	순위	형태	빈도	백분율	누적 백분율
435	ㄴ다지	266	0.00	99.95	469	느니만	230	0.00	99.95
436	다더군요	263	0.00	99.95	470	서	230	0.00	99.95
437	자꾸나	262	0.00	99.95	471	으나마	228	0.00	99.95
438	는거야	261	0.00	99.95	472	다죠	227	0.00	99.95
439	ㄴ다면서요	258	0.00	99.95	473	ㄴ대도	220	0.00	99.95
440	니다	258	0.00	99.95	474	을게요	220	0.00	99.96
441	게나	257	0.00	99.95	475	ㄴ거야	219	0.00	99.96
442	지유	257	0.00	99.95	476	케	216	0.00	99.96
443	ㅂ네다	254	0.00	99.95	477	라뇨	211	0.00	99.96
444	라이	253	0.00	99.95	478	냐면	210	0.00	99.96
445	냐구요	252	0.00	99.95	479	옵니다	210	0.00	99.96
446	모	250	0.00	99.95	480	르걸요	209	0.00	99.96
447	오니	250	0.00	99.95	481	다기에	204	0.00	99.96
448	습디다	249	0.00	99.95	482	는걸	203	0.00	99.96
449	노니	246	0.00	99.95	483	리다	203	0.00	99.96
450	면서요	246	0.00	99.95	484	너랍니다	202	0.00	99.96
451	라던데	245	0.00	99.95	485	던지라	201	0.00	99.96
452	라우	245	0.00	99.95	486	지예	200	0.00	99.96
453	더구나	243	0.00	99.95	487	라오	198	0.00	99.96
454	으려다가	243	0.00	99.95	488	만	198	0.00	99.96
455	느니라	242	0.00	99.95	489	아유	197	0.00	99.96
456	는걸요	241	0.00	99.95	490	도만	195	0.00	99.96
457	르듯	240	0.00	99.95	491	련만	195	0.00	99.96
458	ㅂ지	239	0.00	99.95	492	다라고	192	0.00	99.96
459	애	239	0.00	99.95	493	라더라	192	0.00	99.96
460	더	238	0.00	99.95	494	ㅂ니꺼	190	0.00	99.96
461	옵소서	237	0.00	99.95	495	남	190	0.00	99.96
462	다나	235	0.00	99.95	496	렵니까	189	0.00	99.96
463	는답니다	233	0.00	99.95	497	시	189	0.00	99.96
464	라네요	233	0.00	99.95	498	달까	188	0.00	99.96
465	라요	232	0.00	99.95	499	매	187	0.00	99.96
466	래야	231	0.00	99.95	500	자거나	187	0.00	99.96
467	ㄴ걸요	230	0.00	99.95					
468	ㅂ사	230	0.00	99.95					

10) 명사형 전성어미

태그: ETN
타입: 8
토큰: 4,953,311

순위	형태	빈도	백분율	누 적 백분율
1	기	4,090,506	82.58	82.58
2	ㅁ	698,576	14.10	96.68
3	음	147,338	2.97	99.66
4	라기	12,631	0.26	99.91
5	다기	3,109	0.06	99.98
6	ㄴ다기	1,006	0.02	100.00
7	는다기	111	0.00	100.00

11) 관형사형 전성어미

태그: ETM
타입: 80
토큰: 20,827,090

순위	형태	빈도	백분율	누 적 백분율
1	ㄴ	23,834,182	42.69	42.69
2	는	13,483,608	24.15	66.84
3	ㄹ	7,741,929	13.87	80.70
4	은	3,615,427	6.48	87.18
5	던	1,818,105	3.26	90.43
6	을	1,497,010	2.68	93.11
7	다는	1,422,370	2.55	95.66
8	라는	1,072,777	1.92	97.58
9	ㄴ다는	622,549	1.11	98.70
10	란	243,876	0.44	99.14
11	려는	181,435	0.32	99.46
12	자는	98,073	0.18	99.64
13	는다는	57,649	0.10	99.74
14	냐는	40,023	0.07	99.81
15	느냐는	26,697	0.05	99.86
16	으려는	20,352	0.04	99.90
17	려던	13,710	0.02	99.92
18	단	6,012	0.01	99.93
19	리라는	5,452	0.01	99.94
20	다던	4,875	0.01	99.95
21	으라는	4,264	0.01	99.96
22	라던	2,973	0.01	99.96
23	으리라는	2,962	0.01	99.97
24	ㄴ단	2,920	0.01	99.97
25	랄	2,526	0.00	99.98
26	더라는	1,818	0.00	99.98

순위	형태	빈도	백분율	누 적 백분율	순위	형태	빈도	백분율	누 적 백분율
27	으냐는	1,481	0.00	99.98	61	ㄴ데라는	20	0.00	100.00
28	리란	1,290	0.00	99.99	62	마는	20	0.00	100.00
29	으려던	1,060	0.00	99.99	63	ㄴ다더라는	17	0.00	100.00
30	으리란	969	0.00	99.99	64	느냐던	16	0.00	100.00
31	ㄴ다던	948	0.00	99.99	65	드란	16	0.00	100.00
32	ㄴ가라는	781	0.00	99.99	66	으라던	16	0.00	100.00
33	잘	629	0.00	99.99	67	르려는	15	0.00	100.00
34	으란	538	0.00	99.99	68	랴는	13	0.00	100.00
35	르까라는	366	0.00	99.99	69	려느냐는	13	0.00	100.00
36	는가라는	356	0.00	100.00	70	난	12	0.00	100.00
37	다라는	326	0.00	100.00	71	노란	10	0.00	100.00
38	자던	293	0.00	100.00	72	노라던	9	0.00	100.00
39	노라는	212	0.00	100.00	73	더냐는	8	0.00	100.00
40	더란	204	0.00	100.00	74	래는	7	0.00	100.00
41	는단	199	0.00	100.00	75	고픈	6	0.00	100.00
42	리리던	175	0.00	100.00	76	란다는	6	0.00	100.00
43	냔	154	0.00	100.00	77	랠	2	0.00	100.00
44	달	133	0.00	100.00	78	마던	2	0.00	100.00
45	잔	127	0.00	100.00	79	어얄	2	0.00	100.00
46	느냔	81	0.00	100.00	80	더냔	1	0.00	100.00
47	는다던	75	0.00	100.00					
48	런	64	0.00	100.00					
49	다란	48	0.00	100.00					
50	능	45	0.00	100.00					
51	운	44	0.00	100.00					
52	년	37	0.00	100.00					
53	아란	36	0.00	100.00					
54	으는	32	0.00	100.00					
55	다더라는	29	0.00	100.00					
56	ㄴ다라는	27	0.00	100.00					
57	으리라던	27	0.00	100.00					
58	ㄴ달	23	0.00	100.00					
59	랜	22	0.00	100.00					
60	든	21	0.00	100.00					

12) 접사

태그: XPN, XSN, XSV,XSA
타입: 162
토큰: 48,776,371

순위	형태	빈도	백분율	누 적 백분율
1	하	28,870,017	59.19	59.19
2	들	6,962,790	14.27	73.46
3	되	5,948,604	12.20	85.66
4	하	3,280,798	6.73	92.39
5	여	743,479	1.52	93.91
6	시키	592,672	1.22	95.12
7	간	330,575	0.68	95.80
8	씩	281,551	0.58	96.38
9	째	280,073	0.57	96.95
10	당	231,236	0.47	97.43
11	스럽	205,488	0.42	97.85
12	쯤	129,362	0.27	98.11
13	롭	121,077	0.25	98.36
14	대	100,666	0.21	98.57
15	짜리	98,159	0.20	98.77
16	분	80,468	0.16	98.94
17	당하	70,250	0.14	99.08
18	께	36,723	0.08	99.15
19	끼리	35,119	0.07	99.23
20	어치	34,567	0.07	99.30
21	답	33,169	0.07	99.37
22	되	32,902	0.07	99.43
23	경	31,865	0.07	99.50
24	권	26,513	0.05	99.55
25	국	23,677	0.05	99.60
26	네	22,520	0.05	99.65

순위	형태	빈도	백분율	누 적 백분율
27	대	18,749	0.04	99.69
28	용	11,780	0.02	99.71
29	꼴	11,213	0.02	99.73
30	반	10,959	0.02	99.76
31	가	7,862	0.02	99.77
32	구	7,392	0.02	99.79
33	주	7,301	0.01	99.80
34	신	6,669	0.01	99.82
35	적	6,236	0.01	99.83
36	상	5,857	0.01	99.84
37	치	5,672	0.01	99.85
38	비	4,521	0.01	99.86
39	지	4,150	0.01	99.87
40	전	3,835	0.01	99.88
41	순	3,824	0.01	99.89
42	친	3,787	0.01	99.89
43	계	2,505	0.01	99.90
44	배기	2,465	0.01	99.90
45	산	2,458	0.01	99.91
46	탈	2,410	0.00	99.91
47	류	2,369	0.00	99.92
48	점	2,151	0.00	99.92
49	재	2,093	0.00	99.93
50	기	2,069	0.00	99.93
51	선	2,059	0.00	99.94
52	범	1,925	0.00	99.94
53	족	1,721	0.00	99.94
54	고	1,635	0.00	99.95
55	초	1,625	0.00	99.95
56	장이	1,469	0.00	99.95
57	호	1,398	0.00	99.96
58	제	1,361	0.00	99.96
59	무	1,146	0.00	99.96
60	석	1,131	0.00	99.96

순위	형태	빈도	백분율	누 적 백분율	순위	형태	빈도	백분율	누 적 백분율
61	군	998	0.00	99.96	95	도	151	0.00	99.99
62	맞이	998	0.00	99.97	96	박이	142	0.00	99.99
63	실	868	0.00	99.97	97	꾼	135	0.00	99.99
64	준	859	0.00	99.97	98	미	132	0.00	100.00
65	선	833	0.00	99.97	99	덜	129	0.00	100.00
66	행	670	0.00	99.97	100	폐	118	0.00	100.00
67	한	664	0.00	99.97					
68	화	537	0.00	99.98					
69	들이	525	0.00	99.98					
70	어	504	0.00	99.98					
71	연	499	0.00	99.98					
72	사	487	0.00	99.98					
73	관	451	0.00	99.98					
74	저	451	0.00	99.98					
75	진	449	0.00	99.98					
76	맨	436	0.00	99.98					
77	허	434	0.00	99.98					
78	론	390	0.00	99.99					
79	형	370	0.00	99.99					
80	율	355	0.00	99.99					
81	풍	355	0.00	99.99					
82	명	321	0.00	99.99					
83	비	319	0.00	99.99					
84	외	301	0.00	99.99					
85	액	290	0.00	99.99					
86	잡이	279	0.00	99.99					
87	저	272	0.00	99.99					
88	거리	263	0.00	99.99					
89	장	239	0.00	99.99					
90	별	232	0.00	99.99					
91	허	171	0.00	99.99					
92	맹	168	0.00	99.99					
93	쟁이	166	0.00	99.99					
94	본	155	0.00	99.99					

3. 기호 사용 빈도

1) 마침표, 물음표, 느낌표

태그: SF
타입: 4
토큰: 35,568,396

순위	형태	빈도	백분율	누 적 백분율
1	.	34,900,134	98.12	98.12
2	?	529,068	1.49	99.61
3	!	138,913	0.39	100.00
4	??	281	0.00	100.00

2) 쉼표, 가운뎃점, 콜론, 빗금, 줄표, 물결

태그: SP
타입: 21
토큰: 23,494,948

순위	형태	빈도	백분율	누 적 백분율
1	,	11601404	49.38	49.38
2	.	4885479	20.79	70.17
3	·	4121363	17.54	87.71
4	/	978091	4.16	91.88
5	~	870688	3.71	95.58
6	;	515483	2.19	97.78
7	:	224398	0.96	98.73
8	,	153647	0.65	99.39
9	·	92553	0.39	99.78
10	—	34545	0.15	99.93
11	~	7956	0.03	99.96
12	-	4229	0.02	99.98
13	:	2951	0.01	99.99
14	—	1679	0.01	100.00
15	~	181	0.00	100.00
16		91	0.00	100.00
17	/	66	0.00	100.00
18	;	46	0.00	100.00
19	·	36	0.00	100.00
20	:	33	0.00	100.00
21	·	29	0.00	100.00

3) 따옴표, 괄호표

태그: SS
타입: 40
토큰: 45,917,069

순위	형태	빈도	백분율	누 적 백분율
1	)	8,481,467	18.47	18.47
2	(	8,476,019	18.46	36.93
3	"	4,532,640	9.87	46.80
4	'	4,455,524	9.70	56.51
5	'	4,449,241	9.69	66.20
6		4,075,736	8.88	75.07
7	"	3,926,275	8.55	83.62
8	"	3,904,102	8.50	92.12
9	]	804,150	1.75	93.88
10	[	803,022	1.75	95.62
11	〉	556,834	1.21	96.84
12	〈	548,768	1.20	98.03
13	〉	227,746	0.50	98.53
14	〈	227,277	0.49	99.02
15	`	161,281	0.35	99.37
16	″	89,750	0.20	99.57
17	『	49,055	0.11	99.68
18	』	48,941	0.11	99.78
19	》	37,276	0.08	99.87
20	《	37,187	0.08	99.95
21	″	7,954	0.02	99.96
22	``	5,190	0.01	99.97
23	【	1,922	0.00	99.98
24	】	1,890	0.00	99.98
25	'	1,716	0.00	99.99
26	″	1,086	0.00	99.99

순위	형태	빈도	백분율	누 적 백분율
27	—	968	0.00	99.99
28	>	633	0.00	99.99
29	「	503	0.00	99.99
30	」	503	0.00	99.99
31	<	465	0.00	100.00
32	)	345	0.00	100.00
33	]	276	0.00	100.00
34	≫	269	0.00	100.00
35	〔	266	0.00	100.00
36	}	238	0.00	100.00
37	{	198	0.00	100.00
38	(	168	0.00	100.00
39	≪	155	0.00	100.00
40	`	33	0.00	100.00

4) 줄임표

태그: SE
타입: 10
토큰: 680,540

순위	형태	빈도	백분율	누 적 백분율
1	…	658,021	96.69	96.69
2	…	20,584	3.02	99.72
3	….	1,368	0.20	99.92
4	··	431	0.06	99.98
5	……	94	0.01	99.99
6	.	37	0.01	100.00
7	…………	2	0.00	100.00
8	··	1	0.00	100.00
9	………	1	0.00	100.00
10	…………… ………	1	0.00	100.00

5) 붙임표

태그: SO
타입: 20
토큰: 1,877,334

순위	형태	빈도	백분율	누 적 백분율
1	-	1,453,324	77.41	77.41
2	~	352,952	18.80	96.21
3	○	32,227	1.72	97.93
4	×	12,296	0.65	98.59
5	—	9,712	0.52	99.10
6	*	9,519	0.51	99.61
7	△	3,524	0.19	99.80
8	○○	1,572	0.08	99.88
9	·	621	0.03	99.92
10	○	584	0.03	99.95
11	O	475	0.03	99.97
12	~	390	0.02	99.99
13	—	50	0.00	100.00
14	—	48	0.00	100.00
15	×××	21	0.00	100.00
16	○○○	8	0.00	100.00
17	×○	4	0.00	100.00
18	××	3	0.00	100.00
19	~○	3	0.00	100.00
20	~	1	0.00	100.00

6) 외국어

태그: SL
타입: 194
토큰: 4,913,946

순위	형태	빈도	백분율	누적 백분율
1	com	919,575	18.71	18.71
2	kr	653,692	13.30	32.02
3	co	613,297	12.48	44.50
4	A	179,779	3.66	48.16
5	m	174,602	3.55	51.71
6	TV	166,956	3.40	55.11
7	www	118,041	2.40	57.51
8	B	73,714	1.50	59.01
9	t	68,900	1.40	60.41
10	IT	68,256	1.39	61.80
11	km	60,088	1.22	63.02
12	D	59,581	1.21	64.24
13	CEO	55,127	1.12	65.36
14	K	52,224	1.06	66.42
15	G	47,735	0.97	67.39
16	C	47,064	0.96	68.35
17	S	45,810	0.93	69.28
18	PC	44,930	0.91	70.20
19	m	36,962	0.75	70.95
20	e	34,114	0.69	71.64
21	W	33,449	0.68	72.32
22	M	32,218	0.66	72.98
23	kg	27,902	0.57	73.55
24	F	27,088	0.55	74.10
25	P	26,949	0.55	74.65
26	LCD	26,399	0.54	75.18

순위	형태	빈도	백분율	누적 백분율
27	g	26,387	0.54	75.72
28	GDP	23,922	0.49	76.21
29	http	23,432	0.48	76.68
30	L	23,420	0.48	77.16
31	H	22,918	0.47	77.63
32	R	22,829	0.46	78.09
33	FTA	22,346	0.45	78.55
34	cm	21,794	0.44	78.99
35	PD	21,313	0.43	79.42
36	net	20,866	0.42	79.85
37	E	20,492	0.42	80.26
38	CD	20,011	0.41	80.67
39	Q	19,472	0.40	81.07
40	T	18,124	0.37	81.44
41	X	17,953	0.37	81.80
42	the	17,613	0.36	82.16
43	or	17,288	0.35	82.51
44	J	17,237	0.35	82.86
45	I	16,593	0.34	83.20
46	FC	15,411	0.31	83.51
47	DVD	15,016	0.31	83.82
48	Of	14,551	0.30	84.12
49	go	13,809	0.28	84.40
50	U	13,597	0.28	84.67
51	The	12,421	0.25	84.93
52	DNA	12,352	0.25	85.18
53	V	12,245	0.25	85.43
54	IC	11,748	0.24	85.67
55	MBA	11,400	0.23	85.90
56	t	10,872	0.22	86.12
57	LED	10,802	0.22	86.34
58	a	10,681	0.22	86.56
59	MVP	10,677	0.22	86.77
60	s	10,551	0.21	86.99

순위	형태	빈도	백분율	누 적 백분율	순위	형태	빈도	백분율	누 적 백분율
61	NLL	9,912	0.20	87.19	95	ppm	5,943	0.12	92.44
62	to	9,835	0.20	87.39	96	ac	5,869	0.12	92.56
63	CC	9,742	0.20	87.59	97	CF	5,791	0.12	92.68
64	N	9,692	0.20	87.79	98	GS	5,791	0.12	92.79
65	MOU	9,679	0.20	87.98	99	MC	5,758	0.12	92.91
66	CCTV	8,979	0.18	88.17	100	IMF	5,735	0.12	93.03
67	in	8,878	0.18	88.35	101	CDMA	5,673	0.12	93.14
68	SUV	8,827	0.18	88.53	102	IPTV	5,629	0.11	93.26
69	ha	8,787	0.18	88.71	103	CB	5,612	0.11	93.37
70	org	8,605	0.18	88.88	104	FT	5,591	0.11	93.49
71	EU	8,229	0.17	89.05	105	SNS	5,500	0.11	93.60
72	PB	8,178	0.17	89.21	106	HD	5,484	0.11	93.71
73	MD	7,917	0.16	89.38	107	UCC	5,427	0.11	93.82
74	mm	7,700	0.16	89.53	108	TF	5,369	0.11	93.93
75	and	7,577	0.15	89.69	109	ID	5,350	0.11	94.04
76	O	7,570	0.15	89.84	110	cc	5,317	0.11	94.15
77	MP	7,513	0.15	89.99	111	World	5,308	0.11	94.25
78	kjs	7,328	0.15	90.14	112	LNG	5,248	0.11	94.36
79	PDP	7,304	0.15	90.29	113	SOC	5,208	0.11	94.47
80	Y	7,271	0.15	90.44	114	ETF	5,169	0.11	94.57
81	FA	6,991	0.14	90.58	115	NIE	5,137	0.10	94.68
82	ELS	6,950	0.14	90.72	116	AS	4,884	0.10	94.78
83	vs	6,779	0.14	90.86	117	cano	4,638	0.09	94.87
84	LPG	6,762	0.14	91.00	118	SAT	4,629	0.09	94.97
85	td	6,720	0.14	91.13	119	CT	4,554	0.09	95.06
86	NSC	6,703	0.14	91.27	120	GPS	4,526	0.09	95.15
87	IMT	6,576	0.13	91.41	121	mL	4,518	0.09	95.24
88	AI	6,563	0.13	91.54	122	MMF	4,516	0.09	95.33
89	PDA	6,531	0.13	91.67	123	OS	4,356	0.09	95.42
90	you	6,517	0.13	91.80	124	for	4,337	0.09	95.51
91	DMB	6,445	0.13	91.94	125	b	4,313	0.09	95.60
92	i	6,302	0.13	92.06	126	PF	4,290	0.09	95.69
93	VIP	6,301	0.13	92.19	127	min	4,204	0.09	95.77
94	LH	6,233	0.13	92.32	128	SF	4,189	0.09	95.86

순위	형태	빈도	백분율	누 적 백분율	순위	형태	빈도	백분율	누 적 백분율
129	k	4,171	0.08	95.94	163	CO	3,300	0.07	98.53
130	LS	4,161	0.08	96.03	164	of	3,292	0.07	98.59
131	IB	4,143	0.08	96.11	165	CI	3,279	0.07	98.66
132	tr	4,143	0.08	96.20	168	TFT	3,259	0.07	98.73
133	SW	4,111	0.08	96.28	168	NMD	3,253	0.07	98.79
134	SDI	4,091	0.08	96.36	170	cafe	3,242	0.07	98.86
135	g	4,091	0.08	96.45	171	mg	3,171	0.06	98.92
136	DTI	4,053	0.08	96.53	172	TEU	3,170	0.06	98.99
137	PER	4,030	0.08	96.61	173	IR	3,120	0.06	99.05
138	OK	3,987	0.08	96.69	175	NEIS	3,114	0.06	99.12
139	CMA	3,975	0.08	96.77	176	buddy	3,108	0.06	99.18
140	CP	3,908	0.08	96.85	177	esprit	3,099	0.06	99.24
141	Is	3,896	0.08	96.93	179	IP	3,094	0.06	99.31
142	p	3,776	0.08	97.01	180	On	3,060	0.06	99.37
143	BSI	3,752	0.08	97.08	181	GC	3,005	0.06	99.43
144	ncw3	3,748	0.08	97.16	182	BW	2,985	0.06	99.49
145	No	3,720	0.08	97.24	184	CPU	2,945	0.06	99.55
146	MRI	3,712	0.08	97.31	185	II	2,847	0.06	99.61
147	DB	3,709	0.08	97.39	186	it	2,840	0.06	99.66
148	FM	3,705	0.08	97.46	188	STX	2,834	0.06	99.72
149	ddr	3,652	0.07	97.54	189	Z	2,761	0.06	99.78
150	GB	3,648	0.07	97.61	190	ARS	2,737	0.06	99.83
151	DC	3,626	0.07	97.68	191	WTI	2,721	0.06	99.89
152	libra	3,622	0.07	97.76	193	SI	2,720	0.06	99.95
153	PSI	3,618	0.07	97.83	194	EEZ	2,695	0.05	100.00
154	run	3,545	0.07	97.90					
155	WMD	3,512	0.07	97.98					
156	NPT	3,491	0.07	98.05					
157	AT	3,443	0.07	98.12					
158	UBS	3,433	0.07	98.19					
159	OB	3,399	0.07	98.26					
160	h	3,396	0.07	98.32					
161	BT	3,338	0.07	98.39					
162	AC	3,336	0.07	98.46					

7) 한자

태그: SH
타입: 271,568
토큰: 2,567,608

순위	형태	빈도	백분율	누 적 백분율
1	金	54,709	2.91	2.91
2	美	44,853	2.39	5.30
3	李	44,044	2.35	7.65
4	盧	29,423	1.57	9.22
5	北	23,037	1.23	10.44
6	日	21,618	1.15	11.60
7	中	21,198	1.13	12.72
8	朴	18,082	0.96	13.69
9	前	17,124	0.91	14.60
10	金大中	15,129	0.81	15.41
11	盧武鉉	14,212	0.76	16.16
12	鄭	13,631	0.73	16.89
13	反	13,590	0.72	17.61
14	外	12,294	0.65	18.27
15	北京	11,724	0.62	18.89
16	故	10,256	0.55	19.44
17	對	9,838	0.52	19.96
18	崔	9,768	0.52	20.48
19	韓	9,506	0.51	20.99
20	新	8,775	0.47	21.46
21	非	8,401	0.45	21.90
22	高	7,649	0.41	22.31
23	車	7,346	0.39	22.70
24	李會昌	6,854	0.37	23.07
25	大	6,577	0.35	23.42
26	社	6,292	0.34	23.75

순위	형태	빈도	백분율	누 적 백분율
27	軍	6,278	0.33	24.09
28	市	6,130	0.33	24.41
29	東京	6,044	0.32	24.74
30	上海	5,851	0.31	25.05
31	?	5,705	0.30	25.35
32	銀	5,524	0.29	25.65
33	金正日	5,101	0.27	25.92
34	與	5,099	0.27	26.19
35	左	5,086	0.27	26.46
36	道	5,001	0.27	26.73
37	胡錦濤	4,749	0.25	26.98
38	性	4,637	0.25	27.23
39	英	4,530	0.24	27.47
40	小泉純一郎	4,419	0.24	27.70
41	右	4,395	0.23	27.94
42	尹	4,364	0.23	28.17
43	對北	4,300	0.23	28.40
44	九	4,182	0.22	28.62
45	親	4,092	0.22	28.84
46	權	4,091	0.22	29.06
47	州	4,041	0.22	29.27
48	宋	3,872	0.21	29.48
49	野	3,835	0.20	29.68
50	安	3,692	0.20	29.88
51	張	3,652	0.19	30.07
52	女	3,626	0.19	30.27
53	姜	3,555	0.19	30.46
54	佛	3,513	0.19	30.64
55	株	3,499	0.19	30.83
56	徐	3,373	0.18	31.01
57	趙	3,316	0.18	31.19
58	發	3,254	0.17	31.36
59	代	3,111	0.17	31.53
60	先	3,071	0.16	31.69

순위	형태	빈도	백분율	누 적 백분율	순위	형태	빈도	백분율	누 적 백분율
61	金泳三	2,963	0.16	31.85	95	研	2,222	0.12	36.44
62	展	2,942	0.16	32.00	96	白	2,192	0.12	36.55
63	陳	2,942	0.16	32.16	97	親盧	2,161	0.12	36.67
64	金鍾泌	2,915	0.16	32.32	98	委	2,154	0.11	36.78
65	全	2,877	0.15	32.47	99	舊	2,143	0.11	36.90
66	核	2,849	0.15	32.62	100	低	2,116	0.11	37.01
67	上	2,843	0.15	32.77	101	說	2,115	0.11	37.12
68	無	2,834	0.15	32.92	102	鄭夢準	2,096	0.11	37.23
69	詩	2,819	0.15	33.07	103	孫	2,094	0.11	37.35
70	韓和甲	2,727	0.15	33.22	104	吳	2,084	0.11	37.46
71	獨	2,675	0.14	33.36	105	家	2,071	0.11	37.57
72	李仁濟	2,656	0.14	33.50	106	戰	2,052	0.11	37.68
73	黨	2,645	0.14	33.64	107	北核	2,048	0.11	37.79
74	朴槿惠	2,633	0.14	33.78	108	後	1,965	0.10	37.89
75	江澤民	2,561	0.14	33.92	109	朴智元	1,957	0.10	37.99
76	黃	2,542	0.14	34.06	110	林	1,952	0.10	38.10
77	下	2,515	0.13	34.19	111	逆	1,889	0.10	38.20
78	富	2,472	0.13	34.32	112	李漢東	1,867	0.10	38.30
79	神	2,464	0.13	34.45	113	廣東	1,863	0.10	38.40
80	鄭東泳	2,444	0.13	34.58	114	靑	1,761	0.09	38.49
81	溫家寶	2,434	0.13	34.71	115	高建	1,756	0.09	38.58
82	金	2,431	0.13	34.84	116	朝日	1,756	0.09	38.68
83	中企	2,418	0.13	34.97	117	權哲賢	1,755	0.09	38.77
84	人	2,357	0.13	35.10	118	年	1,748	0.09	38.87
85	洪	2,346	0.12	35.22	119	鄭大哲	1,706	0.09	38.96
86	脫	2,344	0.12	35.35	120	父子	1,703	0.09	39.05
87	案	2,318	0.12	35.47	121	高價	1,699	0.09	39.14
88	反美	2,300	0.12	35.59	122	對美	1,657	0.09	39.23
89	文	2,293	0.12	35.71	123	亞	1,654	0.09	39.31
90	韓流	2,292	0.12	35.84	124	弗	1,647	0.09	39.40
91	聯合	2,277	0.12	35.96	125	曹	1,647	0.09	39.49
92	盧武鉉	2,276	0.12	36.08	126	場	1,627	0.09	39.58
93	南	2,248	0.12	36.20	127	江	1,624	0.09	39.66
94	氣	2,239	0.12	36.32	128	公	1,613	0.09	39.75

순위	형태	빈도	백분율	누 적 백분율	순위	형태	빈도	백분율	누 적 백분율
129	法	1,603	0.09	39.83	163	情	1,375	0.07	42.50
130	金重權	1,601	0.09	39.92	164	安倍晋三	1,355	0.07	42.57
131	敵	1,579	0.08	40.00	165	讀賣	1,352	0.07	42.64
132	男	1,558	0.08	40.09	166	兆	1,347	0.07	42.71
133	廣州	1,556	0.08	40.17	167	大阪	1,338	0.07	42.78
134	陳稔	1,556	0.08	40.25	168	街	1,336	0.07	42.85
135	相生	1,555	0.08	40.33	169	靑島	1,334	0.07	42.93
136	重	1,532	0.08	40.42	170	黑	1,333	0.07	43.00
137	恨	1,526	0.08	40.50	171	山東	1,330	0.07	43.07
138	瀋陽	1,523	0.08	40.58	172	朴正熙	1,317	0.07	43.14
139	誌	1,520	0.08	40.66	173	許	1,314	0.07	43.21
140	賞	1,513	0.08	40.74	174	徐淸源	1,307	0.07	43.28
141	最古	1,493	0.08	40.82	175	柳	1,297	0.07	43.35
142	史	1,491	0.08	40.90	176	辛	1,288	0.07	43.42
143	南景弼	1,489	0.08	40.98	177	協	1,286	0.07	43.48
144	區	1,479	0.08	41.06	178	號	1,278	0.07	43.55
145	天津	1,478	0.08	41.14	179	王	1,273	0.07	43.62
146	産	1,470	0.08	41.21	180	與野	1,269	0.07	43.69
147	大選	1,465	0.08	41.29	181	善	1,266	0.07	43.75
148	毛澤東	1,456	0.08	41.37	182	正道	1,256	0.07	43.82
149	金權泰	1,453	0.08	41.45	183	人事	1,252	0.07	43.89
150	行	1,448	0.08	41.52	184	元	1,236	0.07	43.95
151	崔秉烈	1,443	0.08	41.60	185	鄭均桓	1,235	0.07	44.02
152	吉林	1,438	0.08	41.68	186	林東源	1,234	0.07	44.09
153	申	1,436	0.08	41.75	187	千正培	1,228	0.07	44.15
154	鄧小平	1,427	0.08	41.83	188	質	1,223	0.07	44.22
155	李海瓚	1,409	0.08	41.91	189	姓	1,217	0.06	44.28
156	韓光玉	1,402	0.07	41.98	190	檢	1,204	0.06	44.35
157	半	1,399	0.07	42.05	191	李憲宰	1,197	0.06	44.41
158	李明博	1,393	0.07	42.13	192	親朴	1,197	0.06	44.47
159	靖國	1,387	0.07	42.20	193	稅收	1,192	0.06	44.54
160	四川	1,384	0.07	42.28	194	準	1,183	0.06	44.60
161	現	1,384	0.07	42.35	195	權魯甲	1,161	0.06	44.66
162	日本經濟	1,375	0.07	42.42	196	稅	1,161	0.06	44.72

순위	형태	빈도	백분율	누 적 백분율	순위	형태	빈도	백분율	누 적 백분율
197	李洛淵	1,161	0.06	44.78	231	李健熙	1,026	0.05	46.75
198	種	1,156	0.06	44.85	232	菅直人	1,021	0.05	46.80
199	郡	1,150	0.06	44.91	233	線	1,006	0.05	46.85
200	勢	1,150	0.06	44.97	234	全斗煥	1,004	0.05	46.91
201	梁	1,146	0.06	45.03	235	癌	999	0.05	46.96
202	失政	1,142	0.06	45.09	236	馬	998	0.05	47.01
203	鄭夢憲	1,142	0.06	45.15	237	色	998	0.05	47.07
204	文喜相	1,141	0.06	45.21	238	韓美	991	0.05	47.12
205	老	1,128	0.06	45.27	239	朴寬用	989	0.05	47.17
206	寶庫	1,121	0.06	45.33	240	私	989	0.05	47.22
207	鳩山由紀夫	1,106	0.06	45.39	241	水	988	0.05	47.28
208	李容湖	1,098	0.06	45.45	242	浙江	988	0.05	47.33
209	自社	1,094	0.06	45.51	243	政	986	0.05	47.38
210	超	1,092	0.06	45.57	244	李相洙	982	0.05	47.44
211	朴相千	1,084	0.06	45.62	245	李在五	982	0.05	47.49
212	陳水扁	1,084	0.06	45.68	246	光	979	0.05	47.54
213	低價	1,081	0.06	45.74	247	安大熙	979	0.05	47.59
214	族	1,076	0.06	45.80	248	伊	977	0.05	47.64
215	愼承男	1,074	0.06	45.85	249	惡	973	0.05	47.70
216	美軍	1,073	0.06	45.91	250	助	971	0.05	47.75
217	茶	1,065	0.06	45.97	251	愼	967	0.05	47.80
218	金元基	1,064	0.06	46.02	252	洪思德	952	0.05	47.85
219	官	1,063	0.06	46.08	253	李富榮	947	0.05	47.90
220	南京	1,061	0.06	46.14	254	孫鶴圭	935	0.05	47.95
221	群	1,059	0.06	46.19	255	趙舜衡	927	0.05	48.00
222	鄭夢九	1,053	0.06	46.25	256	汎	926	0.05	48.05
223	月	1,044	0.06	46.31	257	江蘇	915	0.05	48.10
224	禪	1,043	0.06	46.36	258	生	912	0.05	48.15
225	深	1,042	0.06	46.42	259	特需	906	0.05	48.19
226	多	1,038	0.06	46.47	260	棟	903	0.05	48.24
227	理知	1,035	0.06	46.53	261	麻生太郎	903	0.05	48.29
228	大連	1,034	0.06	46.58	262	紙	903	0.05	48.34
229	京都	1,027	0.05	46.64	263	森喜朗	900	0.05	48.39
230	福田康夫	1,027	0.05	46.69	264	徐英勳	899	0.05	48.43

순위	형태	빈도	백분율	누 적 백분율	순위	형태	빈도	백분율	누 적 백분율
265	城	894	0.05	48.48	299	沈	817	0.04	50.03
266	山	893	0.05	48.53	300	訪韓	814	0.04	50.07
267	金振杓	891	0.05	48.58	301	驛舍	813	0.04	50.11
268	省	888	0.05	48.62	302	小	812	0.04	50.16
269	鄭周永	888	0.05	48.67	303	每日	809	0.04	50.20
270	式	887	0.05	48.72	304	對日	805	0.04	50.24
271	話頭	887	0.05	48.77	305	田溶鶴	800	0.04	50.29
272	代案	879	0.05	48.81	306	子	793	0.04	50.33
273	朱鎔基	873	0.05	48.86	307	洞	787	0.04	50.37
274	朴晙瑩	871	0.05	48.91	308	河	787	0.04	50.41
275	丹東	870	0.05	48.95	309	減資	785	0.04	50.45
276	年	869	0.05	49.00	310	强	781	0.04	50.50
277	毒	866	0.05	49.04	311	明	781	0.04	50.54
278	訪中	865	0.05	49.09	312	五	781	0.04	50.58
279	母	858	0.05	49.14	313	千	781	0.04	50.62
280	戰後	855	0.05	49.18	314	駐	780	0.04	50.66
281	對中	852	0.05	49.23	315	鄭亨根	779	0.04	50.70
282	連覇	852	0.05	49.27	316	潘基文	774	0.04	50.74
283	康	848	0.05	49.32	317	藥	774	0.04	50.79
284	七	848	0.05	49.36	318	金日成	767	0.04	50.83
285	天安門	847	0.05	49.41	319	反戰	766	0.04	50.87
286	修辭	845	0.05	49.45	320	戰時	766	0.04	50.91
287	減稅	843	0.04	49.50	321	田	766	0.04	50.95
288	首長	842	0.04	49.54	322	丁世均	765	0.04	50.99
289	遼寧	839	0.04	49.59	323	油價	759	0.04	51.03
290	劉	839	0.04	49.63	324	司正	756	0.04	51.07
291	親李	836	0.04	49.68	325	閔	755	0.04	51.11
292	孝	832	0.04	49.72	326	文在寅	754	0.04	51.15
293	重慶	829	0.04	49.77	327	像	750	0.04	51.19
294	田允喆	827	0.04	49.81	328	金玉斗	747	0.04	51.23
295	盧泰愚	822	0.04	49.85	329	病	747	0.04	51.27
296	金德龍	820	0.04	49.90	330	沖繩	747	0.04	51.31
297	辛基南	820	0.04	49.94	331	選	742	0.04	51.35
298	政爭	820	0.04	49.98	332	淸華	739	0.04	51.39

순위	형태	빈도	백분율	누 적 백분율	순위	형태	빈도	백분율	누 적 백분율
333	康錦實	738	0.04	51.43	367	通	661	0.04	52.68
334	八	734	0.04	51.47	368	先物	657	0.03	52.72
335	金弘一	733	0.04	51.51	369	李瑾榮	656	0.03	52.75
336	東	733	0.04	51.55	370	母子	651	0.03	52.79
337	洪準杓	726	0.04	51.58	371	延邊	645	0.03	52.82
338	大賞	722	0.04	51.62	372		642	0.03	52.85
339	小澤一郎	721	0.04	51.66	373	化	638	0.03	52.89
340	市場	721	0.04	51.70	374	古都	636	0.03	52.92
341	丁	719	0.04	51.74	375	勞	635	0.03	52.96
342	北海道	714	0.04	51.78	376	人災	635	0.03	52.99
343	唐	712	0.04	51.81	377	戰場	632	0.03	53.02
344	張光根	709	0.04	51.85	378	枯死	629	0.03	53.06
345	國	706	0.04	51.89	379	善戰	629	0.03	53.09
346	不	700	0.04	51.93	380	秋美愛	625	0.03	53.12
347	主敵	697	0.04	51.96	381	反盧	622	0.03	53.16
348	與圈	695	0.04	52.00	382	福島	622	0.03	53.19
349	黑龍江	691	0.04	52.04	383	人民	622	0.03	53.22
350	福岡	689	0.04	52.07	384	副	621	0.03	53.26
351	南北	688	0.04	52.11	385	常昊	616	0.03	53.29
352	黃禹錫	688	0.04	52.15	386	戰線	616	0.03	53.32
353	兵風	687	0.04	52.18	387	聖戰	614	0.03	53.35
354	戰士	676	0.04	52.22	388	稅制	614	0.03	53.39
355	朱	673	0.04	52.26	389	河舜鳳	614	0.03	53.42
356	再	671	0.04	52.29	390	弘傑	614	0.03	53.45
357	韓日	671	0.04	52.33	391	主	613	0.03	53.49
358	習近平	669	0.04	52.36	392	成都	612	0.03	53.52
359	金榮馹	668	0.04	52.40	393	感	611	0.03	53.55
360	國富	667	0.04	52.43	394	內	611	0.03	53.58
361	陳承鉉	666	0.04	52.47	395	姜在涉	610	0.03	53.62
362	仁	665	0.04	52.50	396	訪美	610	0.03	53.65
363	對韓	664	0.04	52.54	397	尹太瀛	609	0.03	53.68
364	私的	662	0.04	52.58	398	私募	605	0.03	53.71
365	漢	662	0.04	52.61	399	原電	605	0.03	53.75
366	韓銀	662	0.04	52.65	400	貨	605	0.03	53.78

순위	형태	빈도	백분율	누적백분율	순위	형태	빈도	백분율	누적백분율
401	裵	599	0.03	53.81	435	韓昇洙	565	0.03	54.86
402	不在	599	0.03	53.84	436	先軍	564	0.03	54.89
403	匠人	598	0.03	53.87	437	空洞化	563	0.03	54.92
404	金大中	597	0.03	53.90	438	空	559	0.03	54.95
405	九州	596	0.03	53.94	439	四	559	0.03	54.98
406	訪北	596	0.03	53.97	440	乙	559	0.03	55.01
407	延吉	595	0.03	54.00	441	任	557	0.03	55.04
408	臺北	594	0.03	54.03	442	知人	555	0.03	55.07
409	福建	594	0.03	54.06	443	惡材	552	0.03	55.10
410	民	592	0.03	54.09	444	崔圭善	550	0.03	55.13
411	西安	591	0.03	54.13	445	刊	549	0.03	55.16
412	功	590	0.03	54.16	446	票心	548	0.03	55.19
413	李萬燮	588	0.03	54.19	447	李起浩	547	0.03	55.22
414	章	587	0.03	54.22	448	論	546	0.03	55.25
415	金元吉	586	0.03	54.25	449	河北	545	0.03	55.28
416	孫吉丞	586	0.03	54.28	450	黃長燁	545	0.03	55.31
417	實査	585	0.03	54.31	451	姜三載	543	0.03	55.34
418	胡	585	0.03	54.35	452	朴振	543	0.03	55.36
419	朴鍾熙	584	0.03	54.38	453	印	541	0.03	55.39
420	動線	583	0.03	54.41	454	明治	539	0.03	55.42
421	崔泰源	581	0.03	54.44	455	金弘業	537	0.03	55.45
422	新疆	579	0.03	54.47	456	共同	536	0.03	55.48
423	具	577	0.03	54.50	457	長	535	0.03	55.51
424	杭州	575	0.03	54.53	458	丁世鉉	535	0.03	55.54
425	朴在圭	574	0.03	54.56	459	河南	535	0.03	55.56
426	大入	573	0.03	54.59	460	景氣	534	0.03	55.59
427	朴鍾雄	572	0.03	54.62	461	金民錫	529	0.03	55.62
428	淸	572	0.03	54.65	462	蘇州	529	0.03	55.65
429	聖地	570	0.03	54.68	463	家長	528	0.03	55.68
430	長江	570	0.03	54.71	464	中國	527	0.03	55.71
431	一	569	0.03	54.74	465	金文洙	522	0.03	55.73
432	秋	568	0.03	54.77	466	安熙正	522	0.03	55.76
433	古力	566	0.03	54.80	467	鄭鎭碩	521	0.03	55.79
434	兩岸	566	0.03	54.83	468	金潤煥	520	0.03	55.82

순위	형태	빈도	백분율	누 적 백분율
469	木	519	0.03	55.84
470	朴熺太	519	0.03	55.87
471	薛勳	517	0.03	55.90
472	內需	516	0.03	55.93
473	柳寅泰	516	0.03	55.95
474	李在禎	515	0.03	55.98
475	名品	513	0.03	56.01
476	海	513	0.03	56.04
477	順	512	0.03	56.06
478	姜雲太	509	0.03	56.09
479	親美	509	0.03	56.12
480	湖南	508	0.03	56.14
481	社內	505	0.03	56.17
482	制	505	0.03	56.20
483	具本茂	504	0.03	56.23
484	龍	504	0.03	56.25
485	異見	502	0.03	56.28
486	鄭雲燦	502	0.03	56.31
487	辛建	501	0.03	56.33
488	朴容晟	500	0.03	56.36
489	古	498	0.03	56.39
490	金滿堤	498	0.03	56.41
491	金宇中	498	0.03	56.44
492	李漢久	498	0.03	56.47
493	株價	498	0.03	56.49
494	金正吉	497	0.03	56.52
495	知的	497	0.03	56.54
496	朴昇	495	0.03	56.57
497	市政	494	0.03	56.60
498	聖	492	0.03	56.62
499	業	491	0.03	56.65
500	李揆澤	491	0.03	56.68

8) 기타기호

태그: SW

타입: 747

토큰:10,822,804

순위	형태	빈도	백분율	누 적 백분율
1	%	2,224,870	20.56	20.56
2	@	1,350,280	12.48	33.03
3	=	818,874	7.57	40.60
4	”	757,282	7.00	47.60
5	“	754,965	6.98	54.57
6	’	738,109	6.82	61.39
7	‘	736,454	6.80	68.20
8	△	339,077	3.13	71.33
9	▶	291,609	2.69	74.02
10	◆	239,337	2.21	76.24
11	▲	158,815	1.47	77.70
12	▽	155,367	1.44	79.14
13	◇	149,374	1.38	80.52
14	—	139,636	1.29	81.81
15	=	137,296	1.27	83.08
16	km	113,289	1.05	84.12
17	&	98,763	0.91	85.04
18	■	97,745	0.90	85.94
19	m^2	94,618	0.87	86.81
20	▷	91,710	0.85	87.66

순위	형태	빈도	백분율	누적 백분율
21	#	89,068	0.82	88.48
22	○	86,808	0.80	89.29
23	㈜	66,249	0.61	89.90
24	m	64,823	0.60	90.50
25	→	61,701	0.57	91.07
26	ˆ	60,789	0.56	91.63
27	●	59,943	0.55	92.18
28	+	51,266	0.47	92.66
29	*	47,315	0.44	93.09
30	◈	46,986	0.43	93.53
31	kg	46,551	0.43	93.96
32	cm	41,137	0.38	94.34
33	²	31,869	0.29	94.63
34	☎	31,081	0.29	94.92
35	-	29,489	0.27	95.19
36	★	25,847	0.24	95.43
37	㎜	21,391	0.20	95.63
38	①	21,168	0.20	95.82
39	∣	21,022	0.19	96.02
40	_	20,860	0.19	96.21
41	②	19,522	0.18	96.39
42	▼	19,429	0.18	96.57
43	③	16,787	0.16	96.73
44	km	16,267	0.15	96.88
45	ℓ	13,133	0.12	97.00
46	※	11,216	0.10	97.10
47	④	11,016	0.10	97.20
48	□	10,773	0.10	97.30
49	t	10,577	0.10	97.40
50	ha	10,495	0.10	97.50
51	M&A	10,474	0.10	97.60
52	㎢	10,253	0.09	97.69
53	▨	9,926	0.09	97.78
54	Ⅱ	9,884	0.09	97.87
55	∣	9,576	0.09	97.96
56	″	9,513	0.09	98.05
57	¤	7,905	0.07	98.12
58	%	7,117	0.07	98.19
59	⑤	6,947	0.06	98.25
60	cc	6,813	0.06	98.32
61	☞	6,759	0.06	98.38
62	㎖	6,712	0.06	98.44
63	m³	6,656	0.06	98.50
64	Ⅰ	6,633	0.06	98.56
65	kW	5,731	0.05	98.62
66	mg	5,537	0.05	98.67
67	×	4,994	0.05	98.71
68	cm	4,823	0.04	98.76
69	○○	4,551	0.04	98.80
70	L	4,023	0.04	98.84
71	⑥	3,954	0.04	98.87
72	kg	3,752	0.03	98.91
73	∣	3,579	0.03	98.94
74	m	3,492	0.03	98.97

순위	형태	빈도	백분율	누 적 백분율
75	^	3,426	0.03	99.00
76	♣	3,312	0.03	99.04
77	☆	3,281	0.03	99.07
78	℃	3,107	0.03	99.09
79	μg	3,072	0.03	99.12
80	±	3,050	0.03	99.15
81	Ⅲ	2,991	0.03	99.18
82	kcal	2,943	0.03	99.21
83	⑦	2,869	0.03	99.23
84	g	2,799	0.03	99.26
85	MW	2,780	0.03	99.28
86	α	2,435	0.02	99.31
87	2	2,372	0.02	99.33
88	′	2,369	0.02	99.35
89	↑	2,180	0.02	99.37
90	♥	2,154	0.02	99.39
91	⑧	2,088	0.02	99.41
92	MHz	1,972	0.02	99.43
93	⊙	1,793	0.02	99.44
94	◎	1,740	0.02	99.46
95	+	1,612	0.01	99.48
96	⑨	1,546	0.01	99.49
97	↓	1,458	0.01	99.50
98	³	1,356	0.01	99.52
99	○○○	1,353	0.01	99.53
100	@	1,274	0.01	99.54

9) 숫자

태그: SN
타입: 27,243
토큰: 25,626,690

순위	형태	빈도	백분율	누 적 백분율
1	1	3,061,721	8.59	8.59
2	2	2,501,608	7.02	15.62
3	3	2,353,023	6.60	22.22
4	5	1,632,579	4.58	26.80
5	4	1,629,872	4.57	31.38
6	6	1,246,386	3.50	34.88
7	10	1,231,060	3.46	38.33
8	7	997,919	2.80	41.13
9	8	907,772	2.55	43.68
10	9	823,750	2.31	45.99
11	20	707,379	1.99	47.98
12	30	659,085	1.85	49.83
13	12	534,398	1.50	51.33
14	11	526,939	1.48	52.81
15	15	433,705	1.22	54.02
16	50	381,388	1.07	55.10
17	100	359,215	1.01	56.10
18	25	343,026	0.96	57.07
19	0	335,416	0.94	58.01
20	16	314,081	0.88	58.89
21	40	307,112	0.86	59.75
22	13	301,824	0.85	60.60
23	18	299,365	0.84	61.44
24	21	288,076	0.81	62.25
25	14	282,955	0.79	63.04
26	2,000	277,740	0.78	63.82

순위	형태	빈도	백분율	누 적 백분율	순위	형태	빈도	백분율	누 적 백분율
27	17	271,045	0.76	64.58	61	99	77,433	0.22	78.55
28	19	252,192	0.71	65.29	62	98	74,061	0.21	78.76
29	24	248,105	0.70	65.99	63	2,010	73,594	0.21	78.97
30	22	228,527	0.64	66.63	64	36	73,587	0.21	79.17
31	23	221,353	0.62	67.25	65	55	71,535	0.20	79.37
32	26	212,560	0.60	67.85	66	34	71,274	0.20	79.57
33	60	210,793	0.59	68.44	67	4,000	71,209	0.20	79.77
34	27	210,765	0.59	69.03	68	38	68,961	0.19	79.97
35	28	206,160	0.58	69.61	69	8,000	67,004	0.19	80.16
36	29	192,912	0.54	70.15	70	42	66,562	0.19	80.34
37	5,000	171,971	0.48	70.63	71	37	65,825	0.18	80.53
38	70	166,099	0.47	71.10	72	65	63,263	0.18	80.71
39	1,000	164,482	0.46	71.56	73	43	63,048	0.18	80.88
40	80	162,007	0.45	72.01	74	6,000	62,451	0.18	81.06
41	31	158,809	0.45	72.46	75	400	61,330	0.17	81.23
42	2,002	142,506	0.40	72.86	76	48	61,159	0.17	81.40
43	200	136,286	0.38	73.24	77	39	60,598	0.17	81.57
44	90	125,300	0.35	73.59	78	150	59,976	0.17	81.74
45	2,005	121,384	0.34	73.94	79	44	59,564	0.17	81.91
46	2	118,652	0.33	74.27	80	41	58,292	0.16	82.07
47	2,004	117,832	0.33	74.60	81	46	57,455	0.16	82.23
48	500	114,838	0.32	74.92	82	47	56,324	0.16	82.39
49	2,008	114,203	0.32	75.24	83	7,000	56,075	0.16	82.55
50	2,003	113,760	0.32	75.56	84	97	55,548	0.16	82.70
51	2,006	112,921	0.32	75.88	85	75	54,492	0.15	82.86
52	3,000	109,426	0.31	76.19	86	49	53,841	0.15	83.01
53	2,001	107,495	0.30	76.49	87	52	53,228	0.15	83.16
54	2,007	106,289	0.30	76.79	88	51	50,588	0.14	83.30
55	35	105,668	0.30	77.08	89	95	50,483	0.14	83.44
56	300	104,695	0.29	77.38	90	53	50,167	0.14	83.58
57	45	92,231	0.26	77.63	91	1,999	49,913	0.14	83.72
58	32	86,082	0.24	77.88	92	54	49,887	0.14	83.86
59	33	83,192	0.23	78.11	93	56	49,765	0.14	84.00
60	2,009	80,317	0.23	78.34	94	72	48,815	0.14	84.14

순위	형태	빈도	백분율	누 적 백분율
95	57	46,493	0.13	84.27
96	58	46,207	0.13	84.40
97	1,998	45,960	0.13	84.53
98	600	45,838	0.13	84.66
99	1,500	45,833	0.13	84.78
100	85	44,636	0.13	84.91

참고문헌

강범모·김흥규, 「명사 빈도의 변화, 사회적 관심의 트렌드 : 물결 21 코퍼스(2000-2009)」, 『언어학』 61, 한국언어학회, 2011.

__________, 『한국어 형태소 및 어휘 사용 빈도의 분석』 2(컴퓨터와 인문학 시리즈 10), 고려대 민족문화연구원, 2004.

__________, 『한국 사용 빈도』, 한국문화사, 2009.

강범모·김흥규·허명회, 『한국어의 텍스트 장르 문체 유형 : 컴퓨터와 통계적 기법의 이용』, 태학사, 2000.

국립국어원, 『현대 국어 사용 빈도 조사 : 한국어 학습용 어휘 선정을 위한 기초 조사』(담당 연구원 : 조남호), 국립국어연구원, 2002.

__________, 『현대 국어 사용 빈도 조사』 2, 국립국어연구원, 2005.

김병선·조창환·배희숙·장노형, 『한국어 현대시어 빈도사전』, 국립국어연구원, 2007.

김일환, 「말뭉치 규모와 텍스트 유형에 따른 명사류의 사용 양상」, 『동양학』 43, 단국대 동양학연구소, 2008.

김일환·이도길, 「대규모 신문 기사의 자동 키워드 추출과 분석 : t-점수를 이용하여」, 『한국어학』 53, 한국어학회, 2011.

김일환·이도길·정유진, 「역대 총선별 '선거' 관련어의 변화 양상」, 『민족문화연구』 56, 고려대 민족문화연구원, 2012.

김일환·정유진, 「공기어 네트워크와 사회 계층에 대한 관심의 트렌드」, 『한국사전학』 18, 한국사전학회, 2011.

김일환·정유진·강범모·김흥규, 『'물결 21' 코퍼스의 구축과 활용』, 소명출판, 2013.

김철완, 「문법형태소 네트워크를 이용한 한글 문헌의 자동 키워드 추출」, 전북대 석사논문, 1995.

김혜영·강범모, 「신문 사설의 어휘적 특징 : 2009년 신문 코퍼스에 기초한 키워드 연구」, 『담화와 인지』 18(3), 담화·인지언어학회, 2011.

김흥규·강범모, 『한국어 형태소 및 어휘 사용 빈도의 분석』 1(컴퓨터와 인문학 시리즈 4), 고려대학교 민족문화연구원, 2000.

김흥규 외, 『'물결 21' 사업 1차 보고서 : 신문 텍스트 기반의 장기간 언어·사회·문화 연구』, 고려대 민족문화연구원, 2010.

송민규, 「설계 지식의 의미론적 분석에 기반한 키워드 추출에 관한 연구」, 연세대 석사논문, 2008.

송민규·배일주·이수홍·박지형, 「문서의 의미론적 분석에 기반한 키워드 추출에 관한 연구」, 『한국지능정보시스템학회 학술대회 논문집』 2007-11, 한국지능정보시스템학회, 2007.

신성윤·이양원, 「한국어 정보처리를 위한 명사 및 키워드 추출」, 『한국컴퓨터정보학회 논문집』 14(3), 한국컴퓨터정보학회, 2009.

신우봉·김일환·김홍규, 「신문 텍스트에서 나타나는 공간명사의 사용 양상과 네트워크 분석」, 『텍스트언어학』 29, 텍스트언어학회, 2010.

신효필, 『언어학과 통계 모델』, 서울대 출판문화원, 2009.

이영제·강범모, 「정치 관련 신문 언어의 변화 양상 : 키워드와 명사 관련어를 통해 본 2000~2009년의 변화 양상」, 『언어과학』 19, 한국언어과학회, 2012.

정유진·강범모, 「친족명사의 공기어 양상과 네트워크 분석」, 『언어학』 19(2), 대한언어학회, 2011.

──────────, 「신문 기사 속의 직업명사와 관련어」, 『언어학』 20(2), 대한언어학회, 2012.

정재승, 『과학콘서트』, 어크로스, 2011.

Baroni, M.·S. Evert, "Statistical Methods for, Corpus Exploitation", in Lüdelinging and Kytö eds., *Corpus Linguistics : An International Handbook* 2, Berlin : Walter de Gruyter, 2009.

Evert, Stefan., "Corpora and Collocations, Corpus Linguistics", *An International Handbook. article* 58, Berlin·New York : Mouton de Gruyter, 2009.

Francis, W. Nelson·Henry Kučera, *Frequency Analysis of English Usage : Lexicon and Grammar*, Boston : Houghton Miffin Co., 1982.

Hilpert, M.·S. T. Gries, "Assessing Frequency Changes in Multistage Diachronic Corpora : Applications for Historical Corpus Linguistics and the Study of Language Change," *Literary and Linguistic Computing* 34(4), 2000.

Leech, G.·P. Rayson·A. Wilson, *Word Frequencies in Written and Spoken English : based on British National Corpus*, London : Longman, 2001.

Mair, C., "Corpora and the Study of Recent Change in Language", Lüdelinging and Kytö eds., *Corpus Linguistics: An International Handbook* 2, Berlin : Walter de Gruyter, 2009.

Michel, J.-b. et. al., "Quantitative Analysis of Culture Using Millions of Digitized Books", *Science*

331, 2011.

Moisl, H., "Exploratory Multivariate Analysis", Lüdelinging and Kytö eds., *Corpus Linguistics : An International Handbook* 2, Berlin : Walter de Gruyter, 874-899, 2009.

Scott, M. and C. Tribble, *Textual Patterns: Key Words and Corpus Analysis in Language Education*, Amsterdam : John Bejamins Pub Company, 2006.

Stubbs, M., "Three Concepts of Keywords", Marina Bondi and Mike Scott eds., *Keyness in Texts*, Philadelphia : John Benjamins, 2010.

Teubert, W. and R. Krishnamurthy eds., *Corpus Linguistics : Critical Concepts in Linguistics*, London : Routledge, 2007.

Witten, Ian H., et al., "KEA : practical automatic keyphrase extraction", *Proceedings of the fourth ACM conference on Digital libraries*(DL '99), New York : ACM, 1999.

Zipf, G., *Human behavior and the principle of least effort*, Cambridge, MA : Addison-Wesly, 1949.

미디어다음, 한국인의 관심사와 라이프 스타일(http://media.daum.net/trendreport/2010/intro.html)(최종 방문일 : 2013.2.12).

필자 소개

정유진 鄭有珍, Chung, Eugene 현재 고려대학교 민족문화연구원 HK연구교수
고려대학교를 졸업하고 미국 일리노이주립대학교(어바나-샴페인)에서 박사학위를 받았다. 주요 논문으로는 「친족명사의 공기어 양상과 네트워크 분석」, 「신문 기사 속의 직업명사와 관련어」, 「코퍼스를 이용한 한국어 지각동사의 논항구조 분석」, 「영어 공간 전치사 on의 다의성」, "Semantic Representations of Spatial Expressions in English and in Korean", "Use of World Knowledge for Interpreting Spatial Expressions" 등이 있다.

김일환 金日煥, Kim, Ilhwan 현재 고려대학교 민족문화연구원 HK연구교수
고려대학교를 졸업하고 동 대학원에서 석·박사학위를 받았으며, 미국 일리노이 주립대학에서 박사후 과정을 가졌다. 주요 논문으로는 「역대 총선별 '선거' 관련어의 변화 양상」, 「대규모 신문 기사의 키워드 추출과 분석」, 「공기어 네트워크를 이용한 감정명사의 사용 양상 분석」, 「단발어에 대하여」, 「어근적 단어의 형태·통사론」 등이 있다.

강범모 姜汎模, Kang, Beom-mo 현재 고려대학교 언어학과 교수
서울대학교를 졸업하고 미국 브라운대학에서 박사학위를 받았다. 주요 저서로는 『한글 사용 빈도의 분석』(공저), 『형식의미론과 한국어 기술』(공저), 『한국어 텍스트 장르와 언어 특성』, 『의미 구조의 표상과 실현』(공저), 『범주문법』, 『영화마을 언어학교』, 『언어, 컴퓨터, 코퍼스언어학』, 『언어 : 풀어 쓴 언어학 개론』, 『한국어 사용 빈도』(공저), 주요 역서로 『언어의 과학』(공역), 『언어학의 역사』, 『의미론』 1·2 등이 있다.

김흥규 金興圭, Kim, Heung kyu 현재 고려대학교 국어국문학과 명예교수
고려대학교 문과대학 국문학과 및 서울대 대학원 국문학과를 졸업했다. 1971년 『동아일보』 신춘문예 문학평론 부문에 당선되었고 계명대 전임강사를 거쳐 고려대 국문학과 교수를 지냈다. 주요 저서로 『문학과 역사적 인간』, 『한국문학의 이해』, 『한국 현대시를 찾아서』, 『조선 후기의 시경론과 시의식』, 『욕망과 형식의 시학』, 『한국 고전문학과 비평의 성찰』, 편저로 『판소리의 이해』, 『고시조 대전』(공편) 등이 있다.